STEPHAN BEISSEL

Die Verehrung der Heiligen und ihrer Reliquien
in Deutschland im Mittelalter

STEPHAN BEISSEL

Die Verehrung der Heiligen und ihrer Reliquien in Deutschland im Mittelalter

Mit einem Vorwort zum Nachdruck 1976
von
HORST APPUHN

1983
WISSENSCHAFTLICHE BUCHGESELLSCHAFT
DARMSTADT

Mit Genehmigung des Verlages Herder, Freiburg im Breisgau,
herausgegebene Sonderausgabe
Unveränderter reprografischer Nachdruck der im Verlag Herder erschienenen Originalausgaben:
Die Verehrung der Heiligen und ihrer Reliquien in Deutschland
bis zum Beginne des 13. Jahrhunderts (Stimmen aus Maria Laach, Erg.-H. 47, 1890) und:
Die Verehrung der Heiligen und ihrer Reliquien in Deutschland
während der zweiten Hälfte des Mittelalters (Stimmen aus Maria Laach. Erg.-H. 54, 1892).
Mit einem Vorwort zum Nachdruck und einem Register von Horst Appuhn
sowie einer Bibliographie der Schriften Beissels von Joseph Braun
(Zeitschrift des Aachener Geschichtsvereins 37, 1915, S. 327–336)

CIP-Kurztitelaufnahme der Deutschen Bibliothek

Beissel, Stephan:
Die Verehrung der Heiligen und ihrer Reliquien
in Deutschland im Mittelalter / Stephan Beissel.
Mit e. Vorw. zum Nachdr. 1976 von Horst Appuhn. –
Sonderausg., unveränd. reprograph. Nachdr. d. im
Verl. Herder erschienenen Orig.-Ausg. 1890 u. 1892 /
mit e. Reg. von Horst Appuhn sowie e. Bibliogr.
d. Schriften Beissels von Joseph Braun. –
Darmstadt: Wissenschaftliche Buchgesellschaft,
1983.
ISBN 3-534-06765-7

2 3 4 5

Bestellnummer 6765-7

Druck und Einband: Wissenschaftliche Buchgesellschaft, Darmstadt
Printed in Germany

ISBN 3-534-06765-7

INHALT

Vorwort zum Nachdruck 1976. Von Horst Appuhn IX

Erster Teil:
Die Verehrung der Heiligen und ihrer Reliquien in Deutschland
bis zum Beginne des 13. Jahrhunderts

Vorwort (zum ersten Teil) . . . . [XV]

I. Deutschlands älteste Heilige und Reliquien 1
1. Ursula und Gereon zu Köln; Märtyrer zu Xanten, Bonn, Trier, Mainz, Augsburg, Agaunum, Lorch, Brixen und Trient. 2. Die heiligen Bekenner Paulin, Severin und Servatius. 3. Reliquien des hl. Petrus früh nach Deutschland gesandt.

II. Die Reliquienverehrung der Franken. 11
1. Begeisterung der Franken für Reliquien ausgesprochen im salischen Gesetz und bei Gregor von Tours. 2. Die Heiligengräber unter oder neben Altären (Krypten). 3. Reliquien und Reliquiare jener Zeit. 4. Wunder.

III. Die vorkarolingischen Heiligen 31
1. Die von Gregor von Tours hervorgehobenen Heiligen. 2. Die Landespatrone. 3. Die Bedeutung des Wortes „heilig" (sanctus). 4. Drei Klassen der im 7. und 8. Jahrhundert verehrten deutschen Heiligen. 5. Reliquienverehrung des 8. Jahrhunderts. 6. Gesinnung der Reliquienverehrer jener Zeit.

IV. Der Bilderstreit bei den Franken. 49
1. Entstehung desselben durch die politische Lage und durch Mißverständnisse. Libri Carolini. 2. Die Pariser Versammlung. 3. Claudius von Turin und seine Gegner.

V. Pilgerfahrten nach Rom und Reliquienübertragungen vom 8. bis zum 10. Jahrhundert. 63
1. Wallfahrten zu den Gräbern der Apostelfürsten und zu den römischen Heiligthümern. 2. Uebersendung von Reliquien aus Rom nach Deutschland zur Zeit Gregors des Großen, in der karolingischen Epoche und später. 3. Andere Translationen. 4. Beispiele von Reliquiendiebstählen; Verurtheilung derselben unter Annahme mildernder Umstände.

VI. Die Erhebung der Reliquien auf die Altäre und die Canonisationen vom 10. bis zum 12. Jahrhundert. 101
1. Die Reliquien kommen allmählich auf die Altäre. 2. Einfluß der Normannennoth auf die Reliquien, Flüchtung oder Vergraben derselben. Manche Heiligengräber gerathen in Vergessenheit, bei anderen geschehen desto mehr Wunder. 3. Die Befugniß der deutschen Bischöfe, Verstorbene heilig zu sprechen und die Erhebung ihrer Reliquien anzuordnen. 4. Die päpstliche Canonisation. Ihre Unfehlbarkeit. Die römischen Canonisationen dieser Periode. Ihr wohlthätiger Einfluß. 5. Heiligsprechungen oder Uebertragungen werden unbeschadet der päpstlichen Vorrechte von deutschen Bischöfen auf ihre eigene Macht hin vorgenommen oder zugestanden. 6. Die Auslassungen des Abtes Guibert gegen die Erhebung der Heiligen aus der Erde in hoch über den Altären stehende Prachtschreine.

VII. Die angebliche Menge falscher und doppelter Reliquien. . . 128
1. Fälschungen finden sich überall und immer. 2. Maßregeln der kirchlichen Behörden gegen Betrüger und falsche Reliquien. 3. Unmögliche Reliquien. 4. Doppelte Reliquien. 5. Ursachen vieler Mißverständnisse.

Schluß. 146
Berechtigung der Verehrung der Heiligen und ihrer Reliquien. Die Schattenseiten gering im Vergleich zu den Vorzügen dieser Verehrung.

Zweiter Teil:
Die Verehrung der Heiligen und ihrer Reliquien in Deutschland während der zweiten Hälfte des Mittelalters

Vorwort (zum zweiten Teil) . . . . [III]

I. Das Umhertragen der Reliquien 1
1. Verschiedene Gründe, die Reliquien auch außerhalb der Kirchen zu verehren. 2. Die Reliquien einer Kirche wurden oft zum Schutz bedrohter oder zur Wiedererlangung geraubter Güter verwandt. 3. In Nothfällen wurden sie vom Altar auf den Kirchenboden gestellt und in Dornen gelegt. 4. Collectanten haben Reliquien oft mitgeführt.

II. Verehrung der Heiligen und Aufbewahrung ihrer Reliquien bei und in Altären bis ins 13. Jahrhundert. 19
1. Bevorzugung des dem heiligen Kreuz gewidmeten Altares. 2. Die Altarweihen vom 8. bis zum 13. Jahrhundert in ihrem Verhältniß zur Litanei von allen Heiligen. 3. Form und Inhalt der Altäre. Ihre Reliquienverzeichnisse. 4. Reliquientafeln. 5. Reliquien in Kreuzen und in den Säulen. 6. Umwandlung der Sarkophage in Schreine. Stellung und

Ikonographie der letzteren. 7. Tragaltäre. 8. Die angebliche Uebertreibung der Heiligenverehrung auf Kosten der Hochhaltung Christi.

III. Verehrung morgenländischer Heiligen und Reliquien 40
1. Alte Reliquien aus dem Morgenlande. 2. Verehrung der hll. Nicolaus, Katharina, Blasius, Georg und Antonius. 3. Reliquien aus dem 1204 eroberten Constantinopel. 4. Spätere Reliquien aus dem Heiligen Lande. Ihre Zuverlässigkeit.

IV. Deutsche Heilige in der zweiten Hälfte des Mittelalters. . . . 49
1. Aufzählung der bedeutenderen Heiligen jener Zeit. 2. Offenbarungen und Visionen.

V. Die vorzüglichsten Patrone............ 56
1. Kirchenpatrone in Köln und deren geschichtliche Folge. 2. Zunftpatrone. 3. Die vierzehn Nothhelfer. 4. Die auf mittelalterlichen Bildern dargestellten Heiligen. 5. Namenspatrone. 6. Stadtpatrone.

VI. Ikonographie der Heiligen............ 73
1. Darstellung der Heiligen vor dem 13. Jahrhundert. 2. Darstellung derselben in der zweiten Hälfte des Mittelalters. Beizeichen, welche an Ereignisse aus dem Leben der Heiligen erinnern. 3. Symbole, welche auf Namen, Charakter und Wirkungen des Heiligen hindeuten. 4. Ikonographische Räthsel.

VII. Die Reliquiare der zweiten Hälfte des Mittelalters. 85
1. Aeltere Formen der Reliquiare. Büsten, Arme u. s. w. 2. Entwicklung der Reliquiare zu Schaugefäßen oder Monstranzen. 3. Verschiedene Formen der Reliquiare am Ende des Mittelalters. 4. Hörner und andere Geräthe zum Trinken geweihten Wassers oder Weines. 5. Kußtäfelchen. 6. Kleine Reliquienkapseln, welche die Gläubigen am Halse trugen im Leben und im Tode. 7. Verehrung der in den Reliquiaren ruhenden Heiligthümer.

VIII. Die Heiligen in der Literatur des Mittelalters. 95
1. Kalendarien und Martyrologien. 2. Die Gebete der liturgischen Bücher. 3. Die nicht liturgischen Gebete. 4. Sequenzen und Hymnen. 5. Deutsche Lieder. 6. Legenden und Leben der Heiligen. Ihr Werth. 7. Geistliche Spiele. 8. Predigten.

IX. Pilgerreisen und Heiligthumsfahrten.......... 116
1. Die römischen Jubiläen. 2. Die Wallfahrt nach Compostella. 3. Die siebenjährigen Heiligthumsfahrten zu Aachen, Cornelimünster, Trier, Maestricht, Tongern, Alteneyck, Düsseldorf u. s. w. 4. Andere deutsche Wallfahrtsorte. 5. Einzelheiten über die Feier der Heiligthumsfahrten. 6. Pilger und Reliquienprocessionen. 7. Opfergaben. 8. Uebertreibungen.

X. Der Uebergang in die neue Zeit. 134
1. Die alten Ideen über Heiligenverehrung waren noch wirksam beim Beginn der neuen Zeit. Die Reliquien der hl. Anna zu Düren. 2. Luther über Heiligenverehrung. 3. Einfluß der Renaissance und der Reformation. 4. Hervortreten biblischer Stoffe. 5. Abnahme der Reliquienverehrung. 6. Das Volk bleibt treu in Anrufung der Heiligen.

Bibliographie der Aufsätze und selbständig erschienenen Arbeiten Stephan Beissels. Von Joseph Braun 1*

Register. Von Horst Appuhn 11*

VORWORT ZUM NACHDRUCK 1976

Ein Wissenschaftler, der auf die esoterische Terminologie seines Faches so weit wie möglich verzichtet, um sich einem weiteren Kreise verständlich zu machen, riskiert die Kritik der Fachkollegen und der Liebhaber zugleich. Das kann sich nur derjenige leisten, dem das Mitteilen dessen, was er erkannte, mehr bedeutet, als sein persönlicher Ruhm. Das Risiko gilt umsomehr, da ein Thema behandelt wird, das wissenschaftlicher Kritik seit je verdächtig erscheint. Der Historiker, der nach dem wirklichen Verlauf der Geschichte fragt, wagt die Viten der Heiligen kaum zu verwenden, obgleich die Bollandisten in den *Acta Sanctorum* längst Methoden entwickelt haben, diese Geschichtsquellen zu sichten und zu bearbeiten. Das Entscheidende im Leben eines Heiligen verschließt sich freilich jedem menschlichen Erklärungsversuch und damit auch der Untersuchung des Historikers. Es bleibt dem Glauben vorbehalten. Vor ihm endet die Wissenschaft.

Trotz der Fülle schriftlicher Quellen, die von den Heiligen zeugen, müssen andere Methoden hinzukommen, vor allem ganz andere Fragen gestellt werden. Bekannt sind die kunstgeschichtlichen Heiligenlexika, welche die Darstellungen der Heiligen in der Kunst beschreiben. Für noch wichtiger halte ich diejenigen Methoden, welche nach der Wirkungsweise der Heiligen fragen, wie sie uns durch die Verehrung im Kult der Kirche, in der Volksfrömmigkeit oder durch das Bewahren der Reliquien überliefert wird. Unter dem Gesichtspunkt ihrer Verehrung läßt sich eine Geschichte der Heiligen schreiben, die auf ihr Weiterwirken zielt und folglich die Gegenwart mit einbezieht.

Die „Gegenwart" liegt in diesem Fall nahezu hundert Jahre zurück. Als Stephan Beissel (1841—1914) diese beiden Schriften in den Ergänzungsbänden zu den *Stimmen aus Maria Laach* herausgab, hatte er durch drei vorausgegangene Hefte in derselben Reihe bereits bewiesen, daß er angestrengte und mühsame Vorarbeiten nicht scheute und danach noch die Energie aufbrachte, daraus ein lesbares Buch zu machen. Ich meine seine *Studie über die Kirche des hl. Victor zu Xanten*, die unter dem Titel *Die Bauführung des Mittelalters* 1889 in einem Band erschien (Nachdruck Osnabrück 1966). Die drei Hefte sind überschrieben: *Baugeschichte, Geldwerth und Arbeitslohn, Ausstattung*. Die Grundlage für diese Studie bilden an 3000 Urkunden und die Reihe der Handschriften und Rechnungsbücher, die in dem Stiftsarchiv zu Xanten nahezu vollständig erhalten sind — ein Sonderfall, den man nicht genug rühmen kann. Diese Quellen werden heute in wissenschaftlichen Publikationen einzeln herausgegeben. Beissels Verdienst ist es, sie als erster in ihrer Bedeutung erkannt und überschaubar gemacht zu haben. Er schrieb keine „langen ästhetischen Auseinandersetzungen über Schönheit der Gothik und ihrer Arbeiten", wie er sagt, sondern „einfache geschichtliche Berichte über den Entwicklungsgang, den Kunst und Cultur" einschlugen, in der „Art und Weise, wie man im Mittelalter baute". Ihm ging es um eine kulturgeschichtliche Betrachtungsweise — dazu gehören auch Geldwert und Arbeitslohn. Kulturgeschichte, wie man sie damals begriff, umfaßt tatsächlich jedes Phänomen menschlichen Tuns und Denkens, also auch Sozial- und Wirtschaftgeschichte. Die fortschreitende Spezialisierung — und damit Komplizierung — macht es heute unmöglich, Kulturgeschichte in diesem umfassenden Sinne noch zu betreiben, weil kein Forscher in allen Disziplinen zugleich tätig sein kann.

Dies ist der eine Grund, weswegen die alten Hefte über die Heiligen nun unverändert neu gedruckt werden, wie es die Achtung vor diesem Werk ohnehin gebietet. Der andere: heute wäre kein Wissenschaftler bereit, die immense Mühe auf sich zu nehmen und zahllose Schriften, die zu den zitierten Quellen und Denkmälern im Lauf von 85 Jahren erschienen, zu verarbeiten und nachzutragen, sowie diesen neuen Inhalt in den vorhandenen Text einzupassen. Sollte die Arbeit — etwa mit Hilfe elektronischer Datenverarbeitung — in Zukunft doch zu bewältigen sein, bleiben immer noch zwei entscheidende Hindernisse: Das Vertrauen in die Heiligen, das Stephan Beissel beseelte, ging — auch den katholischen Autoren! — seitdem verloren. Damit entfällt die zweite Voraussetzung, nämlich der frohe Eifer, mit dem sich jeder Schriftsteller für sein Thema begeistern muß, wenn er freudige Leser finden will. Also haben wir kaum Aussicht, daß in unserem Jahrhundert eine gleichwertige Einführung in dieses Thema neu geschrieben wird.

Die Art, wie Beissel für die Verehrung der Heiligen zu werben sucht, kleidet sich am Schluß mehrerer Kapitel in die Abwehr rationalistischer Kritik. Er entkräftet deren Argumente nicht durch eine ins Einzelne sich verirrende Widerrede, sondern durch den Hinweis auf die umfassende Bedeutung, welche die Verehrung der Heiligen im Mittelalter gehabt hat. Sollte das alles Irrtum sein? Sind nicht aus der Verehrung Gottes in seinen Heiligen so unendlich viele Guttaten geschehen, Kirchen gebaut, Kunstwerke geschaffen worden, daß wir allein um solcher Wirkung willen diese Tatsache preisen sollten? Um das zu erkennen, braucht man nicht einmal an die Hilfe der Heiligen zu glauben, wie Beissel es tat. Dazu genügt ein flüchtiger Blick über das in der Vergangenheit zu Ehren Gottes und seiner Heiligen Geleistete.

Vorwort zum Nachdruck

Die Reliquien, gegen die sich die Kritik so gern richtet, haben seit der Reformation zunehmend ihren Wert eingebüßt, zuletzt auch in der Katholischen Kirche durch die Reformen, denen sie sich seit dem Zweiten Vatikanischen Konzil unterwirft. Damit bricht wieder eine Tradition ab. Andererseits ist damit für den Historiker der Weg freigeworden, unbelastet von allen religiösen Bedenken den Reliquienkult als ein historisches Phänomen zu betrachten und seine umfassende Bedeutung für die gesamte Geschichte des Mittelalters zu erkennen. Heute interessiert uns nicht mehr so sehr die Frage nach der Echtheit eines Knöchelchens, d. h. ob es wirklich von dem Heiligen herrührt, wie angegeben wird, sondern die Tatsache, daß viele Jahrhunderte hindurch Menschen daran glaubten, davor beteten und erwarteten, Gnaden zu empfangen. Auch wenn wir nicht mehr so empfinden können, nötigt uns das höchste Achtung ab. Wenn einzelne hervorragende Reliquien mit den Methoden aller Wissenschaften, die uns heute zur Verfügung stehen, also auch der naturwissenschaftlichen, untersucht werden und sich als so alt erweisen, wie nach ihrer Geschichte angenommen werden muß, dann ist zwar immer noch kein Beweis für ihre Echtheit erbracht, aber doch für die Möglichkeit, mit der sich jegliches Erforschen der Vergangenheit so oft zufrieden zu geben hat. Dies bestätigt uns, daß tatsächlich die Reliquien seit frühester Zeit aufbewahrt und verehrt worden sind. Wir können sie gar nicht hoch genug werten bei jedem Versuch, die geistigen Voraussetzungen für die großen Geschehnisse des Mittelalters auf vielen Gebieten verstehen zu lernen. Es ist klar, daß jede Generation diesen Versuch mit anderen Zielen und anderen Worten unternimmt, neuerdings etwa Erich Stephany in dem Katalog der Ausstellung *Rhein und Maas, Kunst und Kultur 800—1400*, Köln 1972 sowie in dem Katalog von E. G. Grimme, *Der Aachener Domschatz*, Düsseldorf 1972.

Stephan Beissel wandte sich mit seinen Heften an gebildete Katholiken, wie der Untertitel *Katholische Blätter* der Reihe *Stimmen aus Maria Laach* andeutet, in der er etwa 115 größere Arbeiten veröffentlichte. Er war Priester und Seelsorger und trat 1871 ausgerechnet in der Zeit des Kulturkampfes in den Orden der Jesuiten ein, kurz bevor diese Deutschland verlassen mußten. Da er die Ordensgelübde noch nicht abgelegt hatte, wäre er frei gewesen, in der Heimat zu bleiben. Doch aus derselben gläubigen Überzeugung, mit der er dem Orden beigetreten war, teilte er dessen Schicksal der Emigration und lebte seitdem im Ausland. Nach einigen Lehrjahren erhielt er seinen ständigen Wohnsitz im Ignatiuskolleg zu Valkenburg in Holland, nicht zu weit von seiner Heimatstadt Aachen entfernt. Die Oberen des Ordens betrauten ihn 1880 als Mitarbeiter der *Stimmen aus Maria Laach* mit den wissenschaftlichen Fächern Christliche Kunst und Archäologie, und damit begann die staunenswerte Reihe seiner Publikationen, von denen eine der ersten, über die Stiftskirche zu Xanten, oben bereits erwähnt worden ist. Joseph Braun S. J., der den Nachruf auf seinen väterlichen Freund in Band 37 der *Zeitschrift des Aachener Geschichtsvereins* verfaßte, hat auch das Verzeichnis seiner Schriften zusammengestellt, das hier im Anhang wiederholt wird. Diesem Verzeichnis müßten wir einen ideellen Teil von Pater Brauns nicht weniger umfangreichen Büchern hinzufügen, denn er übernahm Beissels Materialsammlungen und setzte dessen Werk nach zwanzig Jahren gemeinsamer Arbeit allein fort (*Die liturgische Gewandung*, 1907. *Der Christliche Altar in seiner geschichtlichen Entwicklung*, 1924. *Das Christliche Altargerät*, 1932. *Die Reliquiare*, 1940. *Tracht und Attribute der Heiligen*, 1943). Braun rühmt den Fleiß seines ehemaligen Lehrers, „der nimmer ruhte, trotz mancher aus schwerer Krankheit sich ergebender Hindernisse". 35 Jahre lang konnte er sich fast ausschließlich diesen Studien widmen, worum ihn viele heutige Forscher beneiden. Aber „Muße und Ferien gab es nicht für ihn. Arbeiten war für ihn Pflichterfüllung, Lebensaufgabe".

Es steht mir nicht zu, aus Beissels Schriften die eine oder andere als besonders wichtig herauszuheben. Außer den *Studien über die Kirche des hl. Victor zu Xanten* wurden nachgedruckt: *Geschichte der Verehrung Marias in Deutschland während des Mittelalters* (WB 1972) und die Fortsetzung: *Geschichte der Verehrung Marias im 16. und 17. Jahrhundert* (1970), beides umfangreiche Bände mit vielen Abbildungen, die den Forschern christlicher Ikonographie als Handbücher ungemein nützlich sind (Verz. Nr. 197 und 198). Sie erwuchsen aus der hier nachgedruckten kürzeren Darstellung. Das berechtigt dazu, diese als eine Einführung nicht nur in das umfassende Thema der Heiligenverehrung, sondern auch in das Hauptwerk Beissels zu betrachten. Die aus der Atmosphäre der Kulturkampfzeit zu verstehenden Stellungnahmen, die darin enthalten sind, werden den heutigen Leser nicht fremdartig dünken, weil sie heute ebenso gelten wie damals.

Horst Appuhn

ERSTER TEIL

Die Verehrung der Heiligen
und ihrer Reliquien in Deutschland
bis zum Beginne des 13. Jahrhunderts

Vorwort.

Dieser erste Versuch einer quellenmäßigen, geschichtlichen Darstellung der Verehrung der Heiligen und ihrer Reliquien in Deutschland während der ersten Hälfte des Mittelalters will und kann auf allseitige Vollständigkeit keinen Anspruch machen. Er will es nicht, weil sich die Ausführungen auf den Raum eines Heftes beschränken sollen. Er kann es nicht, weil die auch nur kurze, aber ausnahmslose Erwähnung aller hier in Betracht kommenden Thatsachen zu einer endlosen Aufzählung und zu einer ermüdenden Darlegung von Einzelheiten führen würde; überdies wäre die Behandlung vieler sehr unsicheren Ansprüche und Behauptungen erforderlich, die sich weder kurz noch leicht klarstellen lassen.

Da hier nur die erste Hälfte des deutschen Mittelalters behandelt ist, durften mehrere Gegenstände übergangen werden, die erst in der zweiten zur vollen Entwicklung kamen, besonders also Heiligthumsfahrten, Umherziehen mit Reliquien zum Geldsammeln für Kirchenbauten, die Ausdehnung des Festkreises vom 9. bis zum 12. Jahrhundert und die Erlangung zahlreicher Reliquien aus dem Morgenlande.

Um bei enger gezogenen Grenzen ein vollständigeres Bild innerhalb derselben zu erreichen, wurde der Mariencult, sowie die Verehrung der Reliquien des Herrn und seiner Mutter hier nicht eingehend behandelt, doch des Zusammenhanges wegen hie und da einiges darüber mitgetheilt.

Ueberall sind die Quellen zu Rathe gezogen, welche meist in den Acta Sanctorum und in den Monumenta Germaniae vorliegen.

Die Citate sind etwas breiter gehalten, als gewöhnlich geschieht, um auch weniger Erfahrenen das Verständniß derselben zu erleichtern.

Möge die Arbeit die Erkenntniß des wirklichen Thatbestandes fördern und dadurch zahllose Mißverständnisse hinsichtlich der Verehrung der Heiligen und der Reliquien im Mittelalter wenigstens theilweise aufklären!

Erstes Kapitel.
Deutschlands älteste Heilige und Reliquien.

1. Die Verehrung der Heiligen und ihrer Reliquien ist so alt als die katholische Kirche. Sie erscheint beim Martertode des hl. Polykarpus um das Jahr 160 in allen wesentlichen Theilen so ausgebildet, wie sie heute geübt wird. Die Morgenländer haben dieselbe freilich in den ersten Jahrhunderten mit größerem Eifer gepflegt, als die Abendländer; in Afrika scheint sie früher weitere Ausdehnung gefunden zu haben, als in Italien. Daß sie aber zu Rom allzeit gebilligt und geübt wurde, erhellt schon daraus, daß man dort dem Eifer der Christen von Smyrna in Verehrung der Ueberreste des zu Rom gemarterten hl. Polykarpus in keinerlei Weise entgegentrat. Die Katakomben und die Verehrung der großen Martyrer der ewigen Stadt legen lautes Zeugniß ab für die Hochschätzung der altchristlichen Martyrer und ihrer Ueberreste zu Rom. Wie stand es aber jenseits der Alpen, besonders im jetzigen Deutschland?

Die Lebensadern jener Länder, aus welchen sich später das heilige Reich deutscher Nation entwickelte, waren in römischer Zeit Rhein und Donau. Im Stromgebiete des Rheines und der beiden, neben seinen Mündungen sich ins Meer ergießenden Flüsse, der Maas und der Schelde, lagen drei Provinzen des weiten Römerreiches, Belgica prima, mit der Hauptstadt Trier, Germania prima, wo Mainz, Germania secunda, wo Köln als Metropole galt. Die Donau beeinflußte die beiden Provinzen Rätien und Noricum. In ersterer waren Augsburg, Regensburg, Chur Städte ersten Ranges; letztere umfaßte das Erzherzogthum Oesterreich bis in die Nähe von Wien, Steiermark und Kärnthen, wo Lorch den militärischen Mittelpunkt bildete. Zwischen den genannten Gebieten lagen inmitten des obern Laufes der Donau und des Rheines, Straßburg gegenüber, die Agri decumates.

Es ist ein glückliches Geschick, daß sich für die Hauptorte des rheinischen Gebietes und der Donauländer die zuverlässigsten Nachrichten darbieten, welche zeigen, daß die Verehrung der Heiligen und ihrer Reliquien in den früh christianisirten deutschen Ländern bereits vor und während der Völkerwanderung in allen wesentlichen Punkten derartig begann, wie sie im Mittelalter sich weiter entfaltete und heute von den deutschen Katholiken geübt wird.

In der alten Colonia Agrippina wiegt jene bekannte, in die Chormauern der Ursulakirche eingelassene Inschrift die beste handschriftliche Quelle auf. Sie ist ohne größere Verletzung erhalten; an eine spätere Aenderung oder Erweiterung des Wortlautes, wodurch viele alte Schriften an Werth verloren, kann demnach nicht gedacht werden. Die ersten Kenner sind darin einig, daß sie im 5. Jahrhundert oder noch früher gemeißelt ward. Ihre schönen Buchstaben und deren gute Ausführung sprechen laut für ein Jahrhundert, worin die vortreffliche Technik der alten Römer in Köln noch blühte. Die Inschrift lautet nun in deutscher Uebersetzung also[1]:

„Durch göttliche, flammende Gesichte häufig ermahnt und aufgefordert durch die Wunderkraft des hochherrlichen Martyriums der himmlischen Jungfrauen, die in den Gegenden des Morgens (d. h. im Osten) erschienen, hat einem Gelübde gemäß Clematius, ein Mann senatorischen Ranges, aus eigenen Mitteln auf ihrem (ursprünglichen) Platze diese Kirche, wie er durch das Gelübde verpflichtet war, von Grund aus wiederum hergestellt. Wenn jemand jedoch auf dem so

---

[1] Vgl. Le Blant, Inscriptions chrétiennes de la Gaule. II, 569 s.; de Rossi, Bulletino di archeologia cristiana. 1864. II, 14; de Buck, Acta SS. (neue Ausgabe, die hier immer benützt wird, weil die alte mir nicht zur Hand ist) 21. Oct. IX, 210 sq.; Keßel, Die hl. Ursula und ihre Gesellschaft. Köln 1863, u. s. w. Die obige Uebersetzung schließt sich an die von Stein (Die hl. Ursula und ihre Gesellschaft, Köln 1879, S. 14) gegebene an; doch sind mit Rücksicht auf die von Floß (Annalen des historischen Vereins für den Niederrhein. XXVI, 177 f.), Düntzer und Klinkenberg (Jahrbücher des Vereins von Alterthumsfreunden im Rheinlande. LV, 736 f. und LXXXVIII, 79 f.) mehrere Worte anders gegeben. Der lateinische Text lautet nach Auflösung der Abkürzungen und Einsetzung richtiger Unterscheidungszeichen: Divinis flammeis visionib(us) frequenter admonit(us) et virtutis magnae maiestatis martyrii caelestium virgin(um), imminentium ex partib(us) Orientis, exsibitus, pro voto Clematius, v(ir) c(larissimus), de proprio in loco suo hanc basilicam voto, quod debebat, a fundamentis restituit. Si quis autem super tantam maiiestatem huiius basilicae, ubi sanctae virgines pro nomine Christi sanguinem suum fuderunt, corpus alicuiius deposuerit, exceptis virginib(us), sciat, se sempiternis tartari ignib(us) puniendum.

hochheiligen Boden dieser Basilika, wo die heiligen Jungfrauen für den
Namen Christi ihr Blut vergossen haben, die Leiche irgend jemandes bei=
setzen sollte, außer von Jungfrauen, so wisse er, daß er mit dem ewigen
Feuer der Hölle zu bestrafen sei."

Dieser Wortlaut bezeugt, daß Clematius die in der Kirche der
hl. Ursula beigesetzten Martyrinnen als Heilige verehrte, zu ihrer Ehre
eine neue, zweite Kirche erbaute, zu diesem Baue aber durch häufige
Wunder und Erscheinungen angeregt ward. Er, ein Mann von höchstem
Ansehen, sprach seine Ueberzeugung durch diese Inschrift öffentlich aus.
Offenbar legen also Inschrift und Kirche nicht nur für seine eigene Ge=
sinnung Zeugniß ab, sondern auch für die Gesinnung der zu Köln
wohnenden Christen. Unsere Vorfahren haben also schon vor anderthalb
Jahrtausenden die Martyrer durch Gelübde, Opfer und Kirchenbauten
geehrt, weil sie glaubten, diese Martyrer setzten sich durch übernatürliche
Zeichen und Wunder in Beziehung zu ihren Verehrern.

Warum untersagt Clematius in den drohenden Schlußworten seiner
Inschrift allen, außer (gottgeweihten) Jungfrauen, sich auf dem Kirchhofe
der hl. Ursula, in der Nähe der heiligen Gräber bestatten zu lassen? Die
zweite Martyrerstätte der alten Stadt der Ubier, Kirche und Gottesacker
des hl. Gereon, bieten darüber willkommene Aufklärung. Von dort muß
nämlich der jetzt im Kölner Museum aufbewahrte Stein jenes jungen
Christen stammen, welcher laut der Inschrift neben den Gräbern der
Martyrer beigesetzt ward. In ähnlicher Weise wird zu Trier auf dem
altchristlichen Grabstein des Diakon Ursinianus und zu Regensburg auf
einem dritten betont, daß die Betreffenden nach dem Tode den heiligen
Martyrern leiblich beigesellt seien. Offenbar wird dies gesagt, weil man
hoffte, die Nähe der entseelten Leiber müsse eine Bürgschaft für die Ver=
einigung der Geister bieten. Man wünschte, die Seele des theuern An=
gehörigen möge im Himmel denjenigen der Martyrer zugesellt werden, wie
ihr Leib auf Erden neben den Reliquien ruhe [1]. Der hl. Maximus von
Turin († ca. 466) drückte diesen Gedanken klar aus, als er predigte:
„Während wir im Leibe leben, beschirmen uns die Martyrer; scheiden
wir aus dem Leibe, dann nehmen sie uns auf. Hier sorgen sie, daß die
Makel der Sünde uns nicht beflecke, dort, daß der Schrecken der Hölle
uns nicht ergreife. Deshalb ist von unseren Vorfahren der Gebrauch ein=
geführt, unsere Leichen den Gebeinen der Martyrer zuzugesellen, damit

---

[1] Le Blant l. c. I, 471 und 396 s.

uns die Strafe nicht erreiche, weil jene von der Hölle gefürchtet sind. Weil Christus jene (Martyrer) erleuchtet, soll vor uns der Schatten der Finsterniß fliehen." [1]

Bekanntermaßen berichtet Gregor von Tours, Bischof Ebergisilus von Köln habe in der wegen ihrer in Gold strahlenden Mosaiken zu den „goldenen Heiligen" genannten Kirche des hl. Gereon gebetet [2]. Gregor starb 594, Ebergisilus um 600. Die in Rede stehende Kirche aber ist älter; denn in neuester Zeit hat die Untersuchung ihrer Gewölbe und Mauern ihren römischen Ursprung dargethan [3]. Somit liegt hier ein Beweis vor, daß man in Deutschland schon unter römischer Herrschaft über den Gräbern der Martyrer Kirchen errichtete. Da weiterhin die Inschrift des Clematius bezeugt, daß dieser vornehme Römer über den Gräbern der Gefährtinnen der hl. Ursula eine neue, zweite Basilika von Grund auf errichtete, diese zweite aber im 5. Jahrhundert oder noch früher erbaut ward, darf man die Entstehung der ersten ins 4. oder sogar ins 3. setzen; man hat also in ihr ein zweites Beweismittel.

Neben und mit jenen Kölner Martyrern verehrte man zu Xanten-Birten sehr früh die heiligen Mallosus und Victor, zu Bonn Cassius und Florentius, zu Trier Thyrsus als Anführer von mehr oder weniger großen Abtheilungen der thebäischen Legion. An das Martyrium der Soldaten schloß sich zu Trier dasjenige einer Anzahl vornehmerer und geringerer Einwohner der Stadt. In Belgien gaben um dieselbe Zeit ihr Leben hin die Martyrer von Rheims, die hll. Macra, Rufin und Valerius, Crispin und Crispinian in und bei Soissons, der hl. Quintin in St. Quentin, die hll. Juscian, Victoricus und Gentian zu Amiens und der hl. Piatus zu Tournay [4].

In die Mainzer Diöcese kam der hl. Alban unter Theodosius, um die Arianer zu bekehren. Sie ließen ihm das Haupt abschlagen. Spätere Legenden erzählen, er habe es gleich dem hl. Dionysius von Paris aufgenommen und eine Strecke weit getragen. Man zeigt zu Mainz den Ort, wo er gemartert und beigesetzt ward; doch fehlen leider ältere, zuverlässige Berichte über sein Wirken. Aeltere Nachrichten vermißt man

---

[1] Hom. 81: In natali ss. Taurinorum martyrum. Migne, Patrolog. lat. LVII, 428.

[2] Liber in gloria martyrum 61, Mon. Germ. SS. rer. Meroving. I, 530.

[3] Mohr, Die Kirchen von Köln. Berlin 1889. S. 57 f.

[4] Vgl. über diese Martyrer: Beissel, Geschichte der Trierer Kirche und ihrer Reliquien. Trier 1887. I, 50 f.

auch über den in der Mainzer Gegend gestorbenen und vom Erzbischofe Lullus († 786) aus Kastel nach dem Kloster Bleidenstadt übertragenen heiligen Soldaten, den Martyrer Ferrutius [1].

In Süddeutschland erlangte die hl. Afra hohen Ruhm. Ihre alten, glücklicherweise erhaltenen Acten stammen aus dem 4. Jahrhundert, gehören demnach zu den wichtigsten Quellen der deutschen Kirchengeschichte [2]. Nach dem Tode Afra's litten zu Augsburg ihre Dienerinnen Digna, Eumenia und Euprepia den Feuertod. Daß alle vier seit dem 4. Jahrhundert dort ständig verehrt wurden, erhellt daraus, daß Priester die Leiche der hl. Afra begruben und daß die drei Gefährtinnen verbrannt wurden, weil und als sie bei deren Grab beteten. Eine so bekannte und von den Acten gerühmte Martyrerstätte konnte nicht leicht in Vergessenheit gerathen. In der Schweiz besaß St. Maurice als Stätte des Martyriums des hl. Mauritius und seiner Legion einen schon im 5. Jahrhundert sicher bezeugten weiten Ruf. Dazu kam in Solothurn die Verehrung der thebäischen Soldaten Ursus und Victor, zu Zurzach diejenige der hl. Verena, welche jener Legion aus Aegypten gefolgt war.

In der alten Metropole Lorch, deren Erbe Passau wurde, litt während der diocletianischen Verfolgung der hl. Florian mit 40 anderen Christen. Seine Verehrung wurde später, vielleicht erst im 11. Jahrhundert, dadurch gemindert, daß die Reliquien nach Rom, von dort in der zweiten Hälfte des 12. Jahrhunderts nach Polen kamen und bei Krakau eine ehrenvolle Ruhestätte fanden. Doch gilt Florian seit unvordenklichen Zeiten als Patron Oesterreichs und als Schützer gegen Feuersgefahr, obgleich er nicht verbrannt, sondern in den Fluß gestürzt ward.

Brixen rühmt sich der Martyrer Faustin und Jovita, wohl der ältesten Blutzeugen unseres Gebietes [3].

Zu diesen, während der großen römischen Christenverfolgungen hingerichteten Blutzeugen gesellten sich 397 drei neue: Sisinnius, Alexander und Martyrius. Sie wurden von der am Götzendienst hangenden Menge ermordet und verbrannt, weil sie deren Bekehrung versuchten. Ihr Bischof Vigilius von Trient [4] schrieb sowohl an den Nachfolger des hl. Ambrosius, den Bischof Simplician von Mailand, als an den hl. Johannes Chrysostomus einen Bericht über deren Tod, auf den wir zurückkommen werden. Vigilius selbst erlitt 400 oder 405 den

---

[1] Acta SS. 28. Oct. XII, 530 sq.
[2] Neu abgedruckt bei Friedrich, Kirchengeschichte Deutschlands. I, 427 f.; vgl. 192.
[3] Acta SS. 15. Febr. II, 806 sq.   [4] Acta SS. 26. Junii VII, 143 sq.

Martertod, weil er ein ehernes Standbild des Saturn, das von den Heiden seiner Diöcese angebetet wurde, zerbrochen und in den Fluß geworfen hatte. Er wurde gleich dem ersten christlichen Blutzeugen gesteinigt und schloß die Reihe der älteren deutschen Martyrer. Sein Blut ward in Tüchern aufgefangen, welche als Reliquien nach Salona kamen; die Geschichte seines Todes aber wurde aufgeschrieben und nach Rom gesandt an den Papst, wie er kurz vorher die Acten der eben genannten Glaubensboten an die hll. Ambrosius und Chrysostomus geschickt hatte [1].

Außerordentlich wichtige Ergebnisse bot in den letzten Jahren die Untersuchung des Grabes des hl. Bischofes Paulinus von Trier († 358); fand man doch jenen hölzernen Sarg, worin die Gebeine des Heiligen seit Anfang des 5. Jahrhunderts ruhen, und eine silberne Votivplatte, auf welcher eine Eleuthera bezeugt, daß sie die Kosten der reichen Ausstattung des Grabes trug. Doppelte Bedeutung erhält der merkwürdige Fund dadurch, daß die heiligen Gebeine aus Phrygien, wo Paulin als Verbannter Christi endete, nach Trier übertragen wurden, wie die Gebeine seines heiligen Vorgängers Maximin († 349), welcher auf einer Reise in Aquitanien starb [2], nach Trier gebracht wurden. Würden die Christen, welche im 4. und 5. Jahrhundert an den Ufern der Mosel lebten, die Ueberreste ihrer heiligen Bischöfe mit so vielen Kosten und Mühen aus weiter Ferne heimgeholt und so geehrt haben, wenn sie nicht an die Nothwendigkeit und Nützlichkeit der Reliquienverehrung geglaubt hätten!

---

[1] Conscripta sunt autem gesta beati viri ab his, qui martyrio ejus interfuerunt, gratiaque roborationis (ut mos erat) Papae Romano transmiserunt, ut sacris martyrum memorialibus insererentur. Quae suscepta venerabilis Episcopus apostolicus omnia digna memoria haberi subscribens adjudicavit. Die Bollandisten (l. c. 147 h.) nehmen zwar an, diese Uebersendung sei wirklich geschehen, läugnen aber, daß es damals Sitte gewesen sei, dem Papste solche Martyreracten zur Approbation vorzulegen. Sie gestehen überdies (143 n. 1) ausdrücklich zu, die Behauptung, jene Acten seien von Augenzeugen geschrieben, beruhe nicht auf Wahrheit, weil sie später entstanden. Sobald zugegeben ist, daß nur eine spätere Ueberarbeitung älterer Acten vorliegt, kann aus jenen anscheinend so wichtigen Sätzen nicht mehr geschlossen werden, schon im fünften Jahrhundert habe der Papst das ausschließliche Recht der Canonisation besessen und geübt. (Vgl. Bened. XIV., De servorum Dei beatificatione, lib. I. c. 7 n. 2, Opera I, 25.) Es ist wohl zu beachten, daß das Alter dieser Acten unbekannt, die Echtheit einzelner Abschnitte fraglich ist, und daß jene wichtigen Worte „roborationis gratia" in einer von Mabillon verwertheten Handschrift fehlen. Die oben mitgetheilte Stelle dürfte im 10. oder 11. Jahrhundert stark interpolirt, vielleicht ganz hinzugefügt worden sein.

[2] Nähere Angaben über die Gräber dieser beiden Bischöfe in Beissel, Geschichte der Trierer Kirchen ꝛc. I, 199 f.

Eine Parallele zum Trierer Grabe des hl. Paulin bietet die Geschichte des Todes und der Uebertragung des 482 verstorbenen hl. Severin. Dieser große Bischof predigte in Noricum, also an den Grenzen der zweiten Hälfte des hier in Betracht kommenden Gebietes, gerade zu jener Zeit, als die Herrschaft der Römer zur Neige ging, weil die Barbaren Meister wurden. Die Nachrichten über seinen Tod, seine Beisetzung, Verehrung und Uebertragung „fließen so rein und lauter, daß sie selbst die (strengste) Kritik anerkennen muß"[1]. Sein vertrauter Schüler Eugipp erzählt, der Heilige habe kurz vor dem Tode vorhergesagt, alle Romanen würden zur Auswanderung aus Noricum gezwungen werden. Sechs Jahre nachher (488) erließ Odoaker den Befehl zum Auszug. Man entschloß sich, die heilige Leiche auszugraben. Bei den Nachgrabungen stieg ein solcher Wohlgeruch auf, daß die Anwesenden sich vor Freude und Bewunderung auf die Erde warfen. Ihre Verehrung stieg, als sie den Sarg öffneten, in den der Leib des Heiligen ohne erhaltende Gewürze gebettet war. Gegen ihre Erwartungen sahen sie die heiligen Gebeine gar nicht zerfallen; auch Bart und Haupthaar waren unversehrt. Sie wurden von den zur Auswanderung verurtheilten romanischen Christen in einen Holzsarg gelegt und auf einem Wagen nach Italien gebracht, wo sie erst bei Neapel im Jahre 489 eine neue Ruhestätte fanden inmitten des dort für die norischen Mönche gegründeten Klosters. Eugipp, dessen Wahrheitsliebe nicht in Zweifel gezogen werden kann, berichtet von vielen Wundern, wodurch Gott das Vertrauen der Gläubigen zum hl. Severin belohnte. Er führt besonders aus, wie ein Stummer die Sprache, ein Blinder das Licht der Augen, zwei Kranke, eine Frau und ein Mann, welche in Neapel eine hervorragende Stellung einnahmen, ihre Gesundheit wieder erlangten. Die drei letzten dieser Geheilten nennt er mit Namen; alle wurden vor vielen Zeugen geheilt. Ist es folgerichtig, dem Eugipp den Glauben nicht zu versagen, wo er andere geschichtliche Ereignisse seiner Zeit als Augenzeuge meldet, ihm zu vertrauen, wenn er Sitten und Gebräuche schildert, dagegen die Wahrheit seiner Angaben zu läugnen, ja dazu mitleidig zu lächeln, sobald er in klarer und ruhiger Weise von öffentlich geschehenen Wundern redet? Er sagt, jener Lahme und jene geheilte Frau hätten sich voll Demuth unter den Wagen begeben,

---

[1] Friedrich, Kirchengeschichte Deutschlands. I, 359; daselbst S. 432 f. ein Abdruck der Vita Severini. Wattenbach (Deutschlands Geschichtsquellen im Mittelalter bis zur Mitte des dreizehnten Jahrhunderts, 5. Aufl., Berlin 1885, I, 44) bezeichnet diese Vita als „von unschätzbarem Werthe".

auf dem die heilige Leiche noch stand, bevor sie in das neue Grabdenkmal verschlossen ward; sie hätten dort im Gebete Heilung gesucht und gefunden. In Wahrheit, Demuth ist ebenso nöthig, um Wunder zu erlangen, als um sie zu glauben. Stolze Geister werden gleich jenen Phärisäern[1] allzeit die Thatsache einer Heilung in Zweifel ziehen und, wenn solcher Zweifel nicht mehr möglich ist, sie auf eine Art erklären, die Gottes Eingreifen läugnet. Doch davon später mehr; denn die Frage nach dem Vorkommen von Wundern ist bei der Behandlung der Heiligenverehrung von grundlegender Bedeutung. Wir werden sie jedoch nicht im allgemeinen behandeln, sondern sie an der Hand von Einzelfällen untersuchen.

2. Was der 482 verstorbene hl. Severin für die Donauländer wirkte, that der hl. Servatius († 384) hundert Jahre früher an den Ufern der Maas. Leider fehlt für ihn eine ausreichende, zeitgenössische Lebensgeschichte[2]. Indessen ergänzt hier wiederum ein Kunstdenkmal in willkommener Weise den Mangel. Es ist der berühmte, heute noch zu Maastricht als Reliquie aufbewahrte Schlüssel des hl. Servatius[3]. Aus den Briefen des heiligen Papstes Gregor des Großen (590—604) erhellt, daß er an viele vornehme Personen Schlüssel sandte, in denen sich Theile der Ketten befanden, womit der hl. Petrus im Gefängniß gefesselt

---

[1] Joh. 9, 1 f.; Beda, In Luc. 11, 14, lib. 4: Illi (Pharisaei) vel negare haec (signa Domini), vel quae negare nequiverant, sinistra interpretatione pervertere laborabant. Migne, Patrolog. latin. XCII, 476.

[2] In den Acta SS. 13. Maji III, 214 findet sich als Acta S. Servatii nur ein Auszug aus der vom Abte Heriger von Lobbes († 1007) verfaßten Geschichte der Lütticher Bischöfe. Mon. Germ. VII, 134 sq. Kurth hat 1881 zu Lüttich zwei ältere Lebensbeschreibungen veröffentlicht, welche in den Analecta Boll. I, 85 sq. nach neuen Handschriften noch besser abgedruckt sind. Die älteste dieser Vitae wäre nach den Bollandisten von Gregor von Tours (Historia Franc. II, 4 sq.) als Quelle benützt, während sie nach Kurth nur eine Bearbeitung der Stelle Gregors ist. Vgl. Kurth, Nouvelles recherches sur s. Servais. Liège 1884; Wattenbach, Geschichtsquellen. I, 356; II, 489. Uebrigens behandeln beide Vitae, ebenso wie die in den Analecta neu veröffentlichte Rede des Utrechter Bischofes Radbob († 918) nur die Romreise und den Tod des hl. Servatius, wie sie Gregor von Tours a. a. O. bietet. Die Bezeichnung „Vita s. Servatii" ist demnach für jene drei neu aufgefundenen Schriftstücke nicht ganz zutreffend.

[3] Die besten Nachrichten über diesen Schlüssel bieten mit reicher Nachweisung der Literatur Bock et Willemsen, Antiquités sacrées conservées dans les anciennes collégiales de s. Servais et de Notre Dame à Maestricht, Maestricht 1873, p. 53 s. Vgl. Honoré, Réflexions sur les règles et sur l'usage de la critique, Paris 1713—1720, III, 421; Acta SS. 3. Nov. I, 869 sq.; Beyerlinck, Theatrum. IV, 307; Molanus, Oratio de agnis Dei, c. 4; Migne, Theologiae Cursus. XXVII, 449 sq. etc.

war¹. Weiterhin meldet Gregor von Tours († 594), ein Zeitgenosse jenes großen Papstes, viele Pilger brächten vergoldete Schlüssel aus Rom nach Hause, welche zum Aufschließen der Gitter des Grabes des hl. Petrus gedient hätten². Er fügt bei, Pilger, welche in der hundertsäuligen Basilika des Vaticans am Grabe des Apostelfürsten zu beten wünschten, erhielten die Erlaubniß, die das Denkmal abschließenden Gitter zu öffnen, an das kleine Fensterchen zu treten, wodurch Licht in das Gewölbe fällt, und das Haupt durch jenes Fenster betend über das Grab zu beugen. Sie durften auch kleine Tücher eine Zeitlang auf das Grab legen und als Andenken mit nach Hause nehmen.

Im Grabe des hl. Servatius fand man bei der unter Karl Martell vorgenommenen Eröffnung³ außer jenem Petrusschlüssel den Krückenstab des hl. Servatius und ein altes, bei seiner Beerdigung verwandtes Seidengewebe, Schätze, welche sich glücklicherweise bis heute zu Maastricht erhalten haben⁴. Das Seidengewebe enthält die Darstellung eines heidnischen Opfers; die Blattverzierungen und die Zeichnung an Schlüssel und Stab erinnern auf den ersten Blick an altbyzantinische und ravennatische Ornamente. Es kann also keinem vernünftigen Zweifel unterliegen, daß in der That der Heilige jenen Schlüssel aus Rom erhalten habe. Dadurch gewinnen aber die Berichte der ältesten, oben erwähnten Lebensgeschichten desselben eine so wichtige Bestätigung, daß nicht in Abrede gestellt werden kann, schon zu Lebzeiten des hl. Servatius seien Christen aus Deutschland nach Rom zum Grabe des hl. Petrus gepilgert, um dort zu beten, und wenigstens die Bevorzugten hätten Reliquien des Apostelfürsten in ihre Heimat gebracht. Die alten Dome von Köln, Trier, Metz, Toul und Verdun waren dem Apostelfürsten gewidmet; zu Trier zeigte man schon früh den jetzt ge-

---

[1] Sein in zahlreichen Briefen in vielfach veränderter Gestalt am Schluß wiederkehrender Satz lautet: Beati (sancti) Petri apostolorum principis (apostoli) clavem, a sacratissimo ejus corpore vobis transmisimus, in qua ferrum de catenis ejus clausum est, quae super aegros multis solet miraculis coruscare, in qua ferrum (benedictio) de catenis ejus clausum est (interius habetur), ut quod illius collum ligavit ad martyrium, vestrum ab omnibus peccatis solvat (collo vestro suspensa). Epistol. I, 26. 30. 31; III, 48; VI, 6; VII, 26. 28; VIII, 35; IX, 52. 122; XI, 14; XII, 7 etc. Migne, Patrol. lat. LXXVII, 480. 483. 484. 643. 798. 881. 884. 938. 991. 1056. 1130. 1223.

[2] Liber in gloria martyrum 27, Mon. Germ. l. c. 504.

[3] Ein Bericht darüber Acta SS. 13. Maji III, 216. n. 29 sq. Er ist in dem mit thörichten Fabeln ausgestatteten Buch des Jocundus um 1088 erweitert. Mon. Germ. XII, 93 sq.

[4] Abbildungen bei Bock et Willemsen l. c. p. 58. 81 und 92.

theilten, zu Köln und Limburg aufbewahrten „**Stab des hl. Petrus**"[1]. In diesen Thatsachen aber liegt wenigstens eine Bestätigung der alten Verehrung der Deutschen gegen den ersten Statthalter Christi.

Die von Gregor von Tours bezeugte, von Servatius geübte Verehrung des Grabes des hl. Petrus gründete sich auf die Apostelgeschichte, worin ja der hl. Lucas lobend erzählt, die ersten Christen hätten zu Ephesus und Jerusalem von den Schweißtüchern des hl. Paulus, ja sogar vom Schatten des ersten der Apostel Heilung erwartet und wirkliche Wunder erlangt[2].

Mag jemand, soviel er will, über Götzendienst und Aberglauben der katholischen Reliquienverehrung schelten; trotz aller Beschuldigung bleibt das Ansehen der Heiligen Schrift für alle gläubigen Christen ein sicherer Felsen, ein untrüglicher Schiedsrichter, dieser aber erklärt: Die Reliquienverehrung ward schon von den Apostelfürsten gebilligt, sie ist aus dem Alten Bunde herübergenommen und bleibt ein in der aus Leib und Seele bestehenden Doppelnatur des Menschen unvertilgbar begründetes Bedürfniß.

---

[1] Die Nachweise bei Beissel, Geschichte der Trierer Kirchen. I, 135 f. und II (2. Aufl.), 368 f. Für Köln vgl. Friedrich, Kirchengeschichte Deutschlands. II, 307.
[2] Apg. 5, 14 f. und 19, 12 f.

Zweites Kapitel.
Die Reliquienverehrung der Franken.

1. Einen großen Aufschwung nahm die Reliquienverehrung bei den Franken. Mit einer Begeisterung, die den Schreiber zu rhythmischer Form erhebt, preist die Einleitung zum Volksrecht der Salier diese Franken „als jenes Volk, so stark und so kräftig, daß es im Kampfe das harte Joch der Römer abschüttelte von seinem Nacken. Nachdem es den Glauben angenommen (496) und die Taufe empfangen, hat es die heiligen Leiber der Martyrer, welche die Römer mit Feuer verbrannten, mit dem Schwerte mordeten oder wilden Thieren zum Zerfleischen vorwarfen, mit kostbarem Golde und edeln Steinen verziert"[1].

Unter den Künstlern, welche die Reliquien in solcher Art verzierten, ragt der hl. Eligius († 665) mit seinem Schüler, dem hl. Theau, hervor. Sein Lebensbeschreiber, Bischof Audoenus von Rouen († 683), erzählt zwar, daß Eloi aus Limoges stammte und beim König Lothar in hohe Gunst kam, weil er diesem einen noch jetzt zu Paris aufbewahrten Thronsessel anfertigte. Leider gefällt sich aber Audoenus so sehr in Aufzählung der von dem Heiligen gewirkten Wunder und im Lobe seiner Tugenden, daß er auf dessen Kunstwerke nicht eingeht. Er erwähnt indes doch, der heilige Künstlerbischof habe die Leiber der gallischen Martyrer Quintin, Piato, Crispin, Crispinian und Lucian gesucht, aus der Erde ausgegraben, in Seide gehüllt und neben die Altäre in reiche, mit Gold, Silber und Edelsteinen verzierte Gräber beigesetzt[2].

---

[1] Diese Sätze finden sich nach Delisle, Mémoire sur d'anciens sacramentaires, Paris 1886, p. 187 von einer Hand des 11. Jahrhunderts auch in einem Pariser Sacramentar eingetragen. Ueber den Prolog selbst vgl. Wattenbach, Geschichtsquellen. I, 87; Waitz, Verfassungsgeschichte. II, 1. 119 f.; Hauck, Kirchengeschichte. I, 176.

[2] Die Lebensbeschreibung bei d'Achery, Spicilegium, Nova editio. II, 76 sq. Ueber jenen Thronsessel Cahier et Martin, Mélanges. I, 157 s. Ueber die Auffindung des hl. Quintin und anderer Martyrer Vita II, c. 6 sq. bei d'Achery l. c. 92 sq. Weitere Literaturnachweise bei Wattenbach, Geschichtsquellen. 5. Aufl. I, 421.

Eine weitere und eingehendere Bestätigung findet die Vorrede zum salischen Gesetz in den Werken des hl. Gregor von Tours. Derselbe ist eine für seine Zeit durchaus charakteristische Erscheinung, so daß wir etwas länger bei ihm verweilen müssen. 538 oder etwas früher erblickte er das Licht der Welt und verschied schon 594 am 17. November, nachdem er 21 Jahre Bischof von Tours gewesen. Sein Bischofssitz war für seine Stellung und Lebensauffassung entscheidend. Als Nachfolger des hl. Martin († 401) zählte er, von väterlicher sowohl als mütterlicher Seite ein Erbe der vornehmsten römischen Geschlechter, unter die angesehensten und einflußreichsten Männer des fränkischen Reiches. Oft stand Gregor seinen Königen mit Rath und That zur Seite. Zu Tours sah er die Pilger von allen Seiten hinströmen zum Grabe des im ganzen Abendlande, auch in Deutschland, hochgefeierten Nationalheiligen. Da zudem seine Großmutter den hl. Vectius, einen der ersten gallischen Martyrer, unter ihre Ahnen zählte, erklärt es sich leicht, warum durch den Sohn die fränkische Begeisterung für die Verehrung der Heiligen in der stärksten Weise zum Ausdruck kam. Obgleich es sich hier um die Reliquienverehrung der Deutschen handelt, dürfen, ja müssen doch seine Werke als Hauptquelle für die in Rede stehende Periode benützt werden, weil er die Entwicklung auf Jahrhunderte kennzeichnet und beeinflußt, und weil die vor der Regierung Karls des Großen dem christlichen Glauben zugethanen Landstriche Deutschlands großentheils zum fränkischen Reiche gehörten. Ueberdies erwähnt Gregor jene Länder oft, ja er hat sie selbst besucht und mit deren Bischöfen in freundschaftlichen Beziehungen gestanden. Aus Gregors Schriften gewinnt man unter diesen Umständen ein abgerundetes Bild über die Art und Weise, wie unsere Voreltern sich um das Jahr 600 den Heiligen gegenüber verhielten.

2. Die fränkischen Könige legten Gewicht darauf, sich von den Arianern zu unterscheiden und als gut katholisch zu gelten. Darum schlossen sie sich enge an Rom an. Gregor that es als Bischof noch weit mehr[1]. Nothwendigerweise mußte demnach die Einrichtung des Grabes des hl. Petrus im Vatican zu Rom für die fränkischen Kirchen zum Vorbilde werden. Nach Gregors Beschreibung[2] ruhten die Ueberreste des Apostelfürsten unter einem viersäuligen Baldachin und unter dessen Altar in einer Krypta,

---

[1] Abt Odo von Clugny, Gregors Lebensbeschreiber, erzählt (Migne l. c. LXXI, 126 c. 24), der Bischof sei nach Rom gereist und von Gregor I. mit Ehren empfangen worden. Neuere läugnen diese Reise. Mon. Germ., SS. rer. Merov. I, 11.

[2] In gloria martyrum c. 27, l. c. p. 504. Vgl. oben S. 9.

deren Sarg durch ein kleines Fenster sichtbar und erreichbar war. Wie ähnliche Krypten in Gallien entstanden, erhellt aus dem Bericht über den hl. Benignus[1]. Derselbe war zu Dijon nach seinem Martyrium in einem großen Sarkophag beigesetzt worden, über dem ein altes Gewölbe errichtet war. Aehnliche Anlagen kann man noch heute zu Trier auf dem Kirchhofe von St. Matthias sehen. Das Volk hatte die Erinnerung an den Martyrer festgehalten, während der Bischof meinte, dort ruhe ein Heide. Wunderbare Gebetserhörungen überzeugten ihn von der Richtigkeit der Behauptung der Landleute. Er ließ darum neben dem alten Gewölbe ein neues errichten und den Sarkophag hineinstellen. Einige Jahre nachher fand er in Italien eine Lebensbeschreibung des Heiligen. Die Verehrung nahm zu, und der Bischof befahl, über der Krypta eine große Kirche zu errichten.

Solche Krypten wurden aber in doppelter Weise angelegt, entweder so, daß unter dem Hochaltar ein kleiner, **unterirdischer Raum** hergestellt wurde, in den man mittelst einer Treppe hinabstieg, oder so, daß man eine vollständige **Unterkirche** erbaute, welche späterhin dem Raume des Hochchores entsprach. Die größeren Krypten, die Unterkirchen, waren wiederum doppelter Art. Einige waren ursprünglich geplant als Grabkapellen oder auch nur als kleine Grabgewölbe **hinter oder neben dem Chore**, andere hingegen als Grabkapellen, **über die gleich bei ihrer Anlage ein Chor sich erheben sollte**. Für solche, durch den Aufschwung der Verehrung eines Heiligen bedingte Erbauung eines Chores **über einer** ältern Grabkapelle ward eben das Beispiel der Kirche des hl. Benignus angeführt. Für **hinter dem Chore** stehende Krypten bietet die theilweise erhaltene des hl. Maximin zu Trier, von der Gregor wiederholt redet, einen Beweis[2]. Noch heute findet man den freilich erst aus karolingischer Zeit stammenden Grabbau zu Süstern im holländischen Limburg und den ältern zu Werden an der Ruhr **hinter** dem Ostchor, während zu Hildesheim noch deutlich zu erkennen ist, wie der Westchor über der Grabkapelle des hl. Bernward († 1022) erst nach dessen Canonisation (1193) entstand.

Die zweite Art der Krypten, jene, die sich auf unterirdische, unter dem Hochaltar befindliche, kleinere Räume beschränkte, muß im 6. Jahr-

---

[1] In gloria martyrum c. 50, l. c. p. 522 sq.
[2] Historia Francorum VIII, c. 12; Vitae patrum c. 17, n. 4; In gloria confessorum 91 (al. 93), Mon. Germ. l. c. 332. 731. 806. Vgl. Beissel, Geschichte der Trierer Kirchen. I, 200; Pastor bonus. Trier 1889. I, 317 f.; Meßmer, Ueber die Krypta, Mittheilungen der k. k. Centralcommission. IX, 219 f.

hundert sehr häufig gewesen sein. Wie Gregor von Tours erzählt[1], belästigte zu Bourges ein Mann seine Nachbarn durch Verleumdungen. Die Vornehmen der Stadt führten ihn ins Innere des Altares der Kirche des hl. Stephanus. Da er hier die Aussagen wiederholte, sah man ihn in die Luft erhoben werden und auf das Haupt stürzen. Schwer verletzt, gestand er seinen Fehler ein. Auch die 49 Martyrer von Lyon wurden nach Gregors Zeugniß unter dem Altare begraben[2]. Merkwürdig ist eine in der Kirche des hl. Servatius in der Mitte des großen Schiffes erhaltene unterirdische Grabkapelle. Aehnliche Anlagen konnten beim ersten Bau unter dem Hochaltar der Westapsis oder unter dem Kreuzaltar beim Eingang des Chores sich befinden, so daß sie erst bei Verlängerung des Baues, wodurch die Altäre nach Osten gerückt wurden, in die Mitte des Schiffes kamen. Auch manche im Mittelschiff alter Kirchen aufgefundene, brunnenartige Mauerwerke dürften kleine Krypten oder Unterbauten der Altäre sein, z. B. die im Trierer Dome zu Tage getretenen[3].

Oft wurden aber auch Reliquien ohne Errichtung solcher kleinen, gewölbten Kammern einfach unter die Altäre beigesetzt[4].

Das Volk liebte die Krypten. Es scheint fast, als ob sie in fränkischer Zeit der eigentliche Ort der Reliquienverehrung gewesen seien, und daß in Fällen, wo die heiligen Gebeine unter dem Hochaltar lagen, nicht selten die Krypta so erbaut war, daß sie an das Grab anstieß, und man durch ein Fenster dasselbe sehen konnte.

Kleinere Reliquien fanden in den Altären ihren Platz[5]. Wiederholt erzählt Gregor, daß er bei den Altarweihen Reliquien in den Tisch legte[6], die mit Tüchern umhüllt und mit Schnüren umwunden wurden[7].

Schon zu Gregors Zeit stellte man Reliquien, welche von einem Ort zum andern gebracht wurden, während der Rastzeit auf die Altäre

---

[1] In gloria martyrum 33, l. c. p. 508.

[2] In gloria martyrum 33, l. c. p. 509. Vgl. Mabillon, Praefationes in Acta SS., Saeculum 3. n. 79, ed. Trident. 1724, p. 134.

[3] Beissel, Geschichte der Trierer Kirchen II, (2. Aufl.) 32 f.

[4] Gregor. Tur., In gloria martyrum 48 (al. 49) und 49 (al. 50), l. c. 521 sq. Aeltere Zeugnisse bei Gerbert, Vetus liturgia alemannica I, 187 und 193.

[5] Reliquiae in (sancto) altari. In gloria martyrum 11. 30. 46. 51 etc., l. c. 495. 506. 520. 524. (Reliquiae) in capsa argentea reconditae in ecclesiam ligneis constructam tabulis. In gloria martyrum 51, l. c. p. 524.

[6] In gloria martyrum 33; Vitae patrum 15, l. c. 508. 509. 721; Mabillon, De liturgia gallicana p. 72; Honoré, Réflexions III, 399 s.

[7] In gloria martyrum 18; Vitae patrum 2, l. c. 500. 670.

der Kirchen, die am Wege lagen. So blieben sie dort eine Nacht, wohl auch an Sonn= und Festtagen[1].

Der zweite berühmte Wallfahrtsort, welcher neben der Confessio des hl. Petrus für Anlage von Heiligengräbern als Muster galt, war die alte Kirche des hl. Martin zu Tours. Das Denkmal ihres Schutzheiligen war dort so aufgestellt, daß die Kranken zwischen dem Grabe und dem Altare beteten[2]. Es war also ein selbständiger, reich verzierter Sarkophag. Wie jener des hl. Dionysius in dessen Kirche zu St. Denis, wird auch dieser Sarkophag einen spitz zulaufenden, pyramiden= artigen Deckel gehabt haben, der mit seidenen, goldgestickten Vorhängen belegt war. Er wird vor, neben oder hinter dem Altare und unter einem viersäuligen Baldachin gestanden haben, in dessen Mitte eine Taube, vielleicht als Bild der Seele, schwebte[3].

Nicht nur in Krypten und Kirchen, auch in Taufkapellen[4] be= wahrte man die Ueberreste der Heiligen in oder bei den Altären, aber auch in hohlen Steinen[5] oder Mauern[6].

3. Bei den Gräbern der Heiligen brannten Lichter, Oellampen oder Wachskerzen. Das in den Lampen verwendete Oel wurde häufig zu Kranken gebracht, welche dadurch Linderung ihrer Schmerzen, ja Heilung erlangten. Häufig opferten Hilfesuchende Kerzen, die ihnen an Größe oder Gewicht gleich waren. Es geschah sogar, daß sie so viel Silber brachten, als sie wogen[7]. Andere streuten auf und um die heiligen Gräber Blumen und Blätter, welche ebenfalls vom gläubigen Volke als Heilmittel mit Erfolg zu Kranken gebracht wurden[8]. Wieder andere gaben ihren Kranken

---

[1] Mabillon, De liturgia gallicana p. 83 sq.; Honoré, Réflexions II, 499. Nach Kraus, Real=Encyklopädie I, 39 fände sich bei Gregor von Tours (Mirac. II, 34) „die erste unzweideutige Nachricht über die Exposition von Reliquien auf dem Altare"; II, 34 findet sich nichts, II, 36 der Satz: Beati pignora in altare loca- bantur.

[2] Gregor. Tur., De virtutibus s. Martini c. 38; cfr. 12 und 40, l. c. 596. 606. Ein in einer Krypta vor dem Altar errichtetes Grab beschreibt Gregor Vitae patrum 7, l. c. 689 sq.

[3] In gloria martyrum c. 71, l. c. 535. Vgl. Mabillon, De liturgia galli- cana p. 90 sq.; Gerbert, Vetus liturgia alemannica II, 545.

[4] Historia Francorum X, 31; Vitae patrum 7, l. c. 449. 687.

[5] Historia Francorum X, 31, l. c. 448.

[6] Historia Francorum VII, 31, l. c. 311.

[7] Gregor. Tur., In gloria martyrum 14, 15, 33, 50; De virtutibus s. Mar- tini I, 11. 15. 18. 34; IV, 15, l. c. 498. 509. 522. 595. 597. 598. 605. 653.

[8] Historia Francorum VII, 12; Vitae patrum 6, 8, l. c. 297. 686. 696.

Wasser oder Wein zu trinken, die mit den Reliquien in Berührung gebracht worden waren[1].

Alles, was mit den Reliquien eines Heiligen in Beziehung gekommen, selbst was in seiner Kirche gedient hatte, wurde diesen Franken ehrwürdig und heilkräftig: der Staub des Grabdenkmals, Tücher, welche die Reliquien oder auch nur das Grab berührt hatten, Reste von den Kerzen, die dort brannten, Früchte von Bäumen, die beim Grabe wuchsen, selbst Stücke des Glockenseiles. Bezeichnend ist dabei die Aeußerung Gregors von Tours: „Ein wenig Staub aus der Kirche des hl. Martin nützt mehr, als alle (Wahrsager) mit ihren unsinnigen Heilmitteln."[2]

Daß unter solchen Verhältnissen die Sitte, Reliquiare am Halse zu tragen, weit verbreitet sein mußte, liegt auf der Hand. Gregor trug beständig ein solches „Chrismarium". Es hatte, als er Bischof geworden, die Kreuzesform und enthielt Reliquien der allerseligsten Jungfrau, der Apostel und des hl. Martin[3]. Gleiches wird vom Abt Aridius in dessen Gregor zugeschriebenem Leben erzählt[4] und von anderen in Gregors echten Schriften[5]. Die Reliquiare wurden aus den kostbarsten Stoffen, auch aus Gold angefertigt[6]. Hie und da haben sich einzelne Reliquiare dieser Zeit erhalten, z. B. ein Reliquienkreuz zu Tournay, andere Gegenstände zu St. Maurice und zu Utrecht[7].

In solche Reliquiare verschloß man im 6. und 7. Jahrhundert meist nur sogenannte „Brandea", Tücher, welche auf den Gräbern der Heiligen

---

[1] In gloria martyrum 50; De virtutibus s. Martini III, 43, l. c. 523. 643.

[2] In gloria martyrum 45; De virtutibus s. Martini I, 27. 28; IV, 32 etc., l. c. 519 sq. 601. 658. Vgl. Vita s. Gregorii per Odonem: Migne, Patrolog. lat. LXXI, 119.

[3] Vita s. Gregorii c. 9 et 16; Migne, Patrolog. LXXI, 120 et 123; In gloria martyrum c. 10, Mon. Germ. l. c. 495.

[4] Vita s. Aridii abbatis c. 7. 8. 20. 29. 35. 36; Migne l. c. 1123. 1124. 1128. 1134. 1140. 1141.

[5] Historia Francorum VIII, 15; In gloria martyrum 30 (al. 31); De virtutibus s. Martini IV, 32; Mon. Germ. l. c. 334. 506. 658.

[6] In gloria martyrum 13 (al. 14), Mon. Germ. l. c. 497. Eine arca argentea erwähnt l. c. 5 p. 490 und öfter. Beachtenswerth ist vor allem das 83. Kapitel des Buches In gloria martyrum (l. c. p. 544), worin Gregor erzählt von einem goldenen Reliquiar, das er von seiner Mutter erbte. Es enthielt: „sanctorum reliquias", „sacros cineres". Es bleibt unklar, ob der Inhalt nur Staub war, der auf dem Grabe gelegen hatte, oder aus dem Grabe selbst entnommener.

[7] Ch. de Linas, Les origines de l'orfèvrerie cloisonnée. Paris 1887. III, planches ajoutées 11. 12. 27; Reusens, Éléments d'archéologie chrétienne. 2. Ed. I, 239 s.; Piper, Einleitung in die monumentale Theologie. Gotha 1867. S. 190 f.

Mittelbare und unmittelbare Reliquien.

gelegen hatten, oder Staub von diesen Denkmälern[1]. Gregors Schriften sind gefüllt mit Nachrichten über solche **mittelbare** Reliquien, zu denen man auch häufig erwähnte Theile vom heiligen Kreuze zu rechnen hat, und Stücke von den Kleidern oder Geräthen der Heiligen oder aus deren Gräbern. **Unmittelbare** Reliquien, also eigentliche Theile eines heiligen Leibes, kamen damals selten in den Besitz der gewöhnlichen Gläubigen. Der oft genannte Bischof von Tours erzählt, ein Priester sei gestraft worden, weil er einer Frau eine solche Reliquie wegen ihrer langen und inständigen Bitten gegeben habe. Indessen fehlt es nicht an Beispielen, daß Laien doch kleine Theile von heiligen Gebeinen besaßen[2]. Legte doch eine Frau aus Maurienne in Savoyen in jenes oben erwähnte goldene Chrismarium, das freilich auf oder in einen Altar kam, einen Finger des Vorläufers, der in sehr wunderbarer Weise in ihren Besitz gekommen war. Sie wünschte Reliquien jenes hl. Johannes und kam deshalb in den zum Erzbisthum Auch gehörigen Bischofssitz Bazas. In der Kirche des Vorläufers lagen dort Theile von dessen Gebeinen in einem Altar. Die Frau schwor, nicht zu weichen, bis ihre Bitte gewährt sei. Man antwortete, die Gewährung sei unmöglich. Bis ins dritte Jahr harrte sie aus ohne Erfolg. Da warf sie sich hin vor das Grab und betheuerte, nicht aufstehen zu wollen, bis ihr Ansuchen Erfolg hätte. Am siebenten Tage, als sie vor Entbehrung es nicht mehr aushalten konnte, erschien auf dem Altare ein hellleuchtendes Fingerglied des Heiligen, das sie mit sich nahm. Drei Bischöfe kamen zu ihr und erbaten einen Theil von der Reliquie, konnten aber nichts abtrennen. Da wachten und beteten sie eine Nacht. Nun versuchten sie es wieder; zwar vermochten sie nicht, eine Partikel abzulösen, aber ein Blutstropfen fiel auf das untergelegte Tuch. Gleiches geschah, nachdem sie zwei weitere Nächte im Gebete gewacht hatten. Sie theilten das blutige Tuch und freuten sich ihres Schatzes, der neuen Reliquie des Vorläufers.

Mag der Kritiker, wie wir später sehen werden, die Einzelheiten dieses Berichtes immerhin zu beanstanden haben; dies, worauf es hier ankommt, bleibt bestehen, daß schon früh Theile von den Gebeinen der Heiligen abgetrennt und an andere Kirchen vergeben wurden. Von hoher Bedeutung sind in dieser Hinsicht die beiden vom Bischof von Trient an

---

[1] Honoré, Réflexions III, 418 s.; Mabillon, Dissertationes 632; Annales I, 93. 144. 145 etc.
[2] In gloria martyrum 54; cfr. Historia Francorum VII, 31 und In gloria confessorum 44; Mon. Germ. l. c. 526. 311. 775.

den Bischof Simplician von Mailand, den Nachfolger des hl. Ambrosius, und an den hl. Chrysostomus von Constantinopel 397 geschriebenen Briefe. Aus ihnen erhellt, daß Reliquien jener in demselben Jahre von den Heiden getödteten Glaubensboten, Sisinnius, Martyrius und Alexander, nach Mailand und Constantinopel kamen[1]. Es handelte sich dabei nicht nur um sogen. Brandea, um Tücher, welche auf dem Grabe gelegen hatten, sondern um Theile von ihrer Asche. Wenn fernerhin von dem oben erwähnten Schüler des Apostels von Noricum, von Eugipp erzählt wird, Severin († 8. Januar 482) habe Reliquien der hll. Gervasius und Protasius erhalten, so liegt kein Grund vor, dies nicht auf Theile ihrer eigentlichen Ueberreste zu beziehen[2]. An dritter Stelle ist für unsere Frage eine Rede des Bischofs Gaudentius von Brescia († um 420) zu beachten. Sie wurde gehalten bei Einweihung der Basilica concilii martyrum, d. h. jenes Gotteshauses, worin die Leiber vieler Martyrer ruhten. Es ward später nach dem hl. Johannes benannt und lag vor der Stadt[3]. Der Bischof zählt in seiner Predigt jene Heiligen auf, von denen er Reliquien in der neuen Kirche beisetzte. Dabei redet er so, als ob jeder dieser Heiligen nun persönlich dort wohne, wenn auch nur ein kleiner Theil seiner Gebeine sich vorfand. Er betont vor seinen Zuhörern, in der neuen Kirche seien Reliquien zu verehren des hl. Johannes des Täufers, der Apostel Andreas und Thomas, des Evangelisten Lucas, Blut der heiligen Gervasius, Protasius und Nazarius[4], Asche der oben genannten Sisinnius, Martyrius und Alexander[5], sowie der 40 Martyrer von Cäsarea[6].

Man muß jedoch zugestehen, daß noch in keinem dieser Zeugnisse klar gesagt ist, es seien K n o c h e n t h e i l e eines Heiligen von seinen Gebeinen getrennt und vergeben worden. Entscheidend sind indessen die Worte des hl. Paulin von Nola († 506), der ausdrücklich erklärt, Theile von

---

[1] Acta SS. 29. Maj. VII, 37 sq. Die beiden Briefe und Nachrichten über die Vertheilung ihrer Reliquien bei Ruinart, Acta martyrum, ed. Ratisbon. 1859, p. 624 sq.

[2] C. 9 und c. 23 bei Friedrich a. a. O. I, 454 und 468.

[3] Sermo 17; Migne, Patrolog. XX, 959 sq.

[4] Quorum sanguinem tenemus gypso collectum, nihil amplius requirentes; tenemus enim sanguinem, qui testis est passionis.

[5] Recipimus etiam sanctos cineres Sisinii, Martyrii et Alexandri.

[6] Portionem reliquiarum sumpsimus, et nihil nos minus possidere confidimus, dum totos quadraginta in suis favillis honorantes amplectimur, sicut illa in Evangelio fidelis mulier, quae per fimbriam Christi salvata est. Oram tenuit vestimenti, et virtutem divinitatis exegit ... Itaque pars ipsa, quam meruimus, plenitudo est; dividi enim quadraginta isti martyres ab invicem nullo modo possunt.

der Asche und den Gebeinen der Heiligen seien schon seit dem Beginn des
4. Jahrhunderts vergeben worden[1].

Auf den ersten Blick erscheint es zweifelsohne auffallend, daß man
die Gebeine eines Heiligen derartig zerstreute und doch wiederum so redete,
als ob er an jedem Orte wohne, wo auch nur ein Theil derselben auf=
bewahrt wird. Indessen schwindet das Befremdliche bei tieferem Eindringen
in den Ideengang jener Zeit. Es ist um so wichtiger, sich über denselben
klar zu sein, weil in ihm Gedanken und Wahrheiten liegen, welche die
ganze Reliquienverehrung des Mittelalters beherrschten.

Man ging von der Thatsache aus, daß unsere ganze Seele in jedem
Theile ihres Leibes vollständig und ungetheilt wohne. Was der Mund
oder die Hand that, was Haupt oder Leib litt, ward der Person zu=
geschrieben. Und wie die Person, so erhielt auch der ganze Leib das
Lob für die Tugend, welche die Seele mittelst eines Theiles desselben,
handelnd oder leidend, geübt hatte.

Beim Tode entfernte sich die Seele vom Leibe, er zerfiel; seine Glied=
maßen trennten sich voneinander. Nun wußte man sehr wohl, daß die
Seele nicht mehr mit den Aschenresten, nicht mehr mit den vertrockneten,
morschen Gebeinen so vereint sei, wie sie ehedem in ihnen wohnte, als sie
dieselben belebte. Aber den Glauben an eine gewisse Zusammengehörigkeit
der einzelnen Theile mit der Seele hielt man fest. Man sagte sich:
Erstens gehören diese Reste des Leibes der Seele; sie können nie jemandes
andern Eigenthum werden. Zweitens kann kein wesentlicher Theil ver=
loren gehen; denn die Seele wird bei der Auferstehung alle wieder=
erhalten. Drittens die Seelen der Heiligen wissen, wo ihre Reliquien
sich befinden, was mit ihnen geschieht. Sie freuen sich, wenn dieselben

---

[1] Paulini Nolani Poema 19; Migne, LXI, 509 sq.
  15. Martyr stella loci simul et medicina colentum est.
 321. Ut Constantino primum sub Caesare factum est,
      Nunc famulis retegente suis, ut sede priori
      Martyres accitos transferrent in nova terrae
      Hospitia . . .
 358. Ex illo sacri cineres quasi semina vitae
      Diversis sunt sparsa locis, quaque osse minuto
      De modica sacri stipe corporis exiguus ros
      Decidit in gentes, illic pia gratia fontes
      Et fluvios vitae generavit gutta favillae.
 364. . . . Nam nos quoque sumpsimus istic
      Carnis apostolicae sacra pignora pulvere parvo.
Vgl. Muratori, Anecdota. Mediolani 1697. I, 199.

ehrenvoll behandelt werden, und sie beten mit Erfolg bei Gott für jene, welche diese Reliquien verehren.

Die Möglichkeit, daß die Seele von dem Schicksal der einzelnen verstreuten Theile ihres Leibes Kenntniß habe, erklärte man sich mittelst der Allwissenheit Gottes. Man sagte, die Heiligen genießen im Himmel der beseligenden Anschauung Gottes, sie sehen nun in dieser Allwissenheit Gottes, die sich gleich einem Spiegel vor ihnen befindet, alles das, was Gott sie wissen lassen will. Ein Theil dessen, was Gott ihnen zeigt, ist das, was mit den Ueberresten ihres zu verherrlichenden Leibes geschieht und was ihre Verehrer für sie thun. Weder mit ihren irdischen Reliquien noch mit ihren Verehrern stehen demnach die Heiligen in solcher unmittelbaren Beziehung, wie wir mit unseren Mitmenschen verkehren. Immer bleibt Gott das Mittelglied. Die Behauptung, die Heiligenverehrung sei Götzendienst, schließt demnach volle Unkenntniß ihres eigentlichen Wesens in sich. Es ist freilich wahr, daß manche einfältige Leute sich über die Weise, wie sie mit den Heiligen in Verkehr standen, nicht immer klar gewesen sind, daß sie oft so redeten und so beteten, als ob der Heilige vor ihnen stehe. Aber war das eine so schlimme Sache? Verfaßt nicht jeder Notar und mancher Beamte Actenstücke „im Namen des Königs", denen doch der König sehr fern steht. „Wir N. N. verordnen", steht im Actenstück: muß nun jeder jedesmal, wenn er das hört, sich vorstellen, wer verordnet und inwiefern dieses geschieht? Theologen und Bischöfe, besonders hervorragende Männer wie Gregor von Tours, kannten den Sachverhalt wohl, haben ihr Volk unterrichtet und selbst so gehandelt und andere handeln lassen, wie Wahrheit und Christenthum verlangten.

4. Die Werke Gregors von Tours sind nicht zu verlassen, bevor die Frage nach Glaubwürdigkeit und Bedeutung der zahlreichen und auffallenden von ihm erzählten Wunder behandelt ist. Eine Besprechung ist um so nöthiger, weil selbst besonnene Geschichtschreiber, die auf dem Boden des Christenthums verharren wollen, hier oft mehr in Abrede stellen, als geschehen darf, wenn der christliche Standpunkt gewahrt bleiben soll[1].

---

[1] Wattenbach hat in „Deutschlands Geschichtsquellen im Mittelalter" (II, 219 Anm. 1) den Standpunkt mancher Gelehrten hinsichtlich der Wunder durch folgendes Citat charakterisirt: Autobiography of Lutfullah, a Mohammedan Gentleman: „Thousands of pilgrims annually come to pay their respects to the tomb. The prayers of some supplicants being granted through the medium of the scrine, and their hearts' desire being fullfilled either by chance or destiny, the effects are attributed to miraculous aid of the saint. In such respects mankind are like a herd of sheep, one blindly follows another."

Man kann unmöglich Christ bleiben, wenn man nicht drei Sätze zugibt: 1. Ein Wunder, ein ungewöhnliches Eingreifen Gottes, wodurch bedrängten Menschen Heil und Erlösung gewährt wird, ist möglich. 2. Wunder sind durch Christus und seine Apostel, durch die Gerechten und die Propheten des Alten Bundes wirklich vollbracht worden. 3. Wunder können in der Geschichte immer wieder vorkommen.

Liest man in mittelalterlichen Schriften, beim Grabe oder bei den Reliquien dieses oder jenes Heiligen sei ein oder das andere Wunder geschehen, so ist offenbar einerseits die Glaubwürdigkeit des Berichterstatters, andererseits die berichtete Thatsache zu untersuchen.

Erscheint der Berichterstatter als ehrlicher, wohlmeinender Mann, so ist selbst in diesem Falle, der bei den meisten mittelalterlichen Schriftstellern zutrifft, doch noch immer genau zu beachten, ob er eine Thatsache beibringt, die er selbst sah, oder eine solche, die andere ihm zutrugen; sodann, ob diese anderen Zeugen Glauben verdienen. Je wunderbarer die erzählte Thatsache erscheint, desto zuverlässiger muß der Zeuge sein. Wird man jemand tadeln dürfen, welcher sich nicht entschließen kann, eine höchst auffallende Thatsache gläubig hinzunehmen, bloß auf die Versicherung eines oder auch mehr als eines ungenannten, daher unbekannten Zeugen hin, dem der Schreiber seinen Bericht entnahm? Gar viele der mittelalterlichen Schriftsteller hätten jedenfalls besser gethan, anstatt zahllose, höchst auffallende Wundergeschichten aneinander zu reihen, lieber die besseren auszuwählen und bei ihnen die näheren Umstände und die Zeugen eingehend zu nennen. Weil sie die Angabe genauer Einzelheiten meistens unterließen, ist ein besonnener Mann nur zu oft in der Lage, die Thatsache dieses oder jenes Wunders ebenso wenig annehmen, als läugnen zu können. Er sieht sich gezwungen, die Sache unentschieden zu lassen. Er wird die Sache nicht in Abrede stellen, weil sie möglich ist, und der Berichterstatter je nach Umständen mehr oder weniger Glauben verdient. Er kann sie aber auch nicht annehmen, weil dieser Berichterstatter oder dessen Zeugen nicht soviel Glauben zu verdienen scheinen, als das Auffallende der berichteten Thatsache erheischt. Indessen fehlt es nicht an Berichten, wo die gläubige Annahme gerechtfertigt, ja sogar gefordert ist. Diese Sätze werden durch Untersuchung einiger bei Gregor von Tours verzeichneter Wundergeschichten klarer erhellen.

Fassen wir z. B. jene Erzählung von der Frau, welche ein Fingerglied des Vorläufers erhielt, ins Auge, so stützt sie sich auf deren Aussage. Diese Frau ist jedoch eine Person, welche eigenwillig auf ihrer Ansicht besteht. Zwei Jahre harrt sie aus, obgleich man ihr begreiflich zu machen sucht, eine Erlangung der Reliquie sei unmöglich; dann beginnt sie zu hungern, bis man ihr den Willen thue. Am siebenten Tage, also zu einer Zeit, in der eine Person ihres Schlages unter solchen Umständen der Täuschung zweifelsohne ausgesetzt ist, soll ihr das Fingerglied durch ein Wunder von Gott zugekommen sein. Diese Frau, der einzige Zeuge dieses Wunders, wird somit keinen Glauben heischen können. Aber wird man nicht wenigstens zugestehen müssen, daß Blut aus dem Finger floß, als drei Bischöfe zugegen waren? Gregor nennt diese Bischöfe nicht und sagt ebenso wenig, wer ihm wiedererzählte, daß jene Bischöfe dies Blut auffingen. Am Ende wird auch dieser zweite Theil der Wundergeschichte gleich dem ersten zuletzt auf die Erzählung jener Frau sich gründen.

Ganz anders verhält sich die Sache bei dem von Gregor im folgenden Kapitel erzählten Wunder. Er sagt da einfach: „Bei der Stadt Tours, im Oratorium des Atriums des hl. Martin, erhielt ein Blinder, als wir Reliquien des Vorläufers hineinlegten, das Licht wieder."[1] Da liegt die Sache klar. Der Bericht beruht ganz auf der Autorität Gregors selbst.

Ist Folgendes nicht sicher bezeugt? Sulpitius Severus erzählt, zu Ehren des hl. Martin gesegnetes Oel, dessen sich die Kranken gläubig bedienten, sei gewachsen, d. h. seine Menge habe in wunderbarer Weise zugenommen[2]. Im Anschlusse daran beklagt Gregor sich, daß man die von ihm erzählten Wunder nicht glaube, obgleich er doch Tag um Tag ähnliche sehe; daß man sogar behaupte, Severus habe gelogen, als er berichtete, Martinsöl habe sich wunderbarer Weise vermehrt. Er schreibt dann: „Ich nahm (eine Flasche mit ein wenig zu Ehren des hl. Martin gesegnetem Rosenöl) und goß (den Inhalt) vorsichtig in ein anderes Gefäß. Die Menge des Oeles würde ungefähr die Hälfte eines kleinen Kelches gefüllt haben; sie stand im Gefäß nur zwei Finger hoch." Am folgenden Tage sah Gregor nach und fand vier Finger Höhe. Erstaunt verschloß er das Gefäß und setzte sein Siegel darauf. Nach sieben Tagen untersuchte er es von neuem und fand, daß die Menge des Oeles auf eine Maß (1 Sistarium) gestiegen war. Er schließt mit den Worten: „Heute noch gewährt es Wohlthaten jenen, die es im Namen Gottes erbitten. (Mein Diakon) hat auch in der Folge einen mit diesem wachsenden Oele gesalbten Fieberkranken geheilt und späterhin vielen die Gesundheit wiedergegeben."

---

[1] In gloria martyrum 14 l. c. 498.
[2] Dialog. II (III), 3; Corpus SS. ecclesiasticorum latinorum. Vindobonae 1866. I, 200.

Kann man dies Wachsen des Oeles läugnen, ohne Gregor [1] der Lüge zu beschuldigen? Letzteres aber wäre eine Ungerechtigkeit, da er als ehrlich und glaubwürdig betrachtet werden muß. Mit Recht sagt Löbell [2] bei Besprechung der von Gregor erzählten Wunder: „Die Unhaltbarkeit dieser Vorstellung (welche die Wundererscheinungen mit der Annahme eines Systems von Lug und Trug der Priester erklärt zu haben glaubt) darzuthun, ist Gregor allein im Stande; denn aus seinen Schriften spricht der innigste, seine ganze Seele durchdringende Glaube an die Wahrheit der vorgetragenen Erzählung." Arndt, der in den Monumenta Germaniae, Scriptores rerum Merovingicarum Gregors Geschichte der Franken neu herausgab, sagt (S. 21): „Sicherlich hat er genau erkannt, daß der Geschichtschreiber überall die Wahrheit erforschen soll. Zuweilen berichtet er Falsches, weil er das Rechte nicht kannte oder von seinen Quellen irregeleitet ward; nie erscheint er als Verleumder oder Lügner."

Wie verhält es sich aber z. B. mit jener von Gregor im Buche von den Wundern des hl. Julianus [3] beigebrachten Thatsache? Er schreibt, bei einem Gewitter sei der Blitz in den Glockenthurm gefahren und am Seile in die Kirche herabgestiegen. Dort habe er aus zwei Säulen Stücke herausgeschlagen und sei dann zurückgeprallt und durch die zerbrochenen Glasscheiben des Fensters, ohne jemand zu verletzen, ins Freie gelangt, wo er einen Heuschober entzündete und Vieh tödtete. Gregor schließt: „Wenn jemand das als Zufall ansehen will, so sollte er doch lieber die Macht des berühmten Martyrers bewundern und anstaunen, weil der mitten durch das Volk gehende Blitz niemand verletzte." Offenbar ist in diesem Falle der Beweis schwer zu liefern, daß sicher ein Wunder vorliege, obwohl nichtsdestoweniger der gläubige Sinn des Volkes vielleicht mit Recht ein Wunder anerkannte.

Ganz fabelhaft klingt dagegen die Geschichte von jenem erkrankten spanischen Königssohne [4]. Der arianische Vater, König Chararicus, schickte Gesandte nach Tours mit soviel Silber, als der Sohn wog. Die Gesandten beteten am Grabe, kehrten heim, fanden den Sohn noch krank, erzählten aber von den Wundern, die sie dort gesehen. Daraus erkennt der Vater, daß er nur Heilung erlangt, wenn er dem Arianismus entsagt. Er baut eine Kirche zu Ehren des hl. Martin und sendet seine Gesandten mit noch größeren Geschenken nach Tours, um Reliquien des hl. Martin zu erbitten. Von dessen Gebeinen konnten sie nichts erhalten; sie legten

---

[1] De virtutibus s. Martini II, 32, l. c. 621.
[2] Gregor von Tours und seine Zeit. Leipzig 1839. S. 292.   [3] Cap. 27, l. c. 575.
[4] De virtutibus s. Martini I, 11; vgl. IV, 7, l. c. 594. 651.

deshalb ein seidenes Tuch auf das Grab, wachten eine Nacht bei demselben und fanden, daß das Tuch an Gewicht zugenommen habe[1]. Das galt ihnen als Zeichen der Erhörung. Unter Psalmengesang trugen sie ihre Reliquien heimwärts. In einem Kerker, an welchem sie vorbeizogen, hörten die Gefangenen den Jubel und beteten; der hl. Martin erschreckte ihre Wächter, und alle erlangten die Freiheit. Die Reliquien kamen zu Schiff an ihren Bestimmungsort; der Sohn des Königs ward gesund, und alle Aussätzigen, deren es dort viele gab, wurden geheilt. Nie ist der Aussatz seitdem dort wieder aufgetreten. Der König und sein ganzes Haus wurden katholisch. „Das Volk ist von nun an so entbrannt aus Liebe zu Christus, daß alle sehr gern den Martertod erleiden würden, wenn die Zeit einer Verfolgung sich nahte."

Hier hat wohl die Legende zwei Thatsachen, die Bekehrung der Arianer und die Errichtung einer Martinskirche, verbunden und dann breit ausgesponnen. Gregor vernahm sie und theilte mit, was er gehört hatte. Schon der Name des Königs „Chararicus" ist unhistorisch und gebietet Mißtrauen.

Viele von Gregor und von mittelalterlichen Schreibern mitgetheilte Wundergeschichten können vor der Kritik nicht bestehen. Indessen beweist doch der Umstand, daß sie solche erzählen, ihren und ihrer Leser Glauben an häufiges Vorkommen der Wunder. Eine solche durch Jahrhunderte, ja durch mehr denn ein Jahrtausend lebendig fortwachsende, von den gelehrtesten Männern getheilte Ueberzeugung vom heilsamen und tröstenden Eingreifen Gottes in die Geschicke der Menschen wäre aber nicht möglich, wenn sie nicht durch Thatsachen gestützt worden wäre. Selbst Hauck gesteht zu: „Daß nicht die Geschichtschreiber den Schein erwecken, der Wunderglaube sei allgemein gewesen, sondern daß er dies wirklich war, sieht man aus den wenigen uns erhaltenen Documenten. Paulin von Perigueux bedankt sich in einem Briefe und einem Gedichte bei Bischof Perpetuus von Tours, daß er einen jungen Verwandten wunderbar geheilt habe. König Childebert I. erzählt in einem Diplome für die Kirche von Paris, daß ihn Bischof Germanus auf wunderbare Weise durch Gebet und Handauflegung gesund machte, nachdem viele Aerzte ihn vergeblich zu heilen versucht hatten. Den Mönch Charileffus erkennt derselbe König auf Grund seiner Wunder für einen wahren Knecht Gottes. König Chilperich ließ St. Peter in Beauvais neu bauen, dazu bewogen durch eine Erscheinung

---

[1] Ein ähnliches Beispiel In gloria martyrum 27 und De virtutibus s. Juliani 45; Mon. Germ. l. c. 504 und 581.

des Martyrers Lucian und viele Wunder. Jedermann glaubte Wunder
zu schauen und zu erleben. Wo lag der Grund dieser Ueberzeugung?"[1]

Hauck findet ihn „vor allen Dingen darin, daß Gott für diese Zeit
nicht ein Begriff, sondern eine überall mithandelnde Person war", zweitens
in der „Zuversicht auf die Gebetserhörung" und im „Vertrauen auf die
Verheißungen Christi". Das ist wahr und gut, ist ein Zugeständniß, das
für ernstes Streben nach Wahrheit zeugt. Es ist im wesentlichen dasselbe, wie wenn ein Katholik schreibt: Der Grund liegt im Glauben an
die Gemeinschaft der Heiligen, in der Ueberzeugung, daß die Heiligen auch
noch nach dem Tode menschliche Theilnahme beweisen für Orte, Dinge und
Leute, die ihnen nahe standen oder stehen. Die menschliche Natur sucht
im Bewußtsein ihrer Sündhaftigkeit, Schwäche und Hilfsbedürftigkeit
mächtige Vermittler beim Könige Himmels und der Erde. Ehedem, im
Mittelalter waren die Menschen nicht so emancipirt wie heute. Die Ehrfurcht vor der Autorität war sehr mächtig; darum verloren Bischöfe und
Heilige, welche schon im Leben ein Ansehen genossen, das wir uns kaum
lebendig genug vergegenwärtigen können, das Vertrauen nicht durch den
Tod; ihr schönes Scheiden steigerte es sogar. Das Volk sagte sich mit
Recht: Wenn unsere Bischöfe, Aebte und Aebtissinnen (die meisten Heiligen
der fränkischen Zeit waren eben Prälaten) schon im Leben für uns sorgten,
unsere Vermittler waren bei Richtern, Herren und Königen, dann werden
sie es jetzt sein bei Gott. Psychologisch tritt hier dasselbe Gesetz ein,
welches jene Heiden leitete, die Jesus zu sehen verlangten. Es bewog sie,
nicht unmittelbar zum Herrn hinzuzutreten, sondern den Apostel Philippus
um seine Vermittlung anzugehen. Den Philippus selbst veranlaßte es,
den Apostel Andreas zu Hilfe zu nehmen, um mit ihm vereint dem Erlöser jene Heiden zu empfehlen[2]. Der Erlanger Professor, aus dessen
Kirchengeschichte wir eben jene so wahren Sätze entlehnten, fühlt sich zum
weitern Geständniß gedrungen[3]: „Allerdings wollte man daran festhalten, daß die von den Heiligen vollbrachten Wunder in erster Linie
Thaten Gottes seien. Das spricht der Verfasser der Lebensbeschreibung
des Lifardus sehr bestimmt aus: ‚Dir, Christe, gehören die Wunder, durch
dessen Eingreifen sie zweifellos geschehen. Alle Wunder, deren wir uns
als von deinen Heiligen vollbracht erinnern, sind dein, ohne den nichts

---

[1] Hauck, Kirchengeschichte Deutschlands. Leipzig 1887. I, 187. Die Belegstellen
für die angeführten Thatsachen bei Migne, Patrolog. LXI, 1071 sq.; Mon. Germ.,
Diplomata 1872 (Folio-Ausgabe) p. 3 sq. n. 3. 2. 8.
[2] Joh. 12, 20 f.   [3] Hauck, Kirchengeschichte. I, 192.

an ihnen bewunderungswürdig ist, mit dem alles Bewunderswerthe vollbracht wird.' Auch Gregor von Tours [1], der Patricius Dynamius, der Verfasser der Biographie Leobins, sahen in den Wundern der Heiligen zunächst göttliche Thaten. Aehnlich bei den Reliquien: man verehrte sie als Unterpfänder der stets bereiten göttlichen Hilfe." Dann aber folgt gleich der protestantische Einwurf: „Aber festgehalten wurden diese Gedanken nicht; wie die Reliquien auch als selbständige Träger übernatürlicher Kräfte erscheinen, so steht neben der Anschauung, daß die Wunder im Grund genommen Gott zukommen, die andere, sie seien Thaten der verstorbenen Heiligen im eigentlichsten Sinne des Wortes … So wirkten die Menschen des Jenseits unmittelbar auf das Diesseits ein: die Schranke zwischen beiden Welten wurde nirgends für absolut trennend gehalten. Auch das war Aberglaube."

Aberglaube wäre es gewesen, wenn die fränkischen Laien und Bischöfe geglaubt hätten, jene Reliquien oder Heiligen vermöchten etwas aus sich ohne Gott; das aber hat nie ein gebildeter Franke ausgesprochen oder geschrieben. Sie wußten, daß den Reliquien keine eigene Kraft innewohne. Darum haben sie die Reliquien immer eben als Reste dieses oder jenes Heiligen angesehen, der den vor seinen Reliquien Betenden helfen werde. Wer wird aus dem Satze: „Die Sonne gibt unserer Erde Licht, Wärme und Leben", den Schluß ziehen: Also halten Katholiken den Satz nicht fest, daß alles Gute von Gott kommt? Der Siracide müßte auch des Aberglaubens bezichtigt werden, weil er von Josue schreibt: „Ward nicht durch seinen Eifer die Sonne zurückgehalten, und ein Tag, als wären es zwei? [2]

---

[1] Hauck citirt dafür Historia Francorum VI, 6; VIII, 14 und 16; In gloria martyrum 83; De virtutibus s. Martini III, 8. Die Citate sind richtig, lassen sich aber leicht aufs Doppelte und Zehnfache vermehren. Man nehme das Buch In gloria martyrum. c. 5. Ein seidenes Tuch, worin das Kreuz des Herrn lag, thut Wunder; der Schluß lautet: Quod nos fideliter credere, ipsa Domini promissio inlicet, dicens: Omnia, quaecumque petieritis in nomine meo, credite, quia accipietis. c. 9. Maria bewahrt einem Knaben im Feuer das Leben. Die Folge ist: Credidit in nomine Patris et Filii et Spiritus sancti. c. 36. Eine Quelle versiegt. Durch die Reliquien des hl. Clemens (Clementis intercessio) kehrt sie zurück. Admirantibus populis immensae gratiae Domino referuntur, qui et martyris virtutem prodidit, et fidelis sui orationem implere dignatus est. c. 43. Dominus sanctos suos glorificat in virtute. c. 51. Die in einer Holzkirche aufgestellten Reliquien des hl. Symphorian verbrennen nicht. Vere magna ibidem virtus apparuit, quae populum ad Dei cultum et honorem sui nominis roboravit. U. s. w.

[2] Eccli. 46, 5. Der hl. Thomas sagt: Sancti faciunt miracula dupliciter scilicet postulatione et potestate, id est non praecedente oratione manifesta; tamen in utrisque Deus operatur principaliter, Sancti autem instrumen-

Da ist auch „der Gedanke nicht festgehalten", daß Gott alle Wunder thut. Zuletzt dürften wir nicht mehr sagen: „Die Sonne geht auf", weil festzuhalten ist, daß nicht die Sonne, sondern die Erde sich bewegt.

War nicht Gregor von Tours, waren nicht alle jene Vorsteher der Kirchen und größeren Kapellen, worin Reliquien verehrt wurden, Priester und Bischöfe? In die Feier der heiligen Messe und in die Spendung der heiligen Sacramente haben sie ihre Hauptaufgabe gesetzt. Sie haben die Reliquien in und unter die Altäre gelegt, um zu zeigen, wie alles dem Gottmenschen unterworfen ist, wie auch die Heiligen von ihm ihre Macht erhalten. Wer die von Mabillon herausgegebenen liturgischen Bücher liest, findet in deren Gebeten und Präfationen Seite für Seite den Beweis, daß in der Liturgie des Frankenreiches die Heiligen gerade so verehrt wurden, wie es noch heute in der katholischen Kirche auf der ganzen Welt geschieht.

Es gibt keinen kürzern und schlagendern Beweis dafür, daß die Verehrung Christi nicht durch die der Heiligen in den Schatten gestellt ward, als der schon erwähnte Prolog zum Gesetz der Franken. Er beginnt: „Es lebe Christus, der die Franken liebt! Er bewahre ihr Reich und erfülle ihre Fürsten mit dem Lichte seiner Gnade. Er beschirme das Heer und verleihe dem Glauben Schutzwehr. Freude und Glück des Friedens, viele Jahre der Herrscher gewähre Christus der Herr in Treuen." Dann folgt die oben mitgetheilte Stelle über die Reliquienverehrung. Christus ist der Markstein. So wenig frische Kränze, welche man an festlichen Tagen um ein Kreuzesbild windet, dieses verdecken oder gar erniedrigen, obwohl sie es theilweise verhüllen, so wenig hat die nach Anweisung Gregors von Tours und seiner Mitbischöfe geübte Reliquienverehrung im

---

taliter. Summa 1. q. 117. a. 3 ad 1; 2. 2. q. 178. a. 1. ad 1; 3. q. 84. a. 3 ad 4. Christus faciebat miracula virtute propria, Sancti vero virtute aliena. Solus Deus potest per se facere vera miracula. In reliquiis Sanctorum non est aliqua forma, qua fiunt miracula. Beweisstellen Opera s. Thomae. Parmae 1873. Index p. 328. Lugo hat die Frage ausführlich behandelt. Die wichtigsten Sätze seiner Darlegung (Tractatus de mysterio incarnationis disp. 37 s. 3, Opera ed. Paris. III, 184) lauten: Dicimus ... reliquias ... semper adorari cultu respectivo propter dignitatem personae, cujus reliquiae sunt, quia ipsae in se non habent dignitatem et excellentiam, ratione cujus possit homo se illis prudenter submittere. Potest tamen se illis submittere propter dignitatem ejus, cujus reliquiae sunt... Dum illas adoramus, necesse est, quod simul in recto vel in obliquo tendat nostra intentio ad naturam intellectualem, ad quam illae reliquiae spectant, cui nos etiam submittamus et cui velimus solvere debitum in cultu suarum reliquiarum, et propter cujus excellentiam colamus reliquias.

fränkischen Reiche das Ansehen des Herrn verdunkelt oder die Liebe zu ihm gemindert. Das zeigen Gregors Worte: „In der gegenwärtigen Zeit wird Christus durch vollen Glauben mit solcher Zuneigung geliebt, daß die gläubigen Völker, wie sie sein Gesetz in den Tafeln des Herzens festhalten, so auch zur Erinnerung an seine Hoheit sein auf sichtbare Tafeln gemaltes Bild in Kirchen und Häusern aufhängen." [1]

Man muß überhaupt bei Beurtheilung der religiösen Zustände des fränkischen Reiches immer festhalten, wann und wie ein großer Theil des Volkes zum Christenthum gekommen war. Es war dies erst vor kurzer Zeit geschehen. Die Bekehrten besaßen nicht gleich Griechen und Römern, denen die Apostel predigten, eine hohe Bildung, waren nicht gleich jenen vom Götzendienst gleichsam übersättigt, weil sie unter dessen letzten und furchtbarsten Consequenzen seufzten. Ueberdies war die christliche Religion bei den Franken nicht wie zu Rom trotz des Widerstreites der Regierenden von unten herauf verbreitet, sondern nach Chlodwigs Bekehrung (496) vom Throne herab eingeführt worden. Sie zog ein ohne Verfolgung, welche die Gegensätze schärft und darum die Gläubigen rascher und entschiedener zur vollen und festen Erfassung der Offenbarung stählt.

Der Verfasser des Lebens des in den Maasgegenden wirkenden heiligen Bischofs Plechelm klagt noch zur Zeit Pippins, die Einwohner jener Gegenden seien zwar Christen, übten aber noch häufig heidnische Gebräuche [2]. Schon Gregor der Große hatte in einem Briefe an die Königin Brunhilde gemahnt [3], sie möge sorgen, daß ihre Unterthanen die Götzenbilder nicht anbeteten, nicht in abergläubischer Weise Bäume ehrten und Thierköpfe opferten. Er habe vernommen, daß viele Christen zwar zu den Kirchen kämen, aber den Götzendienst nicht verließen.

Die Acten der Concilien von Orleans (511 und 533), Rheims (625), Clichy (626), Chalons (um 650) und Le Mans [4] klagen über Fortdauer abergläubischer Gebräuche. Häufig kehrt bei Gregor die Warnung vor Zauberern (arioli) und Wahrsagerinnen wieder, oft mit dem Zusatz: „Wer getauft ist, soll sich an die Heiligen wenden; denn durch ihre Reliquien, durch Staub, der von ihren Gräbern kommt, oder

---

[1] In gloria martyrum 21; Mon. Germ. l. c. 501.

[2] Acta SS. 15. Julii IV. 59 n. 10.

[3] Epistol. IX, 11; Migne LXXVII, 954. Friedrich (Kirchengeschichte II, 156 und 458) bezieht diese Stelle auf die Alamannen, nicht auf die fränkischen Unterthanen der Königin, gesteht aber zu, daß sie auch auf die Franken paßte.

[4] Die Nachweise bei Friedrich, Kirchengeschichte. II, 154 f.

durch Tücher, die darauf lagen, helfen sie mehr, als alle jene Zaubermittel."[1]

Wie Gregor der Große den englischen Glaubensboten befahl, die Götzentempel nicht zu zerstören, sondern in Kirchen umzuwandeln[2], so glaubten die fränkischen Bischöfe den Aberglauben am besten zu bekämpfen durch Beförderung der Verehrung der Heiligen und ihrer Reliquien. Wenn sie Gottesurtheile anwenden ließen oder nicht streng genug hinderten, so ist das nicht aus bösem Willen geschehen, indem sie meinten, die im mosaischen Gesetze von Gott vorgeschriebenen Ceremonien (z. B. die des Gebrauches von Fluchwasser) in veränderter Gestalt benützen zu dürfen. Nach Vorgang des hl. Thomas wird ihre Ansicht jetzt von den Theologen principiell verurtheilt[3]. Ganz anders verhält sich aber die Sache, wenn sie durch die Heiligen bei deren Reliquien von Gott mehr Wunder oder wenigstens mehr auffallende Gebetserhörungen erflehten und erflehen ließen, als heute in der katholischen Kirche geschehen. Gott hat bei seinen Wundern die Absicht, den Glauben vorzubereiten und zu stärken, oder der Hoffnung bedrängter Menschen zu entsprechen, oder die Liebe zu vermehren. Uebung göttlicher Tugenden belohnt er gerne durch göttliche Werke. Je mehr der Mensch der Wunder bedarf, um zum Glauben zu kommen, je mehr er sich hilfsbedürftig fühlt und darum zum Gebet und Vertrauen auf Gott gedrängt sieht, weil alle menschliche Hilfe versagt, desto näher tritt das Wunder. Wo die Noth am größten, da ist Gottes Hilfe am nächsten. Bedurften nicht die aus den heidnischen Gebräuchen langsam sich zu christlichen Sitten erhebenden Franken, auf deren Verstand die Priester oft schwer einzuwirken vermochten, weil die Neubekehrten so ungebildet waren, in besonderer Weise der Wunder, um im Glauben zu wachsen? Sie waren ein Volk, dem, weil es der Aerzte meist entbehrte, Zauberer in altgewohnter Art Heilung anboten. Es thut dem Herzen wohl, anzunehmen, Gott habe jenen Leuten öfter und augenfälliger geholfen, weil er auf ihre Noth und Unwissenheit, auf ihr kindliches Vertrauen und ihren einfachen Glaubenssinn sah. Wer nur den kritischen Verstand zu Rathe zieht, nur mit starren, unbeugsamen Principien, mit aprioristischen, von

---

[1] Historia Francorum V, 14; De virtutibus s. Juliani 45. 46; De virtutibus s. Martini I, 26. 27; Mon. Germ. l. c. 203 sq. 581. 582. 601. Vgl. oben S. 16.

[2] Epistol. XI, 76; Migne LXXVII, 1215. Der Ausdruck: Fanorum aedificia everte im Briefe an den englischen König Edelbert (Epistol. XI, 66 col. 1202) dürfte vielleicht besagen: „Mach ein Ende mit den Götzentempeln. Laß sie nicht weiter mißbrauchen." [3] Summa 2. 2. q. 95 a. 8 ad 3.

der Praxis losgelösten Sätzen an die Beurtheilung der mittelalterlichen Schriftsteller und ihrer Nachrichten geht, wird sie oft ungerecht verurtheilen. Wie anders wird das Urtheil, wenn man sich auf einen höhern Standpunkt stellt, auf denjenigen der göttlichen Weltregierung, welche Barmherzigkeit übt gegen alle, weil sie alles liebt und alles kann, und welche in so schönen Zügen vom Verfasser des Buches der Weisheit geschildert ist[1]. Von da aus erhält man eine leichte Erklärung der vielen von den mittelalterlichen Geschichtschreibern, besonders von Gregor von Tours, auch von Gregor dem Großen, erzählten Wundergeschichten. Schon der Apostel sagt, das Wunder der Sprachengaben werde für Ungläubige, nicht für Gläubige gegeben, dagegen erhielten letztere Weissagungen[2]. Gott bequemt sich also den Menschen an. Soweit er es kann, ohne die unabänderlichen Grundlagen seines ewigen Gesetzes zu erschüttern, läßt er sich zu ihrer Schwäche herab.

Die aus den Stürmen der Völkerwanderung, aus einem Chaos hervortretenden Völker waren in ihrer Kindheit, waren Barbaren. Nur langsam konnten sie den edeln Geist des Christenthums und die feine Cultur der alten Welt in sich aufnehmen. Ihnen fehlten viele Hilfsmittel, welche durch eine höhere Bildung den classischen Völkern geboten waren und auch uns zu Gebote stehen. Wie ganz anders ist z. B. im 19. Jahrhundert die Lage eines Kranken, dem ein geschickter Arzt zur Seite steht, als sie im 6. und 7. Jahrhundert war! Welche Hilfsmittel haben heute Richter und Polizei, um ein Verbrechen zu untersuchen und festzustellen! Je mehr die Menschen damals ihr Unvermögen erkannten, je mehr sie trotz ihrer sittlichen Schwäche versuchten, sich in jener jugendlichen, im Prolog zum Gesetze der Franken ausgesprochenen Begeisterung dem Christenthum hinzugeben, desto mitleidiger wird Gott ihnen entgegengekommen sein.

Man wende nicht ein, daß solche Auseinandersetzungen den Boden objectiv historischer Forschung verlassen. Echte historische Wissenschaft muß den rechten Maßstab anlegen. Bei Beurtheilung der fränkischen Verhältnisse und ihrer Wundergeschichten handelt es sich um unmittelbares, augenfälliges Eingreifen Gottes in die Geschicke der Menschen. Da aber gibt es nur einen Maßstab: den christlichen. Ein rein philosophischer, ein ausschließlich kritisch-historischer ist da in seiner naturalistischen Auffassung zu klein. Er kann also nur zu falschen Ergebnissen führen.

---

[1] Weish. 11, 21 f.   [2] 1 Kor. 14, 22.

Drittes Kapitel.
Die vorkarolingischen Heiligen.

1. Dreierlei Heilige wurden in vorkarolingischer Zeit von den Deutschen verehrt: die in der Heiligen Schrift gepriesen, also besonders Maria, die Apostel und die Engel; zweitens die zu Rom hochgehaltenen Martyrer und Bekenner; endlich drittens die Landesheiligen, also die Martyrer, die ersten Prediger des Evangeliums und die hervorragenden Bischöfe, Einsiedler, Klosterleute jeder Gegend. Nach Gregor, der zu Tours als neunzehnter Bischof 573—594 lebte, hatte schon Perpetuus, der sechste Bischof derselben Stadt, verordnet, sein Clerus solle das nächtliche Stundengebet in feierlicher Weise vor folgenden Festtagen abhalten[1]:

Weihnachten, Epiphanie, Johannes, Petri Stuhlfeier[2], Christi Auferstehung (27. März), Ostern, Christi Himmelfahrt, Pfingsten, Johannes der Täufer, Peter und Paul, Martin (dritter Bischof von Tours), Symphorian, Littovius (zweiter Bischof von Tours), Martin (zum zweitenmal), Briccius (vierter Bischof von Tours), Hilarius (Bischof von Poitiers).

Viel reicher ist das Verzeichniß der Feste in dem von Mabillon aus einer Handschrift des 8. Jahrhunderts herausgegebenen Missale Gothico-Gallicanum. Die Abfassung einer ältern Handschrift, aus der die ihm vorliegende copirt ist, setzt er in die Zeit nach 678[3]. In ihr fanden sich folgende Tage mit einem eigenen Meßformular:

Weihnachten (mit Vigil), Stephanus, Jacobus[4] und Johannes, Unschuldige Kinder, Christi Beschneidung, Epiphanie (mit Vigil), Aufnahme

---

[1] Historia Francorum X, 31; Mon. Germ. l. c. 445.
[2] Wohl Cathedra Petri Romae (18. Jan.), nicht Antiochiae (22. Febr.), nach Mabillon, De liturgia gallicana 120 sq.
[3] De liturgia gallicana 176. Das Missale selbst 188 sq.
[4] Gemeint ist Jacobus der jüngere, Bischof von Jerusalem, nicht der ältere, der Bruder des Johannes.

(assumptio) Mariä (18. Jan.¹), Agnes, Cäcilia (22. Nov.), Clemens (Papst, 23. Nov.), Saturnin (Bischof und Martyrer zu Toulouse, 29. Nov.), Andreas (Apostel, 30. Nov.), Eulalia (Jungfrau und Martyrin zu Merida in Spanien, 10. Dec.), Bekehrung Pauli (25. Jan.), Petri Stuhlfeier (wohl die römische des 18. Jan.), Fastenzeit, Donnerstag, Freitag und Samstag der Charwoche, Ostern mit Octav, Kreuzerfindung (3. Mai), Johannes Evangelist (Johannes ante portam latinam, 6. Mai), drei Bitttage (Rogationen), Christi Himmelfahrt, Pfingsten (ohne Vigil), Fereolus und Ferrucio (der erstere war Priester, der andere Diakon, beide erlitten den Martyrtod zu Besançon, 16. Juni²), Geburtsfest Johannes' des Täufers (24. Juni), Peter und Paul (29. Juni), Johannes' Enthauptung (29. Aug.), Sixtus (Papst und Martyrer, 6. April), Laurentius (10. Aug.), Hippolytus (Martyrer, Genosse des hl. Laurentius, 13. Aug.), Cornelius und Cyprian (16. Sept.), Johannes und Paulus (Martyrer zu Rom, 26. Juni), Symphorian (Martyrer zu Autun in Frankreich, 22. Aug.), Mauritius und Genossen (6600 Martyrer in der Schweiz, 22. Sept.), Leudegarius (Leobegarius, St. Leger, Bischof und Martyrer, † 678 zu Autun, 2. Oct.), Martin (von Tours, 11. Nov.).

In diesem, mit Rücksicht auf die Monatstage sehr ungeordneten Verzeichniß treten die Städte Tours, Toulouse, Merida, St. Maurice, Besançon und Autun besonders hervor. Zudem sind besonders betont die in Gallien schon in früher Zeit vor Christi Himmelfahrt abgehaltenen Bittgänge, welche in anderen Kirchen spät eingeführt, in Spanien erst nach Christi Himmelfahrt abgehalten wurden. Demnach liegt eine aus dem burgundischen Theile des Frankenreiches stammende Liturgie vor. Dies Burgund stieß an Alamannien. Sein Festkreis wird also die süddeutschen Länder beeinflußt haben.

Es würde indessen ein starker Fehlgriff sein, zu vermeinen, nur die genannten Feste seien in jener Gegend gefeiert worden. Dies Missale beweist schon dadurch das Gegentheil, daß es eine Messe (de communi) für einen Apostel, drei Messen für einen Martyrer, drei für mehrere Martyrer und je eine für einen Bekenner und für mehrere Bekenner bietet. Eine Messe für Jungfrauen, die nicht Martyrer sind, fehlt. Einen weitern Einblick in Zahl und Art der verehrten Heiligen gewinnen wir durch die drei von Gregor zu Ehren der Martyrer, Väter und Bekenner geschriebenen Bücher. Im erstgenannten sind der Reihe nach folgende Heilige ausführlich behandelt:

Christus und Maria; Johannes der Täufer; die Apostel Petrus, Paulus, Johannes, Andreas, Thomas, Bartholomäus; der Erzmartyrer

---

¹ Dies Fest wird jetzt am 15. August gefeiert. Vgl. Mabillon l. c. 118 sq.
² Acta SS. Junii VI, 306.

Stephanus; die **römischen Martyrer** Clemens, Chrysanthus und Daria, Pancratius, Johannes und Laurentius; die **italienischen Martyrer** Cassian, Agricola und Vitalis, Victor, Gervasius und Protasius.

Es folgen die **gallischen Martyrer** Nazarius und Celsus, Saturnin von Toulouse, die 48 Lyoner Blutzeugen, Photin mit Jrenäus, Epipodius und Alexander von Lyon, Benignus von Dijon, Symphorian von Autun, Marcellus und Valerian in und bei Cavaillon, Timotheus und Apollinaris von Rheims, Eutropius von Saintes, Amarandus und Eugenius von Alby, Rogatianus mit Donatus von Nantes, Nazarius von St. Nazaire bei Nantes; endlich die für unsere Gegend beachtenswerthen **thebäischen Martyrer von St. Gereon zu Köln und Mallosus (Mallusius) zu Birten bei Xanten**. Trier übergehend, wendet Gregor sich zurück nach Frankreich und berichtet dort noch über die hll. Patroklus von Troyes, Antolianus und Julianus von Clermont, Genesius in der Umgegend dieser Stadt, Ferreolus und Ferrucius von Besançon, Dionysius von Paris, Quintinus von St. Quentin, Genesius von Tarbes en Bigorre, über König Sigismund und den hl. Mauritius mit seinen Genossen zu Agaunum in der Schweiz, den hl. Victor zu Marseille, den hl. Baudillius zu Nismes.

Gegen Ende des Buches erscheinen **spanische Martyrer**: Vincenz, Eulalia von Merida, Felix, Emeterius und Celedonius; dann **außereuropäische**: Cyprian aus Carthago, die Siebenschläfer von Ephesus, die 48 armenischen Martyrer, Sergius, Cosmas und Damian, die Syrier Phokas und Domitius, Jsidor von Chios, Poliokt von Constantinopel. Felix von Nola und Vincentius von Agen bilden als Nachtrag den Schluß.

In den beiden folgenden Büchern, worin Gregor die Tugenden und Wunder der Väter (Vitae Patrum) und der Bekenner (Liber in gloria confessorum) preist, werden eine Menge anderer zu seiner Zeit verehrten Heiligen behandelt: Bischöfe, Aebte, Priester, Klausner, Aebtissinnen und gottgeweihte Jungfrauen oder Frauen. Unter diesen erscheinen vorzugsweise die Heiligen, welche Gregor als Bischof der Diöcese Tours besonders verehren mußte, und seine heiligen Verwandten, die Bischöfe Gallus von Clermont († 551, 1. Juli), Gregor von Langres († um 540, 4. Jan.), Nicetius von Lyon († 551, 2. April). Aus Deutschland und den ihm benachbarten Gebieten nennt er die heiligen Bischöfe Remigius von Rheims († 532, 1. Oct.), Medardus von Soissons († um 557, 8. Juni), die beiden Trierer Bischöfe Nicetius († um 566, 5. Dec.) und Maximin († 349, 29. Mai), endlich Servatius (Aravatius) von Tongern-Maastricht (13. Mai).

Daß er keineswegs beabsichtigte, alle in Frankreich verehrten Heiligen zu nennen, erhellt aus der Anlage seiner Werke. Er wollte offenbar vorzüglich jene verherrlichen, die ihm in irgend einer Weise näher standen.

In der Gegend von Clermont hatte er seine Jugend verlebt, die Erzdiöcese Tours war seiner Obsorge anvertraut, endlich hatte er manche Gräber der Heiligen auf seinen Reisen besucht. Sein ziemlich fest umgrenzter Plan ist zu beachten, weil manche Kritiker den Trugschluß immer wiederum von neuem ins Feld führen: „Gregor von Tours nennt diesen und jenen Heiligen nicht. Also kannte er ihn nicht. Folglich wurde der Heilige zu Gregors Zeit nicht verehrt."

2. Aus Gregors so aufgefaßten Werken erhellt, daß jede Diöcese, ja fast jede Stadt zu seiner Zeit ihren besondern heimischen Heiligen hatte. Neben den aus der Heiligen Schrift und aus dem römischen Kalender bekannten italienischen Heiligen gab es also eine große Menge spanischer, gallischer und germanischer, deren Namen nicht oder nur allmählich in die alten Meßbücher, Kalender und Martyrologien eingefügt wurden. Die liturgischen Bücher bildeten stets ein so fest abgeschlossenes Ganze, daß man in den einzelnen Ländern und Diöcesen nur allmählich wagte, mehr und mehr Namen von Heiligen hineinzusetzen, die noch nicht einer allgemeinen Anerkennung sich erfreuten. Das geschah wohl zuerst in Kalendern und Martyrologien, erst viel später in den Meßbüchern. Als Karl der Große die römische Liturgie wiederum allgemein an die Stelle der gallikanischen setzte, verschwanden die heimischen Namen von neuem. Sie begannen aber nach einem Jahrhundert in die römischen Bücher Einlaß zu erhalten.

Hinsichtlich der Lokalheiligen ist besonders jene Stelle Gregors von Tours wichtig, worin erzählt wird, die Einwohner von Bordeaux hätten sich den heiligen Bischof Severin (einen Namensvetter jenes kölnischen Bischofs) zum Patron erwählt, weil er aus der Fremde zu ihnen kam, der hl. Amandus ihm sein Amt zeitweilig abtrat und er bei ihnen begraben ward. Sie hätten in Krankheit, Kriegsgefahr oder sonstiger Noth zu ihm ihre Zuflucht genommen und nach Anweisung des Bischofs in bedrängten Zeiten in der ihm geweihten Kirche bei seinem Grabe gebetet und gewacht[1]. Ja, die Sitte, einen bestimmten Heiligen, dessen Reliquien in einer Stadt ruhten, so zum Patron zu erwählen, war schon vor Karl dem Großen im Frankenreich so verbreitet, daß Reliquien oft einfach „Patrocinia" genannt wurden[2].

---

[1] Patronum sibi adsciscunt, certi, quod, si quandoque urbem aut morbus obrepat aut hostilitas obsedeat aut aliqua quaerella percellat, protinus concurrentes populi ad basilicam sancti, indictis jejuniis, vigilias celebrant, devotissime orationem fundentes, et mox ab imminenti calamitate salvantur. In gloria confessorum 44, Mon. Germ. l. c. 775.

[2] Nachweise bei Du Cange, Glossarium. Niort. 1886; Patrocinia Sanctorum.

3. Treten wir nun der Frage näher, welche Heilige im 7. und 8. Jahrhundert neben den schon erwähnten römischen Martyrern und Heiligen, neben den alten Blutzeugen Deutschlands und neben den berühmten gallischen Heiligen in unserem Vaterlande verehrt wurden, so stellen sich bedeutende Schwierigkeiten in den Weg.

Erstens darf man nicht ohne weiteres annehmen, die in die Martyrologien und Kalender der zweiten Hälfte des Mittelalters aufgenommenen Heiligen seien schon bald nach ihrem Tode als solche angesehen worden. Zweitens muß man sich hüten, den Ehrentitel „heilig" immer in der Bedeutung aufzufassen, welche ihm jetzt eignet. Die Vermuthung ist nur zu sehr gerechtfertigt, in mehr als einem Falle habe die Bezeichnung „Sanctus", welche vordem ein Ehrentitel aller Bischöfe war, wie noch heute der Papst als „Heiliger Vater", als „Heiligkeit" angeredet wird, spätere Schriftsteller in die Irre geführt. Hat nicht dieser oder jener aus dem Ausdruck „Sanctus N.", welcher nur die Würde des Trägers eines verehrenswerthen Amtes pries, auf die persönliche Würde oder Heiligkeit des Betreffenden geschlossen? Venantius Fortunatus († um 600) nennt wiederholt Bischöfe, denen er schreibt: „Heiliger Herr"[1]. Selbst auf heidnischen Inschriften kommt das Wort „Sanctus" als Ehrenbezeichnung für vornehme Personen vor. Auf altchristlichen Grabsteinen trugen Ueberlebende kein Bedenken, ihre entschlafenen Verwandten „Sanctus et venerabilis", „heilig und verehrungswürdig", zu nennen. Zweifelsohne wurde das Wort „Sanctus" nur allmählich zu der jetzt ihm eigenen Bedeutung erhoben. Leicht konnten also spätere Schriftsteller, welche den Ausdruck im Sinne ihrer eigenen Zeit faßten, weil sie die Entwicklung der Bedeutung des Ausdruckes nicht kannten, zu Verwirrung und Irrthum verleitet werden. In der uns heute geläufigen Bedeutung darf er demnach nicht ohne weiteres den in alten Legenden, Lebensbeschreibungen, Kalendarien und Martyrologien damit ausgezeichneten Personen beigelegt werden. Man hat in jedem einzelnen Falle zuzusehen, wann dieser Titel den Betreffenden gegeben ward, und was er damals bedeutete. Der Titel „Sanctus" blieb derselbe, aber seine Bedeutung wuchs. Stieg auch das Anrecht der damit Bezeichneten, so daß jemand, der ehedem genug Heiligkeit besaß,

---

[1] Der Kern der Titulaturen seiner Zuschriften lautet: Domino sancto atque apostolico, N. episcopo. Vgl. Opera, Mon. Germ., Auctores antiqu. IV, 101. 107. 112. 122. Pippin nennt in seiner für Echternach 706 erlassenen Urkunde den Bischof Willibrord, obwohl derselbe noch lebte, wiederholt: Beatus Willibrordus. Mon. Germ., Diplomata I, 94.

um als „Sanctus" bezeichnet zu werden, auch noch genug hatte, als mehr gefordert ward, um „Sanctus" genannt zu werden? Nein; denn sobald man herausgetreten ist aus dieser Welt, steigt die persönliche Heiligkeit nicht mehr. Mancher Deutsche verdiente im 6., 7. und 8. Jahrhundert den Titel „Sanctus", dem die römische Kirche ihn heute nicht zuerkennen würde.

Wie nöthig eine solche Untersuchung ist, erhellt auch daraus, daß man so weit ging, Königen und Großen während ihres Lebens auf Gemälden einen Heiligenschein zu geben. Vor ihrem Tode war er später quadratisch. Wie leicht verwandelte sich der quadratische nach dem Tode in einen runden! So erschienen Leo und Karl auf einem Mosaik des Speisesaales im Lateran mit viereckigen Heiligenscheinen neben dem hl. Petrus, welcher den runden trug, ehedem nur das Zeichen einer hervorragenden Stellung[1].

Wie bedenklich es ist, alle in vergangenen Jahrhunderten als „Heilige" verehrten Männer auch heute ohne weiteres als solche zu bezeichnen, ersieht man weiterhin aus der von Brower aufgestellten Liste der Trierer Erzbischöfe. Brower nennt bis zum Jahre 781 nicht weniger als 59 Bischöfe, von denen er 55 als Heilige bezeichnet. Die vor dem 4. Jahrhundert lebenden sieht er fast alle überdies als Martyrer an[2]. In Wirklichkeit lassen sich aber gewichtige Bedenken hinsichtlich des Martyrertodes, der Heiligkeit, selbst der bischöflichen Würde und der Existenz mancher der in seinem Verzeichnisse aufgeführten Personen nicht abweisen.

Trotzdem kann man für jede ältere Diöcese aus deren Bischofskatalog manche Namen herausheben, deren Träger gleich nach ihrem Tode von den Zeitgenossen, also von bewährten Zeugen, als wirkliche Heilige verehrt und angerufen wurden, deren Verehrung überdies bis auf unsere Zeit ständig fortgedauert hat.

4. Dem Trierer Lande bleiben auch in den Augen strenger Kritiker die drei ersten Glaubensboten Eucharius, Valerius und Maternus als große Patrone und geistige Wohlthäter. Ihnen schließen sich an Maximin († 349), Paulin († um 358) und Nicetius († um 566). In Köln ist das Andenken der hll. Maternus, Severin († um 403) und Cunibert († um 663) besonders hochgehalten worden. Reich an

---

[1] Mabillon, Annales II, 343 bietet eine zuverlässige Abbildung, die oft wiederholt wurde. Vgl. Jahrbücher des fränk. Reiches unter Karl (II, 112); über den viereckigen Nimbus Grimoüard, Guide de l'art chrétien II, 29 s.

[2] Ein Blick in die alten Bischofskataloge bei Gams, Series episcoporum ecclesiae catholicae, bietet zahlreiche Analogien.

früh verehrten Heiligen ist die von Tongern und Maastricht nach Lüttich verlegte Kathedra. Auch hier steht, wie zu Trier und Köln, der hl. Maternus an der Spitze der Bischofsliste, aus welcher die Namen der hll. Servatius († 384?), Domitian († 558), Monulphus († 597), Gondulphus (um 604), Amandus († 675), Remaclus (er war Abt von Malmedy und Stavelot, † um 670), besonders Lambert († um 708) und Hubert († um 728) hervorstrahlen.

Auf hohes Alter machen die Suffraganbisthümer von Trier: Metz, Toul und Verdun, Anspruch. Zu Toul genossen hohe Verehrung Mansuetus und Aper (Evre), zu Metz Clemens, Goericus (auch Abbo genannt, † um 642), Godo (Dodo, † um 650), Sigebald († um 743), Chrodegang († 766), vor allen aber Arnulf (Arnoald), der Stammvater des karolingischen Hauses, auf dessen Familie wir gleich zurückkommen werden. Für Mainz sind zu nennen die hll. Crescens, der Stifter der Diöcese, und Aureus, für Straßburg Amandus und Florentius († um 680), für Freising Corbinian († 730), für Regensburg Emmeram († 652), für die Metropole Salzburg Rupert von Worms († um 720) mit Vitalis († 730), für Tirol Valentin. Maximilian, einer der gefeiertsten Patrone des alten Oesterreichs, predigte in den Süddonauländern schon zur Zeit der heidnischen Kaiser während der zweiten Hälfte des 3. Jahrhunderts das Evangelium und besiegelte es mit seinem Tode als Glaubenszeuge.

Fällt es schon schwer, aus der Zahl der ältesten deutschen Bischöfe die vorzüglichsten Heiligen richtig herauszuheben, so ist dies noch schwieriger hinsichtlich minder hochgestellter Personen. Die Bischöfe standen auf dem Leuchter. Sie konnten nur dann früh allgemeinere Verehrung finden, wenn die ganze Diöcese oder wenigstens ein großer Theil derselben sich dazu gedrängt fühlte. Anders verhielt es sich in Klöstern, besonders in denen der Frauen. Ein förmlicher Canonisationsproceß war nicht festgestellt; in den verschiedenen Gegenden nahm die Heiligenverehrung nicht dieselbe Gestalt und Form an; manche Bischöfe sahen sich in den dunkeln Zeiten der Merowinger nicht veranlaßt oder auch nicht im Stande, diese Verehrung genügend zu überwachen. Nimmt man hinzu die schon oben erwähnte, bei Beurtheilung des ersten Jahrtausends nie zu vergessende Thatsache, daß der Begriff des Wortes Sanctus, „heilig", schwankte, sich nur allmählich zu der ihm jetzt officiell beigelegten Bedeutung erhob, dann erklären sich manche ungewöhnliche Erscheinungen. Es kann vor allem nicht mehr auffallen, daß in Frankreich und Belgien ganze Familien als Heilige verehrt wurden: Eltern, Großeltern, Brüder, Schwestern ꝛc. Schon bei Gregor von Tours finden wir, wie oben angedeutet ward, etwas Derartiges. Sein Vater hatte als Bruder den hl. Gallus, Bischof von Clermont, und zählte unter seinen Ahnen den berühmten Martyrer der gallischen Kirche, Vectius Aepagatus. Sein Großvater mütterlicherseits, der hl. Gregor, Graf von Autun, wurde Bischof von Langres († 540). Nahe Verwandte seiner Mutter waren auch die heiligen Bischöfe Nicetius von Lyon († 551), Tetricus von Langres († 572) und Euphronius von Tours († 572)[1]. Auffallender gestaltet sich die Sache bei der hl. Eusebia († um 680). Ihr Vater, der hl. Adalbald, ward auf einer Reise 652 ermordet und als Martyrer verehrt. Nach dessen Tode trat die Mutter, die hl. Richtrudis, in das von ihr und ihrem Gemahl gestiftete Kloster Marchiennes bei Arras, wo ihre älteste Tochter, die hl. Clotsendis, ihr als Aebtissin folgte. Eusebia ward der Großmutter, der heiligen Aebtissin Gertrud zu Hamai, übergeben, der sie 655 im Alter von zwölf Jahren im Amte folgte. Die dritte Schwester, die hl. Adalsindis, starb 715 als Nonne zu Hamai.

Noch weiter geht die Verehrung der Familie der hl. Wadelberta. Ihre Großeltern Walbertus und Bertilia wurden am 11. Mai verehrt, ihre Eltern Vincentius (auch Madelgarius oder Mauger genannt) und Waldetrudis am 14. Juli und 9. April. Wadelberta selbst wurde ihrer Base, der heiligen Aebtissin Adelgunda zu Maubeuge, übergeben, der sie (um 697) im Amte folgte, welches ihre Schwester, die hl. Adeltrudis, erbte. Ihre Brüder waren der heilige Bischof Landricus, Abt von Soignies und Haumont, und der als Knabe von sieben Jahren verstorbene hl. Dentlinus[2].

Mit der heiligen Wittwe Oda ward in dem an „Heiligen" so reichen Kloster Hamai ihr Beichtvater Pompejus verehrt, mit dem hl. Trubo († um 683) seine Mutter Abela, mit dem von den Normannen ermordeten, als Martyrer verehrten Basinus seine Tochter Albegundis von Drongen, mit der hl. Hildetrubis ihr Bruder Guntard, Abt von Lissies († um 780).

Am beachtenswerthesten ist die Genealogie der Karolinger. An ihrer Spitze steht Ansbert mit drei Kindern: dem Martyrer Ferreolus († 581), der seinem väterlichen Oheim, dem hl. Firminus († 553), als Bischof

---
[1] Mon. Germ., SS. rer. Meroving. 1, 4 sq.
[2] Nach Stabler, Heiligenlexikon I, 740, ist er Patron von Rees und wird zu Soignies, Mons und Emmerich verehrt.

von Uzes folgte, dem heiligen Bischof Mobericus und der heiligen Tochter Tharsicia, die als Jungfrau starb und an deren Grab zu Rhobez Wunder geschehen sein sollen. Vom Erstgeborenen Ansberts, Arnoald, stammte der hl. Arnulph († 626). Dieser zeugte mit seiner am 23. October verehrten Gemahlin Doba den hl. Clodulph (Flodulph oder Cleobulf, † um 693), welcher ihm auf dem Bischofsstuhl von Metz folgte. Clodulphs Bruder, Angesis, heiratete Begga. Sie gebar ihm Pippin von Heristal und ward als Heilige verehrt mit ihrer Schwester Gertrud, Aebtissin von Nivelles († 17. März 664), und ihren Eltern, dem Majordomus Pippin von Landen († 639) und Jtta (Jduberga). Letztere war Schwester des heiligen Bischofs Modoald von Trier († um 640) und der hl. Severa, Aebtissin des Klosters des hl. Symphorian zu Trier († um 660). Kehren wir zu den Karolingern[1] zurück, so finden wir auch die Gemahlin Pippins von Heristal, Plectrudis, mit dem Namen einer „Heiligen" ausgezeichnet. Mit ihr verwandt, ja sogar ihre Kinder sollen nach einigen der hl. Silvinus, vielleicht Bischof von Toulouse, und die hl. Noitburgis von Köln sein[2]. Im 12. Jahrhundert begann man auch Karl den Großen als Heiligen zu verehren. Gegen Ende der Genealogie steht der zu Süstern bei Maastricht verehrte König Zwentibold († 900), dessen heilige Töchter Benedicta und Cäcilia Aebtissinnen daselbst waren, während die hl. Relindis, die dritte Tochter, bei Lüttich als Klausnerin lebte. Es wäre nicht schwer, die Liste dieser Heiligen des karolingischen Hauses zu vermehren. Wir erinnern an Karls Schwester Gisela und dessen Sohn, den Abt Hugo.

Die Verehrung ging auf die hohen Hofbeamten über, besonders wenn sie, obwohl oft verheirathet, Titularäbte geworden und in ihren Klöstern fromm gelebt hatten. So wurde Alcuin am 19. Mai zu Tours verehrt[3], Angilbert am 18. Februar zu Centulum[4], Einhard am 18. Mai in der Abtei St. Vandrille[5].

Man erzählt, am Grabe aller jener „Heiligen" seien zahlreiche Wunder geschehen. Der verständige Forscher wird die Zeugen, welche dies be-

---

[1] Domus Carolingicae genealogia und Pauli, Gesta episcoporum Mettensium, Mon. Germ. SS. II, 265 und 308 sq. Weitere Nachrichten bieten die Acta SS. bei den einzelnen obenerwähnten „Heiligen".

[2] So Stadler, Heiligenlexikon IV, 947.

[3] Bibliotheca rer. Germ. VI; Vita beati Alchuini abbatis; vgl. besonders c. 15 p. 32; Acta SS. 19. Maji IV, 332.

[4] Acta SS. 18. Febr. 766.   [5] Histoire littéraire IV, 554.

haupten, prüfen und manchmal wiederum seine Untersuchung mit dem Geständniß abschließen müssen, die Sache bleibe wissenschaftlich unsicher. Er darf sich aber meist, wenn er Ueberstürzung vermeiden will, nicht dazu verleiten lassen, jene Wunder einfachhin zu läugnen. Ist es doch etwas anderes, eingestehen, nicht von der Wahrheit einer Sache überzeugt zu sein, und etwas anderes, ihre Wahrheit in Abrede stellen.

Obgleich der Begriff „Sanctus" in merowingischer Zeit schwankend blieb, oft ohne feierliche kirchliche Gutheißung von Verwandten, Freunden und dankbaren Untergebenen angewandt wurde, muß man dennoch auch hier sich hüten, zu weit zu gehen. Meistens haben sich zweifelsohne diese alten „Heiligen" wenigstens durch Uebung der einen oder der andern Tugend ausgezeichnet. Ausnahmslos waren sie hervorragend durch Beförderung des Gottesdienstes, durch Kirchenbauten und große Almosen, viele auch durch Keuschheit, indem sie aus Liebe zu Gott die Jungfrauschaft oder wenigstens nach einem zeitweiligen Leben im Ehestand die Reinheit hochhielten. Das aber darf für so sittenlose Zeiten, wie jene der Merowinger waren, nicht gering angeschlagen werden. Mag hie und da ihr sittliches Verhalten sich nicht zu der Höhe erhoben haben, zu der in besseren Zeiten die feierlich canonisirten Heiligen aufstiegen, immerhin haben sie, besonders weil ihr Rang vieler Augen auf sie zog, ein desto wirksameres Beispiel gegeben, je mehr rings um sie her Eigenliebe, Wollust und Grausamkeit wucherten. Das gilt z. B. in vorzüglicher Weise von dem als Heiliger verehrten König Sigebert III. († um 688), dem Sohne Dagoberts I. Seine Erzieher waren die heiligen Bischöfe Amandus von Maastricht und Cunibert von Köln. Er soll zwölf Klöster gestiftet haben, besonders St. Martin bei Metz, Stablo und Malmedy. Was verhindert die Annahme, in manchen Fällen habe Gott solche durch Stellung und Tugend hervorleuchtende Männer, Frauen, Jungfrauen und Kinder bald zu sich in den Himmel aufgenommen und dann die an ihrem Grabe Betenden wunderbar getröstet und geheilt?

Wie der Begriff der „Heiligkeit", war auch jener des „Martyrthums" in der vorkarolingischen Periode zwar nicht dem Wesen, aber doch dem Umfang nach geringer, als zu anderen Zeiten. Ehedem hatte man nur jene „Martyrer" genannt, die vor der heidnischen Obrigkeit für den Glauben Zeugniß ablegten und infolgedessen den Tod, wenigstens Kerker und Verstümmelung erlitten. Später begnügte man sich mit weniger. Man erkannte auch jene als Martyrer an, die wegen einer gerechten Sache starben, ja sogar solche, die überhaupt von den Heiden ermordet wurden. Zuletzt kam man dazu, auch verehrungswürdige, von Räubern ungerechterweise umgebrachte Leute als Martyrer anzusehen [1].

Oben sind Adalbald, Basinus, Zwentibold schon als solche Martyrer genannt. Fügen wir einige andere Namen bei. Die hl. Dympna litt den Tod im Brabanter Dorf Gheel, weil sie Jungfrau bleiben wollte; ihr Beichtvater Gerebernus, weil er sie dazu ermuntert hatte. Aus gleicher Ursache wurde die hl. Marellendis 670 niedergestoßen. Der hl. Foillan ward von ungläubigen Räubern erschlagen, als er seinen Bruder, den hl. Ultan, Abt von Fosse in der Diöcese Lüttich, besuchen wollte. In ähnlicher Weise kamen ums Leben der hl. Arnulf, dessen Gebeine der Bischof Adalbero von Rheims lange nachher (901) fand und erhob, der hl. Evermar (um 700), der hl. Monon (nach 623). Der hl. Livin wurde (um 655) mit seiner Wirthin, der hl. Craphaildis, und deren Söhnchen Brictius bei Gent ums Leben gebracht von den Heiden, denen er das Evangelium verkündet hatte. Im Baseler Sprengel wurde der aus Luxeuil gekommene erste Abt von Granval, der hl. Germanus, um die Mitte des 7. Jahrhunderts erschlagen.

Kehren wir zurück zu den heiligen Bekennern. Nachdem aus der großen Anzahl älterer heiliger Bischöfe Deutschlands einige der hervorragendsten angegeben wurden, bleiben einige heilige Aebte, Aebtissinnen, Einsiedler und Klausnerinnen derselben Zeit zu nennen. Für Belgien kommt da vor allem in Betracht der Einsiedler Bavo, Patron von Gent († um 655), für Süddeutschland der ein Jahrhundert später lebende Einsiedler Sebald, Nürnbergs Apostel und Schutzheiliger, für das Breisgau Trubbert (Rubbert, † 643), für die Rheingegenden der Einsiedler Goar von St. Goarshausen bei Bingen († um 575). Als heilige Aebte sind früh ausgezeichnet worden Bertin zu Sithiu bei St. Omer in Artois (um 709), Beregisus von St. Hubert in den Ardennen († um 720), Hadelinus von Celles in der Lütticher Diöcese († um 690), Humbert von Maroilles in Flandern († um 682), Amatus von Remiremont bei Toul, Pirminus, der Gründer von Reichenau († 753).

Mit Landoald, der in Maastricht lebte und wirkte, werden in Verbindung gebracht der Diakon Amantius, der Martyrer Adrian, Julian, sowie die Jungfrauen Venciana und Adeltrudis. Leider hat die Legende deren Geschichte so verwirrt, daß es schwer ist, die sicheren

---

[1] Vgl. Katholisches Leben im Mittelalter. Von A. Kobler S. J. Innsbruck 1889. IV, 556 f.

Nachrichten auszuscheiden. Besser beglaubigt sind die Berichte über Apronia, Schwester des heiligen Bischofs Aper von Toul, Erentrudis (Ehrentraub), Nichte des heiligen Bischofs Rupert von Salzburg, Aebtissin des dortigen Nonnenberges, Odilia († 720), Patronin von Straßburg und Aebtissin von Hohenburg (Odilienberg). Letztere steht wiederum mitten im Kreise heiliger Verwandten; denn sie war Schwestertochter des Bischofs Leodegar von Autun († 685), Tante ihrer Nachfolgerin Eugenia († um 735), der Aebtissin Attala im Kloster des hl. Stephan zu Straßburg und Heddo's (Etto, Otto), Bischofs derselben Stadt.

An erster Stelle nannten wir die Martyrer der römischen Zeit, an zweiter Heilige der fränkischen Epoche. Wie jene Martyrer meist römische Soldaten oder sonst aus den alten Culturländern nach Deutschland Eingewanderte waren, so gehörten auch die meisten Heiligen der ältern fränkischen Zeit zu den Trägern der alten Cultur, zu jenen, welche nach heutigem Ausdruck wohl als die Patrioten bezeichnet werden dürften; denn sie sahen ihre durch die Völkerwanderung vorgeschobenen Sieger als Eindringlinge, als Fremde an. Gregor von Tours bezeichnet sich voll Stolz als Nachkomme und Erbe der Römer. Gleiches galt von seinen Verwandten und Ahnen, also z. B. von den meisten Bischöfen zu Tours; denn bis auf fünf standen sie ihm auch durch die Bande des Blutes nahe. Schon im 6., mehr noch im 7. und 8. Jahrhundert trat nun eine große Zahl heiliger Männer und Jungfrauen zwischen Franken und Römer. Sie kam aus England, Schottland und Irland, stand durch germanische Abstammung den Franken, durch tiefes Ergreifen der christlichen Lehren den von römischer Cultur gehobenen alten Einwohnern des heutigen Frankreich und Deutschland nahe. Vielleicht war gerade das Festhalten der Romanen an alte Erinnerungen, Sitten und Gebräuche einer der Gründe, warum die Einführung des Christenthums in Deutschland nicht recht gelingen, nicht zum Abschluß kommen wollte. Erst den zur dritten Klasse der vorkarolingischen Heiligen Gehörenden gelang die Lösung der hohen Aufgabe. Sie schaarten sich um den hl. Bonifatius, theils als Vorläufer, theils als Mitarbeiter. Somit waren sie für unser Vaterland das, was noch heute die aus Europa kommenden Missionäre den Einwohnern anderer mehr oder weniger christianisirten Welttheile sind. Ihr Ruhm hat den der älteren Heiligen verdunkelt und deren Verehrung an vielen Orten in den Schatten gestellt, ja in Vergessenheit gebracht.

Einer der ersten dieser heiligen, aus dem Norden gekommenen Glaubensboten ist wohl Fridolin († 530)[1], der in Säckingen oberhalb Basel zwei Klöster gründete und von da aus am Oberrhein wirkte. Gallus († um 640) und Columbanus († 615) pilgerten aus dem irischen Kloster Bangor in die Schweiz, wo St. Gallen ihr Andenken sicherte. Der irische Bischof Kilian ward mit dem Priester Koloman und dem Diakon Totnan um 688 vom Herzog von Würzburg ermordet, in dessen Gebiet sie erfolgreich gewirkt hatten. Disibod, Gründer des Klosters des Disibodenberges, war frühzeitig in den Diöcesen Trier, Mainz, Worms und Speier hochverehrt.

Nach Belgien kamen im 7. Jahrhundert aus Irland der hl. Foillan († um 655) mit seinen Brüdern Ultan und Fursäus, die wie er als Martyrer verehrten Livin, Dympna und Gerebernus, der Abt und Einsiedler Eloquius († 570) und der schon genannte Monon, welcher in den Ardennen als Einsiedler lebte († nach 623).

Mit dem angelsächsischen Bischofe Plechelm (Pechthelm) wirkten Wiro und der Diakon Odgar seit 750 in der Umgegend von Roermond; bei den Friesen der heilige Ire Willibrord († 719), dessen Leben Alcuin beschrieb; bei den Sachsen die nach der Farbe ihres Haares als weißer und schwarzer Ewald benannten Brüder. Sie waren aus England gekommen und erlitten um 693 den Martyrertod.

Auf dem rechten Rheinufer predigte der hl. Suitbert, Stifter des Klosters Kaiserswerth bei Düsseldorf (713), dessen Lebensbeschreibung nicht, wie oft angegeben wird, von Marcheln und Marcellinus, den Genossen des hl. Ludgerus, verfaßt, sondern eine Fälschung weit späterer Zeit ist. Dagegen hat Ludgerus selbst das Leben seines heiligen Lehrers, des Angelsachsen Gregor von Utrecht, beschrieben. Indessen gehört dieser ebengenannte Ludgerus (Liudger, † 809), der Apostel der Friesen und erster Bischof von Münster, schon in die folgende Periode; denn er war eines der besten Glieder des von Bonifatius herangezogenen und gebildeten einheimischen Clerus, welcher weitern Zuzug der Iren und Angelsachsen überflüssig machte. Bonifatius selbst († 755) mußte seine kräftigsten Mitarbeiter noch aus England kommen lassen, besonders die Bischöfe Lullus von Mainz, Burchard von Würzburg, Willibald von Eichstädt, Johannes von Salzburg, die Aebte Wunnebald und Sola,

---

[1] Wattenbach sah ihn früher als Franken an, rechnet ihn jetzt aber auch zu den aus England ausgezogenen Glaubensboten. Deutschlands Geschichtsquellen, 5. Aufl., I, 114, Anm.

den Priester **Liafwin** (Lebuin), Patron von Deventer, dann die Aebtissinnen **Walpurgis** (Walburga) von Heidenheim, Schwester der Heiligen Willibald und Wunnebald, **Thekla** von Kitzingen und ihre Verwandte **Lioba** von Bischofsheim an der Tauber.

Einheimische gingen bald ein in den Geist dieser Heiligen, welche den Canal überschifft hatten, um Deutschland zu bekehren. So die beiden Aebtissinnen **Herlindis** und **Relindis** des Klosters Aldeneyck, das nur etwa eine Stunde vom alten Kloster Süstern an der Maas liegt; denn sie wurden schon durch die hll. Willibrord und Bonifatius zu höherer Heiligkeit angeleitet. Einer der bedeutendsten einheimischen Schüler und Mitarbeiter des hl. Bonifatius war der Bayer **Sturmius**, Fulda's Stifter, eine so feste Stütze des Apostels Deutschlands, daß letzterer nicht seine Metropole Mainz, sondern das Kloster Fulda als Grabstätte erwählte.

5. Die Berichte über die Uebertragung der Gebeine des von den Friesen ermordeten hl. Bonifatius liefern ein so lehrreiches Beispiel für die Reliquienverehrung des 8. Jahrhunderts, daß ihre Nachrichten hier zusammenzustellen sind[1].

Kaum war der hl. Bonifatius mit seinen Genossen erschlagen, so hörten die Christen der Umgegend von der Unthat. Sie rüsteten sich zum Kampfe, besiegten die Heiden und brachten die Leiche des Heiligen nach Utrecht, einige Tage später auch die Ueberreste einiger andern mit ihm verstorbenen Martyrer, besonders die des Bischofs Eoban. Letztere wurden in die Erde gesenkt; die Reliquien des hl. Bonifatius aber blieben auf einer Bahre in einer kleinen Kirche beim Ufer, wo das Schiff gelandet war, welches dieselben gebracht hatte. Die Utrechter gedachten dieselben zu behalten und bereiteten ihnen in der größern Kirche einen Sarkophag. Als sie dieselben jedoch aus der kleinen Kirche übertragen wollten, konnte man sie nicht von der Stelle bewegen. Inzwischen langten die Abge-

---

[1] Das älteste, von einem Priester Willibald zu Mainz verfaßte, von Lullus gutgeheißene Leben übergeht den vergeblichen Versuch, die Reliquien in Mainz zurückzuhalten. Mon. Germ. SS. II, 352 sq.; Acta SS. 5. Junii I, 464 sq. Dagegen wird in der Vita Sturmii von Egil, Sturmi's Schüler und Nachfolger in der Abtswürde (818—822), dieser Versuch und der Sieg der Fuldaer eingehend behandelt. Mon. Germ. l. c. 372 sq. Einige weitere, freilich mit Vorsicht aufzunehmende Nachrichten finden sich in dem nach Willigis' Tode († 1011) zu Mainz geschriebenen Appendix zu Willibalds Buch. Mon. Germ. l. c. 356 sq.; Acta SS. l. c. 468. Die übrigen Lebensbeschreibungen des Heiligen, eine kurz nach seinem Tode zu Utrecht, eine vielleicht zu Münster, endlich die erst 1062 von Otloh aus St. Emmeram zu Regensburg verfaßte, bieten wenig Neues.

sandten des Erzbischofs Lullus von Mainz an. Ein angesehener Mann, Habbo, war an ihre Spitze gestellt, um sichere Nachrichten über das Martyrium einzuziehen und die Leiche des hl. Bonifatius nach Mainz zu bringen. Nur mit Mühe erlangte er von den Utrechtern die Uebergabe der Reliquien. Inzwischen eilte Sturmius, der geliebte Schüler des Heiligen, herbei, weil er seinem Meister versprochen hatte, ihm zu Fulda eine Ruhestätte zu bereiten. Er begleitete den Zug bis Mainz, hatte aber dort gegen Lullus und die Mainzer einen harten Stand, weil sie von König Pippin den Befehl erwirkt hatten, Bonifatius der Sitte gemäß dort zu begraben, wo er Erzbischof gewesen sei. Da erschien der Martyrer dem Diakon Otpert und befahl diesem, Lullus zu sagen, er solle die heilige Leiche den Fuldaern nicht vorenthalten. Lullus wollte nicht an die Erscheinung glauben, bis Otpert die ausgebreiteten Arme auf den Altar gelegt und vor vielen Reliquien die Wahrheit seiner Aussage beschworen hatte. Um jedoch für Mainz wenigstens einige Reliquien seines Vorgängers zu bewahren, ließ Lullus die blutigen Tücher, welche man beim Waschen der Leiche benützt hatte, in einem irdenen Gefäß in die Erde legen. Ueber dieser Stelle ward später eine Kirche des hl. Bonifatius erbaut. Die Kleider, in welchen der große Bischof den Martyrertod erlitten hatte, wurden in einer hölzernen Lade in die südliche, dem hl. Johannes gewidmete Taufkapelle gebracht. Eine ungeheure Volksmenge begleitete den Sarg zum Schiff. Betend und singend füllten die Gläubigen beide Ufer, zwischen denen das Schiff den Main hinauf bis Hochheim fuhr. Dort nahm man die theuern Ueberreste heraus und trug sie auf den Schultern weiter. An den Orten, wo mittags und abends Halt gemacht wurde, errichtete man Kreuze, an deren Stelle später hie und da Kirchen entstanden. So gelangte man durch den Buchonischen Wald nach Fulda. Lullus und Sturmius bargen die Leiche ihres hochverehrten Meisters nicht in einen Schrein, legten sie auch nicht in oder unter einen Altar, sondern begruben dieselbe in der Mitte der Kirche. Am folgenden Tage kehrte der Erzbischof mit seinen Geistlichen heim. Die Wallfahrt zum Grabe des Heiligen begann, und Gott förderte dieselbe nach Versicherung der Augenzeugen durch viele Wunder. Schon im Jahre 819 wurden die Reliquien in die westliche Apsis der von Eigil neu erbauten Fuldaer Klosterkirche übertragen, aber auch dort bei oder unter dem Altare in einem Steinsarge in die Erde versenkt [1].

---

[1] Candidus, Vita s. Eigilis lib. I, c. 17; lib. II, c. 17; Migne, Patrolog. CV, col. 396. 412 sq.; Mon. Germ. XV, 230; Schannat, Dioecesis et hierarchia

Dem Wunsche des hl. Bonifatius († 755) folgend, begruben die Mönche dessen Schülerin, die von ihm aus England berufene hl. Lioba († um 780), neben ihrem Meister, aber auf der Frauenseite, nördlich vom Hochaltar. Auf der Männerseite fand Sturmius sein Grab. So ruhte Bonifatius zwischen ihnen. Infolge des Neubaues wurden die Gebeine der Heiligen 819 in die südliche Vorhalle neben dem Altar des hl. Ignatius übertragen.

6. Ein in der Lebensgeschichte jener hl. Lioba erzähltes Ereigniß ist für die Heiligenverehrung alter Zeit sehr bezeichnend. Einst kam nämlich ein Büßer nach Fulda, der eiserne Ringe um beide Arme gelegt hatte. Ein Ring war schon abgesprungen; seine Stelle blieb durch starke Narben kenntlich. Betend ging der Mann von Altar zu Altar. Als er beim Grabe der hl. Lioba länger verweilte, „stieß eine höhere Kraft die Nägel aus dem zweiten Ringe, dehnte ihn aus und warf ihn mit einer Menge Blut weg. Freudig und frohlockend dankte der Arme Gott, welcher sich herbeigelassen hatte, **durch die Verdienste der seligen Jungfrau ihn loszulösen von den bis zu diesem Tage wegen der Sündenbanden getragenen eisernen Fesseln**"[1].

Sollte jemand jenes Brechen des Ringes natürlich erklären zu können glauben, so wollen wir hier nicht mit ihm rechten, da es ja in erster Linie auf den Kern der Erzählung ankommt, also auf die Thatsachen, daß jener Mann tief durchdrungen war vom Gefühle seiner Sündenschuld, daß er seine durch Christi Blut und Gnade zur Heiligkeit erhobenen Brüder und Schwestern um ihr Gebet anflehte, daß er und die Zeugen glaubten, auf die Bitten der Heiligen hin habe Gott ihm ein sichtbares Zeichen der Verzeihung gewährt. Die in dieser Geschichte liegenden Grundgedanken bewegten nicht nur das Herz jenes Büßers, nicht nur die Seele jenes Fuldaer Mönches, der sie uns aufzeichnete, sondern auch das Herz und den Geist all jener Mönche, die in schwerer Arbeit, strengem Fasten und langem Beten beim Grabe des hl. Bonifatius ausharrten, die Seele Tausender deutscher Pilger, die hinwallten zu diesem Grabe und zu den anderen Grabstätten der merowingischen und vorkarolingischen Zeiten.

Fuldensis 51 sq. Bemerkenswerth ist, daß Candidus erzählt, Eigil habe den Westchor erbaut „in parte occidua Romano more (Migne l. c. 414 A), also nicht, weil er dort das Grab des Heiligen errichten wollte. Die Ausmalung des Westchores hatte Brun vollendet, den Candidus (l. c. G) sagen läßt: Formans expressi varios ferrugine vultus.

[1] Ueber das Grab der hl. Lioba: Vita Eigilis, Migne CV, 415; Vita Leobae, Mon. Germ. XV, 130 c. 21. Das obenerwähnte Wunder l. c. c. 22.

Klar und offen bezeugt schon Chilperich I. um 570 eine solche Gesinnung in seiner für die Kirche des Apostelfürsten Petrus und der Martyrer Lucian und Maximian erlassenen Urkunde [1], welche also beginnt:

„Da wir einerseits in diesem Leben kurze Zeit bleiben, andererseits unvermeidlich zum Tode eilen, müssen wir Gottes Willen erfüllen und **Kirchen oder Kapellen verehrungswürdiger Heiligen fromm errichten,** damit wir in Ewigkeit mit ihnen uns freuen können. Thun wir dies, so werden wir zweifelsohne Gott gefallen und mit den Heiligen in Ewigkeit regieren können."

In gleicher Gesinnung gewährte Chlodwig II. 653 dem Kloster der hll. Dionysius, Eleutherius und Rusticus zu Paris eine große Privilegienurkunde „aus Liebe zu Gott und zur Verehrung jener heiligen Martyrer und zur Erlangung der ewigen Seligkeit". Eine Urkunde Chlotars III. vom Jahre 662 beginnt mit dem Grundsatz: „Zu unserem Lohn im Namen Gottes wird, wie wir glauben, gereichen, was wir zum Heile der Seele den Kirchen der Heiligen zuwenden." Aehnlich beginnen zwei Urkunden Childeberts III. aus den Jahren 705 und 706 für das Kloster der hll. Sergius und Medardus zu Angers und für St. Denis. Chilperich II. hebt 717 in seiner für St. Denis geschriebenen Urkunde an: „Wenn wir den **Kirchen der Heiligen** etwas von unseren Geschenken bieten und gewähren, so vertrauen wir, daß dieses uns zur Belohnung und zur **Festigung unseres Reiches im Namen Gottes** gereichen wird." [2] So geht es fort in einer Reihe merowingischer Urkunden, sowie in denen ihrer Hausmeier. Ueberall erscheinen in denselben die Heiligen als **Vermittler bei Gott,** nie so, daß ihre Verehrung derjenigen Gottes Eintrag thut.

Als jener arme Büßer sich durch den noch urkräftig aufwachsenden Buchonischen Wald hinschleppte zu dem an der ungebändigten Fulda liegenden Kloster, wo die hl. Lioba neben dem hl. Bonifatius ruhte, da führte ihn derselbe Glaube, welcher die Könige der Franken und ihre mächtigen Stellvertreter zu Stiftungen und Schenkungen an Kirchen und Kapellen der Heiligen bewogen hatte. Dieser Glaube herrschte hier wie dort, in Fulda wie in Paris, in Agaunum beim hochberühmten Grabe des hl. Mauritius wie in Köln an den Gräbern der hll. Gereon und Ursula. Wie er die Pilger geleitete von Ort zu Ort, so zieht er sich von Jahrhundert zu Jahrhundert.

---

[1] Mon. Germ., Diplomata I, 11.
[2] Mon. Germ. l. c. 19 sq. 37. 65. 66. 77. Cfr. 101 etc.

Einst sah Judas der Machabäer den Onias, der als Hoherpriester durch seine Tugenden alle erbaut hatte, mit ausgestreckten Händen beten für sein Volk. Dann zeigte ihm Onias den Propheten Jeremias, verklärt in Herrlichkeit, und sagte ihm: „Der liebt seine Brüder und das Volk Israel, der betet viel für das Volk und die ganze heilige Stadt."[1]

Die Erscheinung gab neuen Muth dem Judas und all den Helden, die mit ihm stritten gegen die Widersacher Gottes. So schauten die fränkischen Christen hinauf zu ihren Heiligen. Freilich wurden nur wenige solcher himmlischen Erscheinungen gewürdigt, wie sie nach Ausweis der heiligen Schriften den Gerechten des Alten Bundes und den Heiligen des Neuen Bundes zu theil wurden. Im Glauben aber sahen auch jene Franken, wie die von ihnen angerufenen Heiligen vor dem Throne Gottes standen, gleichsam mit ausgebreiteten Armen für sie flehten zum Gott der Erbarmung und alles Trostes. Sie erfuhren an sich die Wirkungen ihres Glaubens und die Kraft der Fürbitten der Heiligen. Getröstet standen sie auf, oft geheilt und befreit von leiblichen Uebeln, fast immer ermuthigt zu neuem Kampfe um die Palme der Gerechtigkeit.

---

[1] 2 Macc. 15, 14.

Viertes Kapitel.
Der Bilderstreit bei den Franken.

1. Durch Leo III. den Isaurier war der Bilderstreit im Morgenlande begonnen worden. Leo war bekanntermaßen roh und ungebildet; trotzdem sah er in der Bilderverehrung eine Erneuerung heidnischen Götzendienstes und wollte durch den Kampf gegen Bilder und Reliquien sein Volk aufklären, das sinkende Reich einigen und kräftigen, sowie den Juden und Mohammedanern die Bekehrung erleichtern! Vom Jahre 726 an kämpfte die kaiserliche Regierung von Constantinopel gegen die Verehrung der Bilder. Die Gläubigen wurden gewaltsam verfolgt, unzählige Werke der Maler, der Bildhauer und der Kleinkünstler der Vernichtung geweiht. Erst 787 stellte das zweite Concil von Nicäa den Frieden wieder her, indem es die Anfertigung und die Verehrung von Bildern für erlaubt und heilsam erklärte. In der 7. Sitzung ward in feierlichster Weise ein Glaubensbekenntniß aufgestellt, worin hinsichtlich der Bilder folgende Sätze eingefügt waren:

„Wir bekennen einhellig, daß wir die kirchlichen Ueberlieferungen ... festhalten wollen, zu denen die Anfertigung von Bildern gehört, weil diese der Geschichte des Neuen Bundes entspricht, indem sie mit Nutzen dazu dient, den Glauben an die wirkliche, nicht nur scheinbare Menschwerdung des Wortes Gottes zu festigen.

„Mit voller Sicherheit und Ueberlegung sprechen wir aus, neben dem Bilde des kostbaren und lebenspendenden Kreuzes seien auch ehrwürdige und heilige Bilder anzubringen ... in Gotteshäusern, auf Geräthen, Kleidern, Wänden oder Tafeln, in Häusern und an Wegen. Dies gelte sowohl vom Bilde unseres Herrgottes und Heilandes Jesus Christus, als von denjenigen unserer unversehrten Herrin, der heiligen Gottesgebärerin, der verehrungswürdigen Engel und aller heiligen und lobwürdigen Menschen. Je häufiger sie durch bildliche Darstellung vor das Auge treten, desto mehr werden jene, welche die Bilder betrachten, aufgemuntert, an die Urbilder (die Person der Dargestellten) sich zu erinnern, nach ihnen zu verlangen und ihnen ... Verehrung zu erweisen.

„Doch sollen die Bilder nicht aufgestellt werden, damit man ihnen wahre Anbetung (latria) zolle, welche dem Glauben entsprechend nur der göttlichen Natur zukommt. Ihnen soll gleich dem Zeichen des kostbaren und lebenspendenden Kreuzes, gleich den heiligen Evangelien und anderen heiligen Gegenständen durch Darbringung von Weihrauch und Lichtern solche Ehre erzeigt werden, welche bei den Vorfahren als frommer Gebrauch galt; denn die Verehrung des Abbildes geht über auf das Urbild, und wer ein Bild verehrt, verehrt darin die Person des Dargestellten."

Wäre nur diese Entscheidung unter günstigen Umständen an den Hof Karls des Großen gelangt, sie würde freudig angenommen worden sein. Es fügte sich aber, daß die Verhandlungen des Concils unter mißlichen Verhältnissen Karl vorgelegt wurden, nämlich zu einer Zeit, als er mit dem griechischen Hofe auf so gespannten Fuß gekommen war, daß die Verlobung seiner Tochter Rotrud mit Kaiser Constantin aufgelöst ward[1]. Ueberdies war die Uebersetzung der Concilsverhandlungen so schlecht und mißverständlich, daß Karl unkatholische Behauptungen darin zu finden glaubte. Wie endlich der Papst den Griechen es verübeln mußte, daß ihr Patriarch von Constantinopel sich „ökumenisch" nannte, faßte Karl es als Beleidigung auf, daß sie ein Concil als ökumenisch, d. h. als „allgemein" ausgaben, zu dem nur aus zwei oder drei Provinzen Bischöfe gekommen seien.

Die Griechen halfen sich dem Papste gegenüber mit der faden Ausrede, „ökumenisch" solle in diesen Fällen nicht gleich „allgemein" aufgefaßt werden, sondern nur bezeichnen, der Patriarch sei der geistliche Obere eines Theiles der von Christen „bewohnten" Erde, aus diesem bewohnten Theile seien aber Bischöfe zu Nicäa gewesen[2].

Der Kernpunkt des Streites trat im zweiten Canon der Frankfurter Synode des Jahres 794 offen hervor. Er lautet:

„Erörtert ward die Frage wegen des neuen Concils der Griechen, das sie zu Constantinopel gehalten haben, worin geschrieben steht, mit dem Anathem solle belastet sein, wer den Bildern der Heiligen nicht so Dienst oder Verehrung (servitium aut adorationem) erweise, wie der göttlichen Dreifaltigkeit (ita ut deificae Trinitati). Alle unsere obengenannten (zu Frankfurt versammelten) heiligsten Väter verneinten und verwarfen gänzlich solche Verehrung und solchen Dienst (adorationem et servitutem) und verdammten solches einhellig."

---

[1] Jahrbücher des fränk. Reiches unter Karl dem Großen, 2. Aufl., I, 568 f.
[2] Praefatio Anastasii bibliothecarii in septimam synodum. Labbe-Coleti, Concilia VIII, 675; Mansi XII, 98 sq. und Libri Carolini IV, c. 28 bei Migne XCVIII, 1246. Die bessere Ausgabe dieser Bücher von Heumann ist mir nicht zur Hand.

Schon der eine Umstand, daß hier diese siebente Synode, die zweite von Nicäa, als eine zu Constantinopel gehaltene bezeichnet wird, wo freilich die letzte (achte) Sitzung stattfand, weist auf mangelhafte Kenntniß der Sachlage hin. Doch was ist diese Unwissenheit im Vergleich zur Verdrehung des dort Beschlossenen? Die Gegenüberstellung der beiden eben gebotenen Stellen der Versammlungen von Nicäa und Frankfurt beweist klar, daß an Karls Hof eine Partei[1] von politischen oder religiösen Beweggründen, oder von beiden zugleich fortgerissen ward zu maßlosen Schritten gegen die Griechen. Der wichtigste Sprecher derselben tritt uns in den Libri Carolini entgegen. Mißverständniß und Verdrehung des zu Nicäa Beschlossenen erreicht hier einen Grad, der fast unglaublich erscheint; sind doch sogar Aeußerungen, die vorgelesen wurden, um verdammt zu werden, als ausgesprochene Lehre des Concils angegeben und bekämpft. Es ist überflüssig, hier diese Verdrehungen näher zu erläutern, weil Hefele sie in seiner Conciliengeschichte ausführlich dargelegt hat[2]. Hervorzuheben ist nur, daß der Verfasser einige Nachsicht verdient, weil ihm eine so mangelhafte und mißverständliche Uebersetzung vorlag.

Wichtig ist die Frage nach dem **Verfasser** der Bücher. Sie führen Karl so redend ein, als ob er sie (790) geschrieben hätte. Er mag mit ihrem Inhalt einverstanden gewesen sein, aus seiner Feder stammen sie sicher nicht. Wie Surius, Bellarmin, Baronius und neuestens Floß irrten, indem sie die Bücher als gefälscht oder von Häretikern verfaßt ansahen, hat auch Natalis Alexander sich getäuscht, indem er Karl als Autor ausgab. Migne durfte sie jedenfalls in seiner Patrologie nicht unter den Werken Karls abdrucken lassen. Hefele führt ohne Widerspruch die Gründe an, welche auf Alcuin als Verfasser hindeuten. Wattenbach bezweifelt deren Beweiskraft, doch sind in den von ihm mit Dümmler herausgegebenen Monumenta Alcuiniana Auszüge aus den Libri Carolini unter die sicher echten Briefe Alcuins am betreffenden Orte eingefügt.

---

[1] Daß nur eine mächtige Partei, nicht der ganze Episkopat und das Volk der Franken soweit ging, deutet auch die eben angeführte Praefatio des Anastasius an; denn er sagt: Quae enim super venerabilium imaginum adoratione praesens (7.) synodus docet, haec et apostolica sedes ... tenuit et universalis ecclesia semper venerata est, quibusdam dumtaxat Gallorum exceptis, quibus utique nondum est harum utilitas revelata.
[2] Hefele, Conciliengeschichte, 2. Aufl., III, 694 ff. Er ist der Ansicht (S. 486), jene ungenügende ältere Uebersetzung sei gleich nach Schluß des Concils auf Veranlassung Hadrians I. gemacht worden. Nach anderen wäre sie Karl aus Constantinopel zugegangen. Hauck, Kirchengeschichte II, 282.

Neuestens äußerte Hauck: „Schwerlich wird je das Dunkel gelichtet werden, das den Verfasser dieses Werkes verbirgt. In seiner stolzen, herben Art erinnert es wenig an den vorsichtigen, selbst gegen die Gegner billigen Alcuin, um so mehr an die jungen Hoftheologen, deren schneidiges Urtheil auch Alcuin scheute."[1] Sollte Alcuin der Verfasser gewesen sein, dann wäre seine 796 erfolgte Ernennung zum Abt von St. Martin zu Tours eine merkwürdige Fügung, indem ja nirgendwo die Verehrung eines Heiligen, seines Grabes, seiner Reliquien, wir dürfen beifügen, vielleicht auch der Bilder von Volk und Clerus eifriger geübt wurde, als in der Kirche des Nationalheiligen des Frankenreiches.

Der Inhalt und Beweisgang jener Bücher stützt sich auf den immer wieder betonten und hervorgehobenen Unterschied zwischen Zerstörung, Anfertigung (oder Besitz) und Verehrung der Bilder. Einverstanden sind sie mit dem Concil von Nicäa in zwei Punkten: einerseits in der entschiedenen Verurtheilung der Bilderstürmer, andererseits darin, daß sie Anfertigen und „Haben" der Bilder erlauben und loben. Der Unterschied tritt aber schroff hervor im dritten Punkte, in der Frage nach der Verehrung derselben. Diese wird entschieden bekämpft; denn es stehe zu fürchten, daß der Versuch, eine solche Bilderverehrung in die christliche Religion einzuführen, die Verehrung des einen Gottes zu nichte machen werde. Entweder zieme Verehrung (cultus et adoratio) Gott allein oder ihm nicht allein. Im erstern Falle müsse die Bilderverehrung aufhören, im andern sei es mit der rechten Gottesverehrung zu Ende (II, 21). Weiterhin heißt es: Die Griechen verehren mit Vorliebe entweder schöne oder häßliche Bilder. Im erstern Falle lassen sie sich durch die Schönheit, nicht durch die Frömmigkeit zur Verehrung bewegen; im zweiten sind sie unvernünftig, weil solche Bilder werthlos sind und den dargestellten Personen nicht gleichen. „Wir verachten bei den Bildern nichts als die Verehrung (adoratio); denn wir erlauben, in den Kirchen Bilder der Heiligen zu haben, nicht zur Verehrung, sondern zur Erinnerung an deren Geschichte und zur Verzierung der Wände. Da sie (diese Griechen) fast all ihr Vertrauen auf Bilder setzen, bleibt uns übrig, die Heiligen

---

[1] Kirchengeschichte Deutschlands II, 283. Vgl. Wattenbach, Deutschlands Geschichtsquellen, 5. Aufl., I, 148 und 152; Bibliotheca rer. Germ., ed. Jaffé, VI, Monumenta Alcuiniana 220; Jahrbücher des fränk. Reiches unter Karl dem Großen II, 79; vor allen Hefele, Conciliengeschichte, 2. Aufl., III, 697. In der Vita Alchuini, Bibliotheca l. c. 28, wo die Schriften Alcuins aufgezählt werden, fehlen die Libri Carolini.

in ihren Leibern, oder vielmehr in den Reliquien ihrer Leiber oder ihrer Kleider gemäß der Ueberlieferung der alten Väter hochzuhalten (veneremur). Mögen jene dann Wände und Tafeln verehren (adorantes) und darin einen großen Gewinn für den Glauben erblicken, den Werken der Maler unterthänig zu sein" (III, 16). Beigefügt wird, Kleider der Heiligen und Theile ihrer Leiber, welche von den Gläubigen hochgehalten würden (venerationi habentur), seien nicht mit Bildern auf gleiche Stufe zu stellen; denn jene Kleider hätten durch Berührung der Heiligen eine Art Weihe erhalten, die Leiber aber würden am jüngsten Tag verherrlicht auferstehen (III, 24). Kreuze, heilige Geräthe (Kelche), die Bücher der Heiligen Schrift verdienten freilich Ehrenbezeigungen; thöricht sei es aber, ihnen gemalte Bilder gleichzustellen (II, 28—30).

Nichtsdestoweniger sieht der Verfasser sich zu dem wichtigen Geständniß gezwungen, Gebildete vermöchten freilich zu unterscheiden zwischen dem, was die Bilder seien und was sie vorstellten; sie könnten demnach ihre Verehrung auf das Vorbild, auf den Heiligen selbst beziehen. Er meint aber, das ungebildete Volk sei nicht im Stande, diesen Unterschied festzuhalten, verehre und bete also an, was es sehe. Wer die verdamme, welche den Bildern keine Verehrung zollten, werde viele Ungebildete in Versuchung führen (III, 16).

Faßt man alles zusammen, so muß man zugestehen, der Schreiber habe, abgesehen von mehr oder minder berechtigten Angriffen gegen einzelne in den Acten des Nicäischen Concils vorkommende Citate und Beispiele, eigentlich in keinem wesentlichen Punkte eine principiell ablehnende Stellung festgehalten. Sein Streiten und Wortmachen kommt zuletzt auf zweierlei hinaus. Er will erstens, man solle den Ausdruck „adorare" für Gott allein festhalten, bei Verehrung der Heiligen aber venerari sagen; zweitens meint er, die Verehrung von Heiligenbildern sei für Ungebildete gefährlich.

Papst Hadrian I. erhielt durch Angilbert, den Abgesandten Karls des Großen, nicht den Text der Libri Carolini, welche also nur als Gutachten für engere Kreise bestimmt waren, sondern 85 Capitula, deren Text mit den Ueberschriften der 120 (121) Kapitel der vier Karolingischen Bücher meist buchstäblich übereinstimmt. Er blieb eine Antwort nicht schuldig und legte darin die Hohlheit der meisten Einwürfe dar. „Die Liebe, die ihm Karl auch noch im Tode (25. December 795) erwies, zeigt, daß ihre Differenz in Ansehung der Bilderverehrung nicht so groß war, als manche vermuthen und wünschen."[1]

---

[1] Hefele a. a. O. S. 715.

2. Die Sache ruhte an 30 Jahre; 824 traf eine griechische Gesandtschaft zu Rouen ein und bat Ludwig den Frommen, den Papst Eugen II. zur Nachgiebigkeit zu stimmen gegen den Kaiser Michael, welcher zu Constantinopel den erneuerten Bildersturm fortsetzte. Ludwig schickte daraufhin zwei Bischöfe nach Rom und erbat sich die Zustimmung des Papstes zu einer berathenden Versammlung der gelehrteren Bischöfe und Theologen seines Reiches. Der Papst willigte ein, die vom Kaiser nach Paris Berufenen sollten als Vorarbeit zu einer Synode Aussprüche der Väter über die Bilderverehrung sammeln. Sie traten zusammen und arbeiteten eine Denkschrift über die Bilder aus. Dieselbe geht auf jene schon unter Karl hervorgehobene Unterscheidung zurück, lobt Hadrian I., weil er die Zerstörer der Bilder getadelt habe, beklagt aber in sehr herben und unziemlichen Ausdrücken seinen Befehl, die Bilder „in abergläubischer Weise zu verehren" (superstitiose adorare). Die Libri Carolini hatten (II, 23) behauptet, sie verträten die Ansichten Gregors des Großen[1]. Gleich ihnen habe dieser beide Klippen vermieden, diejenige der Ikonoklasten und diejenige der Bilderanbeter. Jener große Papst habe nämlich den Bischof Serenus von Marseille getadelt wegen der von ihm befohlenen, dem Volk anstößigen Zerstörung der Bilder. Dabei habe er ihm aber aufgetragen, dies Volk zu unterweisen; Bilder seien da, um an die Geschichte der Heiligen zu erinnern, nicht um angebetet zu werden. Serenus möge also in Zukunft erlauben, Bilder zu haben, jedoch in seinen Predigten vor götzendienerischer Anbetung warnen.

Hadrian I. hatte diese spitze, gegen den römischen Stuhl gerichtete Bemerkung nicht hingehen lassen, sondern im letzten Abschnitt seiner Entgegnung darauf eine entschiedene Antwort gegeben, nicht ohne die Sache in ähnlicher Weise gegen die Frankfurter zuzuspitzen. Er hatte gesagt, diese Berufung auf den großen Papst sei sehr erfreulich, weil darin eine im übrigen Inhalt der Karolingischen Bücher nicht hervortretende Bereitwilligkeit, der Lehre desselben zu folgen, kund werde. Gregor habe nun gerade im angeführten Briefe an jenen Serenus beigefügt, ein großer Unterschied bestehe zwischen der Verehrung eines Gemäldes als solchen und der Benützung des Gemäldes, um mittelst desselben zur Verehrung des dargestellten Heiligen aufzusteigen. Bilder böten dem Volk, was Bücher den Gelehrten sagten. Den Ungebildeten möge man also ihre

---

[1] Migne, Patrolog. XCVIII, 1289; Labbe-Coleti, Concilia VIII, 1596. c. 25. Nach Hefele a. a. O. S. 717 fehlt dies Kapitel in den meisten Handschriften der Epistola Hadriani. Indessen kannte schon die Pariser Versammlung es 825.

Bilder laſſen, wodurch ſie zur innern Erfaſſung der geſchichtlichen Thatſachen, zur Zerknirſchung und zuletzt zur Anbetung der heiligſten Dreifaltigkeit gelangten. Derſelbe Papſt habe dem Einſiedler Secundinus durch den Diakon Dulcitius Bilder des Heilandes, der Gottesmutter und der Apoſtelfürſten übermittelt, nicht damit er dieſe Bilder anbete (quasi Deum coles), ſondern durch ſie angeregt werde, jene zu verehren, deren Bilder er anſchaue[1]. Hadrian hatte beigefügt, er lehre gerade ſo, wie Gregor den galliſchen Secundinus (alſo ihren Landsmann) belehrt habe; die römiſche Kirche mache nicht, wie einige ſchwätzten, die Bilder zu Göttern (deificare), ſondern benütze ſie als ſichtbare Mittel, um dem Heiland und ſeinen Heiligen in Liebe und Verehrung näher zu kommen.

Dieſe noch nicht widerlegte Abfertigung verdroß die Pariſer Delegirtenverſammlung ſo ſehr, daß ſie in einer an Ludwig und Lothar gerichteten Denkſchrift darauf beſonders und wiederholt zurückkam, indem ſie erfolgloſe Verſuche machten, das Gewicht der Briefe des hl. Gregor abzuſchwächen[2].

Ja, dieſe Delegirten gingen ſo weit, zu behaupten, Engel und Heilige ſeien nicht zu verehren, ſondern nur in Liebe, nicht durch Cultushandlungen zu ehren. **Man ſolle nicht den heiligen Martyrern, ſondern Gott allein Kirchen errichten**[3].

Durch ſolche Behauptungen zeigten ſie nur ihren blinden Eigenſinn, der nie verſtehen wollte, was die Vertreter der römiſchen Anſicht jener galliſchen Partei bereits ſo oft wiederholt hatten, die Gott gezollte Verehrung ſei eine weſentlich andere, als die den Heiligen erwieſene, obgleich daſſelbe Wort „adorare" für beide gebraucht werde. Sie gingen ſo weit, daß ſie Dinge läugneten oder tadelten, die ſie allerorts in ihrem eigenen Lande ſehen konnten, indem daſelbſt das Gegentheil von dem geübt wurde, was ſie wollten. Wußten ſie nicht, daß die Geſchichte ihres Volkes lehre, es ſei immer ſo geweſen? Kannten ſie nicht die Schriften Gregors von

---

[1] Der Titel lautet: Gregorius Secundino, servo Dei, incluso; die betreffende Stelle: Ut visio corporalis quotidiana te semper reddat exercitatum, ut dum picturam vides, ad illum animo ardescas, cujus tu imaginem videre desideras. Epistolae s. Gregorii l. 9, ep. 52; Migne LXXVII, 991.

[2] Conventus Parisiensis c. 2. 15. 16; Migne, Patrolog. XCVIII, 1306. 1322 sq. 1343 sq.

[3] Sancti angeli et sancti viri non sunt colendi nec adorandi, hoc enim et ipsi refugiunt, sed sola charitate, non autem servitute honorandi, nec sanctis martyribus templa . . . constituenda. Migne l. c. 1314.

Tours, der immer wieder von der Kirche dieses oder jenes Heiligen redet? Der Bischof von Tours erzählt von der Statue von Paneas, bei der Wunder geschahen, von einem in der Kirche aufgehängten, beim Volke hochgehaltenen Christusbilde, von Bildern der Apostel und anderer Heiligen in der Kirche von Clermont, von Oel, das, zu Ravenna aus der vor dem gemalten Bilde des hl. Martinus brennenden Lampe genommen, dem Venantius Fortunatus das kranke Auge heilte[1]. Venantius beschreibt diese wunderbare Hilfe selbst, ohne im geringsten Anstoß daran zu nehmen, daß man Bilder so zu Ravenna verehre[2].

Wie schwach die Denkschrift der Pariser war, erhellt am besten daraus, daß Ludwig der Fromme sich weigerte, dieselbe dem Papst zu senden. Er beauftragte die als Gesandte nach Rom abgehenden Bischöfe Jeremias von Sens und Jonas von Orleans, das Geeignete aus der Denkschrift auszuheben und dem Papste zu überreichen, dabei aber bescheiden die Erinnerung beizufügen, der Papst habe dies zu thun erlaubt. Der Kaiser befahl überdies, maßvoll aufzutreten, um durch kluges Einhalten der Mittelstraße eine Versöhnung zwischen Rom und Constantinopel anzubahnen.

Wer sieht nicht, daß der Gegensatz zwischen der kaiserlichen Partei und dem Papste nicht allzu groß war? Er bezog sich mehr auf die Art der Uebung der Bilderverehrung als auf die Frage nach deren Erlaubtheit, mit einem Worte, mehr auf die Praxis als auf das Princip. Im fränkischen Reich blieb man sich bewußt, daß Rom das Haupt der Kirche sei, daß eine Verehrung der Bilder dogmatisch unangreifbar bleibe, aber man wollte in der Verehrung nicht so weit gehen, als die Acten des zweiten Concils von Nicäa zu fordern schienen.

3. Den fränkischen Bischöfen bot sich bald eine Gelegenheit, ihre innersten Ansichten noch näher darzulegen. Schon ein Jahr vor jener Pariser Versammlung von 825 hatte der von Ludwig dem Frommen zum Bischof von Turin erhobene Claudius († 840) begonnen, nicht nur alle

---

[1] In gloria martyrum c. 20. 21; Liber vitae patrum 12; De virtutibus s. Martini I, 15, Mon. Germ., SS. rer. Meroving. I, 500. 501. 713. 597.

[2] Vita s. Martini IV, 680 sq.; Mon. Germ., Auct. antiqu. IV, 369.
680. Inde Ravennam placitam pete dulcius urbem:
689. Est ubi basilicae culmen Pauli atque Johannis,
Hic paries retinet sancti sub imagine formam:
Amplectenda ipso dulci pictura colore.
Sub pedibus justi paries habet ante fenestram
Lynchus adest, cujus vitrea natat ignis in urna.

Bilder, sondern auch die Kreuze und Reliquien aus seinen Kirchen zu entfernen. Folgerichtig erhob er sich bald gegen jede Heiligenverehrung und gegen alle Pilger, besonders gegen Wallfahrten nach Rom zu den Apostelgräbern. Seinen Irrthum hatte er übrigens schon 823 ausgesprochen in dem Nachwort zu einer dem Abt Theodemir von Psalmody gewidmeten Erklärung des dritten Buches Moses[1]. Als seinen Worten die bilderstürmerischen Thaten gefolgt waren, ermahnte der Abt den Bischof mit freundlicher Demuth. Er erhielt aber als Antwort eine Entgegnung voll grober Ausfälle gegen die Kirche. Daraufhin verfaßte Theodemir eine in zwei Bücher getheilte Schrift. Dieselbe ist leider verloren gegangen; doch ist uns vieles daraus erhalten in einem Werke des Bischofs Jonas von Orleans. Letztern veranlaßte nämlich Ludwig der Fromme nach dem Tode des Theodemir († um 827), die Widerlegung des Claudius zu unternehmen. Als Claudius 840 starb, war die Arbeit noch nicht vollendet und blieb darum einstweilen liegen.

Inzwischen war ein dritter Kämpfer für die Bilderverehrung aufgetreten in der Person des zu St. Denis als Einsiedler lebenden Mönches Dungal. Dieser geht in der Vertheidigung der Bilder weiter als die Libri Carolini und als jene Pariser Versammlung; denn er tritt nicht nur wie jene ein für die Verehrung des Kreuzes und der Reliquien, sowie für das Anfertigen und den Besitz von Bildern, sondern auch für die Bilderverehrung selbst. Ja, er nennt in einem und demselben Satze Bilder und Reliquien verehrungswürdig[2], steht also vollständig auf dem von Hadrian I. und seinen Nachfolgern vertretenen Standpunkt. Dies ist um so bemerkenswerther, weil Dungal zu St. Denis schrieb, und zwar nur zwei Jahre nach jener Pariser Versammlung von 825, dann weil er seine Arbeit Ludwig dem Frommen und dessen Sohn Lothar widmete.

---

[1] Histoire littéraire de la France. Paris 1738. IV, 490 s. 493 s.; V, 27 s. Claudii episcopi in libros informationum litterae et spiritus super Leviticum. Migne, Patrolog. CIV, 615 sq. Die Gegenschriften Dungali reclusi responsa contra perversas Claudii Taurinensis episcopi sententias: Migne, Patrolog. CV, 465 sq.; Jonae de cultu imaginum libri tres l. c. CVI, 305 sq.

[2] (Christiani) imaginem Christi et sanctorum ejus pingunt et venerantur. Migne l. c. 467. Neque sanctorum imagines in parietibus pictas neque eorum corpora in sepulchris condita sicut Deum adoramus .. sed tantum eos, quorum effigies vel corpora sunt, in Deo veneramur. L. c. 472. Das Buch des Dungal zerfällt in drei Theile. Es beweist l. c. 467—477 C, daß Bilder, 477—496, daß das heilige Kreuz, 496—530, daß Reliquien zu verehren seien

Um 842 erschien auch endlich das lang geplante Werk des Jonas. Seine Vorrede klagt, Claudius habe Schüler hinterlassen, welche seine Irrthümer bis zu arianischer Läugnung der Gottheit Christi steigerten. Darum sei die Vollendung und Herausgabe der drei Bücher De cultu imaginum doch noch nöthig geworden. Aus den wörtlich angeführten Einwürfen des Claudius und den Antworten des Vertheidigers der Bilder ergibt sich die wichtige Thatsache, daß man um 800 zu Turin Bilder nicht nur „hatte", sondern „verehrte". Die dortigen Katholiken antworteten dem Claudius: „Wir glauben nicht, in einem von uns verehrten Bilde wohne etwas Göttliches, sondern wir widmen ihm solche Verehrung zu Ehren dessen, den es vorstellt."[1] Jonas mißbilligt diese Antwort, da er noch zur alten Partei gehört, welcher die Libri Carolini und die Schriftstücke der Pariser Versammlung entstammten. Er ist also weit engherziger, als Dungal. Entgegnet er doch dem Claudius: „Du schließest in deinen Anschuldigungen gegen die Bilderverehrer auch Gallien ein. Dies Land hat Bilder und erlaubt, Bilder zu haben, verabscheut und mißbilligt aber, sie anzubeten (adorari) und gleich Götzenbildern zu verehren. ... Ich weiß übrigens nicht, ob jene, welche aus übertriebenem und unaufgeklärtem Eifer zu Ehren der Heiligen vor ihren Bildern beten, so rasch ‚Götzendiener' genannt werden sollen. Es scheint vielmehr, man solle sie lieber von diesem abergläubischen (!) Gebrauche durch Vorlegung vernünftiger Gründe abbringen, als sie Götzendiener schelten."[2]

Im ersten Buche, welches die Verehrung der Bilder behandelt und hauptsächlich bestrebt ist, deren Zerstörung als verabscheuungswerth zu brandmarken, kann Jonas die Mitte zwischen „Haben" und „Anbeten", d. h. übertriebenes, götzendienerisches „Verehren" nicht finden oder festhalten. Das zweite Buch vertheidigt trotzdem mit Wärme die Verehrung des Kreuzes. Darin liegt nur Mangel an Folgerichtigkeit; denn die Verehrung des Kreuzes ist ja gleich derjenigen der Bilder weder die Gott allein zukommende Anbetung, noch eine solche, die im verehrten Bilde ruhen bleibt, sondern steigt auf zum Urbilde, zum Gekreuzigten.

---

[1] Migne CVI, 325; vgl. 315 B C, 316 C, 318 C, 321 C, 329 sq.

[2] L. c. 326. Eine ähnliche Stelle 358 im zweiten Buche: Qui, quaeso te, sunt isti, qui agnos pictos velint adorare? Numquidnam Galli et Germani, qui cuicunque picturae adorationem non solum deferre detrectant, sed et adorantibus libera voce resultant, eosque quanta possunt invectione redarguunt, et ut ad sanam mentem redeant toto conamine elaborant?

Das dritte Buch widerlegt die Einwürfe gegen Wallfahrten nach Rom und gegen Reliquienverehrung.

Walafried Strabo, Mönch zu Fulda und Schüler des großen Hrabanus Maurus, später Abt von Reichenau († 849), steht fast ganz auf dem von den damaligen Päpsten und jetzt von der ganzen katholischen Kirche klar eingenommenen Standpunkt. Er schreibt: „Richtige und gemäßigte Ehrenbezeigungen gegen die Bilder darf man nicht abweisen." Weiterhin weist er auf den Nutzen der Bilder hin, sieht in ihnen ein wichtiges Unterrichtsmittel und fügt bei: „Wir sahen schon, daß Ungebildete, welche durch Worte kaum zum Glauben an die Ereignisse (der Heiligen Schrift) gebracht werden konnten, durch Gemälde, z. B. Darstellungen des Leidens des Herrn oder anderer Wunderthaten, so zum Mitleid gestimmt wurden, daß ihre Thränen Zeugniß ablegten, die äußeren Bilder seien ihrem Herzen eingeprägt worden, wie Buchstaben (auf dem Pergament stehen)."[1]

Agobard, Erzbischof von Lyon († 840), zeigt sich dagegen wiederum als eifriger Vertheidiger der in den Karolingischen Büchern ausgesprochenen Scheu vor Bilderverehrung. Aber auch er fühlt die Schwäche seiner Stellung; denn er sucht den Bilderverehrern ihre Hauptwaffe zu entwinden, indem er schreibt: „Vielleicht sagt jemand, er glaube nicht, in dem von ihm verehrten Bilde wohne etwas Göttliches, sondern weihe ihm solche Ehrenbezeigung nur zu Ehren dessen, den es darstelle. Leicht antwortet man diesem: ‚Wenn das Bild, welches er verehrt, nicht Gott ist, darf es nicht verehrt werden, als ob dadurch den Heiligen Ehre erwiesen werde, die sich niemals göttliche Ehren anmaßen.'"[2] Ist es nicht unbegreiflich, wie jene fränkischen Bischöfe nie zur Erkenntniß kommen können, daß jede christliche Verehrung von Bildern, Reliquien und leblosen Dingen auf ein vernünftiges Wesen zurückgeht, also erst in ihm seinen letzten Grund findet? Wie oft war ihnen gesagt, mit dem einen Worte „Verehrung" könne ein Doppeltes gemeint sein, entweder jene Anbetung, welche nur Gott gebührt, oder Beweise von Vertrauen und Hochachtung, welche auch den Heiligen zukommen? Indessen bereitet bekanntlich das Verständ-

---

[1] De rebus ecclesiasticis c. 8, Migne, Patrol. CXIV, 929 sq.
[2] Liber de imaginibus sanctorum c. 19 et 35; Migne, Patrol. CIV, 214 et 226. Es würde, wie schon Piper (Einleitung in die monumentale Theologie, S. 292) bewiesen hat, falsch sein, alle von Agobard gerügten Mißbräuche als im fränkischen Reiche bestehend anzusehen, da er sich offenbar häufig nur gegen die Griechen wendet.

niß der Verehrung der Heiligen, ihrer Bilder und Reliquien auch heute noch vielen, sonst gutgesinnten und billig denkenden Protestanten solche Schwierigkeiten, daß es gerade hierdurch begreiflicher wird, wie man vor 1000 Jahren soviel Mühe hatte, sich aus liebgewonnenen Mißverständnissen herauszuarbeiten.

Agobard hatte übrigens sein Volk vor Augen, das noch zum Aberglauben neigte, dem darum eine weitgehende Bilderverehrung wegen seiner Unwissenheit gefährlich werden konnte. Mußte er doch zwei Schriften[1] verfassen, um zu zeigen, daß weder Gewitter von den Zauberern (tempestarii) hervorgerufen, noch durch Staubstreuen Krankheiten erzeugt würden, und daß es zu mißbilligen sei, durch Weihegeschenke und Geld ohne innere gute Gesinnung an Wallfahrtsorten Heilung erlangen zu wollen. Die ärmeren, in Dörfern und Wäldern wohnenden Unterthanen des fränkischen Reiches waren leider noch nicht genügend unterrichtet, wenigstens nicht die an den Grenzen, im jetzigen Deutschland lebende Landbevölkerung, besonders bevor jene Schaar von Glaubensboten aus England herüberkam, um sie aufzuklären durch das Licht der katholischen Lehre.

Die Theologen Galliens, welche unter Karls Schutz und Namen, später unter Ludwig dem Frommen zwischen den griechischen Feinden und Freunden der Bilder jene Mittelstellung einnehmen und festhalten wollten, durften auf zwei weitere Umstände hinweisen. Dieselben gingen aus dem lebhaftern Charakter der Morgenländer und aus dem bedächtigern der im Norden des Abendlandes wohnenden Franken hervor.

Die Griechen bewiesen den Bildern ihre Verehrung, indem sie dieselben beräucherten, küßten und sich vor denselben niederwarfen; ja, Kaiser Michael führte in seinem Briefe an Ludwig den Frommen noch allerlei Gebräuche der eifrigeren Bilderverehrer an, welche niemand gutheißen wird. Es handelte sich eben um eine auf die Spitze getriebene, orientalische Art der äußern Verehrung, wodurch den Bildern Ehrenbezeigungen dargebracht wurden, welche die Franken kaum Gott gegenüber übten. Diese konnten den Bischöfen Galliens unmöglich für ihr Volk, besonders für die noch nicht ganz aus dem Heidenthum herausgetretene Landbevölkerung gefallen. Aber warum haben sie sich nicht darauf beschränkt, gegen einzelne, für ihre Gegenden unpassende Gebräuche der Griechen Einsprache zu erheben? Manche Bischöfe fürchteten, man wolle

---

[1] Liber contra insulsam vulgi opinionem de grandine et tonitruis; Epistola ad Bartholomaeum episcopum Narbonensem de quorumdam illusione signorum. Migne CIV, 147 sq. 179 sq.

ihnen zur Pflicht machen, solche einzuführen. Allein sicherlich würde der Papst mit ihnen rasch einig geworden sein, wenn sie diese praktische Frage von den theoretischen Erörterungen losgelöst hätten.

Zweitens scheint es, daß die Franken hinsichtlich der Heiligenbilder weniger thaten, als in Italien Sitte war. Auch hierin konnten sie beim Alten bleiben, wenn sie, wie es in den Karolingischen Büchern an einzelnen Stellen geschieht, nur die Lehre als richtig annahmen, Bilder könnten unbeschadet des Glaubens verehrt werden. Man räumte ihnen ja gerne ein, daß die Verehrung in geziemenden Grenzen bleiben und nach dem Charakter und den Verhältnissen jedes Volkes abgemessen werden müsse[1]. Auf beiden Seiten hielt man die rechten Grundsätze fest, die Verehrung habe sich nicht auf das Bild als solches, sondern auf die durch das Bild dargestellte Person zu beziehen, und die Verehrung der Heiligen müsse von der Verehrung Gottes verschieden sein. Heute noch ist in Deutschland die Bilderverehrung eine weniger ausgedehnte, als bei den südlichen Völkern. Auffallenderweise scheint aber schon während der Regierung Karls die Reliquienverehrung in Deutschland desto größere Ausdehnung gewonnen zu haben. Sie stieg immer mehr und blieb, wie wir sehen werden, nicht ohne Ausschreitungen, welche denen der Bilderfreunde wohl nichts nachgaben.

Der Bilderstreit war in erster Linie eine Disciplinarangelegenheit. Solche örtlich und zeitlich begrenzte Streitigkeiten thun der Göttlichkeit der Kirche nicht den mindesten Eintrag. Wie wenig aus den von Gegnern der Kirche so sehr hervorgehobenen Auseinandersetzungen und Streitigkeiten auf einen innern Gegensatz zwischen dem päpstlichen Stuhle und dem fränkischen Reiche geschlossen werden darf, erhellt schon aus dem Benehmen Karls und Ludwigs. Wie berichtet, ließen sie ihren Theologen freie Hand, die Libri Carolini und die Denkschrift der Pariser Versammlung auszuarbeiten. An den Papst sandten sie weder das eine noch das andere Actenstück, so wie es ausgearbeitet und ihnen vorgelegt war. Der römische Stuhl erhielt nur die gemilderten Auszüge. Dem Widerspruch des Papstes brachten Karl und Ludwig nicht Eigensinn, sondern demüthige Unterwerfung entgegen. Die Libri Carolini entstanden um 790, die Pariser Versamm=

---

[1] Hefele meint in seiner Conciliengeschichte (2. Aufl., IV, 45 Anm.), es sei alte Sitte in Gallien gewesen, vor den Bildern der Heiligen Lampen anzuzünden. Eine entscheidende Beweisstelle führt er nicht an; denn die Aussage des Venantius Fortunatus, worauf er sich bezieht, handelt von Ravenna, hat also mit Gallien nichts zu thun. Vgl. oben S. 56 Anm. 2.

lung fand 825 statt. Zwischen beide fiel Karls Kaiserkrönung, fallen eine Menge Thatsachen, welche beweisen, daß die Kaiser viel zu klug, daß sie und ihr Volk viel zu katholisch waren, um sich von der bilderfeindlichen Partei zu verkehrten Schritten hinreißen zu lassen. Uebrigens befand sich selbst in jener Partei schwerlich auch nur einer, der nicht bereit war, sein Urtheil dem des Papstes zu unterwerfen, sobald die Pflicht dazu an ihn herantrat. Wie innig damals die Beziehungen der Gallier und Germanen zu Rom waren, erhellt aus den Wallfahrten zu den Gräbern der Apostelfürsten und der Martyrer altchristlicher Zeit, zu deren Darstellung wir jetzt übergehen.

Fünftes Kapitel.

Pilgerfahrten nach Rom und Reliquienübertragungen vom 8. bis zum 10. Jahrhundert.

1. Der rege Verkehr zwischen dem hl. Bonifatius und den Päpsten mußte die alte Anhänglichkeit der Deutschen an den Heiligen Stuhl vermehren. Ein weiteres, mächtiges Förderungsmittel war die unter Karl dem Großen durchgesetzte Einführung der reinen römischen Liturgie. Dadurch wurden die römischen Heiligen und die Stationen an deren Gräbern wiederum so in den Vordergrund gestellt, daß in den neuen liturgischen Büchern kein einziger deutscher oder gallischer Heiliger genannt, selbst Martin von Tours erst später eingefügt wurde. Schon damals standen im Canon vor der Wandlung die zwölf Apostel und zwölf altchristliche, meist römische Martyrer, nach der Wandlung 15 Martyrer der ältesten Zeit. Daß deren Gräber mit Vorliebe besucht, deren Reliquien mit besonderem Eifer hochgehalten wurden, ist klar. Tausende reisten nach Rom, manche Jahr um Jahr[1].

Die jetzt gesetzlich geregelte Pflicht der Bischöfe, nach Rom zu pilgern, um an den Gräbern der Apostelfürsten zu beten und dem Papste ihre Ergebenheit zu erweisen, war schon damals Gewohnheit frommer Oberhirten. Alte Lebensbeschreibungen der Bischöfe Emmeram von Regensburg († 652) und Corbinian von Freising († 730) erzählen, beide seien nach Rom gegangen. Die neuere Kritik will an diese Reisen nicht glauben und beschuldigt Aribo, Bischof von Freising († 784), solche Romreisen erfunden zu haben. Sie behauptet, erst die Angelsachsen hätten es für nothwendig gehalten, sich von Rom die Vollmacht zur Missionsthätigkeit zu holen[2].

---

[1] Jonas, De cultu imaginum lib. III; Migne, Patrol. CVI, 367 B.

[2] Wattenbach, Geschichtsquellen I, 117. Es versteht sich von selbst, daß damals die Erlaubniß eines Diöcesanbischofs genügte, um in seinem Sprengel, dessen

Selbst wenn letzteres richtig wäre, würde dadurch noch in keiner Weise ausgeschlossen, daß jene beiden Bischöfe nach Rom pilgerten, um dort zu beten und sich zu berathen. Wer wird glauben, Aribo († 784), der so kurz nach dem Tode Corbinians († 730), seines vierten Vorgängers, schrieb, habe dessen Romreise erfinden und dann öffentlich behaupten können! Schon der hl. Servatius war ja nach Ausweis seiner ältesten Lebensbeschreiber nach Rom gewallfahrtet[1]. Ebenso wird von vielen Bischöfen Frankreichs und Deutschlands, die lange vor Bonifatius lebten, erzählt, sie hätten das Grab des hl. Petrus aufgesucht. Was Bonifatius trotz seiner vielen Arbeiten dreimal zu vollbringen vermochte, haben manche der ausgezeichnetsten Bischöfe und Aebte des frühen Mittelalters wenigstens einmal gethan.

Warum auch die Laien solche Romreisen oft und gerne unternahmen, erfährt man ausführlich aus der schon genannten Streitschrift des Bischofs Jonas von Orleans gegen Claudius von Turin. Die Heilige Schrift belehrte die Pilger, der Herr habe den Petrus vor allen übrigen Aposteln ausgezeichnet, ihm die Schlüssel des Himmels übergeben und ihn bevollmächtigt, zu binden und zu lösen für Himmel und Erde. Mit Recht dachten sie, obgleich Petrus freilich seine sacramentale Gewalt, Sünden nachzulassen, auf seinen Nachfolger vererbt habe, sei ihm, dem Stellvertreter Christi, droben im Himmel doch noch große fürbittende Macht geblieben. Sie glaubten, der Apostelfürst werde die nach einer weiten und gefahrvollen Wallfahrt bei seinem Grabe voll Inbrunst dargebrachten

---

Grenzen oft nicht fest bestimmt waren, den Heiden zu predigen. Die Päpste gaben in solchem Falle oft mehr ihre Billigung und ihren Segen als eine förmliche Erlaubniß. Wie nöthig auch für Bonifatius eine Vollmacht war, um sein Apostolat zu beginnen, erhellt aus theologischen Gründen, auf die wir hier nicht eingehen (Jurisdictio). Bemerkenswerth ist aber auch eine Stelle der von Willibald verfaßten Lebensgeschichte des Apostels Deutschlands. Dort wird nämlich erzählt, der Papst habe zu Rom 718 von ihm einen Brief seines Bischofs verlangt, ehe er sich in weitere Unterhandlungen einließ. Bibliotheca rer. Germ. III., Mon. Moguntina 445: Sanctus itaque papa ... inquisivit, an litteras ab episcopo suo commendaticias detulisset. At ille, et jam concitus exempto pallio, cartam ex more involutam litterasque protulit deditque mirabili sanctae recordationis viro. Qui statim, acceptis litteris, annuens (annuit) ei, ut abiret. Apostolicus vero papa, perlectis litteris et recensita commendaticiae conscriptionis carta, sedulum deinceps cum eo habebat cottidianae disputationis conloquium. Die Empfehlungsbriefe waren von Daniel, Bischof von Winchester, ausgestellt (l. c. 62 et 443). Gregor II. gab dem hl. Bonifatius die Vollmacht, überall den Heiden zu predigen (l. c. 63).

[1] Analecta Bollandiana I, 85 sq.; vgl. oben S. 8.

Gebete nicht unerhört lassen¹. Schön ward diese Gesinnung bereits in der vom Erzbischof Benedikt von Mailand verfaßten Grabschrift Kadwallas, Königs der englischen Westsachsen, dargelegt; denn darin wird ausgeführt, wie der hohe Verstorbene alles verließ, um am Grabe des hl. Petrus in der heiligen Taufe Verzeihung der Sünden zu erlangen und dort im weißen Gewande der Unschuld den Tod freudig zu erwarten, der rasch (689) gekommen sei².

Mit welcher Erbauung wird Karlmann, Karl Martells ältester Sohn, diese Grabschrift gelesen haben, als er 747 all seinen Aussichten und Ansprüchen entsagte, um vom Papste Zacharias nicht wie jener das weiße Kleid der Täuflinge, sondern die rauhe Kutte eines Benediktiners zu erbitten. Er erhielt sie, um bei Soracte am Tiber sein Bußleben zu beginnen. Als die Besuche zahlreicher vornehmer Pilger aus dem Frankenlande ihn in seiner Einsamkeit störten, zog er weiter bis nach Monte Cassino. Auch Rachis, König der Longobarden, kam als Mönch dorthin. Die Gemahlin des Rachis, Tasia, und seine Tochter Rotrudis, die mit ihm an St. Petri Grab Krone und Königsmantel abgelegt hatten, nahmen in einem benachbarten Kloster den Schleier.

Freilich riefen politische Verwicklungen sehr verschiedener Art Karlmanns Neffen, Karl den Großen, nach Rom. Aber die Verehrung gegen den hl. Petrus war doch einer der tiefsten Gründe, welche ihn hinführten. Abo sagt darum mit Recht, derselbe sei nach Rom gereist, um zu beten

---

[1] Jonas, De cultu imaginum lib. III; Migne, Patrol. CVI, 375 sq. 378. 384 etc. Vom hl. Bonifatius und dessen Genossen sagt dessen Lebensbeschreiber Willibald: Ecclesiam sancti Petri, principis apostolorum, magno cum gaudio ingressi abolitionem peccaminum postulantes, diversa quidem munera eorum quam plurimi detulerunt. Bibliotheca rer. Germ. III, 445.

[2] Beda, Historia ecclesiastica 5 c. 7; Migne, Patrol. XCV, 237.
Culmen, opes, sobolem, pollentia regna, triumphos,
  Exuvias, proceres, moenia, castra, lares,
Quaeque patrum virtus, et quae congesserat ipse
  Caedual armipotens, liquit amore Dei,
Ut Petrum sedemque Petri rex cerneret hospes. . . .
Mira fides regis! Clementia maxima Christi,
  Cujus consilium nullus adire potest!
Sospes enim veniens supremo ex orbe Britanni
  Per varias gentes, per freta perque vias,
Urbem Romuleam vidit, templumque verendum
  Aspexit Petri, mystica dona gerens.
Candidus inter oves Christi sociabilis ibit,
  Corpore nam tumulum, mente superna tenet.

(orationis gratia). Einhard klagt sogar, Karl habe nur (!) viermal aus Andacht und Frömmigkeit hingehen können[1]. Wie hoch der Kaiser die Peterskirche stellte, erhellt auch aus seinem Testament, worin er sie in hervorragender Weise beschenkte.

Auf den nach Rom führenden Straßen fand man Pilger aus allen katholischen Ländern. Sie kamen und gingen, Reiche neben Armen, Vornehme mit Geringen, Männer und Weiber. Da sah man nicht wenige Büßer, oft mit Ketten oder anderen Zeichen der Strenge beladen, barfuß und bettelnd, gedrückt von Gewissensbissen, Armuth, Noth und Ermüdung. Sie zogen zum Grabe dessen, der selbst einst so schwer gefallen war, dem aber der Herr nicht nur verzieh, sondern auch die Schlüssel des Himmels übergab.

Ein rührendes Beispiel erzählt der St. Gallener Mönch Ekkehard[2] vom Bischof Salomon von Konstanz († 920). Als dieser von Unglück heimgesucht ward, erbat er sich vom Kaiser die Erlaubniß, nach Rom zu pilgern. Dort betete er unter Thränen: „Nach Verdienst erleide ich solches, weil ich sündigte vor Gott gegen den Himmel. Ich flehe um Verzeihung von Gott durch die Fürbitte des hl. Petrus, der sich meiner erbarme." Vom Papste erbat Salomon sich weinend eine, wenn auch noch so schwere Buße. Er erlangte von ihm Nachlaß und Ablaß, überdies auch Reliquien des heiligen Martyrers Pelagius. Ekkehard fügt bei: „Es war erfreulich, zu sehen, wie der Bischof sich nach seiner Rückkehr in den Tugenden übte, mit welchem Eifer er Tag und Nacht im Gebete verharrte, wie freigebig er war,

---

[1] Ado, Chronicon, ad an. 800. Carolus Italiam ingreditur, orationis gratia Romam profectus.... Ante confessionem B. Petri apostoli, cum gloriosus Rex Carolus ab oratione surrexisset, Leo Pontifex capiti ejus coronam imposuit. Bouquet SS. (Neue Ausgabe) V, 320 sq. Einhardi Vita Caroli c. 27: Colebat prae caeteris sacris et venerabilibus locis apud Romam ecclesiam b. Petri apostoli, in cujus donaria magna vis pecuniae tam in auro quam in argento necnon et gemmis ab illo congesta est. Multa et innumera pontificibus munera missa. Neque ille toto regni sui tempore quicquam duxit antiquius, quam ut urbs Roma sua opera suoque labore vetere polleret auctoritate, et ecclesia sancti Petri per illum non solum tuta ac defensa, sed etiam suis opibus prae omnibus ecclesiis esset ornata atque ditata. Quam cum tanti penderet, tamen intra 47 annorum, quibus regnaverat, spatium quater tantum (!) illo votorum solvendorum ac supplicandi causa profectus est. (Annis 774, 781, 787, 800.) c. 28: Ultimi adventus sui non solum hae fuerunt causae, sed etiam quod Romani Leonem pontificem... fidem regis implorare compulerunt. Vgl. Jahrbücher des fränkischen Reiches unter Karl. II, 219.

[2] Casus s. Galli ad an. 917, Mon. Germ. SS. II, 88.

besonders gegen Arme, und welche Mühe er sich gab, Entzweite zu versöhnen." In jenen Zeiten der Kraft gab es starke Ausschreitungen, aber auch herrliche Sühne und glänzende Tugenden.

Wegen der Menge der Pilger, der Gesellschaft, der langen Dauer solcher Reisen und mancherlei Verführung kamen auch Mißbräuche vor [1]. Die kirchliche Behörde that indessen alles, was sie konnte, um dieselben zu verhindern. Im Jahre 774 schrieb Erzbischof Bonifatius von Mailand dem Erzbischof Cuthbert von Canterbury, er möge Frauen und Nonnen die Pilgerfahrt nach Rom untersagen. Die Synode von Friaul verbot Klosterfrauen jede Wallfahrt, auch die nach Rom. Wer hinpilgern wollte, erbat sich vom Bischofe einen Empfehlungsbrief. Für Büßer wird in einem solchen nur um Unterkommen, Feuer, Brod und Wasser gebeten [2].

Nicht wenige moderne Schriftsteller sind sehr geneigt, über solche Büßer sofort den Stab zu brechen. Wer aber das menschliche Herz kennt, wird die Größe der Opfer nicht unterschätzen, welche diese reuigen Sünder zu bringen hatten, wenn sie sich eine geraume Zeit verbannt sahen aus der Heimat und aus dem Kreise der liebsten Verwandten. Wie oft war der Büßer ein vornehmer Mann, der im wilden Eifer eines noch nicht vollkommen christianisirten Barbaren zum Schwert gegriffen und als freier Mann sich sein altes, vermeintliches Recht mit eigener Faust hatte schaffen wollen! Nun mußte er, der bisher in Reichthum und Ehre an seinem Herde gelebt hatte, hinaus in die weite, unbekannte Welt, hinaus mit einem Geleitschein, der seine Sünde und seine Schande überall kundthat. Selbst wenn verhältnißmäßig viele Betrüger sich in die Maske echter Büßer gehüllt hätten, der sittliche Werth eines einzigen wahren bußfertigen Mannes ist hoch anzuschlagen. In Wirklichkeit gestaltete sich das Verhältniß nicht so ungünstig. Betrüger waren Ausnahmen, um so seltenere,

---

[1] Gregorovius (Geschichte der Stadt Rom, 3. Aufl., III, 78 f.) hebt nur die Mißbräuche hervor. Er gleicht einem Manne, der nur von den Finsternissen der Sonne redet und dann schließt: Also spendet die Sonne kein Licht, sondern erzeugt greuliche Finsterniß. Schon Bischof Jonas von Orleans antwortete dem Claudius von Turin in treffender Weise: Ego scio non esse quidem summam perfectionis in itinere, quo Romam pergitur. Novi etiam, quod devote illuc properantes plurimum juvantur, quibus professio non reluctatur. Migne CVI, 375 B.

[2] Formulare für solche Empfehlungsbriefe in Marculfi Formularum lib. II. 49 sq. bei Baluze, Capitularia. Venetiis 1773. II, 296. Das Formular für Büßer im Anhange 10, col. 303. Was die Päpste von großen Sündern als Buße verlangten, zeigt ein Brief Benedikts III. von 857 bei Pflugk-Harttung, Acta Pontif. Rom. III, 3.

nachdem Karl 789 und 802 in seinen Capitularen gewarnt hatte vor
Pilgern und Büßern, welche in auffallender Weise herumzögen, um die
Leute zu betrügen. Er verlangte, Wallfahrer sollten nicht ohne Erlaubniß
der rechtmäßigen Oberen die Reise beginnen[1]. Selbst Bischöfe, Aebte
und alle Großen des Reiches benöthigten der Einwilligung des Königs,
bevor sie das Land verlassen und über die Alpen ziehen durften[2].

Welche Freude verklärte die Züge jener müden Wanderer am Ende
ihrer Fahrt! Trotz des Schnees und Eises der Alpen, trotz der für sie
doppelt heißen Strahlen der italienischen Sonne waren sie endlich doch
angelangt am ersehnten Ziel. Laut erschallte das spätestens im 7. oder
8. Jahrhundert gedichtete Pilgerlied[3]:

„Roma, du Herrscherin über den Erdenball,
Ragend hoch empor unter den Städten all,
Prächtig geröthet vom Blut deiner Zeugenschaar,
Prangend im Lilienschmuck heiliger Jungfrauen gar,
Dir, o gewalt'ges Rom, dem unser Lied geweiht,
Rufen wir segnend zu: Heil dir für alle Zeit.

Petrus, du mächtiger Pförtner am Himmelsthor,
Leihe den Flehenden allzeit ein gnädig Ohr,
Hältst du bereinst Gericht über die zweimal sechs
Stämme, dann richt' sie mild, heiliger Pontifex.
Gib auch (so flehen hier Pilger zu deinem Grab)
Einst deine Stimme zu unseren Gunsten ab.

Paulus, erhöre uns, du, dessen Redekunst
Vordem zu Schand' gemacht der Philosophen Dunst,
Der du Beschließer jetzt bist in des Himmels Haus,
Theile auch gnädig uns himmlische Speise aus.
Auf daß die Weisheit, die einst dich erfüllt so sehr,
Werde auch uns zu theil durch deine Glaubenslehr'."

Ein anderer Dichter singt zu Ehren der hll. Petrus und Paulus:

„O Rom, du hochbeglückte, der mächt'gen Fürsten Hut
Vertraute, und geweihet durch ihr hochheil'ges Blut:

---

[1] Mon. Germ., Leges I. p. 65. n. 78; p. 100. n. 45.

[2] Vita s. Willehadi c. 1, Mon. Germ. II, 380; Hrotsuithae Primordia Gandersheim., Mon. Germ. IV, 308 v. 118 sq.; Gregor. Tur., Historia Francorum V, 20, Mon. Germ. SS. rer. Merov. I, 217; Katholik 1889. II, 287. 294. 299. 300. 301.

[3] O Roma nobilis. Daniel, Thesaurus hymnologicus. IV, 96 sq. Die oben mitgetheilte Uebersetzung ist entnommen aus Lebr. Dreves, Lieder der Kirche. 2. Aufl. S. 314.

> Weit über alle Städte ragst, Hehre, du empor;
> Nicht eigener Ruhm dich hebt zu solchem Glanz empor,
> Die Tugend deiner Heil'gen, die du gewürgt zuvor." [1]

Wie mußte das „goldene Rom" die Augen der Franken fesseln! Wohl besaßen auch sie in Gallien und am Rhein stattliche Reste der alten Römerbauten. Hoch ragten zu Trier Palast und Basilika auf neben gewaltigen Thorfestungen. In Paris stand noch ein Kaiserpalast; Arles und andere Städte waren reich an großen Baudenkmälern, die von vergangener Größe zeugten. Auch neue Kirchen und Pfalzen waren erstanden. Zu Aachen zeigen Thurm und Gewölbe der Hofburg und die in ihren wesentlichen Theilen erhaltene Pfalzkapelle, daß man zu Karls Zeit nicht ohne Geschick und Muth gute alte Vorbilder nachahmte und weiter entwickelte. Aber meist waren die fränkischen Kirchen klein, nur zu oft roh gezimmert aus Balken und Holz. Da zog denn ein Bewohner der Rheinlande ein in jene von den ehemaligen Beherrschern der Welt mit Aufwand all ihrer Reichthümer und Kenntnisse geschmückte Stadt. Auch die Ruinen verfehlten nicht ihres tiefen Eindruckes. Gerade die Trümmerhaftigkeit war etwas, was dieser Stadt eine weit höhere Anziehungskraft verlieh, als wenn jeder Palast, jede Kirche in frischem, reinem, vollkommenem Ebenmaß vor die an solche Schönheit nicht gewöhnten Blicke sich hingestellt hätten.

Wie erstaunten die Pilger, wenn sie eintraten in die Basilika des hl. Petrus oder in diejenige des hl. Paulus! Gold und Farben waren nach Ausweis der zeitgenössischen Schriftsteller und der wenigen erhaltenen fränkischen Kunstwerke das Höchste für jene Gallier und Deutsche. Wie glänzten hier nun die bunten Figuren auf dem Goldgrund der Mosaiken! Wie strahlten die bunten Marmorsäulen, all die goldenen Leuchter, Lampen, Kronen, Geräthe und Votivgeschenke! Die Beschreibung, welche Anastasius davon gibt, macht uns noch staunen; sie würde uns unglaublich vorkommen, wenn er nicht als ein Zeitgenosse berichtete, und wenn nicht andere sein Zeugniß bekräftigten. Das alles trat vor den Franken hin, der monatelang mühsam Tag um Tag weitergepilgert und endlich angelangt war an der heiligen Stätte, wo ein hohes Fest ihn und Tausende anderer Pilger mit dem Glanze von Hunderten von Lampen und Wachskerzen, mit all den Ceremonien eines erhabenen Gottesdienstes erwartete.

---

[1] Daniel, Thesaurus hymnologicus. I, 243 und IV, 164. Uebersetzung von Schlosser, Die Kirche in ihren Liedern. 2. Aufl. I, 225. Vgl. 437, 13 und Guido Dreves, Analecta Hymnica II Hymnarius Moissiacensis p. 54.

Wie vieles gab es da zu sehen! Er konnte pilgern durch 24 Basiliken mit Presbytertitel, durch 20, die als Diakonien galten, durch mehr als 40 Klosterkirchen [1]. Zwei Jahrhunderte später, am Ende des 10. Jahrhunderts, fand der Pilger in Rom 20 Nonnenklöster, 40 Mönchsklöster und 60 Gebäude (Monasteria), in denen Weltgeistliche ein gemeinsames Leben führten.

Leute, welche in der Heimat mit solchem Eifer Gräber und Reliquien der Heiligen verehrt hatten, mußten mächtig ergriffen werden, wenn man ihnen die Reliquienschätze Roms zeigte und erklärte. Wie sorgsam sie diese Gräber aufsuchten, erhellt aus dem zwischen 750—850 verfaßten, in einer Einsiedler Handschrift des 10. Jahrhunderts erhaltenen Wegweiser zu den einzelnen römischen Kirchen [2]. Aehnliche Wegweiser für Pilger hat de Rossi aus zwei im 9. und 10. Jahrhundert geschriebenen, von Salzburg stammenden Handschriften herausgegeben, deren Text aber darin nur in Copien vorliegt, die um zwei Jahrhunderte jünger sind als das Original [3].

Kann ein Vernünftiger läugnen, daß unsere Vorfahren hauptsächlich durch den Verkehr mit Rom aus ihrer Barbarei sich emporgehoben haben zur ersten Nation der Christenheit? Dies waren sie unter Karl, in den glanzvollen Zeiten der Ottonen und auch noch später. Aus Italien holten sie die besten Vorbilder für ihre Schrift, ihre Malereien, ihre Kirchenbauten. Von da aus erhielten sie meist die verlorenen Werke der Classiker, diese wichtigen und einflußreichen Quellen der formalen Bildung des Mittelalters. Echtes und wahres, freies und lebendiges Christenthum wäre in Deutschland nie zu dauernder Herrschaft gekommen, wenn nicht der Papst einerseits über Lehre, Sitte und Gottesdienst gewacht, andererseits ein Gegengewicht geboten hätte gegen die angestrebte Allgewalt der Kaiser, der Könige und der Großen.

Die Verehrung der Apostelgräber, die Hochhaltung der Reliquien haben nicht zum wenigsten dazu mitgewirkt, das Band zwischen Italien und Deutschland fester zu knüpfen. Ohne Petrus kein Papst! Die Werthschätzung des Apostelgrabes stand im innigsten Verhältniß zur Hochhaltung des Papstthums. Ohne Martyrer und Heilige kein plastischer Ausdruck der Nothwendigkeit und Hoheit der Tugenden! Um wie viel leichter verstanden diese Franken und Germanen die Bedeutung des Glaubensmuthes,

---

[1] Die Namen bei Gregorovius a. a. O. III, 30 f.

[2] Der Text bei Jordan, Topographie der Stadt Rom. II, 646 f.; Besprechung S. 329 f.: „Das Itinerar der Einsiedler Handschrift".

[3] De Rossi, La Roma sotterranea. I, 138. Notitia ecclesiarum urbis Romae, p. 141. De locis sanctis martyrum, quae sunt foris civitatis Romae.

der Keuschheit, der Abtödtung, des Almosengebens und der Liebe, wenn durch die Reliquien jener Heiligen solche Tugenden gleichsam verkörpert sich ihnen nahten!

Man sagt, es sei Mangel echter Geisteskraft, immer solcher materiellen Mittel zu bedürfen, um aufzusteigen zu Gott. Ja, wären wir Engel, nicht Menschen, wir würden auf den mehr sinnenfälligen Theil der Reliquien- und Heiligenverehrung verzichten können. Aber wer sind denn die Gegner der Verehrung der Heiligen und ihrer Reliquien? Sind es wirklich jene, die in ihrem Leben und Streben eine innigere Vereinigung mit Gott suchen? Oder sind es nicht oft gerade jene, welche kaum auf der untersten Stufe eines christlichen Lebens stehen? Beweisen diese nicht in der That Mangel an Geisteskraft dadurch, daß sie immer und immer wieder die Lüge wiederholen, Reliquien und Heilige seien in götzendienerischer Art angebetet worden. Aus dem ganzen Mittelalter vermögen sie auch nicht Ein Beispiel anzuführen, wo dies mit Billigung der kirchlichen Obrigkeit geschehen wäre. Sie verharren trotzdem bei ihrer Verleumdung, tappen im Irrthum herum und reden dann von Mangel an Geisteskraft, welcher die Reliquienverehrung des Mittelalters kennzeichne.

2. In welchem Geiste man die Verehrung der römischen Heiligengräber übte, erhellt aus einer etwas eingehenderen Zusammenstellung der Berichte über die aus Rom vom 9. bis zum 11. Jahrhundert nach Deutschland gebrachten Reliquien.

Die von Gregor dem Großen noch streng festgehaltene Weigerung, auch nur ein Theilchen von den Gebeinen eines Heiligen abzugeben, erscheint um diese Zeit bereits vollkommen aufgegeben. Sie war übrigens auch früher eine nur für Rom geltende Gewohnheit gewesen, die im übrigen Italien oder gar im Morgenlande keine Nachahmung fand[1]. Durch Vergebung von Reliquien im weitern Sinne (Tücher oder Oel vom Grabe der Heiligen) wurden nothwendigerweise Auswärtige, denen bekannt war, daß anderswo auch Reliquien im engern Sinne ausgetheilt wurden, zu der Bitte gedrängt, der römische Clerus möge das Gleiche thun.

Verfolgen wir die Entwicklung der römischen Praxis, so redet Gregor von Tours[2] († 594) wohl nur von Brandea, von Reliquien im weiteren Sinne, die aus Rom gekommen waren.

---

[1] Vgl. oben S. 17 f.
[2] Historia Francorum. VI, 6, l. c. 251 (Beatorum apostolorum pignora, vgl. In gloria martyrum 27, l. c. 504); X, 1, l. c. 406; In gloria martyrum 82, l. c. 544 (Martyrum confessorumque pignora).

Pelagius I. übermittelte 556 dem König Childebert für den Erzbischof Sapaudus von Arles „Reliquien der heiligen Apostel Petrus und Paulus, sowie anderer heiliger Martyrer". Aus seinen Briefen läßt sich jedoch nicht erkennen, ob es sich um Reliquien erster oder zweiter Ordnung handelte [1].

Gregor der Große († 604) sandte dem gallischen Patricier Dynamius in einem Kreuze von den Ketten des hl. Petrus und vom Roste des hl. Laurentius, an König Childebert Schlüssel des hl. Petrus mit Theilen von dessen Ketten, an Palladius, Bischof von Saintes, Reliquien der hll. Petrus, Paulus, Laurentius und Pancratius für vier nicht consecrirte Altäre der von ihm neuerbauten, mit 17 Altären ausgestatteten Basilika. Die Königin Brunhilde erhielt von ihm auf ihre Bitte Reliquien der Apostelfürsten, der Patricier Asklepiodot in Gallien einen Schlüssel des hl. Petrus mit Staub von dessen Ketten [2].

Immer scheint bei jenen Geschenken nur von Heiligthümern zweiter Ordnung, von mittelbaren Reliquien die Rede zu sein, nie ist deutlich von Theilen heiliger Leiber gesprochen. Trotzdem soll der Longobardenkönig Arichis I. von Gregor den ganzen Leib des hl. Modestus erlangt haben. Von großer Wichtigkeit ist hier der erste Theil des jüngst von Sickel herausgegebenen Liber diurnus, welcher im Beginn des 7. Jahrhunderts als Formelbuch der römischen Päpste benutzt ward und hauptsächlich auf den Briefen Gregors des Großen beruht. Dort wird klar von Uebersendung von Reliquien zweiter Art, nie deutlich von Vergebung **eines Theiles** eines heiligen Leibes geredet. Freilich werden verschiedene Worte angewendet: Sanctuaria, Beneficia, Reliquiae, Corpus Sancti. Die beiden ersten bezeichnen zweifellos nur Tücher, Oele oder Staub, die vom Grabe des Heiligen genommen wurden. Von dem Leibe eines Heiligen wird nur geredet, wo es sich darum handelt, ihn nach der Auffindung auf würdigere Art in eine Kirche zu übertragen. Bei Benutzung des Wortes Reliquiae bleibt die Sache freilich dunkel [3].

---

[1] Migne, Patrol. LXIX, 402 sq.; Jaffé, Regesta Pont. Rom. 2. ed. I, 942 sq.

[2] Migne, Patrol. LXXVII, 630. 798. 834. 837. 1130; Epistol. l. III, 33; VI, 6. 49. 50; XI, 14. Cfr. Muratori, Anecdota. II, 196 und oben S. 9.

[3] Liber diurnus. Ed. Sickel. Vindobonae 1889. n. 11. 12. 13. 16. 17. 27. 30: Sanctuaria; n. 22: **Benedictio de sanctuariis apostolicis, id est palliola de eorum confessionibus**; n. 14: Beneficia s. archangeli; n. 10. 16. 17. 21. 28. 29: Reliquiae; n. 26: Corpus sancti noviter repertum.

Einen Umschwung veranlaßte die Uebertragung der in den Katakomben liegenden heiligen Gebeine in die Stadt [1]. Unter Bonifatius IV. wurden um 609 nicht weniger als 28 Wagen mit Gebeinen heiliger Martyrer aus verschiedenen Cömeterien in das zur Kirche der Gottesmutter und aller heiligen Martyrer geweihte Pantheon übertragen. Im folgenden Jahrhundert (756) benutzte König Aistulph, der mit seinen Longobarden Rom 55 Tage lang belagerte, diese Zeit, um viele Heiligenleiber aus den Katakomben zu erheben und nach Pavia zu bringen. Daraufhin ließ Papst Paul I. kurz vor 761 viele in den Katakomben gefundene Reliquien in der neuen von ihm innerhalb der Stadtmauern errichteten Sylvesterkirche beisetzen. 817 wurden durch Paschalis I. alle damals in den Katakomben noch erhaltenen und zugänglichen Heiligengräber eröffnet; ihr Inhalt ward am 20. Juli in die Kirche der hl. Praxedis übertragen.

Als nicht lange nach dieser Ueberführung Gregor IV. († 844) vom Bischofe Otgar von Mainz um den Leib eines Heiligen gebeten wurde, antwortete dieser, alle heiligen Leiber seien in den ihnen neu geweihten Kirchen beigesetzt. Augenblicklich könne er darum über keinen verfügen, wolle aber einen suchen und den gefundenen nach Mainz senden [2]. Leo IV. erhob Reliquien aus dem Cömeterium der hl. Helena und versetzte mehrere Leiber der Martyrer aus einer römischen Kirche in die andere. Spätere Päpste thaten ähnliches [3]. So war jedenfalls die Scheu vor Eröffnung der Martyrergräber geschwunden und die Vertheilung der Gebeine nahegelegt.

Was unter der „großen Zahl von Reliquien" [4] zu verstehen sei (ob solche erster oder zweiter Ordnung), die Bonifatius 719 von Rom nach Deutschland brachte, bleibt unklar [5]; jedenfalls waren Tücher vom Grabe des Apostelfürsten darunter. Im Jahre 732 erhielt er neue Reliquien von Rom. Als Bonifatius 737 zum drittenmal in der heiligen Stadt angelangt war, verblieb er ein Jahr dort, „indem er die Reliquien der Heiligen aufsuchte und vor ihnen betete", bis er „ehrenvoll mit Reliquien bereichert" heimkehrte.

---

[1] De Buck, De phialis rubricatis. Bruxellis 1855. p. 41 sq.
[2] Jaffé, Bibliotheca III, Mon. Mogunt. Epistol. 8, p. 326.
[3] De phialis l. c. 54 sq.
[4] Numerosa reliquiarum multitudo. Bibliotheca l. c. 445. Kurz vorher ist gesagt, daß Bonifatius und seine Gefährten aus der Peterskirche diversa quidem munera . . . detulerunt.
[5] Diversae sanctorum reliquiae, l. c. 455. 456.

Erst bei Chrobegang von Metz finden wir sichere Kunde, daß von Rom aus auch ganze Leiber der Heiligen nach Gallien verschenkt wurden. Derselbe erwarb dort von Paul I. († 767) die Leiber dreier Martyrer, welche er in seine Klöster vertheilte. Die Reliquien des hl. Gorgonius kamen so ins Kloster Gorze bei Metz, die des hl. Nabor nach St. Avold (Nabor) in Lothringen, diejenigen des hl. Nazarius nach Lorsch an der Bergstraße [1]. Zu Ehren der letzteren verfaßte Bischof Theodulph von Orleans († 821) bei einem Besuche zu Lorsch folgende Verse:

> Martyr amoene, tuos hic Christus condidit artus,
> Et tua mens centri scandit ad alta volans.
> Tu Tiberina tuis lustrasti littora gestis,
> Et nunc Rhenicolas ossis honore beas.
> Roma, favente Deo, vidisti in martyre signa,
> Nunc, Germana cohors, cernis id ipsud opus [2].

Abt Fulrad von St. Denis († 784) hatte dem Papste Stephan III. wesentliche Dienste erwiesen. Als Dank erlangte er zu Rom die Leiber der hll. Vitus, Alexander und Hippolytus. Die beiden letztgenannten brachte er in die elsässischen, seiner Abtei gehörenden Klöster Leberau und St. Bild (St. Hippolyt) bei Schlettstadt. Nachdem später einer seiner Nachfolger, Hilduin, im sächsischen Neu-Corvei eine Zeitlang als Verbannter gelebt, dann aber wiederum sein Amt in St. Denis als Abt übernommen hatte, schenkte er 836 aus Dankbarkeit dem Abte Werinus die beiden aus Rom gebrachten Leiber des hl. Knaben Vitus und des hl. Lucianus. Man hatte aber, wie eine 1090 angestellte Untersuchung ergab, keineswegs den ganzen Leib des hl. Veit erhalten, sondern nur einen großen Theil desselben [3].

Kurz nachdem Fulrad jene Reliquien von Rom übertragen hatte, gewann dort die alte, strengere Ansicht wiederum die Oberhand; denn als er den Papst Hadrian I., Stephans IV. († 772) Nachfolger, bei einer neuen Romreise um Reliquien bat, erhielt er abschlägigen Bescheid.

---

[1] Mabillon, Annal. II, 208; Pagi, Critica ad an. 764 n. 1; Miracula s. Gorgonii, Mon. Germ. SS. IV, 238 sq.; Katholik 1889. II, 286 f. Ins Jahr 768 fällt auch die Uebertragung des hl. Mercurius nach Benevent, welche von Paulus Diaconus durch einen Lobgesang verherrlicht ward.

[2] Mon. Germ., Poetae latin. I, 549 sq.

[3] Acta SS. 17. Febr. III, 33 sq.; 23. April. III, 173 n. 4; De s. Fulrado. — Ueber jene Reliquien l. c. § 3; Bibliotheca rer. Germ. I, Mon. Corbeiens. 1. 14. 33. 43; Translatio s. Viti, Mon. Germ. III, 431.

Der Papst wollte, „durch eine Offenbarung geschreckt, unter keiner Bedingung wagen, von den Leibern der Heiligen nochmals etwas wegzugeben"[1].

Indessen hielt diese versuchte Rückkehr zur ältern Praxis dem Andrängen der Franken gegenüber nicht Stand. Selbst wenn die Nachricht unrichtig sein sollte, im Jahre 774 seien die Gebeine der hll. Gordian und Epimachus von Rom nach Kempten übertragen worden[2], so steht doch fest, daß Hadrian I. im Jahre 780 eine Synode zu Rom veranstaltete, um durch sie die Echtheit der Reliquien des hl. Candidus untersuchen zu lassen, welche er Karl dem Großen senden wollte[3]. Weiterhin hat jedenfalls Leo III. im Jahre 810 dem Bischofe Riculph von Mainz Reliquien des hl. Cäsarius zukommen lassen[4], welche in die Diöcese Worms gelangten. Zur Beurtheilung der Reliquien, die Karl von Hadrian I. und Leo III. erhielt, bietet Angilbert einen sehr wichtigen Beitrag[5]. Er erzählt, durch Vermittlung Karls habe er von diesen Päpsten viele Heiligthümer erhalten; überdies seien ihm andere zugesandt und gegeben worden aus Constantinopel, Jerusalem, Italien, Deutschland, Aquitanien, Burgund und Gallien; dazu habe er Theile von jenen Heiligthümern bekommen, die Karl von seinen Vorfahren erebte. Angilbert brachte seine Schätze nach St. Riquier. Ihr Verzeichniß enthält mehr als 20 Reliquien des Herrn, vier seiner heiligen Mutter, dann Reliquien von allen Aposteln, von ungefähr 60 Martyrern, 33 Bekennern, von 14 Heiligen aus Aquileja und ebenso vielen Jungfrauen. Sie wurden theils in einem großen, goldenen Schrein in der Krypta, theils in 13 kleinen Schreinen auf einem großen Balken vor dem Altare der Oberkirche aufgestellt. Da Angilbert von „Breves" redet, welche ihm für die Sicherheit der einzelnen Reliquien als genügende Beweise gelten, darf hier ein solches Zeugniß nicht übergangen werden, das sich in Aachen erhalten hat. Es fand sich „auf Pergament in der Quadratschrift des 9. und 10. Jahrhunderts"[6] bei den Gebeinen des hl. Speus und lautet also:

---

[1] Acta SS. 17. Febr. III, 38 n. 19.
[2] Mabillon, Annal. II, 228; Herimani Aug. Chronicon, Mon. Germ. V, 100.
[3] Mansi, Concilia. XII, 900.
[4] Bibliotheca rer. Germ. III, Mon. Moguntina 317.
[5] De ecclesia Centulensi libellus c. 2, Mon. Germ. XV, 175.
[6] Kessel, Geschichtliche Mittheilungen über die Heiligthümer der Stiftskirche zu Aachen. 1874. S. 116. Im Text S. 76 ist statt der im Original vorkommenden herzförmigen Unterscheidungszeichen ein Komma gesetzt. Nach dem Sinn ist u oder v eingesetzt.

76 Begleitschreiben zu Reliquien des 9. Jahrhunderts.

Accipite sc̄i vobis + v̄re, dignumque minestri
um. ✕ Tulliū. ☧. Anatolium, artemiū, c. p.
p. qui vixit, annos, sex, menses ☧. octo, dies ☧.
XXIII, depositus, die, III, idus, octuber,
ricomere, et clearcho ☧. VV. CC. Cons. ☧:

Als „zweite Inschrift, die gleichfalls nach den Schriftzügen dem
9. ober 10. Jahrhundert angehört", folgt:

Depositio sancte memorie venerabilis speis
aepiscopi die VIIII Kal Dec̄b qui vixit
in sacerdotio annis XXXII:

Die erste Inschrift ist Copie und Nachahmung der Grabschrift eines
unter den Consuln Ricimer und Clearchus (384—385) wohl in einer
römischen Katakombe beigesetzten Kindes, die zweite ein Auszug aus einem
Martyrologium. Da beide auf demselben Pergamentzettel stehen, dienten
sie als Begleitschein für zwei nach Aachen gesandte heilige Leiber[1].
Auf die einzelnen Reliquien, welche Karl selbst erhielt, und auf deren
Geschichte einzugehen würde zu weit führen. Wir müssen hier darauf ver=
zichten, weil zwar Zeitgenossen berichten, er habe Heiligthümer aus dem
Morgen= und Abendlande erhalten, eine genauere Bestimmung derselben
aber nur mit Hilfe späterer Berichte möglich ist[2].
Eine von Hrabanus Maurus verfaßte Inschrift für das Grab des
hl. Theodul im Speierer Kloster Klingenmünster zeigt, daß dieser Martyrer
unter Karl dem Großen dorthin von Rom gebracht wurde. Sie sagt:

---

[1] Eine wichtige aus der Zeit um 800 stammende Bleitafel, welche man zu
Chamalières in der Diöcese Clermont entdeckte, worauf kurze Angaben eingegraben
sind über die Reliquien der hl. Thekla, bei denen man sie fand, ist abgebildet in
D. Joannis Mabillon, Praefationes et dissertationes. Tridenti 1724. p. 686.
Vgl. l. c. 627 n. 15 und Honoré, Réflexions sur les régles de la critique. III,
438. Ueber ähnliche Bleitafeln Bock et Willemsen, Antiquités sacrées etc.
Maestricht. Appendices 63 et 72 s.; Acta SS. 1. Jan. I, 18; Kessel a. a. O.
S. 134 f.; Wattenbach, Deutschlands Geschichtsquellen. 5. Aufl. II, 469; unten S. 118 f.

[2] Vgl. Floß, Geschichtliche Nachrichten über die Aachener Heiligthümer. Bonn
1855; Kessel a. a. O.; Mon. Germ. IV, 445 sq. Translatio sanguinis Domini;
Herimani Augiensis Chronicon. V, 101 ad an. 799. 803; Gaston Paris, Histoire
poétique de Charlemagne, Paris 1865; Jahrbücher des fränkischen Reiches unter
Karl dem Großen u. s. w.

> Corpora sanctorum, pro Christi nomine passi,
>   Qui luxum mundi spernere consuerant,
> Pluribus ecce locis venerantur rite sepulta.
>   Ipsi aderunt parti sat precibus populi.
> Quorum praecipuus Theodulus martyr et almus,
>   Papa cum Alexandro passus in Italia.
> Huc Caroli asscitus studio atque adductus ab urbe
>   Romana, hic multis pausat ad auxilium.
> Hrabanus ... sancti corpus et huc retulit [1].

Wer nur diese Verse liest, wird zweifelsohne glauben, Karl habe den ganzen Leib aus Rom erhalten, und Hrabanus habe diese Reliquie als Erzbischof von Mainz († 856), wozu Klingenmünster damals gehörte, in der nach einem Brande neuerrichteten Kirche beigesetzt. Indessen wird diese Zuversicht in das Gegentheil verwandelt, sobald man die übrigen Gedichte des Hrabanus zu Rathe zieht. Man vergleiche z. B. die für den Westchor der Fuldaer Abteikirche von ihm verfaßte Inschrift [2]:

> Pars hic ecce loci est, quo Christus astra petivit.
>   Praesepis partem continet ara Dei haec,
> Syndonis, mensae, pelvis partemque sepulchri.
>   Principis et Petri sacra tenet spolia.
> Baptista et Domini hic, Martinus Hilariusque est.
>   Hic Leo, Sylvester atque Dionysius,
> Quos tumulo hic sacro Bonifacius adsociavit.
>   Albanusque suus et Chilianus adest.

Im ersten Theile, wo leblose Gegenstände genannt werden, wird von „Theilen" geredet; im zweiten, wo Reliquien der Heiligen aufgezählt sind, ist dies nicht mehr der Fall. „Der Heilige ist da." Ja, Hraban, der in den an erster Stelle abgedruckten Versen ausführte, Theodul ruhe zu Klingenmünster, sagt in einer andern poetischen Grabschrift, derselbe liege im Altar der Fuldaer Marienkirche [3]. Darin ist kein Widerspruch, denn man ging eben von der richtigen Ansicht aus, der Heilige lebe. Die verklärten Diener Gottes seien sozusagen moralisch ganz gegenwärtig, wo auch nur ein Theil ihrer Reliquien sich finde. Etwas anderes ist es demnach, wenn ein mittelalterlicher Schriftsteller sagt: „Der ganze Leib dieses Heiligen befindet sich hier", etwas anderes, wenn er schreibt: „Dieser Heilige ist hier." Wie wichtig diese Unterscheidung zur Beurtheilung der „doppelten" und „falschen" Reliquien sei, leuchtet ein. In der Folge wird darauf zurückzukommen sein.

---

[1] Mon. Germ., Poetae lat. II, 228.   [2] L. c. 207.   [3] L. c. 210.

Der in jener erstern Inschrift genannte Papst Alexander wurde mit dem hl. Justinus durch Bischof Hitto von Freising aus Rom in das Kloster Weihenstephan gebracht (834). Ein Zeitgenosse hat diese Uebertragung „in recht gutem Latein und nicht ohne Kenntniß profaner Autoren" geschildert [1].

Zwei Jahre später brachte Bischof Otgar von Mainz drei Heilige, Severus, dessen Gemahlin Vincentia und dessen Tochter Innocentia, aus Ravenna nach Mainz, leider in einer Art und Weise, wie auch Einhard (827—828) die Gebeine der hll. Marcellinus und Petrus aus Rom nach Deutschland geschafft hatte. Sie wird gleich eingehend zu beurtheilen sein.

Otgar († 847), derselbe, welcher Gregor IV. um Reliquien gebeten hatte, erlangte aus Rom noch Ueberreste dreier anderer Martyrer. Diejenigen des hl. Justin setzte er bei in der von ihm erbauten Basilika zu Höchst am Main, die des hl. Sergius theils in seiner Kathedrale, theils mit denen des hl. Bacchus in dem Kloster Weißenburg, wo er Abt war [2].

Eine berühmte Translation jener Zeit ist die des hl. Sebastian. Propst Rodoin von St. Medard hatte dessen Gebeine nach vielen Bitten vom Papste Eugen II. zum Geschenk erhalten, aber die des hl. Gregor in unschöner Art hinzugenommen. Odilo, ein Mönch im Kloster des hl. Medard, beschrieb diese Uebertragung freilich erst kurz vor 932, aber unter Benutzung älterer im Archiv liegender Nachrichten [3]. In begeisterter Schilderung erzählt er die Ankunft der Heiligthümer (826).

Bischof Rothard I. von Soissons hatte Clerus und Volk zum feierlichen Empfange berufen. Mit ihnen ging er „dem hl. Sebastian" entgegen und geleitete ihn unter melodischen Gesängen der Geistlichkeit und unter dem Jubelgeschrei des Volkes in die Kathedrale der hll. Gervasius und Protasius, wo alsbald ein Lahmer Heilung erlangte. Von dort trug man die Reliquien durch die dichtgedrängte Menge zur Marienkirche, dann bis zur Aisne, wo am andern Ufer des Flusses die Geistlichkeit stand. Kaum hatten die Ruderer begonnen, das Schiff, worauf die Reliquien gebracht waren, zu bewegen, da begannen die Chöre zu singen, die Cleriker

---

[1] Mon. Germ. XV, 286 sq.; Wattenbach, Geschichtsquellen. 5. Aufl. I, 271.

[2] Verse des Hraban für das Grab des hl. Sergius in Poetae lat. l. c. II, 219, für das Grab des hl. Justin 225 Vgl. dazu Katholik 1889. II, 291 f., wo ausgeführt wird, vom hl. Justin seien nur Theile nach Deutschland gekommen.

[3] Mon. Germ. XV, 377 sq.; Acta SS. 20. Jan. II, 642 sq.; Acta SS. ord. s. Bened. IV, 1. 385 sq.

ihre Rauchfässer zu schwingen, die bunten Fahnen, die goldenen, mit Edelsteinen gezierten Kreuze und die Leuchter mit ihren Wachslichtern zu erheben. In festlichem Gepränge führte man den Heiligen in die Abtei und setzte ihn neben das Grab ihres Patrons, des hl. Medard.

Laut erschallte der Ruf: „Sei gegrüßt, berühmter Martyrer, der Engel Genosse, der Propheten Mitbürger, der Blutzeugen Miterbe. Heiliger Sebastian, bitte für unser aller Heil." Fünf Wunder steigerten die Begeisterung. Alle freuten sich, besonders Bertha, die Tochter Kaiser Karls des Großen, Ludwig des Frommen Schwester, die Gemahlin Angilberts, der 814 als Abt von Centulum verschieden war. Schon 30 Jahre trug sie den Schleier einer Nonne. Sie ließ die Geheilten rufen und sich von jedem genauen Bericht erstatten.

Wie hoch die Franken infolge solcher Uebertragungen ihre Anforderungen stellten, ersieht man aus dem Bericht eines Mönches von Prüm[1], der 844 seinen Abt Markward mit Erlaubniß und Empfehlungsschreiben Lothars nach Rom begleitete. Dort baten sie den Papst, „er möge ihnen den Leib eines sehr angesehenen Blutzeugen von besonderem Rufe geben, an dessen Martyrium und Verehrungswürdigkeit keiner der Gläubigen zweifeln könne".

Sergius II. übergab ihnen die Lebensgeschichte und dann die Leiber der hll. Chrysanthus und Daria nebst Reliquien von 46 anderen Martyrern. Sie brachten alles in das eben errichtete, von Prüm abhängige Kloster Münstereifel. Das Volk strömte hin zu den neuen, aus Rom, dem Mittelpunkt der Christenheit, ihm vom Papste gesandten Heiligen. Diese wurden um so freudiger begrüßt, weil sie schon damals die seltene Ehre hatten, im Verzeichnisse der Kalenderheiligen zu stehen. Durch sie erhielt nun die unwirthliche Eifel einen neuen kirchlichen Mittelpunkt. Ein solcher neuer Wallfahrtsort war aber von der höchsten Bedeutung, um die Reste des Heidenthums zu zerstören; denn gerade in Landstrichen, die dem Christenthum noch nicht ganz und voll gewonnen waren, wurden berühmte Reliquien Centren der Civilisation. Neben ihren Kirchen erhoben sich Hütten und Häuser, die zu Dörfern und Städten auswuchsen. Dorthin kam das Volk. Es entstanden Märkte. Alle Interessen, kirchliche und bürgerliche, zogen die Landleute im weiten Umkreise dorthin. Sie kamen aus den kaum von der Cultur berührten Wäldern, von ihren weit

---

[1] Mon. Germ. XV, 374 sq.; Acta SS. 25. Octobr. XI, 490 sq.; Annalen des historischen Vereins für den Niederrhein. XX, 172 f.

auseinanderliegenden Höfen, sahen feierlichen Gottesdienst, freuten sich mit anderen Christen und kehrten gestärkt und gehoben zurück in ihre Einsamkeit. Hatten sie schon als Heiden Versammlungen und Feste in ihren alten Hainen bei riesigen Bäumen und uralten Heiligthümern gefeiert, dann konnten die Verbreiter des Christenthums und christlicher Civilisation auf ähnliche, ja auf noch anziehendere Feste nicht verzichten.

Im Hildesheimer Dome steht eine alte Säule, welche man, freilich wohl irrthümlich, als die von Karl zerstörte, von den Sachsen hochverehrte Irmensäule ansah [1]. In der Vorhalle des Goslarer Domes zeigte man einen kupfernen, reich verzierten, fast quadratischen Schrein als Altar des alten sächsischen Götzen Crodo [2]. Martinsbrode und Martinsfeuer traten an die Stelle heidnischer Opfermahlzeiten und Freudenfeuer. Häufig wurden heidnische Alterthümer und Erinnerungszeichen in den Vorhallen der Kirche aufgehängt oder in deren Altäre und Wände eingemauert. Gerne stellte man unter alten Bäumen, auf hochgehaltenen Hügeln Heiligenbilder auf.

Die katholische Kirche rechnet mit der menschlichen Natur. Sie hat immer und überall hinsichtlich der Gebräuche, welche sie bei den verschiedenen Völkern fand, zu unterscheiden gesucht zwischen dem rein Menschlichen und dem Bösen. Das Abergläubische, das Götzendienerische suchte sie zu entfernen, den guten Kern zu christianisiren. So hat sie auch die religiösen Festversammlungen unserer Vorfahren nicht mit Stumpf und Stiel ausgerottet, sondern zu veredeln versucht. Es ist ihr gelungen, weil sie dem an äußeren Gegenständen festhaftenden Sinne andere sichtbare Dinge bot, die an Stelle der alten Götzen traten und treten durften.

Auch Fulda, um 800 noch inmitten eines Urwaldes gelegen, mußte solche Mittel benutzen, um die Heiden von ihren Versammlungsorten abzuziehen und in seine Kirchen zu sammeln. Wie wird die heidnische Bevölkerung gestaunt haben, als sie diese Klosterbauten bei sich aufwachsen sah, zu einer Höhe und zu einem Umfange, der all ihre Begriffe überstieg! Hraban that als Abt, bevor er Erzbischof von Mainz wurde, alles Mögliche, um sein Kloster auch äußerlich zu heben. Aus den von ihm gedichteten Inschriften [3] erhellt, daß die Hauptkirche zwei Chöre im Osten und Westen hatte mit 14 Altären und Heiligengräbern. Eine zweite Kirche

---

[1] Kratz, Der Dom zu Hildesheim. I, 91 f.

[2] Jetzt weiß man allerdings, daß er ein christliches Werk des 11. oder 12. Jahrhunderts ist. Vgl. „Stimmen aus Maria-Laach" XXXVII, 358.

[3] Mon. Germ., Poetae lat. II, 205 sq.

mit drei Altären befand sich auf dem Kirchhofe; eine dritte, Maria geweihte, hatte einen Thurm sowie vier Altäre und lag auf einem benachbarten Berge; eine vierte, dem hl. Petrus gewidmete, stand auf einem andern Berge und hatte im Chor drei Altäre, drei weitere in der Krypta. Dazu kam eine zweite Marienkirche im Norden und die Taufkapelle des hl. Johannes. Die Abteikirche war von Brun, „Priester, Mönch und Lehrer", ausgemalt [1]. Für viele jener Altäre und für die anderen von ihm erbauten Kirchen erhielt Hraban Reliquien aus Rom. Als Vermittler dienten ihm dabei ein Diakon Deusdona, dessen Bruder Theodor, ein Laie Sabbatinus und ein Cleriker Felix [2].

Der Mönch Rudolf von Fulda erzählt, sein Abt Hraban, der später Erzbischof von Mainz ward, habe die Reliquien meist in bleierne Kapseln, diese aber in Steine geborgen und über den Gräbern oder Altären hölzerne, mit Gold- oder Silberblech und Edelsteinen verzierte Ciborien errichtet, denen er Inschriften in Goldschrift gegeben.

Von demselben Benediktiner Rudolf stammt ein wichtiger Bericht über die Ankunft des hl. Alexander, der im Jahre 851 durch Vermittlung Waltbrahts, eines Enkels Wibukinds, von Rom nach Wildeshausen in Oldenburg kam [3]. Beachtung verdienen schon die Geleitsbriefe König Lothars, worin er den getreuen Vasallen Waltbraht, der mit seiner Erlaubniß die Gräber der Apostelfürsten besuchen wolle, allen empfiehlt. Den Papst bittet er, diesem „Reliquien heiliger Martyrer zu schenken, damit durch deren Zeichen und Wunder des allmächtigen Gottes Majestät und Größe, dem sie in dieser Welt gedient haben, zugleich allen Gläubigen und Ungläubigen klar und offenbar werde. Es gibt nämlich in den Ländern unseres Reiches ein aus Sachsen und Friesen gemischtes Volk, das in der Nähe der Normannen und Obotriten wohnt. Die Lehre des Evangeliums hat es unlängst gehört und angenommen. Wegen der Nachbarschaft der Heiden steht nur ein Theil fest im wahren Glauben, während der andere schon abfällt, wenn nicht unsere Schwachheit durch die Hilfe Gottes und den Schutz Ew. Heiligkeit gestärkt wird. Indem wir uns

---

[1] Eigilis Vita s. Sturmii metrica, Migne, Patrol. CV, 414.
[2] Mon. Germ. XV, 328 sq. Miracula Sanctorum in Fuldenses ecclesias translatorum; Migne CVII, 41 sq.; Acta SS. 4. Febr. I, 518 sq., nach Brower, Fuldensium antiquitatum libri III, 223 sq., wo werthvolle Nachrichten über Bau und Ausstattung der Fuldaer Kirchen gesammelt sind.
[3] Mon. Germ. II, 673 sq. Vgl. Wattenbach, Geschichtsquellen. I, 224; II, 320 Anm. 1; vgl. oben S. 77, unten S. 82 und Kap. 7.

also mit dem ganzen Leibe vor Ew. Güte hinwerfen, bitten wir, angesichts Ew. Gewohnheit, vielen zu nützen, uns ein hellleuchtendes Heiligthum senden zu wollen, damit nicht das wilde Volk, in die Schlingen des Irrthums verstrickt, von der wahren Gottesverehrung ganz abkomme und zu Grunde gehe, sondern vielmehr, zugleich durch Belehrung unterrichtet und durch Wunder gestärkt, fester beharre im Dienste des wahren Gottes"[1].

Schwerlich dürfte sich eine schönere Erklärung des Reliquiencultes der karolingischen Zeit finden, als hier im officiellen Briefe des Kaisers Lothar an den Papst Leo geboten ist. Die Reliquien sollen nicht allein stehen. Nein, das Volk soll unterrichtet, zum Glauben an das Evangelium gebracht werden. Gemäß diesem Glauben soll es beten bei den Reliquien, dann von Gott durch wunderbare Erhörung belohnt und so im Christenthum befestigt werden.

Welche Wandlung der Zeiten! Der Kaiser schreibt an den Papst für den Enkel des Wibukind einen solchen Brief. Der Sachse bringt aus Rom Reliquien heim in der ausgesprochenen Absicht, damit sein Volk nicht ins Heidenthum zurücksinke, sondern im Christenthum gefestigt werde. Aber tausend Jahre nachher erheben sich im nämlichen Sachsenlande Stimmen, die verkünden, der Reliquiendienst sei Rückkehr zum Heidenthum, sei Götzendienst; Nachkommen jener Sachsen, welche den Reliquien das Evangelium verdanken, glauben diesen Verleumdungen!

Aus den Wundern, welche Gott auf die Fürbitte des hl. Alexander wirkte, sei eines hervorgehoben. Als Graf Waltbraht mit den Reliquien bis Osnabrück gekommen war, erhielt ein Mann, den ungerechte Richter vor mehr denn 20 Jahren geblendet hatten, das Augenlicht wieder. Dies geschah 851; Rudolf schrieb den Bericht darüber 863 auf Bitten Waltbrahts, eines Augenzeugen, dem dieser Bericht sicherlich nach dessen Vollendung vorgelegt ward.

964 erhielt Otto I. zu Penne die Reliquien der hl. Felicitas und zweier ihrer Söhne, welche er nach Magdeburg brachte. Der Leib eines dieser Söhne (Alexander?) kam 1124 von Magdeburg ins Kloster Neuwerk bei Halle[2].

---

[1] Doctrinis pariter instructa et signis corroborata, in veri Dei cultu tenacius perseveret. Mon. Germ. SS. II, 678.

[2] Acta SS. Jul. VII. Appendix ad diem 10. p. 875 sq.; Schannat, Vindemiae literariae. II, 73 sq.; Jahrbücher der deutschen Geschichte, Kaiser Otto der Große 357.

Die hochgebildete Nonne von Gandersheim, Hrotswitha, beschrieb kurz nach 968 die Geschichte ihres vom Grafen Liudolf und dessen Gemahlin Oda gegründeten Klosters, dem diese frommen Stifter ihre Tochter Hathumod als Aebtissin vorsetzten[1]. Mit dem ihr eigenthümlichen Geschick erzählt sie[2] die Unterhaltung, wodurch Liudolf, der Ahnherr der Ottonen, vom Papste für seine großartige Stiftung Reliquien von Heiligen erbat, „zu deren Ehre das neuerbaute Kloster benannt werden könnte und die es durch ihre heiligen Verdienste schützen sollten". Sergius gewährte seine Bitten und gab ihm Theile von den Gebeinen der beiden Nachfolger Petri Anastasius und Innocenz, von denen bis dahin noch nie etwas vergeben war.

Wie alle jene Reliquien im Sachsenlande wirkten, erkennt man aus der Geschichte des sächsischen Volkes, welche der Benediktiner Widukind in Corvey 957 zu schreiben unternahm. Seine Schriften weisen ihn aus als echten Patrioten. Voll Begeisterung für die Ehre seines Volkes erzählt er: Karl, der tapferste und klügste aller Könige, erkannte den Werth des Volkes und versuchte bald mit schmeichlerischem Rath, bald mit Waffengewalt, es zu unterwerfen. Erst im 30. Jahre seiner Regierung gelang ihm sein Plan. Jetzt sind Sachsen und Franken, die ehedem nur Genossen und Freunde waren, Brüder geworden, weil der christliche Glaube beide zu einem Volke vereinte.

Als 924 ein Gesandter des Königs Karl von Frankreich in einem goldenen, mit Edelsteinen verzierten Reliquiar dem sächsischen König Heinrich I. die Hand des hl. Dionysius überbrachte, sprach er zu ihm: „Nimm dies als Unterpfand eines ewigen Bundes und gegenseitiger Liebe; denn das ist eine Reliquie des Heiligen, welcher den einzigen Trost der in Gallien wohnenden Franken ausmacht, nachdem der hochgeachtete Martyrer Vitus zu unserem Unglück, aber zu eurem ewigen Heil nach Sachsen kam."[3] Widukind fügt in patriotischer Begeisterung bei: „Seit der Uebertragung des hl. Veit begann das Glück der Franken zu sinken, das der Sachsen zu steigen. Verehrt sei also ein solcher Patron, durch dessen Ankunft Sachsen aus einer

---

[1] Vgl. die werthvollen Aufsätze über Hathumod und Gandersheims Gründung in den Historisch-politischen Blättern 1850. Bd. XXV.

[2] Hrotsuithae Primordia Gandersheim. v. 125 sq., Mon. Germ. IV, 308.

[3] Er ward, wie oben S. 74 erzählt ist, 836 aus St. Denis nach Neu-Corvey gebracht.

Magd zur Freien wurde, aus einer Zinspflichtigen zur Herrin der Völker." [1]

Eine alte Hildesheimer Legende drückt die Bedeutung der Reliquien für das Stammland der sächsischen Könige und Kaiser schön aus. Einst war Kaiser Ludwig (814) nach Sachsen gekommen. Er hatte sich auf die Jagd begeben und machte in einem anmuthigen Thale nahe bei einem kleinen Flusse Halt. Dort nahm er ein Reliquiar, hängte es an einen wilden Rosenstrauch und betete. Bald nachher gründete er hier eine Kirche und eine Stadt. Das Reliquiar schenkte er dem ersten Bischofe. Noch heute ist es das älteste Denkmal, die werthvollste Reliquie des Domschatzes. Jener Rosenstrauch aber blüht fort, Jahr um Jahr, mehr oder weniger, je nachdem, wie sich der Volksmund erzählt, Gott die Gegend segnet oder ihr ungnädig ist [2].

In ähnlicher Art hat auch der hl. Gallus 613 sein berühmtes Kloster begonnen. Er nahm zwei Reiser, fügte sie zu einem Kreuze zusammen, hängte sein Reliquiar daran, worin sich Heiligthümer der Gottesmutter, sowie der hll. Desiderius und Mauritius befanden, und begann zu beten: „Herr Jesu Christe, Schöpfer der Welt, durch das Siegeszeichen des Kreuzes bist du dem Menschengeschlechte zu Hilfe gekommen. Mach zu Ehren deiner Auserwählten diesen Ort bewohnbar zu deinem Lobe." [3] Als man die Reliquien des hl. Bonifatius von Mainz nach Fulda trug und als Einhard diejenigen der hll. Marcellinus und Petrus erhielt, wurden an den Orten der Rast ähnliche Kreuze errichtet. Bei manchen derselben erhoben sich später Kapellen, um die sich die zerstreuten Bewohner sammelten [4]. Deutschland ist gefüllt mit Städten, Dörfern und Weilern, deren Kern eine über Reliquien erbaute Kirche ist; manche bewahren in ihrem Namen noch die Erinnerung daran, z. B. Magdeburg, Marienwerder, Frauenburg, St. Maurice, St. Vith, St. Goar, St. Trond, Xanten (Santen) [5].

Dem Kaiser Lothar, welcher zur Uebertragung des hl. Alexander nach Wildeshausen mitwirkte, verdankte Reichenau den Leib eines hl. Januarius. Walafried Strabo, seit 839 Abt dieses Klosters, hat dessen

---

[1] Mon. Germ. III, 425 sq., lib. I. c. 15, c. 33 sq.
[2] Kratz, Der Dom zu Hildesheim. S. 3 f.; Schrader, Der tausendjährige Rosenstock am Dome zu Hildesheim. Hildesheim 1884.
[3] Vita s. Galli. Mon. Germ. II, 9.
[4] Mon. Germ. II, 357 c. 12; XV, 255 c. 19.
[5] Viele Beispiele bei Samson, Die Schutzheiligen. Paderborn 1889. S. 1 f.

Ueberführung aus Rom in einer Ode beschrieben. Besonderes Gewicht legt er darauf, daß der Kaiser[1] Krone und Mantel ablegte und den Schrein persönlich zur Kirche trug.

Bischof Samuel von Worms verschaffte um 847 dem Kloster Neuhausen aus Rom Reliquien des hl. Cyriakus[2]. Nach Salzburg brachte Erzbischof Luipram 851 den Leib eines hl. Hermes nebst anderen Reliquien, die ihm der Papst nach der Sitte vor dem Grabe des hl. Petrus in feierlicher Weise übergeben hatte[3]. Auch seine beiden Nachfolger kamen mit Reliquien aus Rom zurück, Abalbin 859 mit solchen von den hll. Chrysanthus und Daria, Dietmar 880 mit denen des hl. Vincentius[4]. Es handelte sich in allen diesen Fällen nicht um ganze Leiber, sondern nur um Theile derselben.

Bischof Konrad von Konstanz († 976) brachte von seiner dritten Pilgerfahrt ins Gelobte Land die zu Rom erworbenen Gebeine der hll. Patricius und Metellus heim[5]. Auch Abt Witigowo († 997) beschenkte

---

[1] Wir geben einige Verse nach der Ausgabe Mon. Germ., Poetae lat. II, 416.

10. Purpuram, sceptrum, diadema, fasces,
    Militum turmas, decus et paternum
    Temnit, ut Christi melius honorem
    Comprobet in se.
11. Nam pedes multis medius catervis
    Vadit, et sacro scapulas feretro
    Ossa gesturus pretiosa subdit
    Martyris almi.

12. Clerus orditur sequiturque clerus,
    Gesta mirandae sacra passionis,
    Militis Christi referens triumphum
    Vocibus istis.
19. Illius regnum spatiumque vitae,
    Conjugem, prolem, populum fidelem
    Semper oratu meritisque, martyr
    Alme, juvato.

Die in der 19. Strophe erwähnte Conjux war Irmingard, Lothars Gemahlin († 851). Späterhin wurde erzählt, 871 habe ein Ritter den hl. Januarius aus Campanien zur Reichenau gebracht.

[2] Katholik 1889. II, 299.

[3] Mon. Germ. XV, 410. Das bis zum XI. Bande des Octobers reichende Inhaltsverzeichniß zu den Acta Sanctorum zählt 17 Märtyrer des Namens Hermes auf, so daß man leicht an verschiedenen Orten „Reliquien des hl. Hermes" besitzen konnte. Darum heißt es in der Salzburger Translationsgeschichte: Corpusculum (!) sancti et gloriosi martyris Christi Hermetis, cujus festivitas est 5. Kal. Sept.

[4] Mon. Germ. IX, 770. Annales s. Rudberti Salisburgenses; Contin. chanonicorum s. Rudberti ad an. 1315, l. c. 821. Die (nach Katholik a. a. O. S. 301) von Abalbin aus Rom gebrachten Reliquien der hll. Crispin und Crispinian beziehen sich auf römische Märtyrer dieses Namens. Diese sind von den zu Soissons hingerichteten verschieden. Erstere wurden am 27. Juni, letztere am 25. October verehrt.

[5] Katholik 1889. II, 302. In Konrads Lebensbeschreibung Mon. Germ. IV, 430 sq. findet sich nichts davon.

sein Kloster Reichenau mit Reliquien aus Rom, besonders mit einem krystallenen Fläschchen, worin Blut Christi enthalten war[1]. Um dieselbe Zeit (985) erhielt Abt Otwin von St. Bavo Reliquien vom Abte des Klosters des hl. Pancratius zu Rom. Eine große Anzahl Reliquien brachte Theodorich I. im Jahre 970 nach Metz. Sigebert von Gembloux, der Lebensbeschreiber dieses Bischofes, hat sie um 1055 aufgezeichnet[2]. Die Ueberschrift des betreffenden Kapitels lautet: „Von dessen Begier (de aviditate ejus) in Aufsuchung von Reliquien der Heiligen." Beweggrund dieses Eifers war nach Sigebert die Erwägung, es sei löblich und schön, herrliche Kirchen zu bauen und dieselben reich auszustatten; die besten Tempel aber seien die Leiber der Heiligen. Aeußerer Schmuck sei nur Symbol jener inneren Tugenden, welche in den Heiligen wirklich gewohnt hätten. Bemerkenswerth ist, daß das Reliquienverzeichniß ausdrücklich sagt, es handle sich in jedem Falle nur um Theile. Die wichtigsten Heiligthümer, die Papst Johann XIII. dem Bischofe schenkte, waren: Theile von einem Ringe der Kette des hl. Petrus und von einer Stange des Rostes des hl. Laurentius. Der Bericht über die letztgenannte Reliquie führt aus, jener Rost habe sechs Querstangen gehabt, welche nach und nach von den Päpsten an vornehme Personen vergeben worden seien. Die letzte habe Kaiser Otto I. erhalten. Indessen seien jene Stangen so herausgebrochen worden, daß ihre Endstücke in den Seitentheilen blieben. Von diesen Enden habe nun Theodorich vier Partikeln erworben.

Was verlieh diesen Eisentheilchen in den Augen eines so reichen und angesehenen Mannes solchen Werth? Offenbar nur der Glaube an Christus, für welchen der Martyrer litt, und die Hochachtung vor dem christlichen Starkmuth der Blutzeugen! Würde jemand ein Kind verlachen, das zur Erinnerung an theure Eltern oder Großeltern Haare von ihnen in goldenen Medaillons trägt, so dürfte man ihn doch wohl der Roheit zeihen. Beweist es aber nicht auch Mangel an tieferer Würdigung der christlichen Tugenden des Glaubens und des Starkmuthes, wenn jemand mit verächtlichem Stolze herabsieht auf die Christen des Mittelalters, welche Knochensplitter und Eisenspäne höher achteten, als glänzendes Gold und funkelnde Edelsteine? Ist die auri sacra fames, die schnöde Geldgier, noch nicht groß genug, um die Wortführer des 19. Jahrhunderts zu mahnen, idealere Bestrebungen zu würdigen?

---

[1] Mon. Germ. IV, 627 v. 275 sq. Vgl. dagegen IV, 445 sq. Translatio sanguinis Domini in Augiam.
[2] Mon. Germ. IV, 473 sq. c. 16.

3. Die Translationen aus Rom nahmen seit der zweiten Hälfte des 9. Jahrhunderts ab. Ein Hauptgrund lag darin, daß dort die Reliquien der berühmten Kalenderheiligen — sie kamen für die deutschen Fürsten und Prälaten vorzüglich in Betracht — in Altäre fest verschlossen und von den Besitzern sorgsam bewahrt wurden. Andererseits fing man in Deutschland um jene Zeit an, die alten und neuen Landesheiligen mehr zu verehren und deren Reliquien höher zu schätzen.

Schon Angilberts Reliquienverzeichniß von Centulum enthält viele deutsche und gallische Namen. Man begann aber nun auch mehr und mehr, Reliquien von einem Orte Frankreichs und Deutschlands zum andern zu übertragen. Von der hl. Pusinna, welche in der zweiten Hälfte des 5. Jahrhunderts in der Nähe des ältern, französischen Corbie starb, kam im Jahre 860 „nicht nur eine Partikel des Leibes, sondern alles, was übrig bleibt, wenn das Fleisch in Staub zerfällt", nach Herford [1]. Paderborn hatte 836 aus Le Mans den hl. Liborius erhalten [2]. Schon 728 waren die Gebeine des um 666 verstorbenen Abtes Wandregisilus von Fontanelle mit denen seiner Nachfolger Ansbert († 695) und Wolfram († 696) aus der Kirche des hl. Paulus in die Peterskirche übertragen, von wo sie im 9. Jahrhundert bis nach Boulogne geflüchtet wurden und endlich 944 nach Gent kamen, wo sie blieben [3]. Die Xantener Annalen, sowie der im 9. Jahrhundert gesammelte Bericht über die Wunder jener Heiligen sagen, sie seien bei der ersten Uebertragung so unversehrt mit ihren Kleidern gefunden worden, als hätte man sie eben erst ins Grab gelegt.

Der hl. Burkard von Würzburg († 754) erhob feierlich die Gebeine der hll. Kilian und Genossen, nachdem er Volk und Clerus berufen und mit ihnen gefastet hatte. Nicht viel später nahm der hl. Willibald, Bischof von Eichstädt († 786), die Ueberreste seines Bruders Wunnebald feierlich aus dem Grabe, wenige Jahre nach dessen Tod. Jeder Bischof, sogar die Aebte bedeutender Klöster, z. B. Fulda's und St. Gallens, besaßen damals das Recht der Heiligsprechung und Erhebung.

Erzbischof Lullus von Mainz († 786) übertrug die Gebeine des zu Kastel begrabenen heiligen Soldaten und Martyrers Ferrutius ins Kloster Bleidenstadt [4]. 769 wurde der zehn Jahre nach dem Tode unversehrt ge-

---

[1] Acta SS. 23. April. III, 167 sq.; Mon. Germ. II, 681 sq.
[2] Acta SS. 23. Jul. V, 414 sq.; Mon. Germ. IV, 149 sq.
[3] Annales Xant., Mon. Germ. II, 221; Acta SS. 22. Jul. V, 261 sq. et 292 sq.
[4] Mon. Germ. XV, 148 sq.; Acta SS. 28. Oct. XII, 537 sq. Vgl. oben S. 5.

fundene Leib des hl. Abtes Othmar nach St. Gallen gebracht[1]. Ein feindlicher Ueberfall hatte bereits hundert Jahre vorher (650) die Erhebung des hl. Gallus veranlaßt, der zwischen Altar und Chorwand in einem mit Teppichen bedeckten steinernen Grabdenkmal beigesetzt wurde[2].

Die Translationen wurden nachgerade so häufig, daß der 51. Canon der Mainzer Synode von 813 verordnen mußte, sie dürften nicht mehr ohne Erlaubniß des Fürsten, des Bischofs oder einer Synode vorgenommen werden[3]. Man scheint diese Verordnung bald verschärft zu haben; denn 825 berichten die Acten der Aachener Synode, weder der Bischof von Lüttich, noch der Erzbischof von Köln, sein Metropolit, noch Kaiser Ludwig habe die Erlaubniß zur Uebertragung der Gebeine des hl. Hubertus geben wollen, sondern den Entscheid dieser Synode überwiesen, welche dann die Bitte der Mönche hinsichtlich der Uebertragung bewilligte[4].

Um 860 brachte Bischof Hatto drei seiner heiligen Vorgänger von Verdun nach Tholey und Hattonchâtel an der Mosel[5].

Im Jahre 893 gab Bischof Erkenbald der Aebtissin Liubilla für ihr Kloster Monheim einen Theil der um 781 verstorbenen hl. Walpurgis, der Schwester der hll. Willibald und Wunnebald. Die Reliquien wurden feierlich erhoben und von Eichstädt übertragen[6].

891 wurden Reliquien des hl. Knaben Justin aus Frankreich nach Corvey gebracht, wohin 949 auch sein Haupt aus Magdeburg gelangte[7]. Im Beginn des 10. Jahrhunderts erwarb Propst Liuthard von Malmedy in Gallien den Leib eines hl. Justus, der ebenfalls als Knabe den Martyrertod erlitten hatte[8]. Bischof Balderich von Utrecht (918—977) erlangte zu Beuves bei Blois Reliquien der hll. Benignus und Agnes, welche aus Furcht vor den Normannen vergraben, aber eben wiedergefunden waren[9].

---

[1] Herimanni Aug. Chronicon, Mon. Germ. V, 99.

[2] Vita s. Galli, Mon. Germ. SS. II, 19.

[3] Hartzheim, Conc. Germ. I, 412.

[4] L. c. II, 34. Andere Beispiele bei Honoré, Réflexions sur les règles de la critique. III, 411; Gerbert, Vetus liturgia alemannica. II, 551.

[5] Hugonis Chronicon lib. I, Mon. Germ. VIII, 354.

[6] Acta SS. 25. Febr. III, 532.

[7] Acta SS. 1. Aug. I, 33. Wattenbach, Geschichtsquellen, 5. Aufl., I, 236 Anm. 3 Zum Jahre 891 bemerken die Annales Corbeienses: Adventus s. Justini; zu 949: Translatio capitis s. Justini martiris de Magathaburg ad novam Corbeiam.

[8] Mon. Germ. XV, 566 sq.

[9] Acta SS. 21. Jan II, 718; Mon. Germ. XV, 571 c.

4. Das Verlangen nach Reliquien war gegen Ende des 8. Jahrhunderts zu einer Höhe gestiegen, die selbst dem Cardinal Baronius auffallend erscheint. Sie spricht sich sowohl in Angilberts Buch über St. Riquier wie auch im Berichte über die Uebertragung der hl. Pusinna in einem Tone aus, der Leidenschaftlichkeit erkennen läßt [1]. Ueberall jedoch, wo schwache Menschen eine in sich noch so gute Sache in leidenschaftlicher Weise verfolgen, gerathen sie auf Irrwege.

Damals geschah hinsichtlich der Reliquien, was heute mit Rücksicht auf Alterthümer und Kunstgegenstände sich unzählige Male wiederholt. Die Liebhaber regen sich gegenseitig an zu ungemessenem Verlangen, das zu unverhältnißmäßigen Anstrengungen und Preisen treibt. Um einer Seltenheit habhaft zu werden, scheint nichts zu viel, ja, es kommt zu Handlungen, welche dem Maßstab des Rechtes und der Sittlichkeit nicht mehr entsprechen. Die Leidenschaft verblendet und jagt vorwärts.

Wie solches Verlangen nach Reliquien damals die hochstehendsten Männer verführte, hat einer der Betheiligten in so anschaulicher Weise geschildert, daß ein Auszug aus seinem Werke genügt, einen klaren Einblick in jenes Treiben zu vermitteln [2].

Einhard beginnt sein Buch mit einer Vorrede, worin betont wird, er suche, wie alle Lebensbeschreiber der Heiligen, nichts anderes, als durch Hinweisung auf deren Beispiele schlechte Sitten zu bessern und Gottes Lob zu mehren. Dann wird erzählt, als er noch am Hofe weilte, habe Ludwig der Fromme ihm ein Gut im Odenwald zwischen Main und Neckar ge-

---

[1] Baronius ad an. 764: Eorum (sanctorum corporum) cupidi Franci, Sanctorum cultus studiosissimi. — Angilbert, De ecclesia Centulensi libellus, Mon. Germ. XV, 175: Totis visceribus totaque mentis intentione laborare contendimus, qualiter per auxilium omnipotentis Dei et adjutorium gloriosi Domini mei, magni imperatoris, de diversis partibus totius christianitatis quantas et quales vel unde allatas (reliquias) recondere in hoc sancto loco valuissemus. Im vorhergehenden Satze sagt er: Magno desiderio nimioque amoris ardore sumus accensi, ut ... partem reliquiarum ... adipisci mereremur. In der Geschichte der Uebertragung der hl. Pusinna (Acta SS. 23. April. III, 173) heißt es von der Aebtissin von Herford: Provocabatur vero exemplis multorum, qui summo studio, etiam ab Romano solo, Sanctorum sibi patrocinia cum discrimine ingenti subripuissent. Dann werden Reliquientranslationen der karolingischen Zeit aufgeführt. His igitur inflammata exemplis ... omni studio annisa est ... reliquias impetrare. Vgl. oben S. 86.

[2] Translatio et miracula ss. Marcellini et Petri auctore Einhardo. Mon. Germ. XV, 238; Migne CIV, 537 sq.; mit Commentar Acta SS 2. Jun. I, 166 sq. Poetae lat. II, 126 sq. Rhythmus Einhardi de passione Christi martyrum Marcellini et Petri.

schenkt. Dort sei von ihm eine Basilika erbaut und dann seien für sie Reliquien gesucht worden. Als nun der römische Diakon Deusdona zum König kam, lud Einhard diesen zu Tisch und unterhielt sich mit ihm über die damals in Aussicht genommene Uebertragung des hl. Sebastian nach Soissons. Der Gastgeber forschte beim Diakon, ob er ihm zu echten, römischen Reliquien verhelfen könne. Der Gefragte versprach, am folgenden Tage zu antworten, ward wiederum zu Tisch gebeten und theilte schriftlich mit, er besitze zu Rom viele Reliquien, die er Einhard schenken wolle, falls dieser ihm zur Heimkehr behilflich sei. Der Hofmann griff zu, gab dem Römer Geld, ein Maulthier und als Gefährten seinen Schreiber Ratleik. Letzterer, der ihm später in seiner Abtswürde folgte und Kanzler Ludwigs des Deutschen wurde, wünschte ohnehin eine Wallfahrt zu den Gräbern der Apostelfürsten zu machen. Von einem Diener begleitet, reisten sie von Aachen nach Soissons, wo Ratleik den Abt Hilduin von St. Medard, St. Denis und St. Germain (bei Paris) traf. Nachdem Hilduin vom Diakon den Leib des hl. Tiburtius zugesagt bekommen, gab er ihnen den Priester Hun als Gefährten mit. Zu Rom wohnten die drei Franken bei Deusdona neben der Kirche des hl. Petrus ad vincula. Ihr Wirth hielt sie hin, erklärte zuletzt, sein Bruder Lunisoni habe jene versprochenen Reliquien verschlossen, sei in Geschäften nach Benevent gereist und werde wohl noch lange ausbleiben; die Gäste möchten also ohne Reliquien heimkehren. Als diese voll Trauer sich weigerten, bot er sich an, ihnen die Katakomben zu zeigen; dort würden sie vielleicht etwas finden. Auf dem Wege kamen sie zur Basilika des hl. Tiburtius am Lavikanischen Wege und untersuchten in der Oberkirche dessen Grab, in der Unterkirche das der hll. Marcellinus und Petrus. Der Diakon merkte sich alles und bot sich zur Hilfeleistung an. Infolgedessen kamen sie, nach dreitägigem Fasten, während der Nacht zu jener Kirche zurück. Dort hoben sie nach Anrufung Gottes und Verehrung der Martyrer den Altarstein ab, nahmen den Leib des hl. Marcellinus, neben dem eine Marmortafel mit dessen Namen stand, heraus und gaben ihn dem Deusdona in Verwahrung.

Dieser hoffte, die Fremden würden nun heimkehren. Ratleik meinte aber, es sei unrecht, jene beiden Martyrer, die zusammen litten und mehr als 500 Jahre in demselben Grabe ruhten, voneinander zu trennen. Der Gedanke raubte ihm Hunger und Schlaf. Da er wußte, kein Römer würde ihm helfen, bat er einen griechischen Mönch um Beistand, schlich sich mit ihm, seinem Diener und Hilduins Abgesandten nachts zum zweitenmal in jene Kirche, öffnete den Altar und legte die herausgehobenen Re=

liquien des hl. Petrus in einen mitgebrachten seidenen Beutel. Sie
fanden im Altare eine runde Oeffnung von drei Fuß Tiefe, bei einem
Fuß Breite. Da sie glaubten, der darin gefundene Staub sei vom
hl. Tiburtius, nahm der Bevollmächtigte Hilduins ihn als Reliquien
dieses Heiligen mit. Deusdona lieferte ihnen jene Reliquien des hl. Marcellinus aus nebst anderen, deren Werth er pries, ohne ihren Namen
nennen zu wollen. Dann erst reisten die drei Franken ab. Zu Pavia
trennten sich die Genossen von Ratleik, welcher die Reliquien der hll. Marcellinus und Petrus bei sich behielt und auf einem andern Wege rasch
nach Michelstadt, Einhards Besitzthum im Odenwald, reiste. Dort legte
er die Heiligthümer in der neuen Kirche nieder, weil er meinte, sie sollten
dort bleiben. Die Heiligen mahnten aber durch Erscheinungen und Blut,
das aus ihren Gebeinen floß, daß sie irgendwo anders beigesetzt sein wollten.
So brachte Einhard, der von Gent nach Michelstadt geeilt war, die Reliquien nach Seligenstadt (Millinheim am Main). Dort legte er sie nach
fränkischer Sitte in einen neuen Schrein unter einem mit leinenen und seidenen Tüchern behangenen, hölzernen Thron (culmen), der hinter dem
Altare in der Apsis der Kirche zwischen zwei hohen Kreuzen stand. Nachdem
er mehrere Cleriker berufen hatte, um bei den Reliquien zu wachen und zu
beten, begab er sich nach Aachen zum Reichstage. Auch Abt Hilduin traf
dort ein. Durch kluges Fragen erfuhr Einhard von ihm und anderen, daß
dessen Abgesandter einen Theil der Reliquien für seinen Herrn entwendet
hatte, und zwar schon zu Rom mit Hilfe des durch Geld bestochenen Bruders
des Deusdona. Nach vielen Bitten erlangte Einhard alles zurück, brachte
es nach Seligenstadt und stellte es für eine Zeitlang in einen mit Edelsteinen
verzierten Schrein neben jenen erwähnten Thron. Später legte er alle Reliquien der beiden Heiligen zusammen. Er erzählt dann eine große Anzahl
von Wundern, die Gott zu Ehren seiner Reliquien gewirkt habe, indem
er betheuert, einige derselben persönlich als Augenzeuge gesehen, andere von
durchaus glaubhaften Leuten erfahren zu haben, denen er so sicher trauen
könne wie seinen eigenen Augen [1]. Wer also diese Wunder nicht anerkennen
will, wird Einhard für einen frechen Lügner erklären müssen. Das dürfte
jedoch schwerlich jemand wagen, der das hohe Lob kennt, welches die besten
seiner Zeitgenossen, Alcuin, Theodulf, Hraban und Walafried, ihm spendeten [2].

---

[1] Acta SS. l. c. p. 186 sq. n. 34. 39. 59. 60 und öfter.
[2] Alcuini Carmen XXX, 2; Theodulfi Carmen ad Carolum regem 155 sq.;
Hrabani Epitaphium Einhardi; Walafridi Strabi De imagine Tetrici 221 sq.;
Mon. Germ., Poetae lat. I, 248. 487; II, 237. 377.

Das Beispiel dieses Reliquiendiebstahles, der von Ratleik, einem später so hoch angesehenen Manne, ausgeführt, von Einhard in einem der bestgeschriebenen Bücher jener Zeit offen und ohne Entschuldigung und Reue erzählt ward, hat ansteckend gewirkt. Sagt doch die Geschichte der Uebertragung der hl. Pusinna, Einhard habe die kostbaren Leiber der hll. Marcellinus und Petrus erlangt „nach dem Willen dieser Heiligen selbst, den sie durch Wunderzeichen zu erkennen gaben, mit Hilfe Gottes und derselben heiligen Martyrer" [1].

Trotzdem blieben solche Diebstähle nicht immer ohne bittere Rüge. Hatte 825 weder der Diöcesanbischof, noch der Metropolit, noch der Kaiser gewagt, die feierliche Uebertragung des hl. Hubertus zu erlauben, sondern den Entscheid einem Concil überwiesen, was mußten dann Unbetheiligte, deren Urtheil ungetrübt blieb, von solchen Diebstählen sagen? Wir besitzen fast nur Berichte von Betheiligten, die natürlich die Sache möglichst unschuldig darzustellen suchten, um dem Tadel ihrer Gegner die Spitze abzubrechen.

Mit Recht betont Muratori, es habe unzählige Reliquien in Städten und Kirchen gegeben; aber so oft jemand eine jener Reliquien entwendet habe, sei das eine Verletzung der Kirchengesetze gewesen, überdies eine Erschütterung der Grundlagen des Glaubens an die Echtheit vieler Reliquien, weil jene „frommen Diebe" oft die einzigen Zeugen der Echtheit blieben [2]. Prosper Lambertini, der als Benedikt XIV. den päpstlichen Stuhl bestieg, sagt, alle jene, welche Reliquien entwendeten, hätten (objectiv) eine schwere Sünde begangen und seien, wenn der Diebstahl sich auf römische Cömeterien bezog, in späterer Zeit dem Kirchenbann verfallen [3]. Ein freilich erst 1282 gefeiertes Concil von Tours und eines von Mailand verbieten streng solche Entfremdung von Reliquien [4]. Als um 930 die Ueberreste des hl. Guislain (Gislenus) aus einer kleinen Kirche, worin sie lagen, heimlich in das Kloster Maubeuge gebracht worden waren, zwang

---

[1] Acta SS. 23. April. III, 173 n. 4.
[2] L. A. Muratori, Antiquitates italicae medii aevi V. Dissert. 58. col. 10.
[3] De servorum Dei beatificatione lib. IV. pars 2. c. 25. n. 37. Opera. Venet. 1767. IV, 415. Er bespricht dort eine Reihe Reliquiendiebstähle n. 38—49, Beweis genug, daß nicht erst protestantische Gelehrte diesen Unfug gerügt haben. Neuestens ist der Gegenstand behandelt worden von Wattenbach, Sitzungsbericht der Berliner Akademie vom 4. December 1884, und von Budinsky in der Allgemeinen Zeitung, 1887, Nr. 32 und 33.
[4] Concilia, cur. Coleti XIV, 765 c. 4; Honoré, Réflexions sur les règles de la critique. III, 389.

Bischof Stephan von Cambrai († um 934) die Nonnen zur Wiedererstattung [1]. Im Jahre 944 sollten die hll. Wandregisilus, Ansbert und Wolfram von Boulogne zum Blandinenberg gebracht werden, und der Abt kam in Verdacht, Reliquien des Letztgenannten gestohlen zu haben. Da beschuldigte der Bischof ihn „des Sacrilegs und eines entehrenden Verbrechens" [2].

Auch von mißglückten Diebstählen wird berichtet. Chrodegang von Metz wollte 765 zu Rom erhaltene Gebeine der hll. Gorgonius, Nabor und Nazarius über die Alpen heimbringen, um damit die Klöster Gorze, St. Avold und Lorsch zu beschenken. Er mußte in St. Maurice übernachten. Man entwendete ihm Reliquien des hl. Gorgonius. Er wandte sich rasch an Pippin und erhielt von diesem Vollmacht, sie mit Gewalt herauszufordern. Als alles Drohen nichts half, ergriff er ein Brecheisen und begann das Grab des hl. Mauritius zu öffnen, um sich durch dessen Gebeine zu entschädigen. Erschreckt gestanden die Mönche ihren Diebstahl ein und gaben ihm sein Eigenthum zurück [3].

Häufig wird erzählt, wie solche Diebe von wunderbaren Strafen ereilt wurden. So hatte Abt Theobolin 1010 im französischen Kloster St. Jean d'Angeli sich einen Zahn des hl. Johannes genommen, erblindete aber plötzlich und erlangte erst Heilung, nachdem er sein Unrecht gestanden und die Reliquie zurückgegeben hatte [4].

Meist blieben aber jene, welche Reliquien weggenommen hatten, ohne Strafe, ja ohne weitere Verfolgung. Konnte doch Einhard schon 830 offen verkünden, was sein Vertrauter 826 verbrochen hatte, ja sogar mittheilen, daß der Diakon Deusdona ihm behilflich war.

Die Uebertragung des hl. Epiphanius von Pavia nach Hildesheim (964) bietet ein Beispiel der Straflosigkeit. Da Bischof Otwin von anderen Bischöfen Italiens Reliquien zum Geschenk erhalten hatte, hoffte er, daß man ihm auch in Pavia einige überlassen werde; denn von einem Diebstahl wollte er nichts wissen. Sein Genosse war anfangs nicht gewillt, unrechte Mittel anzuwenden, wurde aber durch einen Mindener Geistlichen verführt, zwei Altäre zu erbrechen und die Reliquien der

---

[1] Acta SS. 9. Octobr. IV, 1035 sq., cfr. 1025; Mon. Germ. XV, 581. Vgl. Wattenbach, Geschichtsquellen. I, 357 f.
[2] Acta SS. 22. Jul. V, 296 n. 26; Mon. Germ. XV, 628 n. 13.
[3] Vita Chrodegangi c. 30, Mon. Germ. X, 571; Mabillon, Annal. II, 208.
[4] Acta SS. 24. Jun. V, 649 n. 248. Cfr. Mon. Germ. XV, 267 c. 12.
[5] Acta SS. 21. Jan. II, 742; Mon. Germ. IV, 249.

hll. Speciosa und Epiphanius herauszunehmen. Die Einwohner waren heftig erzürnt, als sie am Morgen den Einbruch und Diebstahl erfuhren; auch Otto I. war ungehalten. Man fand die Thäter trotz eifriger Nachforschung nicht. Als sie späterhin alles dem Kaiser erzählten, hatte dieser keine ernstliche Einwendungen zu machen und gab dem Bischof die Erlaubniß, mit den Reliquien eiligst aus Pavia heimzuziehen.

Leo IX. soll 1052 dem König Arnulf die Entführung der Gebeine des hl. Dionysius Areopagita aus Paris nach Regensburg zugeschrieben haben. Man erzählte, er habe den König zwar eines Diebstahls und Sacrilegs beschuldigt, ihn aber doch in Schutz genommen, weil es sich ja um Reliquien gehandelt habe[1]. Wäre es wahr, so hätte er geredet, wie Otto I. zu Pavia den Hildesheimern gegenüber handelte. Indessen ist die Echtheit jener Bulle, worin der Papst sich so ausgesprochen haben soll, schon von Mabillon beanstandet, ihr Inhalt in einer Abhandlung der Acta SS. als theilweise gefälscht angesehen worden. Heute wird sie allgemein als unterschoben erklärt. Ihre Ausführungen zeigen demnach nur, was der Regensburger Lokalpatriotismus im Mittelalter ausgedacht und hergestellt hat, um seine so viel umstrittenen Reliquien zu vertheidigen und die angebliche Weise der Erlangung derselben günstig darzustellen. Einzelne Umstände in der Geschichte der Uebertragung des hl. Dionysius klingen, wie die Bollandisten ausführlich darthun und allgemein ausgesprochen wird, wenig glaubwürdig, ja fast wie ein Märchen.

Aehnlich liegt die Sache hinsichtlich der Uebertragung des hl. Auctor von Trier nach Braunschweig. Der erst im 13. Jahrhundert geschriebene Bericht malt mit sichtlichem Vergnügen die Mittel aus, welche die Markgräfin Gertrud angewandt haben soll, um den Diebstahl ins Werk zu setzen.

---

[1] Acta SS. 9. Octobr. IV, 976 n. 95. Der betreffende Satz der Bulle lautet: Nec majestas imperialis nec regia celsitudo pii furis hic notam aut nomen erubuit in Arnulpho, dummodo beati corporis exuviis, vel doli vel furti vel sacrilegii modo sacrari atque ditescere mereretur. Et qui fures atque sacrilegos solitus erat condemnare, dummodo macarii Dionysii pretioso corpore frueretur fur ipse hic fieri et sacrilegus non contempsit. Der Nachweis, daß Arnulf den Diebstahl nicht beging, l. c. 952. 960. (Gegen die Echtheit der ganzen Bulle Mabillon, Annales IV, 533 sq. (cfr. Acta SS. 972 sq.); gegen die Echtheit einzelner Stellen Acta SS. 978. Bei Jaffé (Regesta Pontificum. 2. ed. I. n. 4280) hat die Bulle das Zeichen der Unechtheit. Auch die Jahrbücher des Deutschen Reiches unter Heinrich III. (185 Anm. 5) erklären die Bulle als entschieden unecht. Mon. Germ. XI, 345: Hanc bullam esse suppositam, hodie nemo negabit. Vgl. Lannoy, De duobus Dionysiis, Opera, Colon. Allobrog. 1731. II, 1. 571 sq.

Wieviel davon wahr, wieviel vom Erzähler erdichtet sei, ist heute nicht mehr zu bestimmen [1].

Noch unglaublicher ist die Erzählung über die Entführung des hl. Servatius aus Quedlinburg. Angeblich soll Otto I. die Reliquien des Schutzpatrons von Maastricht auf Bitten seiner Mutter Mathilde nach Sachsen gebracht und drei Jahre behalten haben. Endlich seien die Maastrichter hingezogen, um sich während der Nacht ihres Patrons zu bemächtigen und ihn unter unerhört großen Wundern an die Maas zurückzuführen [2].

Ob folgende Geschichte Glauben verdient, welche in der Chronik des Michaelsklosters bei Verdun aufgezeichnet ist?

Abt Ranter pilgerte 1025 mit einem Mönch seines Klosters und einem Kölner Canonicus nach Rom. Dort bot ihm sein Gastfreund Gebeine des heiligen Papstes Stephanus und des Martyrers Nemesius zum Kaufe an. Der Abt antwortete: „So sind schon viele der Unserigen betrogen worden. Von mir wird niemand etwas erhalten, außer wenn ich ein bis dahin unberührtes Grab sehe und durch schriftliche Zeugnisse belehrt werde, wer darin ruht." Der Gastfreund ging zum Wächter eines Cömeteriums. Nach Abschluß der gegenseitigen Bedingungen erbrach der von Ranter beauftragte Mönch den Marmorverschluß des Grabes des heiligen Papstes Callistus, nahm dessen Gebeine heraus, brachte sie seinem noch nicht ganz von einer schweren Krankheit geheilten Abte und eilte mit diesem rasch nach Verdun zurück [3].

Alles ist so anschaulich beschrieben, daß man meint, es müsse von einem Augenzeugen stammen. Indessen sind manche Umstände so geschildert, daß man doch wieder an der Richtigkeit des Ganzen zweifeln muß. Damals soll angeblich die betreffende Katakombe noch so oft besucht worden sein, daß ein Mann habe Acht geben müssen, damit kein Besucher die Diebe störe. Es sollen in ihr immer Lampen gebrannt haben. Trotz der Uebertragung zahlreicher Reliquien aus den Katakomben in die Stadt Rom soll das Grab des hl. Callistus unberührt geblieben sein. Sind nicht die Diebe von ihren Helfershelfern betrogen worden?

Eines der schlimmsten Machwerke ist der Bericht über die Uebertragung der Gebeine der hll. Marcellinus, Petrus und Tiburtius nach St. Medard bei Soissons. Irrthümlich ward es jenem schon oben

---

[1] Vgl. Beissel, Geschichte der Trierer Kirchen. I, 193 f.; Wattenbach a. a. O. I, 38 Anm.
[2] Zwei verschiedene Berichte Acta SS. 13. Maji III, 218 sq., und Mon. Germ. XII, 100 sq. Vgl. Bock et Willemsen, Antiquités sacrées de s. Servais etc. p. 7.
[3] C. 15 sq., Mon. Germ. IV, 83. Vgl. Mabillon, Annales. IV, 319 n. 88.

genannten Obilo zugeschrieben, der kurz vor 932 die 826 vollzogene Ueberbringung der Reliquien der hll. Sebastian und Gregor von Rom nach Soissons darstellte. In Wirklichkeit stammt es aus dem 11. Jahrhundert und ist unter Benutzung der von Einhard erzählten wahren Uebertragung der hll. Marcellinus und Petrus mit Irrthümern und Fehlern so durchsetzt, daß es eher den Namen eines Lügenromans als eines geschichtlichen Werkes verdient[1]. Die dort anschaulich geschilderte Diebstahlsscene ist also nur eine müßige Erfindung eines Betrügers. Da Gregorovius in seinem tendenziösen Schauergemälde der Reliquienverehrung der karolingischen Periode unter allen Uebertragungen dieser Zeit die Entführung der hll. Marcellinus und Petrus nach Soissons (!) ausdrücklich hervorhebt, hatte er wohl jenes Machwerk bei seiner Schilderung „dieser tiefsten Schattenseite der Gesellschaft" vor Augen[2]. Dadurch ist aber auch sein wissenschaftlicher Werth gekennzeichnet.

Niemand wird läugnen, jene Diebstähle seien eine Verirrung, eine Schattenseite des Mittelalters gewesen. Aber warum vergessen, die mildernden Umstände in Rechnung zu ziehen? Es ist ein Widerspruch, wenn Gregorovius einerseits die Reliquien zu werthlosen Todtengebeinen und Leichenresten herabdrückt, andererseits den Diebstahl dieser in seinen Augen so werthlosen Gegenstände als düsterstes Verbrechen in grellen Farben ausmalt. Wie wenig war es oft, was jene „frommen Diebe" nahmen. Für die Lütticher Laurentiuskirche entwendete ein Cleriker Gottfried, der Jahr um Jahr nach Rom pilgerte, in einer der dortigen Laurentiuskirchen aus einer Blutampulle des Patrons einen Theil ihres Inhaltes. Darüber wurde ein Bericht verfaßt, der noch vorliegt. Die Reliquie fand zu Lüttich freudigen Empfang[3]. Heutzutage würde ein großmüthiger Bischof ohne weiteres erlauben, einen Theil wegzuschenken, wenn jemand so großes Verlangen trüge und der Reliquie soviel Ehre in Aussicht stellte. Wer wird aber läugnen, daß das Blut eines hl. Laurentius Ehre verdiene?

Gottschalk von Benediktbeuren hatte zu Verona in der Kirche einer befreundeten Benediktinerabtei aus einem Altare der Krypta die Gebeine der hl. Anastasia genommen. Er wurde von Florian, dem Wächter derselben, ertappt. Nach langem Hin- und Herreden fiel Gottschalk vor Florian auf die Kniee und bat ihn: „Mein Herr und Vater, du hast

---

[1] Acta SS. 2. Jun. I, 201 sq.; Mon. Germ. XV, 391 sq. Vgl. oben S. 78.
[2] Geschichte der Stadt Rom im Mittelalter. 3. Aufl., III, 73 f.
[3] Mon. Germ. XX, 579; XXV, 87 etc.

hier die Leiber der hll. Chrysogonus, Castorius und der Kantier. Gib, bitte, diesen Leib der hl. Anastasia dem hl. Benedikt (zu Benediktbeuren). Ich sage dir, damit handelst du nicht gegen den Willen dieser heiligen Jungfrau." Florian antwortete: „Nicht deinetwegen gebe ich sie dir, sondern um des hl. Benedikt willen. Ich beschwöre dich bei der hl. Anastasia und beim hl. Benedikt, du mögest die hl. Anastasia in dessen Kirche an eine hervorragende und ausgezeichnete Stelle bringen." [1]

Erzbischof Anno von Köln erbat sich, als er aus Rom heimkehrte, von der Markgräfin Adelheid, der Oberherrin des Klosters von Agaunum, die Erlaubniß, dort Reliquien zu erhalten. Er bewog nun den Wächter der Heiligengräber, ihm während der Nacht in aller Stille die Gebeine des Martyrers **Innocentius** und das Haupt eines hl. **Vitalis** zu geben, welche er 1069 nach Siegburg brachte. Der Erzbischof wählte diesen Weg, weil er fürchtete, es möchte vielerlei Schwierigkeiten geben, wenn er, auf seine Würde und die Einwilligung der Markgräfin gestützt, solche Reliquien offen fordern und deren Herausgabe erzwingen wollte. Sein Vorgehen ist nicht tadelfrei. Ist es aber ganz unentschuldbar? [2]

Erzbischof Otgar von Mainz war 836 im Auftrage Kaiser Ludwigs nach Italien gereist. Zu Pavia traf er einen Franzosen Felix, welcher zu Ravenna die Gebeine des hl. **Severus** gestohlen hatte, und nahm von ihm diese Reliquien „voll Freude" an [3]. Wir wissen nicht, unter welchen Bedingungen der Dieb sein Geheimniß dem Erzbischof mittheilte. Vielleicht stand Otgar vor der Wahl, die Reliquien für sich zu erhalten oder sie länger in der Hand dieses Unwürdigen zu lassen, der Verachtung und strenge Strafe verdiente. Auf keinen Fall darf man jene, welche gestohlene Reliquien nach vollendeter That annahmen, ohne weiteres mit den Dieben auf gleiche Stufe setzen.

Wer sollte nicht jenen Rodanus tadeln, der in leidenschaftlicher Begier nach Reliquien, nicht zufrieden, vom Papste diejenigen des hl. Sebastian für Soissons erhalten zu haben, noch Gebeine des heiligen Papstes Gregor aus einem Altare wegnahm [4]. Entschieden muß aber der Katholik Verwahrung einlegen, wenn solche Verbrechen seiner Kirche

---

[1] Mon. Germ. IX, 227 sq..
[2] Mon. Germ. XI, 480 c. 33.
[3] Mon. Germ. XV, 289 sq.
[4] Acta SS. 20. Jan. II, 648 n. 31; 12. Mart. II, 124 sq.; Mon. Germ. XV, 384 c. 15.

zur Last gelegt und als Kennzeichnung katholischer Reliquienverehrung aufgeführt werden.

Waren die Reliquien nicht bewacht, nicht geehrt von den Hütern, wollten die Entführer ihnen größere Ehre erweisen, dann meinte man, die Heiligen seien mit einer solchen Entführung einverstanden. Das wird ausdrücklich gesagt in jener Schrift, worin Ratherius von Verona († 973) sich gegen die Klagen vertheidigt, er trage Schuld daran, daß der Leib des hl. Metro entwendet worden sei[1]. Das Volk murrte und sagte, der Leib des „Martyrers" sei der Stadt zwar „durch lobwürdigen Diebstahl", aber in unverantwortlicher Weise verloren gegangen. Der Bischof antwortete, dies Volk würde besser thun, an seine Brust zu schlagen, daß es den Heiligen 60 Jahre vergessen und vernachlässigt habe. Die Veroneser hätten durch ihre Sorglosigkeit sich einer großen Sünde schuldig gemacht; denn es sei ihre Pflicht gewesen, die Reliquien besser zu hüten. In ihrer Stadt habe man übrigens so viele Heiligen, daß deren Reliquien kaum geachtet würden. Man möge also dem hl. Metro Glück wünschen, daß er aus der Tiefe des Grabes erhoben, in einen Ehrensarg gebettet und gebührender Verehrung theilhaftig geworden sei. Gott selbst habe den Diebstahl erlaubt, wie er den Verkauf Josephs nach Aegypten zugelassen habe, um ihn hoch zu stellen in fremdem Lande. Der Bischof mahnt die Murrenden, sie möchten doch keinen Neid aufkommen lassen ob der Ehre, welche der Heilige jetzt genieße bei denen, die ihn weggetragen; denn seine Erhöhung könne dann ihren Untergang zur Folge haben. Die Ausführungen gipfeln in dem Schlusse: „Wenn (jene Reliquiendiebe) bei ihrer That dem einfältigen Auge ihres Verlangens (nach Reliquien) folgten, gestehe ich, daß sie sich nothwendig ihrer Errungenschaft freuen können. Wenn nicht, dann fürchte ich nicht wenig, daß der Tadel dessen sie treffe, der sagt: ‚Wer den Tempel Gottes (den Leib eines Heiligen) verletzt, den wird Gott strafen' (1 Kor. 3, 17). . . . Alles in allem können wir mit Sicherheit schließen, daß durch dich, o Heiliger, bei Verehrung deiner entführten Gebeine oder deiner uns gebliebenen Asche Räuber wie Beraubte bei Gott Belohnung erlangen werden."[2]

---

[1] Migne, Patrol. CXXXVI, 451 sq. Invectiva satis in quosdam ac lugubris relatio de translatione sancti cujusdam Metronis. Cfr. 94 n. 87; Acta SS. 8. Maji II, 303; VII. append. nota 68*.

[2] Migne l. c. 470 sq. Tuorum sane pignorum qui temerare ausi sunt sacrarium, interiorem adire moneo consiliarium et diligenter ab eo disquirere, quem intentionis in tanto facinore secuti sint impetum, et proprium laxare

Häufig wird erzählt, zahlreiche Wunder seien solchen Entführungen gefolgt; sie hätten bewiesen, daß Gott solche Thaten billige. Selbst wenn jemand jene Wunder nur als Einbildung, nur als natürliche Heilungen ansehen will, muß er trotzdem zugestehen, daß die Betheiligten anders urtheilten. Sie sahen diese Heilungen als Wunder an, konnten in ihnen also eine Billigung ihrer That erblicken.

Objectiv und von den mildernden Umständen losgelöst, verdienten Reliquiendiebstähle gewiß nur Tadel; subjectiv aber und unter Berücksichtigung aller Entschuldigungen, aller Ansichten, Gewohnheiten und Beispiele der Zeit verloren sie nicht selten ihre Häßlichkeit. Sie konnten in bestimmten Fällen sich so ausgestalten, daß die Thäter Gott und dem Heiligen wohlgefällig blieben und andere, Fernstehende, an jener That nicht Betheiligte wunderbarer Hilfe gewürdigt wurden.

Ein auffallendes Beispiel bietet in dieser Hinsicht ein Bericht über die Uebertragung der zu Rom um 840 entwendeten Gebeine der hl. H e l e n a , Constantins Mutter. Sie kamen ins Kloster Hautvilliers. Viel Volk pilgerte hin. Karl III., der Kahle, hörte davon. Als er die Umstände der Erwerbung vernommen hatte, wollte er nicht an die Echtheit der Reliquien glauben. Auf seine Veranlassung versammelte Hincmar von Rheims, der Diöcesanbischof, eine Synode. Diese verlangte ein Gottesurtheil. Der Mönch, welcher die Reliquien gebracht hatte, mußte sich demselben unterziehen und that es mit glücklichem Ausgang. Dadurch erlangte „die hl. Helena" Anerkennung und um so höhere Verehrung[1]. Der Bericht zeigt, daß man jenen, die Reliquien brachten, nicht aufs Wort glaubte, andererseits, daß man die Reliquien, wenn sie einmal da waren, prüfte. Wenn die Prüfung günstig ausfiel, suchte man durch desto eifrigere Verehrung das Mißliche der Erwerbung zu sühnen.

---

ipsius discriminis factum. Si enim simplicem in hoc sui desiderii secuti sunt oculum ductorem, se necessarium gaudere, fateor, possunt adeptum; sin alias, quam eos dicentis percellat, vereri non parum, auctoritas: „Si quis templum Dei violaverit, disperdat illum Deus" (1 Cor. 3, 17). Uti, reor, possumus in hoc hujusmodi argumento dicentis: „Habe charitatem, et quidquid volueris, facito" et, o quam lepide, laetor: „Charitas" enim, alter ut ait, „non agit perperam" (1 Cor. 13, 4). ... His itaque compactis, in cultu et veneratione tuorum, sancte, ubi latus diceris, artuum, et, ubi relictus crederis, cinerum, quale quis, vel ablatorum vel amissorum apud Deum de te remunerationis sperare possit, conjici valet certissime, lucrum.

[1] Acta SS. 18. Aug. III, 602 n. 14 und p. 603 n. 20.

Man lese Einhards Beschreibung der Uebertragung der hll. Marcellinus und Petrus. Was sollte er thun, nachdem sein Abgesandter gegen sein Wissen und Wollen jene Reliquien entwendet und ihm gebracht hatte? Der Römische Stuhl schwieg und heischte nicht die Rückgabe. Mit welcher rührenden Andacht empfing er sie, wie sorgte er für sie! Wer den ganzen Bericht ohne Vorurtheil gelesen hat, wird am Ende dem vornehmen und doch so frommen Hofmann nicht zürnen können.

Gegen alle Fehlenden, die nicht aus Bosheit sich gegen die Gesetze auflehnen, ist Gott nachsichtig und gütig. Die Reliquiendiebstähle des Mittelalters sind eine Verirrung, aber sie verdienen Entschuldigung.

Sechstes Kapitel.
Die Erhebung der Reliquien auf die Altäre und die Canonisationen vom 10. bis zum 12. Jahrhundert.

1. Die altchristlichen Martyrer waren nach Vollendung ihres siegreichen Kampfes gegen die rohe Gewalt ihrer Henker in einfachen Gräbern beigesetzt worden, die sich wenig von denen der übrigen Gläubigen ihres Ranges unterschieden. Blutzeugen aus vornehmem Geschlecht, aus den ersten Familien Roms erhielten natürlich von Anfang an ausgezeichnetere Grabstätten, als solche aus niedrigerem Stande. Je nach Ort und Zeit befanden sich diese Gräber unter der Erde, in sogen. Katakomben, oder auf oberirdischen Kirchhöfen. Man erbaute nun zuerst neben oder über den Gräbern Kapellen oder Kirchen, weil die Versetzung der Leichen und Gebeine in alter Zeit anstößig erschien. Später, als die antiken Anschauungen erschüttert waren, weil man die Ueberreste der Getauften und der Heiligen nach anderen Gesichtspunkten beurtheilte, schwand die Scheu vor Uebertragung der Gebeine.

Wie schwer man in Deutschland sich entschloß, Reliquien längere Zeit außerhalb des Grabes zu belassen, erhellt auch aus den Collationen des Abtes Odo von Clugny († 942). In denselben wird nämlich erzählt, einst habe man Reliquien der hl. Walpurgis einige Tage auf (super) dem Altare gelassen. Gleich habe die Heilige erklärt, sie würde von nun an keine Wunder mehr für ihre Verehrer erbitten, weil ihre Reliquien sich auf dem Altare befänden, auf welchem nur die heiligsten Geheimnisse zu feiern seien. Daraufhin habe man den Reliquienschrein herabgenommen, und neue Wunder seien erfolgt [1].

---

[1] Collationum lib. II, 18; Migne, Patrol. CXXXIII, 573. Aehnlich in Gezonis Liber de corpore et sanguine Christi c. 58 bei Muratori, Anecdota. III, 296.

In der Pastoralinstruction Leo's IV. († 855) war im Gegensatz hierzu gesagt: „Der Altar sei bedeckt mit den reinsten Tüchern von Linnen. Auf den Altar soll nichts gestellt werden als Schreine mit Reliquien der Heiligen oder die vier heiligen Evangelien Gottes oder das Gefäß mit dem Leibe des Herrn, woraus man den Kranken die Wegzehrung reicht. Andere Dinge mögen an einem geziemenden Orte bewahrt werden."[1] Bischof Ratherius von Verona († 973) wiederholte in einer 966 gehaltenen Rede vor seinen Priestern diese Worte des Papstes[2]. Es liegt kein Widerspruch darin, wenn aus einer andern Schrift desselben Bischofs erhellt, daß viele Leiber der Heiligen Verona's noch in der Erde ruhten[3]. Man begann demnach in Italien früher als in Gallien und Deutschland Reliquien für längere Zeit auf dem Altar auszustellen, oder, wie Mabillon annimmt, auf Stützen, die hinter dem Altartisch emporragten[4].

Größere Reliquien blieben auch dort in der Erde oder in den Altären. So wurde Abt Grimoald im italienischen Kloster Casaure (Casa aurea) noch 1104 bewogen, den Sarkophag des hl. Clemens aus der Erde, worin er zu Zeiten Kaiser Ludwigs II. versenkt worden war, auszugraben, weil ein Cardinal zweifelte, ob er noch dort vorhanden sei. Nach der Untersuchung und Bestätigung verschloß er die Reliquien in einen neuen Altar. Ebenso wurden 1112 zu Rom der Rost des hl. Laurentius und zwei Ampullen mit seinem Blute einem alten Altare entnommen, dem Volke gezeigt, dann aber in einen neuen Altar verborgen[5]. Das Pontifikalbuch erzählt, Gregor IV. († 844) habe bemerkt, die Gebeine der heiligen Calixtus, Cornelius und Calepodius lägen inmitten der Marienkirche so, daß das Volk ihnen den Rücken zuwende. Der Papst habe deshalb die Reliquien in der Apsis des Westchores tief vergraben unter einem nach Osten gewendeten Altare, über den sich ein Baldachin erhob[6].

2. Für Deutschland waren die Raubzüge der Normannen auch hinsichtlich der Reliquienverehrung von tief eingreifender Bedeutung. Diese Räuber waren erpicht auf Gräber der Heiligen, suchten Wallfahrtsorte auf, gruben Sarkophage aus, um sich deren Schätze anzueignen, und

---

[1] Migne, Patrol. CXV, 678.   [2] Migne l. c. CXXXVI, 559.
[3] Ratherii Invectiva c. 13, l. c. 469. Vgl. nota 675.
[4] Mabillon, De liturgia gallicana. I. c. 9 p. 85. Vgl. dessen Praefatio in saec. 2. ord. s. Benedicti n. 45 sq. und in saec. 3. n. 103 sq., in der Separatausgabe der Praefationes et dissertationes. Tridenti 1724, p. 79 u. 149.
[5] Mabillon, Annales V, 485 n. 117 u. 570 n. 24. Vgl. oben S 86 u. 96.
[6] Migne, Patrol. CXXVIII, 1287 n. 474. Vgl. oben S. 45 Anm. 1.

kehrten mit Gold, Silber und Edelsteinen beladen zu ihren Schiffen und Lagerplätzen zurück. Die Einwohner suchten auf zweierlei Weise ihre Kostbarkeiten zu retten: entweder flohen sie mit ihren Schätzen oder sie vergruben dieselben. Nach den Fuldaer Annalen flüchteten Geistliche der Kölner Klöster und Stifte 881 mit ihren Schätzen nach Mainz [1]. Die Xantener Annalen klagen schon zum Jahre 864 [2], die Mordbrenner hätten den hohen Wasserstand des Rheines benützt, um mit ihren Schiffen so unvermuthet die Kirche des hl. Victor zu überfallen, daß der Propst den Schrein mit den Gebeinen des Patrons vor sich aufs Pferd habe setzen müssen, um ihn, nur von einem Priester begleitet, unter den größten Gefahren nach Köln in Sicherheit zu bringen. Auch die Aachener Reliquien wurden damals nach Stablo getragen [3].

Die Ueberreste des hl. Remigius mußte Hincmar von Rheims 882 nach Epernay schaffen lassen, weil seine Stadt noch der Mauern entbehrte [4]. Die Reliquien des hl. Wandregisilus und seiner Genossen wurden von Fontanelle bis nach Boulogne getragen [5]. In gleicher Weise ward der Leib des hl. Winnoch von Wormhout nach St. Bertin, der hl. Maurus 868 von Saint-Maur-sur-Loire in die Gegend von Paris, der hl. Benedikt 883 von Fleury nach Orleans, die hl. Bertha 895 von Blangi bei Amiens nach Erstein im Elsaß geflüchtet [6]. Infolge der Normanneneinfälle und der dadurch veranlaßten Verwirrung soll der Leib des hl. Dionysius aus St. Denis nach Regensburg gelangt sein [7].

An anderen Orten vergrub man Reliquien tiefer in die Erde. So sagen die Gesta Treverorum: „Die Trierer hielten mit den Weisesten Rath und verbargen in unterirdischen Höhlen die Schätze und Kostbarkeiten der Kirchen. Die Sarkophage der Heiligen senkten sie tiefer in die Erde ein, damit nicht die heiligen Reliquien den unverständigen Barbaren zum Gespötte würden." [8] Was die Gesta so zusammenfassen, wird in vielen Trierer Lebensbeschreibungen der älteren Heiligen breiter ausgeführt. Ebenso waren damals in einem Kloster an der Loire die Reliquien der

---

[1] Mon. Germ. I, 394.   [2] Mon. Germ. II, 231.
[3] Meyer, Aachen'sche Geschichten. Aachen 1781. S. 191 § 9.
[4] Acta SS. 1. Oct. I, 170.
[5] Acta SS. 22. Jul. V, 262 u. 281 sq. Vgl. oben S. 87 u. 93.
[6] Wattenbach, Geschichtsquellen. I. 281. 282. 356. 386.
[7] Mon. Germ. XI, 350 sq. bietet eine fabelhafte Darstellung der Uebertragungsgeschichte. Vgl. oben S. 94.
[8] Mon. Germ. VIII, 166. Vgl. Brower, Annales Trevir. 2. ed. I, 516; Diel, Der hl. Maximin, 49; Der hl. Matthias, 82. 93—95; Trierer Jahresber. 1859. S. 55.

hll. Benignus und Agnes, welche späterhin (kurz nach 962) von Bischof Balberich für Utrecht erworben wurden, tief in die Erde verborgen worden [1].

Die tief eingesenkten Heiligenleiber konnte man in vielen Kirchen nicht gar bald wieder erheben, theils weil die Gefahr sich nicht rasch entfernte, theils weil man in Elend und Unglück gerathen war. Da gleich anfangs nur wenigen bekannt war, wo man jene Reliquien verborgen habe, konnte Unsicherheit über die Stelle sehr leicht entstehen. Wird doch erzählt, die Normannen hätten zu Trier so viele Mönche und andere Einwohner gemordet, „daß kein einziger übrig geblieben sei aus allen, denen der Ort des Grabes bekannt gewesen, worin man die Reliquien des hl. Maximin verschlossen hatte" [2].

So rasch wurde oft der Ort der Beisetzung vergessen, daß man schon 1183 nicht mehr sicher wußte, wo der erst 1075 verstorbene Erzbischof Anno von Köln begraben war, und zuerst an einem Orte nachgrub, wo nichts gefunden ward [3]. Solche Unsicherheiten mußten um so eher entstehen, weil man, wie die Geschichte des hl. Franciscus von Assisi am klarsten zeigt [4], im Mittelalter alle möglichen Vorsichtsmaßregeln anwandte, die Heiligengräber vor Dieben zu schützen. Eines dieser Mittel bestand darin, den Ort des Begräbnisses geheimzuhalten, ja die Leute hinsichtlich desselben in Irrthum zu führen. In Venedig vergruben die Einwohner die Reliquien des hl. Marcus derart, „daß der Ort, wohin sie gelegt wurden, durchaus unbekannt blieb" [5]. Mabillon sagt sogar zum Jahr 695: „Der Leib des heiligen Bischofs Amandus von Utrecht wurde unverletzt aufgefunden und, wie es damals Sitte war, tiefer in den Boden vergraben, damit er von solchen, die ihn suchen möchten, nicht leicht gefunden würde." [6] Ja, bereits Rufin erzählt [7], Athanasius habe die Reliquien des hl. Johannes des Täufers vor wenigen Zeugen eingemauert, damit sie in zukünftigen, besseren Zeiten höhere Ehren fänden.

Wenn geflüchtete Reliquien heimkehrten, wurden sie mit Jubel empfangen. Volk und Clerus ging ihnen entgegen; denn alle freuten sich einhellig, ihre Patrone in ihrer Mitte zu wissen. Die Wallfahrten

---

[1] Mon. Germ. XV, 571 e. Vgl. oben S. 88
[2] Mon. Germ. IV, 234; Hontheim, Historia Trevirensis. I, 223 nota a.
[3] Translatio s. Annonis c. 6, Mon. Germ. XI, 517.
[4] Stimmen aus Maria-Laach. XXXIII, 161.
[5] Baronius, Ad an. 820. Andere Beispiele bei Honoré, Réflexions sur les règles de la critique. III, 389.
[6] Annales I, 603 n. 35.
[7] Historia ecclesiastica. II, c. 28, Migne, Patrol. XXI, 536.

Die alten Wunderberichte. 105

begannen wieder von neuem, zahlreiche Wunder blieben nicht aus. Angesichts der Thatsache, daß Schriftsteller der verschiedensten Richtungen, Länder und Gegenden, besonders in der ersten Hälfte des Mittelalters, mit größter Zuversicht über häufige Wunder berichten, steht man zweifelsohne vor der dadurch stets von neuem auftauchenden, schwierigen Frage: Soll oder kann man sie alle als Lügner ansehen? Das geht nicht an. Will man darum aber alle von ihnen aufgezählten Wunder gläubig hinnehmen? Auch das wäre übertrieben. Oft mag in jenen noch wenig aufgeklärten Zeiten etwas als übernatürliche Hilfe angesehen worden sein, was heute als natürliche Wirkung erklärt, wenigstens als nicht erwiesen übernatürlich, also nicht als Wunder anerkannt würde. Indessen bleiben auch nach Abzug jener zweifelhaften Fälle viele, in denen man auf Wunder schließen muß. Somit wird auch für das 9., 10. und 11. Jahrhundert zuzugeben sein, was für die vorhergehenden festgestellt ward, Gott habe damals häufiger in außerordentlicher Weise geholfen, als er es heutzutage thut. Die Noth war größer und der Glaube lebendiger, darum auch Gottes Hilfe näher.

3. Der Mangel fester gesetzlicher Formen, welcher ehedem im fränkischen Reiche hinsichtlich der Beilegung des Titels „heilig" herrschte, war gehoben. Schon die erwähnten Verbote der Concilien von Aachen und Mainz, nicht ohne Gutheißung der kirchlichen Obern, der Bischöfe oder Synoden einen Heiligen zu erheben, haben keineswegs nur den Sinn, daß es wie zur Zeit der Römer unerlaubt sei, ohne höhere Erlaubniß eine Leiche auszugraben und von einem Orte zum andern zu tragen. Das Einholen der Erlaubniß der feierlichen Erhebung sollte der vorläufige Abschluß des damaligen bischöflichen Canonisationsprocesses sein. Einstweilen blieb nämlich den Bischöfen und den höher gestellten Aebten noch das Recht einer vorläufigen, für ihren Jurisdictionsbezirk geltenden Heiligsprechung, welche der heutigen Beatification einigermaßen glich. Man lese die Acten über die Erhebung des hl. Celsus zu Trier. Seine Gebeine wurden gefunden, als Egbert (977—993) für eine neue Eucharinskirche die Fundamente ausgraben ließ. Der Erzbischof wollte hinsichtlich des Fundes nichts auf eigene Verantwortung unternehmen. Erst nachdem der Kaiser und die Synode von Ingelheim zugestimmt und er die gefundenen Reste einer Feuerprobe unterworfen hatte, erklärte er sie für verehrungswürdige Reliquien[1]. Kurz vorher war auf der Trierer Synode des

---

[1] Beissel, Geschichte der Trierer Kirchen, ihrer Reliquien und Kunstschätze. I, 190 f.

Jahres 898 die feierliche Erhebung des hl. Maximin beschlossen und ausgeführt worden¹.

Man muß, um das Richtige zu treffen, jenes 789 erlassene, in den Concilien von Mainz und Frankfurt erneuerte Kapitular hinzunehmen, welches verbietet, ohne kirchliche Genehmigung „neue Heilige" zu verehren². Celsus war ein solcher „neuer Heiliger", Maximin ein schon lange verehrter. Im ersten Falle beschloß also das Concil deutscher Bischöfe zu Ingelheim 980 (?) zweierlei: Anerkennung der Heiligkeit und Bewilligung der Erhebung. Die Synode der Diöcese Trier sprach sich nur über letztere aus, weil erstere schon feststand. Dementsprechend war in jenem Falle eine höhere Autorität nöthig, als in diesem.

Von der Erhebung (elevatio) ist die einfache Uebertragung (translatio) von einem Orte in der Kirche, von einem Altare zum andern zu unterscheiden. Damals schon wurde auch dazu die Erlaubniß, ja die Gegenwart des Diöcesanbischofs für nöthig erachtet. Als z. B. in Toul 1104 Zweifel entstanden, ob man den ganzen Leib des hl. Mansuetus besitze, weil einige sagten, das Haupt sei an einen andern Ort übertragen, erbat sich Thiemar, der Abt des Klosters, worin der Heilige ruhte, vom Bischofe die Erlaubniß, das Grab zu öffnen und nachzusehen. Der Bischof kam selbst, und in seiner Gegenwart folgte der Untersuchung ein günstiges Ergebniß³. Ebenso wurde um das Jahr 966 in St. Pantaleon zu Köln der Leib des heiligen Abtes und Martyrers Maurinus († 670?) in Gegenwart des Erzbischofs Folcmar erhoben⁴.

Es gab indessen Fälle, wo eine bischöfliche Erlaubniß nicht eingeholt ward oder wenigstens darüber nicht berichtet wird. So erbrach der eben genannte Thiemar von St. Mansuetus zu Toul († 1125) einen Altar, als die neuerbaute Hälfte seiner Kirche mit der ältern in Verbindung gesetzt wurde. Er erhob aus diesem Altare einen steinernen, je einen Fuß langen und breiten Schrein, welcher Reliquien der Apostel und des heiligen Kreuzes enthielt. Der Abt brachte einen Theil der Reliquien in vier in die Seiten des neuen Altares gebohrte Löcher, den gefundenen Schrein mit seiner Bleikapsel in die Mitte jenes Altares. Der größere Rest ward in einem goldenen Schrein über dem Altar der Apostel ausgestellt⁵.

---

¹ Hartzheim, Concilia Germaniae. II, 411 sq.
² Gerbert, Vetus liturgia alemannica. II, 877.
³ Tractatus de translatione secunda s. Mansueti, Mon. Germ. XV, 931.
⁴ Acta SS. 10. Jun. II, 277 n. 6.   ⁵ Mon. Germ. XV, 933 sq.

Die verschiedenen Arten oder Grade der Heiligsprechung, die feierliche Erhebung und einfache Uebertragung sind bei Beurtheilung der Verhältnisse des 9.—12. Jahrhunderts mehr auseinanderzuhalten, als bis dahin geschehen ist. Einige Beispiele mögen dies und das Verfahren jener Zeit noch klarer stellen.

Im Jahre 928 hatte Abt Gebhard von Brogne (St. Gerard) mit Bewilligung des Bischofs seiner Diöcese aus St. Denis die Gebeine des Bischofs und Martyrers Eugenius für seine neue Klosterkirche erhalten. Bischof Stephan von Lüttich zog bald nachher jene Erlaubniß wiederum zurück. Ein Wunder bewog ihn jedoch zur Nachgiebigkeit. Er befahl deshalb, einen Mönch zu senden, welcher die Lebensbeschreibung des Heiligen auf der Diöcesansynode verlesen sollte. Dies geschah. Der Bischof erzählte, wie er erkrankt sei, zwei Kerzen, welche ihm an Umfang und Größe gleichkamen, zum Grabe des Eugenius gesandt und auf wunderbare Art Heilung gefunden habe. Die Synode beschloß, Eugenius solle als Martyrer mit geziemenden Ehren hochgehalten und seine Leidensgeschichte als geprüft und gebilligt fürderhin in der Kirche öffentlich verlesen werden [1]. Dieser Entscheid ist doppelt bemerkenswerth, weil daraus erhellt, daß die Verehrung der an anderen Orten hochgehaltenen Reliquien eine neue Erlaubniß des Bischofs jener Diöcese, wohin sie übertragen wurden, voraussetzte, und daß diese Erlaubniß zurückgezogen werden konnte.

In derselben Diöcese Lüttich gestattete Bischof Notger 980 dem Abte Womer auf dem Blandinenberg bei Gent die feierliche Verehrung der Reliquien des hl. Landoald und seiner Genossen und das Absingen eines neu verfaßten Officiums dieser Heiligen [2].

Als es sich um die Heiligsprechung Angilberts handelte, verfaßte 1110 Abt Anscher von St. Riquier (Centulum) eine freilich durch viele Irrthümer entstellte Beschreibung des Lebens und der Wunder desselben, welche er dem Erzbischof von Rheims zur Bestätigung übermittelte.

Für die Erhebung der Gebeine Guiberts (Wikberts), des ersten Abtes von Gembloux († 962), verfaßte Sigebert, einer der besten Schriftsteller seiner Zeit, kurz vor 1071 eine Lebensgeschichte. 1099 überbrachte er dieselbe im Auftrage seines Abtes dem Bischofe Otbert von Lüttich, von dem sie an den Erzbischof Friedrich von Köln ging, welcher auf einer

---

[1] Hartzheim, Concilia. II, 592; Mabillon, Annales. III, 396 sq.
[2] Hartzheim l. c. 662.

„allgemeinen" Synode der Kölner Geistlichkeit die erbetene Genehmigung ertheilte [1].

Merkwürdig waren im Jahre 1120 die Verhandlungen des Concils von Beauvais über die Erhebung und Heiligsprechung des hl. Arnulf von Soissons († 1087) [2]. Abt Hariulf von Aldenborg, in dessen Kirche jener Bischof bestattet war, überreichte den versammelten Aebten, Archidiakonen und Prälaten, unter denen 14 Bischöfe waren, das von ihm verfaßte Leben. Es schien der Synode, weil manche andere Geschäfte zu erledigen seien, reiche die Zeit nicht aus, sich die viele Kapitel enthaltende Lebensbeschreibung vorlesen zu lassen; das Zeugniß des Bischofs von Soissons und seiner Geistlichkeit genüge. Der Bischof von Orleans sagte: „Herr (Bischof) von Tournay, ich sage Euch in Wahrheit, hätte Gott nur einmal solche Wunder gewirkt zu Gunsten eines meiner Vorgänger, so würde ich weder einen Papst, noch einen Legaten, noch einen Erzbischof zu Rathe ziehen, sondern mit voller Entschiedenheit den Heiligen Gottes erhöhen, wie er es verdient." Trotzdem entschloß man sich, die Entscheidung dem Erzbischof von Rheims und dem Cardinalbischof von Präneste, einem Legaten des Papstes, die anwesend waren, zu übertragen. Beide antworteten: „Das Urtheil Eurer Autorität nehmen wir voll und ganz an und Euer einstimmiges Decret bestätigen wir." Damit war die Sache beendet.

4. Bei Heiligsprechung, Erhebung und Uebertragung wirkten, wie gezeigt ist, Aebte, Bischöfe, Diöcesansynoden, Metropoliten, allgemeinere Synoden und die Könige mit. Je höher der Rang und das Ansehen jener waren, welche ihre Stimme zur Gewähr der Heiligkeit und Verehrungswürdigkeit geltend machten, desto mehr wuchs auch die Zahl und das Vertrauen der Pilger. Naturgemäß mußte man dazu kommen, sich auch an den Römischen Stuhl zu wenden. Wann dies in Deutschland zuerst geschah, bleibt dunkel. Bellarmin und andere erzählen, der hl. Ludgerus habe in einem Briefe dem Bischof Rixfried von Utrecht mitgetheilt, von Papst Stephan II. (!) seien 754 vier Bischöfe bevollmächtigt worden, den hl. Suitbert heiligzusprechen. Da indessen der erwähnte Brief zweifelsohne ein späteres Machwerk ist, fällt seine Beweiskraft in nichts zusammen [3].

---

[1] Mabillon, Praefatio in saeculum 5. ord. s. Benedicti n. 104. Separatausgabe p. 447. Historia elevationis s. Wicberti, Mon. Germ. X, 516 sq.

[2] Mon. Germ. XV, 902.

[3] Acta SS. 8. Jan. I, 535 n. 10 theilten den Inhalt des von ihnen noch als echt angesehenen Briefes mit und versprachen, ihn am 1. März zu geben, haben ihn aber dort mit Recht des Abdruckes nicht für werth erachtet. Vgl. 26. Mart. III, 636 sq.; 4. Jul. II, 79 n. 31.

Wenn Ekkehard († um 1036) sagt, der hl. Othmar, Abt von St. Gallen, sei durch päpstliche Autorität bereits 913 heilig gesprochen gewesen, so ist dies wahrscheinlich ein Irrthum; denn ältere und ausführlichere Berichte reden nur von einer bischöflichen Canonisation [1]. Bedenklich erscheint auch, wenn die Lebensbeschreibung des Bischofs Burchard von Würzburg († 754) behauptet, derselbe sei von seinem Nachfolger Hugo († 990) mit Erlaubniß des Papstes Benedikt und des Kaisers erhoben worden; denn weil Benedikt VII. schon 983 starb, Hugo aber erst nach dem 22. Juli 984 erwählt wurde, hat man die Richtigkeit auch dieser Angabe geläugnet. Indessen könnte schon Hugo's Vorgänger zu Rom jene Erlaubniß erbeten und erhalten haben [2]. Ueberdies hätte der Papst nach jenen Angaben nur die Erlaubniß oder Vollmacht gegeben, die Reliquien zu erheben, nicht aber eine Canonisation förmlich vollzogen oder auszusprechen befohlen.

Der erste Deutsche, ja überhaupt das erste Mitglied der Kirche, welches durch eine feierliche Bulle nach vorhergegangener Prüfung der Heiligkeit und der Wunder zu Rom canonisirt wurde, ist der heilige Bischof Ubalrich von Augsburg († 973) [3]. Ihn sprach Johannes XV. im Jahre 993 auf einer römischen Synode heilig. Man darf aber dabei noch nicht an einen derartigen Heiligsprechungsproceß denken, wie er jetzt seit einigen Jahrhunderten geführt wird. Damals, ja noch im 11. und 12. Jahrhundert genügte es, daß der Diöcesanbischof eine Lebensgeschichte und eine Darlegung der Wunder schriftlich vorlegte oder vorlegen ließ. Die Wahrheit beider Actenstücke wurde eidlich beschworen und dann in Rom auf der Synode die Approbation ertheilt und die Bulle ausgefertigt.

Jene erste Canonisationsbulle des Jahres 993 ist ein Markstein in der Geschichte der Heiligenverehrung. Durch sie begann eine heilsame Centralisation hinsichtlich der Heiligsprechung und der Entwicklung des später vollständig geregelten, strengen Canonisationsprocesses.

---

[1] Casus s. Galli: Oratorium beati Otmari auctoritate Romana in Sanctum levati. Mon. Germ. SS. II, 85. Ueber die Erhebung des hl. Othmar durch den Bischof von Konstanz in Gegenwart eines kaiserlichen Erzkaplanes l. c. 71; cfr. p. 48 sq. und 46 sq.; Hartzheim, Concilia. II, 293 sq.; Acta SS. 4. Jul. I, 79 n. 33.

[2] Mon. Germ. XV, 62; cfr. nota 4.

[3] Die Bulle bei Hartzheim, Concilia. II, 671. Vgl. Acta SS. 4. Jul. I, 79 sq.; Gerbert, Vetus liturgia alemannica. II, 549. Ueber die ältere Art der Anerkennung der Heiligkeit vgl. Ruinart, Acta martyrum. Ratisbon. 1859. Introductio § IV. n. 71 p. 47 sq. Benedict. XIV., De servorum Dei beatificatione et beatorum canonizatione lib. I. c. 2 sq. Vgl. oben S. 6 Anm. 1.

Oben ist schon gezeigt, wie schwankend die Begriffe „Heiliger" und „Märtyrer" in der merowingischen und in der karolingischen Zeit waren. Die Schwankungen werden jetzt mehr und mehr entfernt.

Es empfiehlt sich hier ganz kurz die Grundzüge der heutigen Praxis, also den Abschluß der Entwicklung anzudeuten, um die Geschichte desto leichter verfolgen zu können[1]. Man unterscheidet demnach jetzt zwischen römischer Beatification und Canonisation. Erstere, die päpstliche Seligsprechung, bietet eine vorläufige Erlaubniß zur öffentlichen Verehrung des Beatificirten, ist aber noch nicht das abschließende Urtheil. Diese Erlaubniß erstreckt sich zunächst nur auf bestimmte Orte und Personen, bewilligt somit nur eine begrenzte feierliche Verehrung[2]. In ihr ist der Papst nicht unfehlbar, wie in den Entscheidungen, welche er als Lehrer der Christenheit für die gesammte Kirche in Sachen des Glaubens und der Sitten erläßt. Wohl verstößt es gegen die dem Statthalter Christi schuldige Ehrfurcht, voll Anmaßung behaupten zu wollen, der Papst habe bei dieser oder jener förmlichen Beatification geirrt; die Möglichkeit eines Fehlgriffes ist jedoch dem Gesagten zufolge an und für sich nicht ausgeschlossen[3].

Auch heute noch geschieht es, daß der Papst ohne feierliche Beatification nur die schon vorher geübte, oft bald nach dem Tode begonnene Verehrung eines Verstorbenen fortzusetzen erlaubt, oder auf den Bericht der Bischöfe über Heiligkeit und Wunder einer Person zugesteht, man dürfe derselben Verehrung zollen[4].

Wie bei der Beatification, so ist auch bei der päpstlichen Canonisation die förmliche von der nicht in den festen gesetzlichen Formen vollzogenen zu unterscheiden. Letztere[5] liegt vor, wenn der Nachfolger Petri befiehlt, jemanden, dessen Tugenden oder Martyrium und dessen Wunder geschichtlich feststehen und der bereits früher an einzelnen Orten als Heiliger verehrt ward, nun in der ganzen Kirche durch Messe und Officium zu feiern. Feierliche Voruntersuchungen und eigentliche Heiligsprechung unterbleiben dann.

---

[1] Prosper Lambertini, der als Benedikt XIV. den päpstlichen Stuhl bestieg, gilt in diesen Dingen als classische Autorität. Der Titel seines den Gegenstand erschöpfenden, großen Werkes lautet: De servorum Dei beatificatione et beatorum canonizatione. Opera. Venet. 1767. I—IV.
[2] L. c. lib. I. c. 39, besonders n. 12—14. Opera I, 165 sq.
[3] L. c. lib. I. c. 42 n. 10. Opera I, 192.
[4] L. c. n. 9. Benedict XIV. nennt dies beatificatio aequipollens im Gegensatz zur beatificatio formalis.
[5] Canonizatio aequipollens, l. c. lib. I. c. 41 n. 1. Opera I, 171.

Erlaubt der Papst nur, daß in der einen oder andern Diöcese die Verehrung eines „Heiligen" fortgesetzt werde, approbirt er das „Proprium", d. h. die Bücher, welche in jenen Diöcesen gebraucht werden beim Officium und bei der Messe jener Heiligen, so ist dies, weit entfernt von einer Canonisation, nicht einmal einer feierlichen Beatification gleich zu achten, sondern eben nur eine Erlaubniß, daß es beim Alten bleibe. Bemerkenswerth ist hier, daß das römische Martyrologium nicht nur die Namen der vom Papste Canonisirten enthält, sondern auch diejenigen nur beatificirter, ja nur von Diöcesanbischöfen auf die Altäre erhobener Heiligen. Es ist also nicht ausgeschlossen, daß sich in demselben Namen finden, die in einem fehlerlosen Heiligenverzeichniß nicht stehen sollten [1].

Da die Bischöfe eine geringere Autorität besitzen als der Papst, ihr Urtheil immer dem des Papstes unterworfen bleibt, können sie hinsichtlich der Heiligen eine abschließende Entscheidung nie geben. Wenn sie demnach jemand als Heiligen erklärten, oder gestatteten, die Gebeine eines vom Volke oder in einer Abtei als Heiliger Verehrten aus der Erde zu erheben und als Reliquien in oder bei Altären niederzulegen, so war das keineswegs eine Canonisation im heutigen Sinne. Nach dem gegenwärtigen theologischen Sprachgebrauche müßte man es vielmehr eine bischöfliche Beatification nennen [2]. Deshalb kann man auch dafür eine vollkommene Irrthumslosigkeit offenbar nicht in Anspruch nehmen [3].

Die eigentliche Canonisation ist der letzte und entscheidende Ausspruch des Papstes, daß jemand, der schon den Seligen beigezählt ist, in die Liste der Heiligen einzutragen, daß er gleich den übrigen Canonisirten in der ganzen katholischen Kirche zu verehren sei [4]. Zur Erklärung, warum und wie der Papst bei der Heiligsprechung unfehlbar sei, bringt Benedikt XIV. folgende Erwägungen [5]:

1. Die Canonisation ist das öffentliche Urtheil der Kirche über wahre Heiligkeit und himmlische Herrlichkeit eines Verstorbenen. Der Papst aber kann unmöglich durch ein solches Urtheil die ganze Kirche in einer die Sitten betreffenden Sache irreführen.

2. Ein Urtheil des Papstes ist unfehlbar, wenn und weil er so geleitet wird vom Heiligen Geiste, daß er nicht irrt. Freilich stützt er sich bei Canoni-

---

[1] L. c. lib. I. c. 43 n. 14. Opera I, 199 und Index rerum IV, 50 col. 2, wo weitere Stellen angegeben sind.
[2] L. c. lib. I. c. 6 n. 9 und c. 39 n. 2 sq., Opera I, 23 u. 165.
[3] L. c. lib. I. c. 41 n. 6 sq. und c. 43 n. 14. Opera I, 191 u. 199.
[4] L. c. lib. I. c. 39 n. 5. 6. 14. Opera I, 165 sq.
[5] L. c. lib. I. c. 43 n. 9 sq. Opera I, 198 sq.

sationen auf menschliche Zeugnisse über Heiligkeit und Wunder einer Person, und solche Zeugnisse bieten keineswegs absolute Sicherheit. Der Heilige Geist leitet indessen alles so, daß der letzte und feierliche, die ganze Kirche verpflichtende Ausspruch richtig, unfehlbar wahr wird. Die einzelnen vorgebrachten Ereignisse aus dem Leben des Betreffenden werden also nicht als sicher erklärt, sondern nur die eine Thatsache, jene Person sei heilig[1].

3. Die Verehrung eines Heiligen ist eine Art Glaubensbekenntniß. Des Papstes Urtheil, wodurch eine solche äußere und innere Bethätigung des Glaubens der ganzen Kirche vorgeschrieben wird, darf nicht irreführend sein.

4. Es läßt sich kein Beispiel anführen, daß eine feierliche, päpstliche Canonisation jemanden zu Theil geworden, der sie nicht verdiente. Diese Thatsache wird bei der Menge der seit fast einem Jahrtausend Canonisirten am besten erklärlich durch die Lehre, daß der Papst eben bei solchen Heiligsprechungen durch besondere Gnade des Heiligen Geistes vor Irrthum bewahrt werde.

Werden diese Sätze Benedikts XIV. auf die von Johann XV. zur Heiligsprechung des hl. Udalrich 993 erlassene Bulle angewendet, so wird man in derselben eine förmliche und feierliche päpstliche Canonisation anerkennen müssen, demnach eine unfehlbare Entscheidung des kirchlichen Lehramtes[2]. Sie ist hier von der größten Wichtigkeit nicht nur wegen der Canonisation, sondern auch, weil sie in der klarsten und schönsten Weise die so oft trotz aller Erklärungen verleumdete Heiligenverehrung der Kirche darlegt, indem sie sagt:

„Wir haben verordnet, daß das Andenken des heiligen Bischofes Udalrich mit frömmster Andacht und treuester Hingabe hochgehalten werde. Derart ehren und verehren wir die Reliquien der Blutzeugen und Bekenner, daß wir (in ihnen) jenen verehren, dessen Zeugen und Bekenner sie sind. Die Diener achten wir so, daß ihre Ehre auf den Herrn zurückgeht, welcher sprach: ‚Wer euch aufnimmt, nimmt mich auf.‘ Da wir kein Vertrauen haben auf unsere Gerechtigkeit, hoffen wir, durch ihre Gebete und Verdienste beim allbarmherzigen Gott immer unterstützt zu werden."

---

[1] L. c. lib. I. c. 43 n. 10; lib. II. c. 11 n. 7 und c. 12 n. 7. Opera I, 198; II, 41 und 47. Der hl. Thomas macht Quodlibet 9. qu. 7. a. 16 diesen Einwurf: Ecclesia in canonizando Sanctos innititur testimonio humano, cum inquirat per testes de vita et miraculis. Ergo cum testimonium hominum sit fallibile, videtur, quod Ecclesia in canonizando Sanctos possit errare. Die Antwort darauf lautet: Divina providentia praeservat ecclesiam, ne in talibus per fallibile testimonium hominum fallatur. Hinsichtlich der Ansicht der Väter des vaticanischen Concils über die Bedeutung der päpstlichen Canonisation vgl Collectio Lacensis VIII, 1699 sq. und „Stimmen aus Maria=Laach" XXXVIII, 49 f. u. 162 f.

[2] Der Nachweis ist von Benedict XIV. im einzelnen geliefert. Die Stellen sind gesammelt im Elenchus Sanctorum beim Namen Udalricus, l. c. V, 208.

Diese erste päpstliche Canonisation mußte in Deutschland das größte Aufsehen machen. Sie war ein so entscheidender Schritt, daß von nun an die Bitten um päpstliche Canonisation immer häufiger wurden. Freilich fuhren deutsche Bischöfe, Erzbischöfe und Synoden fort, heilig zu sprechen, aber es geschah immer seltener. Es wäre sehr lehrreich, die folgenden römischen Canonisationen deutscher Heiliger eingehender zu untersuchen. Dies würde indessen uns zu weit führen und doch noch nicht zu einer klaren Geschichte der Entwicklung des Canonisationsprocesses verhelfen, weil zur vollen Darlegung auch alle außerdeutschen Heiligsprechungen herbeizuziehen wären. Hier möge genügen, kurz die bis zum Ende des 12. Jahrhunderts von den Päpsten canonisirten Deutschen zu erwähnen.

Benedikt IX. sprach 1042 auf Bitten des Trierer Erzbischofs den Klausner Simeon heilig, der in der alten Porta nigra zu Trier ein strenges Bußleben geführt hatte.

Clemens II. († 1047) soll auf Bitten des Kaisers Heinrich III. die von den Ungarn 925 erschlagene, zu St. Gallen verehrte Klausnerin Wiboraba heilig gesprochen haben. Ekkehard († um 1036) berichtet, die Erhebung ihrer Gebeine sei durch zwei Päpste beschlossen, indessen erst unter dem 1034 erwählten Abt Nortpert vollzogen worden[1].

Zeigte schon der unter dem Namen Clemens II. auf den päpstlichen Stuhl erhobene frühere Bischof von Bamberg für Deutschland besonderes Interesse, so war dies noch mehr der Fall bei Leo IX., welcher Bischof von Toul gewesen. Dieser canonisirte 1050 den Bischof Gerhard von Toul († 994)[2], 1052 zu Regensburg den hl. Wolfgang († 994). Nach Rom zurückgekehrt, bewilligte er dem Abte der Abtei Sithiu in der Diöcese Rheims die Erhebung der Gebeine ihres lange schon als Heiliger verehrten Patrons Bertin, fügte also dadurch der bischöflichen Heiligsprechung die päpstliche bei[3]. Er soll auch den hl. Suitbert, dessen Canonisation fälschlich Leo III. († 816) zugeschrieben wird, canonisirt haben. Zu Toul erhob er den Leib des hl. Romanus; doch ist nicht sicher, daß diese Erhebung als päpstliche Canonisation angesehen werden kann, weil Leo das Bisthum Toul auch als Papst behielt und diese Erhebung vollzog, als er seine Diöcese bereiste. Leo's Entscheid, man besitze zu Regensburg, nicht zu St. Denis, die von dort nach Regensburg ge-

---

[1] Casus s. Galli c. 1, Mon. Germ. SS. II, 107. Vgl. Benedict. XIV. l. c. lib. I. c. 7 n. 7, Opera I, 30.
[2] Widrici, Miracula s. Gerardi episcopi, Mon. Germ. IV, 505 sq.
[3] Acta SS. 5. Sept. II, 582 n. 147 sq. und 618 n. 18.

brachten Reliquien des hl. Dionysius Areopagita, war nicht eine unfehlbare päpstliche Entscheidung. Uebrigens wurde bereits oben bemerkt, daß die betreffende Bulle eine Fälschung ist[1].

Gregor VII. († 1085) canonisirte den 1038 verstorbenen König Stephan I. von Ungarn und Gerard, Bischof und Apostel von Ungarn, welcher 1046 als Martyrer endete.

Urban II. († 1099) soll dem Bischof Rabbot von Tournay erlaubt haben, die Martyrin Godelewa († um 1070) heilig zu sprechen. Indessen ist der Bericht darüber so unzuverlässig, daß er kaum Glauben verdient. Die Lebensgeschichte der heilig gesprochenen Frau erzählt[2], sie sei von ihrem Gemahl, ihrer Schwiegermutter und dem Gesinde oft mißhandelt, zuletzt, trotz ihrer Geduld und Tugenden, auf Befehl ihres Gatten von zwei Dienern während der Nacht erwürgt worden. Das auf die Kunde ihres Todes herbeigeeilte Volk verehrte ihre Ueberreste als die einer Martyrin; Wunder folgten. Etwa 15 Jahre nach ihrem Tode wurden die Gebeine vom Diöcesanbischof feierlich aus dem Grabe erhoben, sie selbst somit heilig gesprochen.

Man war damals hinsichtlich des Begriffes des Martyriums noch weit von der jetzt theologisch fest umgrenzten Auffassung entfernt und noch immer nur zu sehr geneigt, hervorragende, ungerechter Weise ermordete Personen als Martyrer zu verehren. Heute gilt als Martyrer jener, welcher für das Bekenntniß des christlichen Glaubens eines gewaltsamen Todes stirbt. Im weitern Sinne wird aber auch jener als Martyrer betrachtet, welcher den Tod erleidet wegen der Uebung einer christlichen Tugend, oder wegen der Weigerung, eine durch das christliche Gesetz verbotene Sünde zu begehen[3]. So ist der hl. Johannes Nepomuk von Benedikt XIII. 1729 feierlich als Martyrer canonisirt worden, weil er lieber sterben, als das Beichtsiegel verletzen wollte. Vom hl. Engelbert, Erzbischof von Köln († 1225), sagt das römische Martyrologium, er habe den „Martertod" erlitten „für die Vertheidigung der katholischen Kirche und den Gehorsam gegen die römische Kirche". Auch der um 1124 „nicht um des Glaubens, sondern um der Gerechtigkeit willen" erschlagene Graf Karl der Gute von Flandern, wird „an einigen Orten" als Martyrer verehrt[4]. In ähnlicher Weise wird Albert von

---

[1] Vgl. S. 94 und 103.

[2] Benedict. XIV. l. c. lib. I. c. 8 n. 12; Acta SS. 6. Jul. II, 371 § 6, 376 n. 82, 436 nota f.

[3] Benedict. XIV. l. c. lib. III. c. 19 n. 7 sq., Opera III. 118. Vgl. oben S. 40 f.

[4] Benedict. XIV. l. c. n. 4 p. 116.

Brabant, erwählter Bischof von Lüttich, der 1192 bei Rheims von seinen Feinden erschlagen ward, in Belgien als Martyrer hochgehalten [1]. Wie Albert nur von einem Theil des Kapitels erwählt war und er getödtet wurde, als er seine Rechte vertrat, so erging es 1066 dem zum Erzbischof von Trier erwählten Kono, welcher ebenfalls zu den Martyrern gezählt wird [2].

Alexander III. († 1181) legte aber in entschiedener Weise Verwahrung ein, als der Bischof Arnulph von Lisieux klagte, daß man in einem Kloster seiner Diöcese einen im Streit ermordeten Klosterobern als Martyrer zu verehren beginne. Der Papst erklärte den Mönchen, sie dürften, selbst wenn Wunder am Grabe geschehen sein sollten, den Betreffenden ohne Erlaubniß des Römischen Stuhles nicht öffentlich als Heiligen verehren [3]. Die Erlaubniß zur Verehrung und Erhebung neuer Heiliger wurde also schon entschieden von Rom aus genau überwacht. Wer sollte dies so rasch entstandene Gewohnheitsrecht nicht mit Freuden begrüßen? Bezeichnete es nicht einen wahren Fortschritt? Dem übereifrigen und so häufig kurzsichtigen Lokalpatriotismus war damit eine heilsame Schranke gesetzt. Ein Entscheid, der weit vom Grabe des Heiligen, von Fremden, zudem nicht allzu rasch gefällt wird, bietet immer mehr Gewähr der Wahrheit, auch wenn es sich nur um Seligsprechung handelt, wo ja an und für sich die Möglichkeit des Irrthums noch nicht ausgeschlossen ist.

Für die Literatur und Geschichte war das neue Gesetz offenbar sehr vortheilhaft. Schon seit alter Zeit war es Sitte, bei den Gräbern der Heiligen ein „Buch des Lebens" aufzubewahren [4]. An diese Lebensbeschreibung schloß sich als zweites Buch eine Aufzeichnung der Wunder. So oft auf Heiligsprechung angetragen wurde, mußte in älterer Zeit den Bischöfen,

---

[1] Mon. Germ. XXV, 135 sq. Vita Alberti episcopi Leodiensis.

[2] Beissel, Geschichte der Trierer Kirchen und ihrer Reliquien. I, 231.

[3] Benedict. XIV. l. c. lib. I. c. 10, Opera I, 38. Die hl. Hildegundis, eine Jungfrau, welche unter dem Namen Joseph im Cistercienserkloster Schönau bei Heidelberg fromm lebte und früh starb (1188), immer geplagt von der Furcht, man möge ihr Geschlecht entdecken, würde zu Rom nie heilig gesprochen worden sein. Es ist nicht einmal bekannt, ob ein Bischof sie heilig sprach. Daß Cäsarius von Heisterbach (Distinctio I. De conversione c. 40, ed. J. Strange I, 47 sq.) ihr Leben weitläufig erzählt, ist bei seiner Vorliebe für auffallende Geschichten nicht zu verwundern. Uebrigens bezeichnet er sie nicht als „heilig". Ihr Leben Acta SS. 20. April. II, 778 sq.; über ältere Nachrichten von ihr Wattenbach a. a. O. II, 368 f.

[4] Gregor. Tur., Historia Francorum. II, 36 (cfr. I, 29), III, 2, Mon. Germ., SS. rer. Meroving. I, 99 und 110; Scheckmann, Medulla Gestorum Trevir. 1517 fol. 53; Beissel, Geschichte der Trierer Kirchen. I, 220 u. s. w. Ueber eine andere Art sog. „Liber vitae" vgl Ebner, Die klösterlichen Gebets=Verbrüderungen. Regensburg 1890. S. 97 f.

Erzbischöfen oder Synoden ein solches „Buch des Lebens" und eines „der Wunder" überreicht werden. Es liegt auf der Hand, daß diese eidlich zu erhärtenden Schriftstücke sowohl mit Rücksicht auf Inhalt als Form und Ausstattung um so besser besorgt wurden, je höher derjenige stand, dem man sie zu übermitteln hatte. Man wird jedenfalls die für Rom bestimmten Bücher auf das sorgfältigste hergestellt haben. Suchten Aebte und Bischöfe schon in karolingischer Zeit nicht ohne große Kosten einen geschickten Verfasser für die Lebensbeschreibungen ihrer Heiligen, so ist das nicht minder im 10., 11. und 12. Jahrhundert der Fall gewesen. Ohne Heiligenverehrung würde ein großer Theil der geschichtlichen Quellen fehlen. Wenn einmal jemand eine wahrheitsgetreue Geschichte des deutschen Volkes und der deutschen Cultur im Mittelalter zu schreiben unternimmt, werden gerade diese Leben der Heiligen und diese Berichte über die auf ihre Fürsprache hin gewirkten Wunder eine Hauptquelle bilden.

Wichtige, kurz vor dem Regierungsantritt Alexanders III. zu Rom vollzogene Canonisationen hatten wirksam beigetragen, diesen Papst zu bewegen, die Ausübung des in seiner Amtsgewalt liegenden alten Rechtes endgiltiger Canonisation mehr zu betonen und hinsichtlich der Heiligenverehrung eine Centralisation anzubahnen. Calixt II. hatte die Verehrung des Bischofes Konrad II. († 976) von Konstanz 1123 bewilligt, nachdem Abt Udaschalk von St. Ulrich und St. Afra zu Augsburg die von ihm verfaßte Lebensbeschreibung des zu Canonisirenden nach Rom gebracht und dort den Abschluß des Processes auf einer Synode eingeleitet hatte [1]. Weil Canonisationen damals nur auf Synoden vorgenommen wurden, benützte die Hildesheimer Geistlichkeit die Anwesenheit des Papstes Innocenz II. auf der Synode zu Rheims, um durch Vermittlung des späterhin heilig gesprochenen Norbert, Stifters des Prämonstratenserordens und Erzbischofs von Magdeburg, im Jahre 1130 ihre Wünsche hinsichtlich der Heiligsprechung Godehards erfüllt zu sehen [2].

Bedeutungsvoll war, daß der Abt von Fulda zu Rom 1139 die Heiligsprechung seines schon lange verehrten Vorgängers Sturmius († 779) erbat und von Innocenz II. auf einer Lateransynode erlangte. Dadurch wurde öffentlich anerkannt, daß die Heiligsprechungen von seiten der Bischöfe eigentlich nur Beatificationen seien, und daß erst die päpstliche Canonisation den endgiltigen, sichern Bescheid biete.

---

[1] Vita Chuonradi Constantiensis episcopi, Mon. Germ. IV, 429 sq.
[2] Kratz, Der Dom zu Hildesheim. III, 78 f.

Eugen III. traf einen wichtigen Entschluß, als er um 1146 nach Bamberg schrieb, obgleich Canonisationen nur auf Concilien gefeiert würden, wolle er doch den Kaiser Heinrich durch eigene Machtvollkommenheit, die aller Concilien Kraft sei, canonisiren. Heinrichs Gemahlin Kunigunde wurde 1200 von Innocenz III. heilig gesprochen[1].

Im Jahre 1165 sprach der Gegenpapst Paschal III. auf Betreiben Friedrichs I. Karl den Großen heilig. Da spätere Päpste diesen Act nicht für ungiltig erklärten und einzelnen Kirchen die Verehrung des Kaisers als eines Heiligen zugestanden, besitzt diese Heiligsprechung den Werth einer heutigen Seligsprechung zweiten Ranges[2].

Vom Papste Lucius III. (1181—1185) erlangte Abt Gerhard von Siegburg nach wiederholtem Ansuchen die Heiligsprechung des in seinem Kloster ruhenden Erzbischofs Anno von Köln († 1075)[3]. Man zögerte in Rom mit der Bewilligung wegen der verwickelten politischen Verhältnisse.

1189 canonisirte Clemens III. den Bischof Otto von Bamberg († 1139), drei Jahre später Cölestin III. den hl. Bernward von Hildesheim. Wie man zu Hildesheim über dem Grabe des hl. Godehard eine Kirche erbaut und dessen Gebeine in einen Prachtschrein gelegt hatte, so ließ auch der Abt von St. Michael daselbst für die Gebeine dieses neuen Heiligen der alten Stadt kunstreiche Reliquiare anfertigen und über die Grabkapelle ein hohes Chor errichten, das sich an die alte von Bernward erbaute Michaelskirche anschloß[4]. Fast überall folgte der römischen Canonisation ein neuer Kirchenbau. Der großartige Aufschwung der christlichen Kunst im 12. und 13. Jahrhundert steht in engster Beziehung zum Reliquiendienst.

5. Daß Kirchen und Reliquien dieser „neuen", vom Papste canonisirten Heiligen mit besonderem Eifer aufgesucht wurden, ist selbstverständlich. Handelte es sich doch in fast allen Fällen um heilige Aebte und Bischöfe, die als Wohlthäter des Landes gelebt hatten, von denen man jetzt um so mächtigere Hilfe erwartete. Ihre Ueberreste näherten sich den Altären mehr und mehr. Sie kamen zwar nicht auf den Altartisch, der mit Recht

---

[1] Leben und Wunder Heinrichs und Kunigundens: Mon. Germ. IV, 787 sq.; Acta SS. 14. Jul. III, 682 sq. und 3. Mart. I, 265 sq.

[2] Beatificatio aequipollens. Benedict. XIV. l. c. lib. I. c. 9 n. 5, Opera I, 35 sq.

[3] Translatio s. Annonis archiepiscopi c. 3 sq., Mon. Germ. XI, 516.

[4] Kratz, Der Dom zu Hildesheim. III, 43 f.; „Stimmen aus Maria-Laach" XXVIII, 131 f.; Acta SS. 26. Oct. XI, 965 sq.

als ein in sich fest abgeschlossenes Ganze behandelt ward, aber doch auf Säulen oder Unterbauten, die sich hinter dem Altartisch hoch über dessen Platte erhoben. Zu Lüttich ward um 1193 der Leib des hl. Lambert vom Bischofe Albert aus dem in der Mitte der Kirche befindlichen Grabe in einen auf vier Säulen ruhenden Schrein gebracht[1]. In der Kirche des hl. Matthias bei Trier ruhen die Gebeine dieses Apostels heute in einem von vier Säulen hoch emporgehaltenen Marmorsarge. Die jetzige Anordnung ist zwar jung, ahmt aber ein älteres Vorbild nach. Zu Aachen glänzten die herrlichen Schreine Karls des Großen und der Mutter Gottes seit dem Ende des 12. und dem Beginne des 13. Jahrhunderts hinter Altären unter hohen Baldachinen, so daß sie weit sichtbar waren. Aehnliche Reliquienaltäre mit Baldachinen hatten fast alle größeren Kirchen der zweiten Hälfte des Mittelalters, wie aus zahlreichen Abbildungen, Miniaturen und Beschreibungen erhellt.

In fränkischer Zeit waren die Beter in kleine, unter den Altären angebrachte Krypten hinabgestiegen, im 9. und 10. Jahrhundert, ja noch im 11. Jahrhundert legte man die Kranken unter die etwas erhöhten Sarkophage. Seit dem 10. erhöhte man nicht selten die Schreine so, daß die Pilger, um sich in Demuth vor den Heiligen zu beugen, unter denselben durchzogen[2]. Wer bedenkt, daß arme Kranke oder vom Teufel gequälte Menschen von weither kamen und dann tagelang unter einem solchen Schrein fastend und betend verweilten, ja daß ihre Angehörigen Gleiches thaten, wird nicht erstaunen, wenn solche Demuth und Ausdauer selbst durch Wunder belohnt wurden.

Jede große Kirche wollte jetzt ihren Heiligen oder wenigstens bedeutende Reliquien desselben besitzen und sie in glänzender Weise der Verehrung ausstellen. So begann man zu suchen und zu graben, um die noch in der Erde ruhenden Gebeine zu erheben. Unmöglich können hier alle wichtigeren Translationen und Reliquienfunde dieser Periode im einzelnen besprochen werden. Darum mag es genügen, die wichtigeren, noch nicht erwähnten hier kurz zu nennen.

981 wurde zu Metz der Leib des hl. Clemens, des ersten Bischofs der Stadt, erhoben. In seinem Sarkophag fand sich eine Marmortafel mit der Inschrift: Fabius Clemens, consul et patricius Romanorum,

---

[1] Gesta episcoporum Leodiensium abbreviata, Mon. Germ. XXV, 133.
[2] Einige Beispiele sind angegeben bei Beissel, Geschichte der Trierer Kirchen. I, 206.

apostolus et episcopus Mediomatricorum[1]. Eine zweite Erhebung fand 1074 statt.

Um 980 kamen die Reliquien der hl. Gemini in die neue, vom Abte Ramwold erbaute Kirche des hl. Emmeram zu Regensburg[2]. Zu Magdeburg war 941 (961?) großes Fest bei der Ankunft der Reliquien des hl. Mauritius, seiner Genossen und vieler anderer Heiligen. Ein deutsches Concil hatte zu Regensburg diese Uebertragung feierlich gebilligt[3].

Ein Arm des hl. Mauritius kam um 1030 in die Abtei Petershausen. Sie besaß seit 989 das Haupt des Papstes Gregor, welches 992 in einen Altar der zu Ehren desselben neu erbauten Kirche kam. Bischof Gebhard von Konstanz hatte nämlich zu Rom vom Papst die Erlaubniß erhalten, so viel von den Reliquien jenes Heiligen zu nehmen, als er in einem Male greifen könne. Da griff er nach dem Haupte, und Johann XV. ließ es ihm. Demselben Gebhard hatte Kaiser Otto einen in Silber gefaßten Arm des Apostels Philippus geschenkt, der in dem genannten Kloster noch herrlicher geziert ward mit Gold und Edelsteinen[4].

1053 fand man zu Trier die Reliquien des hl. Matthias mit einer Marmortafel, worauf in griechischen Buchstaben stand: S. Matthias Apostolus. Sie wurden so vergraben, daß man schon bald nicht mehr wußte, an welcher Stelle sie beigesetzt seien. Man fand sie 1127 von neuem. Zwischen diese beiden Auffindungen fällt 1072 die Entdeckung der Krypta, worin der hl. Paulinus und die vornehmsten Trierer Martyrer beigesetzt waren. Um 1105 wurde im Dom ein berühmter Reliquienschrein untersucht, worin der heilige ungenähte Rock des Herrn lag.

Trier galt um jene Zeit als eine der an Reliquien reichsten Städte. Darum holte die Gräfin Gertrud von dort 1113 für Braunschweig den hl. Auctor, nachdem kurz vorher (1107) der Abt von Helmershausen

---

[1] Chronicon s. Clementis Mettense und Chronica universalis Mettensis ad an. 1074, Mon. Germ. XXIV, 499 und 513, cfr. 528.
[2] Neues Archiv VII, 620; VIII, 369.
[3] Gesta archiepiscoporum Magdeburgensium, Mon. Germ. XIV, 377; Hartzheim, Concilia Germaniae. II, 626 und 633. Magdeburg wurde allmählich so reich an Reliquien, daß es 1124 die Gebeine des hl. Alexander an das Chorherrenstift Neuwerk bei Halle abgeben konnte. Vgl. die 1146 geschriebene Translatio S. Alexandri. Acta SS. 10. Jul. VII. Appendix 875 und oben S. 82.
[4] Casus Monasterii Petrihusensis lib. II. c. 18, lib. I. c. 26 u. 29, und Vita Gebehardi, episcopi Constantiensis c. 16, Mon. Germ. XX, 643. 633 sq., IX, 587.

bei Paderborn den Leib des hl. Modoald und andere Heiligthümer daselbst erworben hatte [1]. Zu Echternach unweit Trier erhob der Abt in Gegenwart des Diöcesanbischofs 1031 die Gebeine des hl. Willibrord [2].

Im Kloster Fontanelle fand man 1027 in den Gräbern der heiligen Wandregisilus und Ansbert nur Staub, in dem des hl. Wulfram aber dessen Gebeine sowie Zieraten von Gold, die eine halbe Unze wogen. Man bestimmte letztere zur Vergoldung einer silbernen Altartafel, wusch die Gebeine des Heiligen in Wein und legte sie dann, in purpurne Stoffe gewickelt, in einen Schrein von Silber [3].

Im Jahre 1039 traf König Heinrich III. mit dem Bischofe Gerhard zu Maastricht ein und erhob auf Bitten des Bischofs von Lüttich die Gebeine der heiligen Bischöfe Monulphus († 597) und Gondulphus († um 604). Auf Ersuchen desselben Kaisers kamen Reliquien des hl. Servatius († um 384) nach Goslar, so daß der dortige Dom diesen Heiligen neben Simon und Judas als Patron verehrte. Heinrich bewog Leo IX. auf einer Synode zu Mainz 1049, „die dort vorgelesene Lebensbeschreibung des Genannten zu billigen und dessen Leben zu canonisiren" [4], obgleich derselbe in Deutschland bereits sechs Jahrhunderte als Heiliger verehrt worden war.

Eine der großartigsten Uebertragungen hatte im Jahre 1039 an dem entgegengesetzten Ende unseres Gebietes stattgefunden. Herzog Bracislaus von Böhmen fiel in Polen ein [5], eroberte Krakau und kam nach Gnesen. Dort war der hl. Adalbert, welcher von Prag aus diesen Gegenden das Evangelium verkündet hatte, aber 997 von den Heiden ermordet worden war, in der Marienkirche zwischen dem Altare und der Ostwand der Kirche so begraben, daß die Rückseite des steinernen Altares auf seinem Sarkophag ruhte. Die drei anderen Seiten des Altares waren mit goldenen Platten bedeckt. Diejenige der Vorderseite war drei Ellen lang, zehn Spannen hoch, mit Edelsteinen und Krystallen verziert. Die Böhmen versprachen, bevor sie den Sarkophag öffneten, von nun an als gute Christen zu leben, besonders die Ehegesetze zu beobachten, die Frauen

---

[1] Beissel, Geschichte der Trierer Kirchen. I, 32 f. 204 f. 222 f.; II, 2. Aufl., 61 f. 203. 240 und 336 f., wo die Quellen angegeben sind. Vgl. oben S. 94 f.

[2] Monumenta Epternacensia c. 34 und Catalogus, Mon. Germ. XXX, 27 und 34

[3] Mabillon, Annales. IV, 334.

[4] Acta SS. 13. Maji III, 208 u. VII, 752; 16. Jul. IV, 158 sq.; Bock et Willemsen, Antiquités sacrées conservées dans les anciennes collégiales de s. Servais et de Notre Dame à Maestricht, p. 8 s. u. 106 s.; Hartzheim, Concilia III, 112.

[5] Cosmae chronicon Boemorum lib. II. c. 2 sq., Mon. Germ. IX, 67 sq.

besser zu halten und blutige Streitigkeiten strenger zu strafen. Dann nahmen sie die Reliquien[1], welche der siegreiche Herzog, vom Bischof unterstützt, auf seinen eigenen Schultern in seine Hauptstadt Prag brachte. Die Aebte trugen „die Reliquien der fünf Brüder", die Erzpriester jene des hl. Erzbischofs Gaudentius, zwölf Priester ein goldenes Kreuz, zu dem der polnische Herzog dreimal soviel Gold geschenkt hatte, als er selbst wog. Dann folgten die übrige Kriegsbeute und die gefesselten Gefangenen. Kurz nachher reisten böhmische Gesandte nach Rom und erneuerten vor dem Papste jene Gelöbnisse eines christlicheren Lebenswandels. Der Herzog erbaute zu Alt-Bunzlau zu Ehren des hl. Wenzeslaus, der dort den Martertod erlitten hatte, eine Kirche und ein Kloster.

1058 wurde zu Winnoxbergen in der Lütticher Diöcese der hl. Winnoch erhoben. Zur Zeit der Normanneneinfälle war er von Wormhout nach St. Bertin und von da im Jahre 900 in das genannte Kloster gekommen. Auf dem Blandinenberg bei Gent legte man 1072 die Reliquien des hl. Bertulf in einen neuen Schrein, welcher auf den Altar gestellt ward. Der Bischof war zwar bei dieser Feier nicht zugegen, bestimmte aber nachträglich, das Fest dieser Uebertragung dürfe fortan am 20. Mai gefeiert werden.

Wichtig sind 1085 zu St. Trond ausgeführte Nachgrabungen. Beim Neubau waren Mauern der ältern Kirche eingestürzt und hatten drei Altäre zerstört. Der Abt wollte die Gelegenheit benützen, die Gebeine der hll. Trudo und Eucharius zu erheben. Er fand im Chore unter vielen Sarkophagen seiner Vorgänger auch zwei, welche die Reliquien jener Heiligen zu enthalten schienen. Da sich aber keine Inschriften dabei entdecken ließen, auch andere sichere Erkennungszeichen fehlten, befahl der Bischof von Lüttich, für jene, deren Gräber man eröffnet habe, eine Seelenmesse zu lesen, die Sarkophage wieder zu schließen und mit Erde zu bedecken. Dieses Verfahren zeigt die so oft angeschwärzte „Kritiklosigkeit" jener Zeit doch in einem günstigern Lichte. Im Jahre 1169 fanden sich beim Neubau einer Kapelle die früher vergeblich gesuchten Reliquien. Man erhob sie, nachdem der Bischof von Lüttich diesmal die Erlaubniß gewährt hatte[2].

---

[1] Das Haupt des Heiligen wußte man sich indessen in Gnesen zu erhalten, wo es 1127 gefunden ward. Annales capituli Cracoviensis, Mon. Germ. XIX, 589 und Cosmas l. c. 133.

[2] Gesta abbatum Trudonensium, Continuatio secunda lib. IV. c. 1 sq. und Continuatio tertia auctar., Mon. Germ. X, 351 und 386.

Erscheinen auch nicht selten bei solchen Auffindungen von Reliquien die in den alten Chroniken gebotenen Beweise der Identität sehr mangelhaft, so ist doch zu beachten, daß diese damals nicht ausschließlich entscheidend waren. Bevor man zu graben anfing, war aus der Ueberlieferung bekannt, was zu suchen sei. Oft geschah die Erhebung, wie berichtet wird, auf Offenbarungen und übernatürliche Aufforderungen hin. Wenn auch unter diesen nicht alle Glauben verdienen, so bleiben doch wenigstens solche beachtenswerth, die an Männer gerichtet waren, welche durch Tugend und Rang hochstanden, und überdies durch glaubwürdige Zeugen ausführlich aufgezeichnet sind. Der Auffindung und Erhebung folgten oft Wunder. Auch diesen gegenüber ist Behutsamkeit wohl am Platze. Aber es fehlt durchaus nicht an solchen, welche glaubwürdig bezeugt sind. Der Erhebung folgende, bezeugte Wunder sind nun zwar kein voller Beweis für die Identität der gefundenen Reliquien, werfen aber doch für dieselbe ein nicht zu unterschätzendes Gewicht in die Wagschale.

Nimmt man alle diese Momente zusammen: die alte, schon bei Gregor von Tours festgestellte Ueberlieferung, den Fundbericht, die Autorität des hl. Norbert, welcher die Ausgrabungen veranlaßte und leitete, die übernatürlichen Zeichen vor, während und nach der Erhebung, dann darf man wohl glauben, im Jahre 1121 seien zu Köln wirklich die Gebeine des hl. Gereon und seiner Genossen erhoben worden[1]. Die Auffindungen und Erhebungen der Soldatenmartyrer (aus der Zeit um 290) zu Trier 1072, zu Köln 1121, zu Xanten (wo die Ueberreste des heiligen Victor 1129 in einem goldenen Schrein auf den Hochaltar kamen und wo im Laufe des 12. und 13. Jahrhunderts öfters Reliquien gefunden wurden[2]), und zu Bonn 1166[3] stehen in engem Zusammenhange zu einander. Sobald in einer dieser rheinischen Kirchen die Verehrung der dortigen Martyrer neue Belebung fand, mußten naturgemäß bald auch die anderen folgen.

---

[1] Rodulphi, abbatis Trudonensis, epistola ad Stephanum episcopum Mettensem, Mon. Germ. X, 330; Acta SS. 10. Oct. V, 58 sq.

[2] Beissel, Geschichte des Baues und der Ausstattung der Kirche des hl. Victor zu Xanten. 2. Aufl. I, 16 f., III, 1 f. Reliquien des hl. Victor und seiner thebäischen Genossen kamen 1131 in das Magdeburger Kloster Gratiae Dei, wo sie hochgeschätzt wurden. Verehrte man ja in der dortigen Kathedrale den hl. Mauritius, den Anführer der thebäischen Legion, dessen Reliquien man besaß, so hoch. Der hl. Norbert hatte sie dem Kloster verschafft, weil er Canonicus zu Xanten gewesen und „weil der hl. Victor sein Patron war". Fundatio monasterii Gratiae Dei, Mon. Germ. XX, 687.

[3] Chronica Alberici, Mon. Germ. XXIII, 849.

1164 kamen die Reliquien der heiligen drei Könige aus Mailand nach Köln. Die Chronisten können nicht genug betonen, mit welchem Jubel sie aufgenommen wurden. Die Kölner zogen ihnen bis Andernach entgegen und nannten das Thor, wodurch die heiligen Ueberreste in die Stadt kamen, Dreikönigenpforte. Waren es doch jene Weisen, die den Stern im Morgenlande gesehen und alles verlassen hatten, um zum Heiland zu pilgern. Sie wurden am Rhein empfangen zu einer Zeit, wo die königliche Würde im höchsten Ansehen stand, in einem Jahrhundert, worin Tausende Gut und Blut daransetzten, um gleich den Königen hinzuziehen in das heilige Land. Der Herr weilte zwar nicht mehr persönlich dort, aber alles redete da von ihm und sprach laut zum gläubigen Herzen. Die Reliquien der drei Weisen waren ein Preis der deutschen Waffen, ein Zeichen des Sieges. Der alte Dom zu Köln wuchs aus zu ihrer Ehre, ein neuer ward im folgenden Jahrhundert begonnen, die großartigste Kathedrale unseres Landes. Die Kronen der Könige kamen mit den elf Zeichen der Genossinnen der hl. Ursula ins Siegel der Stadt, ihre Bilder in das der Universität. Ueberall [1] in Deutschland erscholl lauter Jubel. Wenige Scenen sind seitdem bis zum Ausgang des Mittelalters öfter dargestellt worden als die Huldigung der drei Könige vor dem Herrn und seiner Mutter. Einige Theile ihrer Reliquien schenkte Erzbischof Reinald von Dassel dem Dome zu Hildesheim, weil er dessen Propst gewesen war [2].

Einen Beweis der hohen Freude, womit dies 12. Jahrhundert Reliquien begrüßte, sah auch Toul, der alte Suffragansitz von Trier. Als im Jahre 1104 der Abt des Mansuetusklosters mit dem Diöcesanbischof in Gegenwart zweier anderen Aebte die Gebeine seines Patrons in einen neu angefertigten, mit Silber, Gold und Edelsteinen bedeckten Holzschrein legte, waren aus der ganzen Umgegend die Geistlichen mit Kerzen, Kreuzen und Reliquien zur Feier erschienen. Die einzelnen Gebeine wurden gezeigt, in kostbare Tücher gehüllt und in dem Prachtschrein auf einer benachbarten Wiese aufgestellt, weil die Kirche zu klein war, die andächtige Menge zu fassen. Nachdem das Volk gebetet, Opfergaben dargebracht und den Segen erhalten hatte, trug man den Schrein in die Kirche und stellte ihn

---

[1] Relatio de tribus magis, Floß, Dreikönigenbuch 116 f.; Annales Colonienses maximi, Mon. Germ. XVII, 776; Otto Frising. XX, 310; Chronicon Montis Sereni XXIII, 153 ad an. 1168; Aegidii Gesta episcoporum Leodiensium. XXV, 107 sq. etc.

[2] Kratz, Der Dom zu Hildesheim. I, 148 f.

an erhöhter Stelle auf, damit der verherrlichte Oberhirte „wie von einer Warte aus" sein Volk überschaue und schirme [1].

Zu Salzburg fand man 1181 beim Neubau der Kathedrale in einer kleinen vermauerten und vergessenen Krypta das Grab des heiligen Bischofs Virgilius († 784). Ueber seinem Sarkophag war noch ein mit Gold gemaltes Bild erhalten [2].

Um das Jahr 1188 wurden die Reliquien des 1134 verstorbenen hl. Norbert, eines der bedeutendsten Heiligen des Mittelalters, zu Magdeburg erhoben und so beigesetzt, daß sein Haupt unter dem Tische des am Eingang des Hochchores stehenden Kreuzaltares, der übrige Theil des Leibes hinter diesem Altare, in der unter dem Chore befindlichen Krypta lag [3]. Dadurch wurde es ermöglicht, in der Oberkirche über seinem Grabe die heilige Messe zu feiern, in der Unterkirche aber vor demselben zu beten. Kurz sei erwähnt, daß man 1196 zu Trier den heiligen Rock mit großer Feierlichkeit in den Hochaltar des neu errichteten Ostchors übertrug und zu Aachen 1238 mehrere der jetzt bei den Heiligthums=fahrten gezeigten großen Reliquien fand [4]. Die wichtigeren „Inven=tionen, Elevationen und Translationen" der ersten Hälfte des deutschen Mittelalters dürften damit wenigstens kurz genannt sein. Jetzt waren die Reliquienschätze gehoben und in einer dem Zeitgeist entsprechenden Art geborgen. Meist ruhten sie in vergoldeten, kunstreichen Schreinen, hoch=erhaben und sichtbar unter Baldachinen hinter den Altären aufgestellt; oft aber lagen sie auch jetzt noch in dem hohlen Raum der Altäre oder in Prachtgräbern der Krypten oder Oberkirchen. Für die bis dahin ver=flossene Zeit wie für die Zukunft ist ein 1215 auf dem allgemeinen Lateranconcil erlassenes Gesetz bemerkenswerth, welches einschärfte, alte Reliquien nicht mehr außerhalb der Schreine zu zeigen, neue aber nicht zu verehren, bevor sie vom Papste approbirt seien [5]. Es hemmte

---

[1] Tractatus de translatione secunda s. Mansueti, Mon. Germ. XV, 931.

[2] Mon. Germ. XI, 88. Gesta archiepiscoporum Salisburgensium.

[3] Acta SS. 6. Jun. I, 845 c und 865.

[4] Chronicon Alberici ad an. 1238, Mon. Germ. XXIII, 943. Vgl. dazu das Verzeichniß der Reliquien, welche im Beginn des 13. Jahrhunderts im Marien=schrein lagen: Quix, Cod. diplom. Aquens. I, 28.

[5] Canon 62. Cum ex eo, quod quidam sanctorum reliquias exponunt venales, et eas passim ostendunt, Christianae religioni sit detractum saepius, ne detrahatur in posterum, praesenti decreto statuimus, ut antiquae reli-quiae amodo extra capsam non ostendantur, nec exponantur venales; inventas autem de novo nemo publice venerari praesumat, nisi prius autho-

ben Gang der Entwicklung nur kurze Zeit; denn der Wunsch, die Reliquien zu sehen, behielt die Oberhand und beherrschte die folgende Periode.

6. Abt Guibert, seit 1104 Abt von Nogent-sous-Couci im Sprengel von Laon, geht in seinem vielgenannten Buche über die Reliquienverehrung auch hier weit über das Maß hinaus[1]. Seine leidenschaftliche Polemik läßt ihn nur zu oft in ungereimte Uebertreibungen fallen. Er ereifert sich gegen jede Erhebung der Reliquien; denn der Mensch sei Staub und müsse zu Staub werden, und Christus der Herr sei in einem harten, kalten Felsengrabe beigesetzt worden; die Erhebung der Reliquien aus dem Schoß der Erde habe viele Mißbräuche hervorgerufen, auch sei Tobias vom Engel gelobt worden, weil er die Leichen begraben hatte. Das sind, wie man sieht, sehr mangelhafte Gründe gegen die Erhebung der Reliquien.

Gegen goldene Reliquienschreine erhebt Guibert Einsprache, weil Gott gesagt habe: „Du bist von Erde und sollst zur Erde gehen", nicht: „Du sollst in Gold oder Silber gehen." Er meint, durch die Pracht jener Schreine werde der irdische Sinn der Menge gefesselt und bethört. Letztern Gedanken führt er ähnlich aus, wie der hl. Bernhard über die Pracht und Schönheit der Kirchen der Cluniacenser sich ausgesprochen hatte. Aber der hl. Bernhard war ein strenger Cistercienser der ersten Periode seines Ordens. Als Reformator des Mönchthums trat er gegen einen Zweig des Benediktinerordens auf, welcher in der Ausstattung seiner Kirchen und Klöster jedenfalls bis an die äußerste Grenze ging. Guibert verdient solche Entschuldigung nicht. Geht er doch so weit, zu behaupten, man solle keine herrlichen Schreine von Gold und Silber anfertigen für die Reliquien, weil nicht einmal die stolzesten Könige, obwohl sie ungeheure Summen für ihre Grabdenkmäler verschleuderten, sich einfallen ließen, goldene und silberne Särge für ihre Ueberreste herstellen zu lassen. Wir würden diese Auslassungen des wegen mancher anderen Schriften hochverdienten und verehrungswürdigen Guibert nicht anführen, wenn es nicht Leute gäbe, die sich nicht scheuen, alles, was Guibert zur Billigung der Reliquienverehrung beibringt, todtzuschweigen, aber seine Uebertreibungen[2]

---

ritate Romani pontificis fuerint approbatae. Eingeschärft 1298 auf dem Concil zu Würzburg. Hartzheim, Concilia IV, 28.

[1] De pignoribus Sanctorum lib. I. c. 4, Migne, Patrol. CLV, 626; cfr. Notae Lucae d'Achery l. c. 1038.

[2] Wie sehr Guibert übertreibt, erhellt aus dem ganzen dritten Buch, welches auf die Schlußfolgerung sich aufbaut: Christus hat bei seiner Auferstehung alles an

als gewichtige Zeugnisse gegen die mittelalterliche Verehrung der Reliquien zu verwerthen.

Wie herrlich müssen thatsächlich die deutschen Kirchen mit ihren Reliquienschätzen um das Jahr 1200 gewesen sein! Im Durchschnitt des Querschiffes mit dem Mittelschiff stand der Kreuzesaltar unter dem gewaltigen Triumphkreuz, das vom bunt gemalten Gewölbe herabhing. Aus der Apsis schaute das große, auf Goldgrund gemalte Bild des Herrn hernieder. Unter dem Triumphkreuz stand hinter dem Kreuzaltare unter einem hohen Baldachin der goldene Reliquienschrein. In den bunten Fenstern waren Scenen aus der Geschichte der Jugend, des Leidens und der Verherrlichung des Herrn, aus dem Leben seiner jungfräulichen Mutter, aber auch solche aus dem Leben der Patrone der Kirche gemalt. In jedem Altare ruhten Reliquien, im Kreuzaltare meist Erinnerungen aus dem Gelobten Land; Stücke vom Felsen des Grabes, vom Oelberg, wo möglich eine Partikel vom wahren Kreuz. Der Hochaltar umschloß häufig Apostelreliquien. Neben manchen Altären waren in tief eingemeißelten, farbigen Zügen Tag und Jahr der Weihe und die Namen der Heiligen zu lesen, deren Ueberreste er enthielt. Lampen brannten vor dem Schrein im Chor und in der Vierung; größere und kleinere Kerzen, oft nach dem Gewicht der Bittsuchenden angefertigt, standen rings um den Altar. Pilger und Wallfahrer drängten sich da, oft müde von der weiten Reise, arm und elend, aber froh im Herzen, beim Heiligen angelangt zu sein. Sie sahen ihn nicht, schauten nicht seine Gebeine; aber sie lebten des festen Glaubens, er wohne hier, höre ihr Flehen, sehe ihre Noth. Die Einwohner der Stadt wetteiferten mit der Geistlichkeit in begeistertem Lobe ihres Martyrers, ihres Heiligen. Man betete, man sang sein Lob, man fastete und wartete auf Erhörung. Welche Begeisterung entstand, wenn ein Pilger sich geheilt fühlte! Ein neuer Strom von Hilfesuchenden kam. Wenn auch Tausende heimkehrten, ohne von ihren körperlichen Leiden befreit zu sein, keiner, der guten Willens war, wandte seine Schritte zurück zur Heimat ohne Trost, ohne Erhebung.

---

sich genommen, was sein heiliger Leib je hatte. So fuhr er gen Himmel. Also können die Mönche von St. Medard keine Reliquie des Herrn haben. Der Obersatz ist in dieser Allgemeinheit nicht erweisbar. Viele Kirchen behaupten, vom Blute des Herrn zu besitzen. Diese Behauptung aber ist theologisch nicht unhaltbar. Vgl. Suarez, In quaest. 54 a. 4, disputatio 47, sectio 3; De incarnatione disp. 15, sect. 6, n. 53 sq.; disp. 53, sect. 3, n. 45; disp. 56, sect. 1. Der Hymnus der ersten Vesper des Festes des Leichentuches des Herrn, welcher im Anhange des römischen Breviers steht, setzt voraus, daß in diesem Tuche Blutspuren sichtbar sind.

Das Volk freute sich seiner Heiligen, Gott segnete es, und das religiöse Leben blieb kräftig und wirksam. Seit mehr denn einem halben Jahrtausend erklingt das Lob der also verehrten Heiligen[1]:

> Fromm, demuthvoll, bewahrt' er rein von Fehle
> Im unbefleckten Leib die keusche Seele,
> Solang die rauhe Pilgerschaft hienieden
> Ihm war beschieden.
>
> Durch ihn, daß seine Tugend sich erweise,
> Kehrt Heil und Heilung auf des Herrn Geheiße
> Zurück den Siechen, die gelähmten Glieder
> Erstarken wieder.
>
> Drum ziemt's der Gläubigen geweihten Chören,
> Mit Lobgesängen sein Verdienst zu ehren,
> Daß wir durch sein Gebet Erlaß der Sünden
> Und Trost empfinden.

---

[1] Aus dem Hymnus Iste confessor nach Schlossers Uebersetzung.

Siebentes Kapitel.
Die angebliche Menge falscher und doppelter Reliquien.

1. Wer die älteren Kataloge einer großen Gemäldegalerie mit den neuesten vergleicht, findet, daß eine Menge Bilder vor zehn oder zwanzig Jahren falsch bezeichnet waren. Ihre Besitzer hatten sie als Erzeugnisse berühmter Maler ausgegeben. Jetzt gelten sie oft kaum noch als gute Gemälde aus der Schule jenes Künstlers; ja nicht selten sind sie als Erzeugnisse ganz anderer Gegenden erkannt worden. Welches Museum hat nicht in seinen Beständen falsche Antiken, falsche Schnitzwerke, gefälschte Gold- und Silberarbeiten, nachgemachte Münzen und Medaillen? Wo ist ein größeres Archiv, das nicht gefälschte Urkunden besitzt? Ja, wer ist heute sicher, daß ihm die nöthigsten Lebensmittel nicht verfälscht werden? Leichtgläubigkeit und Trugsucht sind Fehler, die schon Cicero als Merkmale der Menschen angibt [1].

Was würde man sagen, wenn ein Kritiker alle Urkunden verwürfe, weil er manche als gefälscht erkennt; wenn ein Kunstfreund von keiner Sammlung etwas wissen wollte, weil Betrug oder Unwissenheit manche durch Fälschungen entstellten? Man würde den verlachen, der sich in einer großen Stadt nicht mehr auf die Straße wagte, weil er sich einige Male darin verirrte; der nicht mehr mit der Eisenbahn fahren wollte, weil er durch Einsteigen in einen verkehrten Zug in Verlegenheit gerieth.

Doch wozu diese Beispiele? Um die Ungerechtigkeit jener handgreiflich darzuthun, welche die Reliquienverehrung des Mittelalters verunglimpfen, weil es Betrüger gegeben hat, durch die falsche Reliquien an leichtgläubige Kirchenvorsteher kamen. „Es gibt viele falsche Reliquien, darum bezweifle ich die Echtheit aller, will von der Reliquienverehrung nichts wissen." So macht jemand seinem Unmuth Luft, geht aber dann in ein Museum

---

[1] Leves homines atque fallaces.

und freut sich an Bildern, Statuen, Münzen und Gegenständen des Kunstgewerbes, obwohl es gerade hier an falschen Bezeichnungen, ja an Fälschungen der gröbsten Art nicht fehlt [1].

Gehen wir nach Feststellung dieser für unsern Gegenstand so wichtigen Analogien zur Frage über nach den **falschen und doppelten Reliquien** der ersten Hälfte des Mittelalters in Deutschland.

2. Betrüger stellen sich immer und überall ein, wo und wenn eine Sache hochgeschätzt wird. Sie werden naturgemäß um so eher erscheinen, je höher und je allgemeiner verbreitet die Werthschätzung, je leichter die Fälschung ist. Niemand wird sich also wundern, daß es im Mittelalter Betrüger gegeben hat, welche Reliquien fälschten, ja, daß solche Fälschungen häufig vorkamen. Aber wie haben sich die kirchlichen Behörden diesem Unfug gegenübergestellt? Haben sie demselben und seinen Folgen nach Kräften entgegengearbeitet?

Im Jahre 789 verordnete die Aachener Synode im Anschluß an Karls Kapitular [2], man solle, damit das Volk nicht in Irrthum gerathe, keine unzuverlässigen Berichte über Offenbarungen lesen, sondern sie verbrennen, z. B. jenen Brief, der im verflossenen Jahre vom Himmel gefallen sein solle. Ebendaselbst wurde (842) im Anschluß an ein afrikanisches Concil den Bischöfen aufgetragen, zu wachen, daß weder falsche Martyrer, noch unsichere Heiligengräber oder Reliquien verehrt würden.

Eingehender und entschiedener hatte schon 743 eine Synode von Lestines sich gegen abergläubischen Mißbrauch in Verehrung der Heiligen erhoben [3]. Die Synoden von Frankfurt (794) und Diedenhofen (805) verschärften diese Vorschriften, indem sie verboten, neue Heilige ohne kirchliche Erlaubniß aufzustellen, und befahlen, nur jene in der Kirche zu verehren, von denen gutgeheißene Lebensbeschreibungen vorlägen [4].

Wäre ein Bischof hinsichtlich der Reliquien zu leichtgläubig gewesen, so würden die Geistlichen seiner Diöcesansynode und die Bischöfe der Umgegend ihm entgegengetreten sein. Man war damals nichts weniger als „vollständig ohne Kritik". Stellen doch die Verfasser der oben behandelten

---

[1] Vgl. über die Fälschung von Kunstwerken „Stimmen aus Maria=Laach" XXXVIII, 431.

[2] Admonitio generalis n. 78, Mon. Germ. Capitularia, neue Ausgabe I, 60; Hefele, Conciliengeschichte. 2. Aufl. III, 664.

[3] Hefele a. a. O. S. 506 f., besonders n. 9. 18. 25.

[4] Capitularia l. c. p. 77 c. 42, und p. 125 c. 17. Vgl. Launoy, De cura ecclesiae pro Sanctis et Sanctorum reliquiis. Opera, Coll. Allobrog. 1731. II, 1. p. 333 sq.

Libri Carolini den Grundsatz auf: „Prüfet alles." Sie thun dies gerade mit Rücksicht auf Lebensbeschreibungen, Wunder und Reliquien der Heiligen. Wer die deutschen Geschichtsquellen aufmerksam durchliest, findet darum, daß die höheren Geistlichen, besonders die Bischöfe, wieder und wieder sich in Gegensatz zu stellen hatten gegen das Bestreben des Volkes, zu weit zu gehen in der Verehrung. Wo Mißbräuche sich finden, wuchsen sie von unten auf.

Aber wurden Mißbräuche immer rasch genug mit starker Hand unterdrückt? Nein; denn man lebte unter anderen Verhältnissen. Damals war noch kein bureaukratisches Netz von Verordnungen über das ganze Land und alle Unterthanen gespannt; es lauerten noch nicht überall Polizeiagenten, um sofort mit Gewalt einzuschreiten. Das Volk bestand aus einer gegliederten Menge freier Männer. Es achtete die Obrigkeit; aber die Obrigkeit achtete auch die Gewohnheiten des Volkes, griff darum nicht leicht mit Gewaltmaßregeln ein.

Als in England das Volk in einer Kirche die Ueberreste eines Sixtus als die eines Martyrers verehrte, gab der große Papst Gregor († 604) in einem seiner wichtigsten Briefe folgende Verhaltungsmaßregeln: Verehrt darf jener Sixtus nur dann werden, wenn zuverlässige Zeugen für sein Martyrium vorhanden und Wunder bei den Reliquien geschehen sind. Fehlen diese Bedingungen, so soll der Ort, wo jene Ueberreste ruhen, unzugänglich gemacht werden. Der Papst sandte überdies aus Rom echte Reliquien eines heiligen Martyrers Sixtus mit dem Befehl, diese an einem von jenen Ueberresten getrennten Platz der Verehrung auszustellen [1].

Solche Grundsätze, ein solches Verfahren, welches das Volk in väterlicher Milde behandelt, wurden nicht nur von Gregor angewandt, sondern waren allezeit bei guten Oberhirten Regel. Das erhellt aus einem weit ältern Beispiele. Sulpitius Severus erzählt nämlich im Leben des hl. Martin († um 401), in der Nähe von Tours sei ein Ort gewesen, wo das Volk ein Martyrergrab verehrt habe, vielleicht weil einer der Vorgänger jenes Bischofs dort einen Altar geweiht hatte. Martin erkundigte sich nach den Lebensumständen jener vorgeblichen Martyrer, konnte jedoch trotz längerer Nachforschung zu keinem sichern Ergebniß kommen. Darum ging er mit einigen Zeugen zu jener Grabstätte, betete um Erleuchtung, sah eine Erscheinung, welche ihn belehrte, hier ruhe kein Martyrer, und entfernte daraufhin den

---

[1] Gregor. Magn., Epist. XI, 64, responsio 9; Migne, Patrol. LXXVII, 1193.

Altar. So war das Volk belehrt, und die Verehrung endete[1]. In ähnlicher Art schritten um 844 die Bischöfe von Lyon und Narbonne gegen falsche Reliquien ein[2].

Das folgende Ereigniß erzählt Gregor von Tours († 594)[3], der Zeitgenosse Gregors des Großen. Als der Bischof von Langres hörte, das Volk bete bei Dijon in einer gewölbten Grabkammer vor einem großen Sarkophag, bildete er sich die Meinung, darin ruhe kein Martyrer, sondern irgend ein vornehmer Heide. Er that darum alles, um die Verehrung zu hemmen. Indessen traten drei Umstände ein, welche ihn zur Umkehr bewogen: der hl. Benignus theilte ihm in einer Erscheinung mit, daß er dort ruhe; man brachte aus Italien eine Lebensbeschreibung desselben; endlich geschahen Wunder am Grabe. Der Bischof erkannte sein Unrecht, erneuerte jene Krypta, welche zerfiel, und erbaute über ihr eine große Kirche. Derselbe Gregor erzählt, wie Bischof Ragnemobus von Paris einen entlaufenen Knecht, welcher mit Reliquien herumzog und das Volk betrog, ins Gefängniß werfen ließ[4].

Bei Troyes war der hl. Patroklus beigesetzt, aber, wie Gregor von Tours bemerkt[5], wenig verehrt, weil man seine Lebensgeschichte nicht kannte. Der an der Kapelle angestellte Geistliche erhielt sie von einem Fremden, brachte sie dem Bischof, wurde aber von diesem abgewiesen mit den Worten: „Es ist klar, daß diese Geschichte von dir erfunden und auf dein Geheiß geschrieben ist. Du hast sie nicht von einem zuverlässigen Mann bekommen." Kurze Zeit nachher zog ein Heer nach Italien. Bei der Rückkehr brachte man dem Bischof von dort eine bis heute erhaltene Lebensbeschreibung, welche mit der von jenem Cleriker vorgezeigten übereinstimmte. Nun gab der Bischof nach, die Verehrung des Martyrers wuchs, und eine Kirche erhob sich über seinem Grabe.

Eine vielerzählte Geschichte bietet der Cluniacenser Rudolf Glaber, der bekanntlich bei auffallenden Ereignissen mit besonderem Wohlbehagen verweilt. Er gibt dem betreffenden Kapitel die Ueberschrift: „Wie Gott zur Strafe der Sünder zuweilen erlaubt, daß die bösen Geister wunderbare Dinge verrichten", und erzählt dann, ein geriebener Betrüger habe mensch=

---

[1] Sulpit. Sever., Vita Martini c. 11, Corpus SS. eccl. latin. I, 121.
[2] Mabillon, Annales II, 655.
[3] In gloria martyrum c. 50, Mon. Germ., SS. rer. Meroving. I, 522.
[4] Historia Francorum lib. IX. c. 6, l. c. p. 362. Andere Beispiele bei Honoré, Réflexions sur les règles de la critique II, 12 s. und 119 s.; III, 392 s.
[5] In gloria martyrum c. 63, l. c. p. 531.

liche Gebeine in Reliquienschreine gelegt, sei damit durch Gallien gewandert und habe viele Leute betrogen, weil die Bischöfe seinem Treiben nicht genugsam entgegengetreten seien. Zuletzt kam er in die Nähe der cottischen Alpen, wo ein sehr ungebildetes Volk wohnte. Hier gab er die ausgegrabenen Gebeine als Reliquien des hl. Justus aus und sorgte, daß Scheinwunder nicht fehlten. Als ein reicher Graf zu Suze ein Kloster baute, erwarb dieser die vorgeblichen Reliquien von dem Betrüger, der verstanden hatte, sich in dessen Gunst festzusetzen. Mehrere der zur Weihe geladenen Aebte verhörten ihn und kamen zur Ueberzeugung, er sei ein Betrüger. Nichtsdestoweniger wurden jene Gebeine von den consecrirenden Bischöfen mit anderen Reliquien in einen Altar gebracht, weil der Graf an ihrer Echtheit festhielt, und die Bischöfe auf sein Zeugniß mehr gaben, als auf das jener Aebte. Glaber schließt: Obgleich viele, die vernünftigen Geistes waren, über diesen schändlichen und verabscheuenswerthen Betrug laut Klage führten, blieb doch das gewöhnliche Bauernvolk, von jenem Betrüger hinters Licht geführt, bei seinem Irrthum und verehrte diese Gebeine als jene des Martyrers. Wir aber haben das erzählt, damit man sich nicht von Teufeln und Menschen in vielfältigen Irrthum verstricken lasse[1].

Ein altes deutsches Sprichwort sagt: „Eines Mannes Red' ist keines Mannes Red'; man hör' sie allebed." Glabers Bericht erscheint, wie man bei dessen Prüfung sieht, als nicht ganz unparteiisch. Gegen ihn steht die Thatsache, daß man jene Ueberreste trotz des Widerspruches der Aebte nicht als falsch beseitigte. Man müßte, um ein sicheres Urtheil zu gewinnen, die Gründe der Gegenpartei kennen, was leider nicht der Fall ist. Selbst wenn Glaber das Rechte traf, beweist seine Erzählung nur, daß es neben der großen Menge echter Reliquien auch falsche gab und gibt.

Neulich bot jemand einen Ehering Luthers zum Kaufe an. Eine nichts weniger als ultramontane Zeitschrift antwortete ihm, es gäbe deren so viele, daß sie nicht hoch im Preise ständen[2]. Was für eine Antwort

---

[1] Rodulphi Glaber Histor. lib. IV. c. 3; Bouquet, Recueil (neue Ausgabe) X, 46. Das Kapitel ist Mon. Germ. VII, 68 ausgelassen. Honoré redet von dieser Geschichte dreimal (III, 388. 395. 444), Mabillon bringt sie Annales IV, 336; bereits Hugo von Flavigny wiederholte dieselbe. Bei den Gegnern der Reliquienverehrung erfreut sich die Geschichte zahlloser Auflagen.

[2] Kunstchronik 1889. n. 15 Sp. 237: „Solcher Eheringe Martin Luthers gibt es so viele, daß Luther mehr als zwei Hände hätte haben müssen, um nur alle zu tragen. Um den Besitz des wirklich seltenen Ringes streiten sich mehrere öffentliche Institute; es ist unseres Wissens nicht einmal ausgemacht, ob Luther wirklich einen

würde derjenige erhalten, welcher alle evangelischen Christen verantwortlich machen wollte für diese falschen Eheringe? Wie können dann aber Protestanten die katholische Kirche und alle Katholiken verantwortlich erklären, wenn an diesem oder jenem Orte in einem oder dem andern Jahrzehnt ein Betrüger diesen oder jenen Priester, Abt oder Bischof hinters Licht geführt haben soll? Karl der Große machte einen Bischof, welcher sich um theures Geld von einem Juden eine ausgestopfte Maus aufschwätzen ließ, vor seinem ganzen Hofe lächerlich [1]. Der Leser jenes alten Berichtes lacht heute nach tausend Jahren noch über die Thorheit dieses fürstlichen Liebhabers. Beweist man, daß sich dieser oder jener falsche Reliquien hat aufdrängen lassen, so bemitleide oder verurtheile man ihn wegen seiner Leichtgläubigkeit. Aber ist es ehrlich, sein persönliches Mißgeschick oder seinen persönlichen Fehler seinem Amte, ja allen Amtsgenossen, selbst seiner Kirche zur Last zu legen? Wer das thut, verfehlt sich ebenso wohl gegen die gesunde Logik als gegen die ernsten Pflichten der Gerechtigkeit; er erniedrigt sich zum Verleumder.

Mag der Karmeliter Honoré de Sainte Marie in manchen Theilen seines Werkes mit seinen conservativen Grundsätzen zu weit gegangen sein, jedenfalls hat er den vollen Nachweis erbracht, daß die Kirche immer gegen unbegründete Volksansichten, gegen Fälscher und Betrüger unnachsichtlich streng war [2]. Sie scheute sich nicht, selbst Anathem und Excommunication anzuwenden, wo es nöthig schien.

Ein Chronist aus Soissons erzählt [3], wie zwei ihrem Kloster entlaufene Mönche durch mitgebrachte Reliquien die Wiederaufnahme erlangen wollten. Sie hätten zuerst versucht, solche zu stehlen; als dies mißlungen, seien ihnen von einem ihnen überlegenen Bösewicht Knochen von Heiden als Reliquien übergeben worden. Diese hätten sie ins Kloster gebracht, und dort seien dieselben einstweilen auf einen Altar gelegt worden. Wenn man nun diese Angaben glaubt, warum verweigert man dann der Fort-

---

Ring der bekannten Form mit den Marterwerkzeugen besessen hat." Selbst J. Köstlin muß in „Luthers Leben" (Leipzig 1882, S. 357) gestehen: „(Eheringe) sind nun wahrscheinlich bei ihrer Vermählung überhaupt nicht gebraucht worden, da Luther diese so rasch und ohne Vorwissen anderer vollziehen wollte. Wohl aber hat sich ein Ring erhalten, den Luther laut der (echten?) Inschrift (D. Martino Luthero Catharina v. Boren, 13. Jun. 1525) wenigstens nachträglich zum Gedächtniß jenes Tages von seiner Käthe empfangen hat."

[1] Gesta Caroli lib. I, c. 16, Mon. Germ. II, 737.
[2] Liv. I. diss. I. art. 4 s., Tome II, 12 s.
[3] Translatio s. Sebastiani c. 15, Acta SS. 20. Jan. II, 654.

setzung den Glauben, für die das Zeugniß desselben Berichterstatters mit demselben Gewicht eintritt? Er sagt, einer jener Betrüger sei vom Teufel ergriffen und in seiner Besessenheit hin- und hergeworfen worden, der zweite habe den Verstand verloren; die angeblichen Reliquien aber seien auf den Düngerhaufen gebracht worden.

Nur allzu häufig findet man die schon oben erwähnte Schlußfolgerung: Die mittelalterlichen Quellen berichten dieses und jenes über falsche Reliquien und Betrügereien; also wurden damals jene leichtgläubigen Mönche und Geistlichen so oft und so viel betrogen, daß man nicht vorsichtig genug sein kann gegen die von ihnen ererbten Reliquien. Jedenfalls wäre ebenso gerechtfertigt die entgegengesetzte Schlußfolgerung: Die Schriftsteller des Mittelalters berichten über Betrüger und falsche Reliquien mit Entrüstung und um zu warnen; also wußte man damals, daß Betrügereien vorkamen, und hütete sich davor. Die Wahrheit liegt auch hier in der Mitte. Es gab Betrüger und Betrogene, aber ebenso auch vorsichtige Leute. Daß in der That von solchen, die neue Reliquien empfingen, Vorsichtsmaßregeln angewandt wurden, erhellt aus den schon erzählten Thatsachen [1]. Man ging, um sicher zu sein, bis zum Papst und erbat sich, auf Empfehlungsbriefe des Königs gestützt, Reliquien großer, bekannter Heiligen.

Zweifelhafte Reliquien prüfte man schon seit alters durch die Feuerprobe. Verbrannten sie nicht, nachdem sie längere Zeit auf glühenden Kohlen oder in einem Scheiterhaufen gelegen hatten, so sah man sie als echt an [2]. Als Beweis der Echtheit galten auch Wunder, welche durch Vermittlung der Reliquien geschahen. Nimmt man zu diesen Beweismitteln hinzu, daß wenigstens seit dem 8. Jahrhundert keine Reliquie ohne Erlaubniß des Diöcesanbischofs verehrt werden durfte [3], daß aber dieser, bevor er die Erlaubniß gewährte, sich erkundigen mußte, woher sie komme und ob der, dessen Namen sie trug, ein wirklicher Heiliger gewesen sei, so wird die angebliche Unmenge falscher Reliquien zu einer Zahl zusammenschmelzen, die bei Berücksichtigung aller Umstände nicht übergroß erscheinen kann.

3. Aber gibt es nicht viele Reliquien, die **unmöglich** echt sein können? Daß dies nicht in dem oft behaupteten Maße der Fall ist, wird leicht zu beweisen sein.

---

[1] Vgl. oben S. 95. 99. 121. 131 u. s. w.
[2] Vgl. Beissel, Geschichte der Trierer Kirchen. II, 1. Aufl. 180, 2. Aufl. 17.
[3] Vgl. oben S. 105 f.; Mabillon, Annales V, 428, und dessen Brief: A Monseigneur l'évêque de Blois, in Dissertationes. Tridenti 1724. p. 665 sq.

Im Mittelalter werden nicht selten Reliquien des hl. Michael erwähnt. Schon in den Formeln des Liber diurnus, also im 7. Jahrhundert, findet sich ein auf sie bezügliches Actenstück[1]. Es beweist, daß solche Reliquien für die zahlreichen Michaelskapellen auf Höhen, in Thorburgen und Wartthürmen nicht selten erbeten und bewilligt wurden. Leute, welche nicht wußten, worum es sich handelte, haben über solche Reliquien eines Erzengels Spott und Hohn ausgegossen, dadurch indessen nur sich, nicht der Reliquienverehrung der Kirche einen Schlag versetzt. Beneficia archangeli steht in jenen Formeln auf derselben Stufe mit Sanctuaria apostolica. Hie und da handelt es sich nur um Gegenstände, die zum hl. Michael und zum hl. Petrus irgendwie in nähere Beziehung gesetzt sind. Unter den Erscheinungen des Erzengels ist die um 493 oder 525 auf dem Mons Garganus in Apulien erfolgte die berühmteste. Theile von den Behängen des Altars jener in dem Berg gefundenen und ausgehöhlten Felsenkirche, oder von dem Felsen, worauf der Engel gesehen wurde, oder von der Kirche wurden nun vertheilt und als Reliquien, d. h. als Andenken, aufbewahrt. Da zu Rom bald nach jener Erscheinung im großen Circus eine hochgelegene Kirche mit vielen Krypten zu Ehren des Erzengels erbaut wurde, können auch manche Beneficia archangeli sogar nur Fläschchen mit Oel aus der vor dem dortigen Altar brennenden Lampe gewesen sein[2].

Wurde Erde verehrt „von dem Acker, woraus Adam gebildet ward", so beruht dies darauf, daß man in der Gegend von Damascus den Pilgern sagte: „Hier ward Adam geschaffen." Sie glaubten es und nahmen etwas von der Erde mit nach Hause. Da schon mehrere Kirchenväter angenommen, Adam sei auf Golgatha begraben worden, konnte Erde von Adams Grab dort entnommen werden[3]. Reliquien von der Terebinthe bei Hebron, unter welcher Abraham die Engel bewirthet haben soll, und von dessen Grab dürfen nicht auffallend erscheinen, da beide Denkmäler von Jul. Africanus, Eusebius, Hieronymus und vielen späteren Schriftstellern er-

---

[1] Vgl. oben S. 72 Anm. 3.

[2] Mabillon, Annales I, 651 sq.; Acta SS. ord. S. Benedicti saec. 3. p. 1. c. 3; Acta SS. 29. Sept. VIII, 65. Ueber jene Michaelskirche zu Rom l. c. 37 n. 255 u. 308 sq.

[3] Wichtig sind zur Beurtheilung dieser und der folgenden Reliquien Sancti Adamani († 704), abbatis Hiensis (Insel Hu oder Hey an der schottischen Küste), De locis sanctis libri tres, und Petri Diaconi (Monachi Cassinensis saec. 12) Liber de locis sanctis, Migne, Patrol. LXXXVIII, 779 sq. und CLXXIII, 1115 sq.

wähnt werden¹. Theophilus sagt in seiner Vertheidigungsschrift für das Christenthum, die Reste der Arche wurden noch zu seiner Zeit auf den Bergen Arabiens gezeigt². Dieser altehrwürdige Apologet bleibt also dafür verantwortlich, wenn im Mittelalter einige vermeinten, Stücke von jener Arche zu besitzen. Den Pilgern zeigte man in der Wüste Dornbüsche, in der Gegend, wo Moses den Herrn in brennendem Busch sah. Sie nahmen Theile und brachten sie in die Heimat als Reliquien vom **brennenden Dornstrauch**. Das mag naiv gewesen sein, aber lächerlich war es nicht. Die von Moses in der Wüste erhöhte **eherne Schlange** erhielt Erzbischof Arnulph von Mailand zu Constantinopel vom Kaiser zum Geschenk³. Daß kein Grund vorliegt, die Unmöglichkeit der Echtheit derselben zu behaupten, erhellt aus der Thatsache, daß sowohl Alarich als Genserich zu Rom Reste der von Titus entführten Tempelschätze von Jerusalem erbeuteten, von denen der siegreiche Belisar einen Theil nach Constantinopel brachte⁴. Auch Theile von den **Stäben Aarons und Moses'** werden zuweilen erwähnt⁵. Einfache Leute waren zufrieden mit **Felsensplittern** vom Berge Sinai, mit Sand von der Stelle des Jordans, wo der Herr getauft ward, mit Erde aus dem Gelobten Lande, vom Oelberge und vom Calvarienberge, vom Felsen des heiligen Grabes⁶. Tadel verdienen jene Christen doch sicherlich nicht, die Haus und Hof verließen, unter tausend Gefahren fastend und betend ins Land der Verheißung zogen, um die Stätten zu verehren, von denen die Heilige Schrift erzählt, und die dann von dort solche kleine, durch den Glauben allein werthvoll gemachte Andenken mitbrachten. Es versteht sich übrigens von selbst, daß solche Erinnerungszeichen nicht derartig verehrt wurden, wie die Gebeine der Heiligen.

Unter Reliquien verstand und versteht man eben sehr verschiedene Dinge. Gibt es doch auch Reliquien, die mit der Religion nichts zu schaffen haben, weil sie nur Erinnerungen von oder an diesen oder jenen berühmten Mann sind. Weil unter den in Kirchen aufbewahrten Reliquien

---

¹ Piper, Einleitung in die monumentale Theologie. S. 108 f.
² Ad Autolycum lib. III. c. 19; Migne, Patrol. graec. VI, 1147; Bock et Willemsen, Append. 66 n. 78.
³ Landulfi Historia Mediolanensis lib. II. c. 18, Mon. Germ. VIII, 56.
⁴ Gregorovius, Geschichte der Stadt Rom im Mittelalter. 4. Aufl. I, 204 f.
⁵ Mon. Germ. XV, 1094. 5, 1108. 33, 1281. 2, 1283. 26 etc.
⁶ Mon. Germ. XV, 978. 1067. 1073. 1074. 1095. 1108. 1278. 1280. 1283 etc.; Bock et Willemsen l. c. p. 143, Append. 64. 79; Kratz, Der Dom von Hildesheim. S. 9; Piper a. a. O. S. 175. 580. 838.

sehr verschiedene Arten sich zeigen, müssen auch verschiedene Weisen der
Verehrung unterschieden werden. Anders tritt der Katholik den Gebeinen
und der Asche der Canonisirten oder Beatificirten entgegen, anders ihren
Kleidern oder Dingen, welche jene benützten, anders bloßen Erinnerungszeichen, z. B. Erde aus dem Gelobten Lande, vom Calvarienberge, anders
Gegenständen, die fast nur als Merkwürdigkeiten behandelt wurden, z. B.
jenen angeblichen Theilen von der Arche Noe's. Wer weiß nicht, daß
in den Vorhallen der Kirchen, ja auch wohl in den Kirchen selbst Merkwürdigkeiten aufgehängt und aufgestellt wurden, welche heutigen Tages
in ein Museum kommen?

Daß die Reliquien von den Kleidern des Herrn und seiner
Mutter ganz wohl echt sein können, liegt auf der Hand[1]. Die Reliquien
von der Geißelsäule kommen häufig vor. Gregor von Tours erzählt,
die Pilger brächten oft Riemen heim, welche sie um dieselbe gelegt hatten[2].
Milch der Mutter Gottes ist wiederum eines von den Dingen,
wobei die Spötter ihre Unwissenheit verrathen. Es ist nichts anderes
als ein Theil von einem Kalkfelsen zu Bethlehem, der mit Wasser gemischt
eine milchartige Masse gibt. Der Felsen bildet eine Grotte, worin die
Gottesmutter ihr Kind oft genährt haben soll und die davon den Namen
Crypta lactea, „Milchgrotte", erhielt. Wenn man das später als wahre
Milch der Gottesmutter ausgab, so war dies ein Mißverständniß, aber
nicht eine Betrügerei. Es wäre besser gewesen, auf die bei den Reliquien
liegenden Zettel zu schreiben: De petra lactea b. Mariae Virginis, „Vom
Felsen der Milchgrotte Mariä". Aber die ersten Besitzer wußten, was
sie besaßen; die späteren konnten es meist leicht sehen, weil ihre Reliquie
einem Kalkstück glich[3].

Wie die meisten Reliquien vom Blute des Herrn aus Kreuzes-
bildern oder aus consecrirten, unehrerbietig oder ungläubig behandelten
Hostien stammen, so ist auch das Blut von Heiligen, das in Tüchern
oder Phiolen verehrt wird, meistens nicht wahres, von ihnen im Leben
vergossenes Blut, sondern nur eine aus ihren Gebeinen stammende rothe

---

[1] Der Nachweis bei Beissel, Geschichte der Trierer Kirchen. II, Geschichte des
heiligen Rockes.
[2] Gregor. Tur., In gloria martyrum 6, l. c. p. 492; Piper a. a. O. S. 117 f.
175. 579. 592; Honoré l. c. II, 355 s.; Bock et Willemsen l. c. p. 243, Append.
59. 64. 77, daselbst über Calix Domini 155 Anm. 5; über Krüge von Kana: Kratz,
Der Dom von Hildesheim. S. 98 f.
[3] Mabillon, De liturg. gall. 92; Bock et Willemsen, Append. 63 n. 47 u. 66;
Mon. Germ. XV, 1073; L'écrin de la sainte Vierge. Lille, Desclée. I, 55 s.

Flüssigkeit. Bei den Reliquien des hl. Laurentius und des hl. Januarius besitzt man freilich noch altchristliche Blutampullen, die bei ihrem Martyrium gefüllt wurden. Dagegen wird das sogenannte „Blut des hl. Stephanus" zu Besançon, Bourges, Köln, Metz, Neapel, sowie dasjenige des hl. Mauritius zu Agaunum und Tours nur in weiterer Bedeutung aufzufassen sein[1]. Gleiches gilt vom Blute des Vorläufers und von manchen mit seinem Blute getränkten Stoffen[2].

Dem sogen. „Blute" der Martyrer entspricht das Oel oder Manna, welches den Gebeinen vieler Heiligen entfloß. Angenommen, nicht zugegeben, diese aus den Gräbern und Gebeinen der Heiligen tropfende Flüssigkeit sei ein natürlich entstandener Niederschlag, er würde selbst in diesem Falle als Reliquie verehrt zu werden verdienen wegen der Berührung mit ihren Gebeinen. In Deutschland ist unter den ölspendenden Heiligen die hl. Walpurgis am bekanntesten. Bereits in der um 1075 geschriebenen Geschichte der Eichstädter Bischöfe wird erzählt: „Bei Eröffnung des Grabes waren ihre heiligen Reste so mit Feuchtigkeit gefüllt, daß diese gleich Thautropfen ausgepreßt werden konnten, ohne daß auch nur ein Staubkörnchen an der Hand derer kleben blieb, welche sie berührten. Bis heute fließt aus dem Sarkophag, welcher die heiligen Gebeine enthält, etwas gleich lebendigem Wasser, gerade wie bem Grabmal des hl. Nicolaus

---

[1] Honoré l. c. III, 423. Zur Erklärung der bei Bock und Willemsen angeführten Reliquie De sanguine apostolorum (l. c. p. 222) ist zu vergleichen Sigeberti Chronica ad an. 441, Mon. Germ. VI, 308, wo erzählt wird, Papst Leo habe, wenn er um Reliquien der Apostel oder Martyrer gebeten wurde, Stücke des Corporale ausgetheilt, worauf er zu deren Ehre die heilige Messe gefeiert habe. Als einigen solche Reliquien nicht genügten, habe er solche Corporalien mit einem Messer durchstochen, da sei Blut daraus geflossen. Sigebert entnahm seine Nachricht einem Briefe des Papstes Gregor des Großen. Epistol. IV, 30; Migne, Patrol. LXXVII, 702.

[2] Vgl. oben S. 17 die Erzählung Gregors über Blut aus dem Fingerglied des Täufers. Ueber Blut des Vorläufers, das bei seiner Enthauptung in ein silbernes Gefäß aufgefangen ward, berichtet Gregor (In gloria martyrum c. 11, Mon. Germ. l. c. p. 495). Eine Parallele zu dem aus dem Fingerglied entquollenen Blute des Täufers (In gloria martyrum l. c. c. 46 p. 519), wo erzählt wird, aus den Häuptern der hll. Gervasius und Protasius sei bei deren Uebertragung Blut geflossen. De quo (rivo sanguinis) infecta lenteamina vel pallulae sive vela ecclesiastica, beatus cruor collectus est; qui usque adeo confluxisse fertur, quoadusque lenteamina, qui susciperent, sunt reperta. Ex hoc enim eorum reliquiae affatim collectae per universam Italiam vel Gallias sunt dilatae. Ex quibus et s. Martinus multa suscepit. Ueber das zu Aachen verehrte Tuch, in welches das Blut des Täufers bei der Enthauptung rann, vgl. Floß, Geschichtliche Nachrichten über die Aachener Heiligthümer. 348 f.

Oel entquillt."[1] Daß die älteren Oelreliquien nur aus den vor den Gräbern brennenden Lampen entnommen wurden, ist bekannt[2].

Die sogen. „Herzen des hl. Augustinus" (z. B. in München) und „Herzen der hl. Theresia", welche in Spanien oft gezeigt werden, sind mit den echten Reliquien jener Heiligen in Berührung gebrachte Nachbildungen[3].

„Corporalien des hl. Petrus" nannte das spätere Mittelalter jene Tücher, welche eine Zeitlang zu Rom auf dem Grabe des Apostelfürsten lagen[4].

Unecht sind jedenfalls die als Reliquien der hl. Cäcilia vorkommenden Gebeine. Hraban († 856) soll solche für Fulda erhalten haben[5]. Die Unechtheit steht deshalb fest, weil ja unter der Regierung Clemens' VIII. († 1605) der vollkommen unversehrte Leib der Heiligen aufgefunden und von Maderna in einem bekannten Marmorbilde nachgeahmt ward. Die Vermuthung liegt nahe, die im 9. Jahrhundert nach Hildesheim[6] gekommenen Reliquien der hl. Cäcilia stammten aus derselben Quelle wie jene, die um dieselbe Zeit nach Fulda gelangten. Indessen bezeugt die Hildesheimer Ueberlieferung, sie seien ein Geschenk Ludwigs des

---

[1] Ueber Oleum s. Walburgis: Mon. Germ. VII, 255, Anonymus Haserensis c. 5; Acta SS. 25. Febr. III, 516 sq.; über Manna s. Nicolai: Revue de la Suisse cath. 21. an. 1890 p. 56 s.; Bock et Willemsen, Append. 67 n. 9; über Oleum s. Catharinae: Bock et Willemsen 165 s., Append. 64 n. 57; über Manna s. Andreae: Gregor. Tur., In gloria martyrum c. 30, Mon. Germ., SS. rer. Meroving. I, 505. Mit jenem Hervorfließen von Oel sind ältere und jüngere Berichte über Fließen von Wasser aus Gräbern zu vergleichen. Einen bietet Gregor von Tours (In gloria martyrum c. 24, Mon. Germ., SS. ver. Meroving. I, 502). Einen vom hl. Karl Borromäus untersuchten und verurtheilten Fall erzählt Mabillon, Lettre d'un Bénédictin à Mgr. l'évêque de Blois, Dissertationes 673.

[2] Vgl. oben S. 15. Ueber die von Papst Gregor der Königin Theolinde gesandten Oele Muratori, Anecdota II, 191 sq.; Mabillon, De cultu Sanctorum ignotorum 19, Dissertationes 632; Annales I, 300. Gregor erhielt vom Exconsul Leontius Oleum s. Crucis. Epistol. lib. VIII. Ind. I, 35; Migne, Patrol. LXXVII, 938. Ampulla olei de sepulchro s. Martini: Gregor. Tur., De virtutibus s. Martini c. 2; In gloria confess. c. 9, l. c. 588. 754; Vita s. Aridii c. 19; Migne, Patrol. LXXI, 1128. Ueber Oele vom Grabe des hl. Nicetius von Lyon Historia Francorum X, 36, l. c. p. 170. Vgl. über Oel an anderen Gräbern Muratori, Anecdota II, 198.

[3] Honoré l. c. III, 413.

[4] Corporalia s. Petri. Vgl. oben S. 9; Honoré l. c. III, 419.

[5] Brower, Fuldensium antiquitatum libri quatuor, p. 240. Reliquiae s. Caeciliae. Ossa s. Caeciliae virginis.

[6] Katholik 1889. II, 298; Kratz, Der Dom zu Hildesheim. I, 158 u. 159 f.

Frommen, der sie vom Papste Paschalis erhielt. Vielleicht sind gleichwie die Hildesheimer, so auch jene Fuldaer „Reliquien der hl. Cäcilia" nur Tücher oder Staub oder Oele von deren Grabe, also echte Reliquien zweiter Ordnung. Der Ausdruck „Gebeine" wäre dann nur eine spätere Interpolation oder Variante, die statt „Reliquien" irrthümlich eingesetzt wurde.

4. Sollten an zwei verschiedenen Orten genau dieselben Gebeine eines Heiligen sich vorfinden, so läge offenbar wenigstens in Bezug auf einen der Orte ein Irrthum vor. An wie vielen Orten aber werden solche **doppelte Reliquien gezeigt? Anscheinend freilich an vielen.** Indessen schwindet das Bedenkliche in den meisten Fällen, sobald man genauer zusieht.

Gildemeister und v. Sybel haben bekanntlich gefunden, daß jener ungenähte, von allen Evangelisten genannte **heilige Rock**, welchen die Soldaten bei der Kreuzigung nicht zertheilten, sondern verloosten, zwanzigmal existiren soll. Allein bei gewissenhafter Untersuchung findet man bald, daß diese 20 Röcke einen mehr scheinbaren, als stichhaltigen Einwurf gegen die Reliquienverehrung bilden. Dieselben Gegner katholischer Reliquienverehrung haben darauf gepocht, man verehre das Haupt des hl. Cornelius, welches zu Trier beim heiligen Rock gezeigt wurde, auch an anderen Orten. Schon Abt Guibert hatte im Beginn des 12. Jahrhunderts geklagt, das **Haupt Johannes' des Täufers** werde angeblich zu Constantinopel und zu St. Jean d'Angely, der **Leib des hl. Firmian** zu Amiens und St. Denis aufbewahrt [1]. Schon oben wurde der Streit erwähnt zwischen St. Denis und Regensburg über den Besitz der Reliquien **des hl. Dionysius.** Leo IX. gab ein Urtheil ab zu Gunsten der Regensburger. Da es sich hier nicht um einen unfehlbaren Entscheid handelt, ist es durchaus nicht zu verwundern, daß die Controverse bestehen blieb, ja sich nur um so mehr verschärfte.

Die Mönche von St. Bavo in Gent wechselten mit denen des Blanbinenberges Streitschriften [2] um den Besitz des Grabes und der Ueberreste des heiligen Abtes Flobert. Ebenso stritten zu Trier die Abteien des hl. Matthias und des hl. Maximin über den Ort der Beisetzung und Auf-

---

[1] De pignoribus Sanctorum lib. I. c. 3; Migne, Patrol. CLVI, 625; Paolo Paciaudi, De cultu S. Jo. Bapt. Rom. 1755; Piper, Einl. in die monument. Theol. S. 580. 741. 853; Acta SS. 24. Jun. V, 612 sq. Baronius antwortete einem Canonicus von Amiens, welcher ihn um Rath fragte, was von dem in dessen Kirche bewahrten Haupte des Vorläufers zu halten sei: Uti possidetis, possideatis. Mabillon, Lettre d'un Bénédictin à Mgr. l'évêque de Blois, Dissertationes 668.

[2] Lantbertus, Libellus de loco sepulturae Floberti abbatis contra monachos s. Bavonis, Mon. Germ. XV, 641 sq.

bewahrung des hl. Agritius. Den hl. Hermes wollte man zu
Salzburg und Bamberg, den hl. Alexander zu Magdeburg, Wildes=
hausen und Ottobeuern haben [1], den hl. Quirin zu Malmedy und Tegern=
see, den hl. Wandregisilus zu Fontanelle und in Tegernsee; angeblich
waren Chrysanthus und Daria im 9. Jahrhundert aus Rom nach
Münstereifel und nach Gallien gebracht [2].

Wie wird man aus diesem Labyrinthe von Behauptungen und Wider=
sprüchen herauskommen? Gerade so, wie man fast überall, wo zwei streitende
Parteien sich gegenüberstehen, durch Vermittlung die Wahrheit erreicht,
welche oft weder ganz auf der einen, noch ganz auf der andern Seite sich
findet. Unterscheiden wir zwischen falschen, nachgeahmten, echten (wenngleich
mißdeuteten) und vollständigen Reliquien, dann ist die Lösung nicht so schwer.

Zuerst gibt es thatsächlich, wie bereits oft gesagt, falsche Reliquien.
Gerade jene traurigen Reliquiendiebstähle haben hier auf Jahr=
hunderte hin verderblich gewirkt. Die Diebe mußten sich fast immer an
gewissenlose Leute wenden, um von ihnen Auskunft und Hilfe zu erkaufen,
und sie sind dann gerade von diesen Helfershelfern nur zu oft selbst be=
trogen worden. Ihre leidenschaftliche Begier machte sie häufig auch denen
gegenüber blind, die sie benützen wollten. Das Wegnehmen der Reliquien
geschah bei Nacht, eiligst, häufig ohne Prüfung und ohne Gewähr der Echtheit.

Zu den Dieben gesellten sich Betrüger. Wie diese falsche Heilige
erfanden, so gaben sie gewöhnliche Gebeine hin als diejenigen bekannter
Heiligen [3]. Wird an zwei verschiedenen Orten dasselbe verehrt, so ist eine
genaue Untersuchung durchaus erwünscht. Kann der Nachweis erbracht
werden, daß ein Gegenstand, der nur einmal existiren kann, z. B. das
Haupt, die Arme dieses oder jenes Heiligen, doppelt gezeigt wird, dann
sind an beiden Orten die Beweismittel zu prüfen. Erhellt, daß an einem
Orte diese Beweismittel nicht genügen, dann muß und wird der Diöcesan=
bischof weitere Verehrung hemmen.

So hat Bischof Richard von Trier († 1513) den Streit zwischen
den Klöstern St. Matthias und Maximin beendet, indem er erklärte, an
letzterem Orte besitze man die Reliquien des hl. Agritius, nur

---

[1] Wattenbach, Geschichtsquellen Deutschlands. 5. Aufl. I, 273 Anm. 3; II, 320 Anm. 1.

[2] Andere Beispiele bei Honoré, Réflexions III, 411. 425; Mabillon, Lettre d'un Bénédictin à Mgr. l'évêque de Blois, Dissertationes 668 s.

[3] Guibert, De pignoribus sanctorum lib. I. c. 3 § 3, Migne CLVI, 625; Mabillon, De cultu sanctorum ignotorum § 15, Dissertationes 626; Oeuvres posthumes 255. 361, cfr. 353 note; Wattenbach, Geschichtsquellen. I, 164 Anm. 2.

dort dürften sie verehrt werden. Wo das erste Grab desselben sei, wolle er unentschieden lassen. Zu Xanten ließen die Canoniker 1129 einen Rest der Reliquien des hl. Victor im Grabe, das weiter verehrt ward, während der größere Theil in einem Prachtschrein auf den Hochaltar kam[1]. Zu Fontanelle fanden die Mönche 1027 in den Gräbern der hll. **Wandregisilus und Ansbert** nur Staub; die Abtei des Blandinenberges behaupte nun um so lauter, die Gebeine der Genannten zu besitzen. Ebenso aber konnte man in beiden Klöstern mit Recht fortfahren, die Gräber der beiden Heiligen zu verehren[2].

5. Wie in diesen Fällen, entstanden auch sonst viele Mißverständnisse dadurch, daß man die Art und Größe der Reliquien nicht genau bestimmte. Statt zu behaupten: Wir haben einen **Theil der Reliquien, der Gebeine, des Hauptes, des Armes**, sagte man: Wir besitzen **die Reliquien, den Leib, das Haupt, den Arm** des Heiligen. Eine solche Redeweise wird durch mehrere gewichtige Umstände erklärlich.

Erstens fand man häufig in Gräbern, die eröffnet wurden, nur Staub, weil die Gebeine, ohne daß man es wußte, schon anderswohin gekommen oder zerfallen waren. In beiden Fällen war es entschuldbar, diesen Staub als „die Reliquien des Heiligen N." zu erklären.

Oft wird man auch gesagt haben: „Hier sind Reliquien", worauf sich im Laufe der Zeit die Ansicht herausbildete: „die Reliquien". Dies konnte um so leichter geschehen, weil der lateinische Ausdruck Reliquiae die Sache in der Schwebe läßt. Einhards Schriften bieten hier ein treffendes Beispiel; denn er schreibt dem Bischof Hetti von Trier: Mitto vobis reliquias — „Ich sende euch (die) Reliquien . . . **Jeder Theil von der Asche der heiligen Martyrer (Petrus und Marcellinus) soll so verehrt werden, als seien ihre ganzen Leiber da.**" Einhard aber steht mit dieser Auffassung nicht allein. Sein Gedanke stimmte mit der Auffassung der Zeitgenossen und früherer Jahrhunderte überein[3].

Wie schwer man überdies damals bei dem niedrigen Stande anatomischer Kenntnisse beurtheilen konnte, was und wieviel vom Leibe eines Heiligen vorliege, erhellt gerade aus einem Bericht, den Einhard, einer der gebildetsten Männer seiner Zeit, über seine Reliquien gab. Er fand,

---

[1] Beissel, Geschichte der Trierer Kirchen. I, 199; Baugeschichte der Kirche des hl. Victor zu Xanten. S. 63 u. 157. Andere Beispiele, Geschichte der Trierer Kirchen. I, 227; II, 85.

[2] Mabillon, Annales IV, 334 n. 14.

[3] Vgl. oben S. 77; Trierer Kirchen I, 47.

daß ihm vom hl. Marcellinus weniger Gebeine oder Asche überbracht seien, als vom hl. Petrus, und schloß daraus, ersterer sei kleiner gewesen. Späterhin erfuhr er, daß man ihm einen Theil jener Reliquien entwendet hatte, erlangte sie zurück und dachte jetzt, beide Martyrer seien doch wohl von gleicher Größe gewesen[1]. Man war also vielfach nicht im Stande, zu erkennen, ob man den ganzen Arm eines Heiligen, alle seine Gebeine vor sich hatte oder nur einen Theil.

Ein weiterer, nicht zu unterschätzender Umstand ist dieser: gerne legte man Armknochen verschiedener Art in Reliquiare, welche die Form des rechten Unterarmes mit der Hand, Theile des Hauptes aber in Reliquiare, welche den ganzen Kopf nachahmten. So lag zu Trier das „Haupt" des hl. Cornelius in einer silbernen Büste. Genaue Untersuchung hat aber unlängst dargethan, daß nur ein Theil des Hinterhauptes vorhanden ist. Kein Wunder also, wenn in anderen Kirchen ebenso gut wie in Trier Büsten des hl. Cornelius mit den Reliquien seines Hauptes vorgezeigt wurden[2].

Oft wurden Reliquien zweiter Art in Nachahmungen ausgestellt, z. B. heilige Nägel und Ketten des hl. Petrus. Sigebert erzählt[3], man habe zu Rom gewöhnlich nur nachgemachte (wohl mit etwas Staub von der echten vermischte) Ketten des hl. Petrus, selten die echten vorgewiesen. Mit Recht konnte man in vielen Kirchen Petrusschlüssel, Glieder der Kette des Apostelfürsten, einen heiligen Nagel zeigen, weil man wußte, wie diese Bezeichnungen gemeint waren.

Vestis, „Kleid" dieses oder jenes Heiligen nannte man die in seinem Grabe bei der Leiche gefundenen Stoffreste, die offenbar zuweilen erst nach dem Tode jenes Heiligen auf seine Gebeine gelegt waren.

Häufig sind „doppelte" Reliquien durch Namensverwechslung entstanden. So besaß z. B. eine Kirche echte „Reliquien des heiligen Martyrers Alexander". Später ward ein Verzeichniß der Reliquien aufgestellt, der Schreiber kannte nur einen hl. Alexander, den Sohn der hl. Felicitas, und schrieb in das Verzeichniß: „die Reliquien des hl. Alexander, des Sohnes der hl. Felicitas"[4].

---

[1] Mon. Germ. XV, 243; Acta SS. 2. Jun. I, 183 n. 22 und 184 n. 25.

[2] Beissel, Geschichte der Trierer Kirchen. II, 2. Aufl. 132. Ueber das Haupt der hl. Anna vgl. Acta SS. 26. Jul. VI, 256 n. 107.

[3] Vita Deoderici, Mon. Germ. IV, 474.

[4] Vgl. die eingehende Abhandlung des P. Honoré, Sources de la confusion et de l'incertitude de la plupart des reliques. Réflexions III, 383—436.

Den echten Leib des genannten hl. Alexander hatte Graf Waltbraht 851 (ganz oder theilweise) vom Papst für das Kloster Wildeshausen im Oldenburgischen erhalten. 964 soll ein Bischof dem Kaiser Otto I. die Leiber der hl. Felicitas und zweier ihrer Söhne, von denen der eine als der des Alexander ausgegeben ward, geschenkt haben. Dieser hl. Alexander soll dann 1124 nach Magdeburg gekommen sein [1]. Ein Mißverständniß muß also hier jedenfalls vorliegen. Aber welches? Entweder hat Graf Waltbraht, ebenso wie Kaiser Otto I., nur einen Theil der Reliquien jenes hl. Alexander empfangen, oder der Bischof irrte, als er den Leib eines der Söhne der hl. Felicitas als den des hl. Alexander bezeichnete. Er hat dann dem Kaiser in Wahrheit die Reliquien zweier Söhne der hl. Felicitas geschenkt, aber nicht diejenigen dieses bestimmten und berühmtern Sohnes, der im Perikopenverzeichniß und im Meßbuche vorkam.

Bei **stofflichen Reliquien** ist nicht selten die Unterlage mit der Reliquie selbst zeitweilig verwechselt worden, z. B. in Mainz. Gerade bei ihnen liegt die Gefahr nahe, aus altehrwürdigen Brandea, also aus mittelbaren Reliquien, unmittelbare zu machen, z. B. ein Tuch, das in Jerusalem auf oder in dem heiligen Grabe gelegen hatte, später als Tuch anzusehen, in das der hochheilige Leichnam des Herrn von Nicodemus eingehüllt worden sei. Die große Anzahl der vorhandenen **Grabtücher des Herrn** zwingt zur Meinung, daß einige derselben zwar echte Grabtücher von hohem Alter, andere aber nur Brandea seien.

Berücksichtigt man wiederum alle Umstände und versucht man dann, die Zahl der falschen, doppelten und unechten Reliquien zu schätzen, so vermindert auch sie sich auf eine Menge, die nicht mehr auffallend sein kann. Wie jeder sich lächerlich machen würde, welcher alle Berliner Museen, mit Einschluß des Hohenzollern=Museums [2], verachten und weg-

---

[1] Vgl. oben S. 81. 82 und 77; Mon. Germ. II, 678.

[2] Der „**Führer durch das Hohenzollern=Museum**" im Schlosse Monbijou (Berlin 1883, Veit, Königl. Hof=Steindruckerei) zählt folgende sehr auffallende Gegenstände auf:

64. **Briefbeschwerer** aus dem Holze des Birnbaumes, der blühte, wenn das Deutsche Reich in Kraft stand, der 1806 gänzlich eingegangen schien, und 1871 plötzlich in frischem Erwachen scheinbar abgestorbener Kräfte sich zeigte.

99. Sadowa. **Pferd**, welches Kaiser Wilhelm I. während der Schlacht von Königgrätz ritt. „Zu den Füßen befindet sich der Stammbaum des Pferdes."

214. **Epheublatt** mit der Unterschrift: „Beim Prinzenhause in Hannover gepflückt", welches fälschlich für das Geburtshaus der Königinnen Luise und Friederike angegeben wird.

243. **Strumpf** Ihrer Majestät, mit L. und Krone gezeichnet.

werfend behandeln wollte, weil sie verschiedene bedenkliche oder auch zweifelhafte, ja falsche Sachen enthalten oder enthielten — man erinnere sich an jene moabitischen Scherben —, so sollte man doch auch jene einmal mit gebührendem Ernst auf die Regeln der Logik und Gerechtigkeit verweisen, welche die katholische Kirche fortwährend lästern, weil es in der Reliquienverehrung Mißbräuche gab, obgleich doch die Kirche nie und nimmer dieselben hervorrief und billigte. Es hat sich einmal jemand den Scherz erlaubt, zu sagen, an diesem oder jenem Orte werde ein Fläschchen mit Reliquien der ägyptischen Finsterniß aufbewahrt. Diese sollte man fürwahr in den Köpfen jener suchen, die wieder und wieder alte, tausendmal widerlegte Trugschlüsse wiederholen. Bösen Willen soll man nicht voraussetzen; was bleibt dann aber übrig, um ihr Vorgehen zu erklären? Schon der Herr sagte von den Pharisäern: „Blinde sind sie und Führer von Blinden." [1]

---

368. Zerschlagene Tasse. Von der Hand S. K. K. H. des Kronprinzen Friedrich Wilhelm ist hinzugefügt: „Diese Tasse ward von Friedrich dem Großen gebraucht und wenige Tage vor seinem Tode zerschlagen, weil der Inhalt derselben ihm zu heiß war."

390. Gift. Hat Friedrich der Große ununterbrochen während des siebenjährigen Krieges bei sich geführt. Nach dessen Hintritt fand selbiges 1786 des verstorbenen Königs Friedrich Wilhelm II. Majestät in des Verewigten Schreibtisch.

427. Hölzerne Wiege König Friedrichs des Großen.

432. Lieblingspferd „Condé", 1777 in England angekauft.

452. Halsband des Hundes „Fidèle".

Es liegt dem Verfasser durchaus fern, dies Museum herabsetzen zu wollen. Die Zusammenstellung obiger Nummern soll zeigen, daß es nicht schwer ist, eine an und für sich achtenswerthe Sache auch von einer mißlichen Seite aus zu schildern. Sie bezweckt einzig, durch ein Beispiel das Verfahren jener zu widerlegen, welche Mißbräuche der Reliquienverehrung zusammensuchen, um dadurch die Verwerflichkeit der Verehrung selbst darzuthun.

[1] Matth. 15, 14.

Schluß.

Ueberall in Deutschland werden den „großen Männern" Monumente errichtet. Der Wunsch, jedem berühmten Mitbürger wenigstens eine Gedenktafel zu setzen, beschäftigt Bildhauer und Erzgießer. Künstlerisch ausgeführte Erinnerungszeichen an hervorragende Personen und ihre Thaten sind gewiß insofern mit Freuden zu begrüßen, als sie den Sinn der Menschen auf Höheres lenken und darauf hinweisen, daß nicht Reichthum, Macht und Genuß die höchsten irdischen Güter sind, sondern Kunst, Wissenschaft und natürliche Tugenden, besonders Tapferkeit und Gerechtigkeit.

Für den gläubigen Christen gibt es freilich etwas Höheres. Sein Herr und Meister fragt ihn voll Ernst: „Was nützt es dem Menschen, wenn er die ganze Welt gewinnt, aber an seiner Seele Schaden leidet?" Alle irdischen Güter, auch Künste und Wissenschaften, natürliche Tugenden und Vorzüge sind dem Christen nur Güter zweiter Ordnung, Mittel zum ewigen, von Gott ihm gesteckten Ziel. So sehr der Gläubige Irdisches und Natürliches würdigt, ebenso entschieden muß er, wenn er seinen christlichen Namen verdient, übernatürliche Gnaden und Tugenden höher stellen.

Die Heiligen sind Menschen, die Gott auserwählt, durch seine Gnade geadelt, durch seine Liebe geleitet und zu hervorragender Tugend emporgeführt hat. Hier sahen sie allezeit auf Gottes Willen, übten sie gute Werke, wuchsen sie in der Tugend, herrschten sie über ihre niedrigen Begierden. Darum genießen sie jetzt Gottes Anschauung in vollendeter Liebe, erfreuen sich reichen Lohnes und großer Macht.

Ihre Leiber waren in hervorragender Weise Tempel des Heiligen Geistes. Sorgen Christen, daß alle Leiber ihrer verstorbenen Mitchristen ein christliches Begräbniß erhalten, weil diese Leiber durch die Sacramente geheiligt waren zu Tempeln des Heiligen Geistes, dann verdienen die Heiligen mehr. Wer weiß, welches Loos nach Gottes Richterspruch den Seelen gewöhnlicher Christen zu theil werden wird? Wer weiß, ob ihre leblosen Ueberreste dereinst in Herrlichkeit auferstehen werden?

Hinsichtlich der Martyrer, hinsichtlich der feierlich canonisirten Bekenner sind wir sicher! Groß waren sie im Leben, groß im Tode. Reich sind ihre Seelen an Macht und Herrlichkeit bei Gott; herrlich werden einst diese unscheinbaren Staubkörner und Gebeine glänzen, gleich den Sternen in alle Ewigkeit.

Jeder Heilige verdient sein Denkmal, auch die Ueberreste seines Leibes sind der Hochachtung werth. Wer die Verehrung der Heiligen und ihrer Reliquien schmäht, steht nicht mehr auf christlichem Standpunkt!

Viele Gebräuche der Kirche haben sich erst in späteren Jahrhunderten voll entwickelt zu allgemeiner Giltigkeit. Schon im apostolischen Glaubensbekenntniß aber steht die „Gemeinschaft der Heiligen" als einer der zwölf Grundartikel des Christenthums.

Der Heiland lehrte die Erlaubtheit und den Nutzen der Reliquienverehrung, als er jenes Weib heilte, welches gläubig sein Kleid berührte. Schon die Schüler der Apostel erlangten Heilung durch die Gewandstücke ihrer Lehrer. Von Anfang des Christenthums wurden Gräber und Gebeine der Martyrer verehrt. Es geschah unter den Augen und mit Billigung der Apostelschüler. Johannes der Evangelist sah die Gebeine der Heiligen unter dem Altare.

In der Bundeslade lagen Reliquien des Alten Bundes: die Gesetzestafeln, ein Gefäß mit Manna und der Stab Aarons.

Im Neuen Bunde umschließt seit fast anderthalbtausend Jahren beinahe jeder Altar höhere und heiligere Reliquien.

Der Ursprung der Verehrung ist apostolisch, die Ausdehnung katholisch. Ihre Früchte sind derartig, daß sie allein genügen würden, zu beweisen, daß sie durchaus christlich ist. Der Heiland selbst lehrte uns, aus den Früchten zu schließen auf den Baum. Es ward oben gezeigt, daß wir der Verehrung der Heiligen und ihrer Reliquien eine Menge werthvoller Schriften verdanken, daß diese Verehrung die Literatur mächtig förderte. Wie viele Geschichtschreiber, so haben auch manche Dichter bei den Heiligen die Stoffe ihrer Begeisterung gesucht und gefunden. Die großen Baumeister des Mittelalters, seine Maler, Goldschmiede und Bildhauer wären ohne solche Verehrung um einen großen Theil der Anregung gekommen.

Wie viele Christen sind in den herrlichen Gotteshäusern, vor den Reliquienschreinen durch Vorlesung der Martyreracten und Leben der Heiligen, durch Hymnen und liturgische Gebete zum Bewußtsein gekommen, wo die Ideale des menschlichen Lebens liegen, wie die Lehren des Gottsohnes verkörpert, sein Beispiel nachgeahmt werden sollen! Da hatten sie

Licht gefunden, die Gnade stärkte sie, zu wandeln auf den Pfaden der
Heiligen zum Gipfel christlicher Vollkommenheit.

Arme Verblendete, deren schwaches Auge nicht hineinzuschauen vermag in die Schönheiten dieser Verehrung! Sie wenden sich ab vom Glanze und heften sich an die Schattenseiten. Ja, es sind Schattenseiten da; denn diese Verehrung vollzieht sich hier auf dieser durch die Sünde verdorbenen Erde und unter Menschen, die kranken an den Folgen der Erbsünde. Aber was sind denn alle falschen Reliquien im Vergleich zu den echten? Was sind die Mißbräuche, abgewogen gegen die herrlichen Früchte jener Verehrung? Wer wirft den ganzen Blumenstrauß weg, weil einige Blumen zu welken beginnen? Man hebt diese wenigen aus und freut sich der gebliebenen, deren Farbe glänzt, deren Wohlgeruch duftet.

Sehen wir hin auf die Wunder! Ist nicht der Herr ehedem durch das Land gezogen, hat er nicht damals alle geheilt, die sich voll Vertrauen an ihn wandten? Haben nicht die Apostel Wunder gewirkt? Wer das läugnet, ist nicht mehr Christ! Wer festzuhalten wagt, Wunder seien unmöglich, kann nicht einmal Christ werden.

Wunder sind geschehen in allen Jahrhunderten der christlichen Zeitrechnung, weil Jesus voraussagte und versprach, sie würden kommen. Sie sind gekommen bei Verehrung der Heiligen und ihrer Reliquien.

Selbst wenn man, was zuzugeben ist, ehedem oft etwas als Wunder ansah, was sich heute natürlich erklären läßt, bleibt doch ein Doppeltes bestehen. Diejenigen, die vermeinten, Gott habe ihnen auf die Bitten eines Heiligen hin geholfen, sind gestärkt worden im Bekenntniß und in der Uebung des christlichen Glaubens, ohne den kein Heil ist. Sodann aber muß jeder, der sich mit Recht scheut, eine Reihe der vortrefflichsten Männer vergangener christlicher Jahrhunderte als Lügner und Betrüger zu brandmarken, zugestehen, daß auch echte und wirkliche übernatürliche Hilfeleistungen Gottes, wahre Wunder durch die Verehrung der Heiligen und ihrer Reliquien erlangt worden sind. Diese Wunder sind das große Majestätssiegel Gottes, welches den Beweis für die Erlaubtheit, den Nutzen und die Vorzüge der Reliquienverehrung urkundlich erhärtet und abschließt.

ZWEITER TEIL

Die Verehrung der Heiligen
und ihrer Reliquien in Deutschland
während der zweiten Hälfte des Mittelalters

Vorwort.

Die Geschichte der „Verehrung der Heiligen und ihrer Reliquien in Deutschland bis zum Beginne des 13. Jahrhunderts" ist im 47. Ergänzungsheft dargestellt worden. Das vorliegende führt den Gegenstand weiter bis zum Beginn der neueren Zeit. Für die geschichtliche Darlegung mancher erst in der zweiten Hälfte des Mittelalters vollständig ausgebildeten Gebräuche mußte auf die vor dem 13. Jahrhundert liegende Zeit zurückgegriffen werden. Ebenso bietet das letzte Kapitel Hinweise auf die nach Schluß des Mittelalters eingetretene Entwicklung.

Für die Bearbeitung sind die im Vorwort jenes andern Heftes angegebenen Gesichtspunkte maßgebend geblieben. Vollständigkeit in Aufzählung der einschlagenden Thatsachen ist daher nicht erstrebt worden, sondern nur die Schilderung des Entwicklungsganges. Ebenso sind die alten Quellen und die hervorragendsten Werke benutzt; auf Anführung der gesammten Literatur hingegen wurde verzichtet.

Als Ueberschriften der Kapitel sind Stichworte gewählt, unter die sich die Einzelheiten vereinigen und übersichtlich gruppiren ließen.

In Theorie und Praxis hat die Verehrung der Heiligen und ihrer Reliquien sich aus christlichen Principien naturgemäß entwickelt. Sie muß also im wesentlichen gut und richtig gewesen sein. Die kirchliche Autorität hatte freilich nicht selten gegen auftretende Mißbräuche zu kämpfen. Ueber die letzteren ist das Nöthige gesagt, um ihr Entstehen aus den Zeitumständen begreiflich oder auch wohl entschuldbar zu finden.

Möge diese Arbeit, im Vereine mit jener ersteren, die Kenntniß des wirklichen Thatbestandes fördern und dadurch für die Ehre unserer heiligen Religion in einem wichtigen Punkte wirksam eintreten.

Erstes Kapitel.
Das Umhertragen der Reliquien.

1. Nachdem die Reliquien zuerst aus der Erde erhoben, später aus den Altären in Schreine und Reliquiare gebracht worden waren, verloren sie immer mehr ihr früheres Beharren in und bei dem Grabe. Ja die Grabstätte, der älteste Ort der Reliquienverehrung, trat mehr und mehr zurück. Schon weil die großen durch Reliquienreichthum berühmten Abteien nach ihrer Regel den Frauen nicht gestatteten, in den engern Bereich des Klosters und in die Hauptkirche einzutreten, mußten sie die Reliquien ihrer Heiligen entweder außerhalb der eigentlichen Clausur in Nebenkirchen ausstellen, welche auch den Frauen zugänglich waren, oder bei hohen Festen die Reliquien **ins Freie hinaustragen** und unter reich verzierten Zelten der allgemeinen Verehrung aussetzen[1].

Zogen die Männer in den Krieg, dann wollten sie der Hilfe der Heiligen nicht entbehren. Wie die Israeliten ehedem die Bundeslade mitnahmen, so wollten sie die Reliquien der berühmteren Heiligen bei sich sehen. Als z. B. Karl der Große 795 gegen die S a c h s e n zog, ließ er sich vom Abte Fardulf von St. Denys begleiten, der Reliquien seines Patrons, des hl. Dionysius, mit sich führte. Dabei trug sich ein Ereigniß zu, welches für die Aufbewahrung der Reliquien im Felde lehrreich ist. Die Mönche brachten nämlich die Ueberreste des hl. Dionysius in ein kleines zur Kapelle eingerichtetes Häuschen, stellten vor dieselben zur Feier der heiligen Messe eine hölzerne Tafel, bedeckten diese mit einem reinen Leintuch und zündeten Kerzen an. Als der Hüter sich auf einige Zeit entfernt hatte, sah er bei der Rückkehr, daß eines der brennenden Lichter auf das Tuch gefallen war, ohne dies oder den Altar in Brand zu

---

[1] Mabillon, Annal. Bened. I, 87.

setzen, und er schrieb diese Erhaltung der Fürsprache seines Heiligen zu[1]. Damit nicht zu viele Mönche solche Reliquien ins Feld begleiteten, bestimmte der zweite Canon des 742 unter Vorsitz des hl. Bonifatius gefeierten deutschen Concils, nur jene dürften mitziehen, welche die heilige Messe zu lesen, Beicht zu hören und die Reliquien zu tragen hätten[2]. Späterhin begab das deutsche Heer sich nie in den Kampf, ohne daß die heilige Lanze vor dem Kaiser getragen wurde. Andere Herren nahmen andere Reliquien mit. So galt der Arm des hl. Blasius seit dem 12. Jahrhundert als Palladium der in Braunschweig regierenden Fürsten des welfischen Hauses[3]. Die Hildesheimer schrieben 1367 den Sieg über einen dreimal überlegenen Feind dem „Heiligthum Unserer Lieben Frau" zu, das der Bischof seinen Mannen im Kampfesgewühl unter begeisternder Anrede vorhielt[4].

Bei den Bittprocessionen vor Christi Himmelfahrt, am Marcustage und bei schlechter Witterung, Pest, Kriegsgefahr oder anderen Bedrängnissen wurde im Mittelalter die Litanei aller Heiligen gesungen. So forderte König Pipin den Nachfolger des hl. Bonifatius auf, zum Dank für eine fruchtbare Ernte eine Procession abzuhalten, bei der die Litanei gesungen werde[5]. Es lag nun nahe, bei solchen Umzügen die Reliquien der angerufenen Heiligen mitzuführen. Der hl. Ulrich, Bischof von Augsburg († 973), zog am Palmsonntag[6] mit geweihten Palmen, goldenen Evangelienbüchern, Kreuzen, Fahnen und dem Bilde des auf einem Esel sitzenden Heilandes vor die Stadt. Ein Theil der Geistlichen und der Bürgerschaft kam ihm bei der Rückkehr mit reichem Kirchengeräth entgegen, und viele warfen vor den Einziehenden Zweige, ja selbst ihre Kleider auf den Weg. Daß Reliquien auch bei dieser Palmprocession getragen wurden, wird nicht ausdrücklich bezeugt, darf aber vorausgesetzt werden, weil andere, ältere deutsche Ritualbücher bezeugen, daß dies Sitte war[7]. Zu Hirschau waren z. B. mehrere Mönche bestimmt, bei solchen Gelegenheiten die Schreine der Heiligen auf ihren Schultern zu tragen. Die hl. Elisabeth aber folgte an den Rogationstagen in leinenen Gewändern

---

[1] Mabillon, Annal. Bened. II, 316.
[2] Mabillon l. c. 117; Hartzheim, Concilia Germaniae. I, 49.
[3] Neumann, Der Reliquienschatz des Hauses Braunschweig-Lüneburg. S. 322 f.
[4] Kratz, Der Dom zu Hildesheim. S. 11.
[5] Jaffé, Bibliotheca, Mon. Moguntina. p. 281.
[6] Acta ord. S. Benedicti. V, 428.
[7] Gerbert, Vetus liturgia Alemanica. II, 996 et 1007.

mit bloßen Füßen in der Procession „dem Kreuze und den **Reliquien
der Heiligen**"[1].

Die Gläubigen des Mittelalters sahen eben in ihren Reliquien nicht nur todte Knochensplitter, sondern auch die Person, welcher jene Ueberreste gehörten, deren Namen sie trugen. Wurde doch jede Kirche als Haus ihres betreffenden Heiligen betrachtet. Als darum im Jahre 1070 die Kirche des an der flandrischen Grenze gelegenen Klosters Hasnon eingeweiht ward, brachte man aus allen benachbarten Städten und Klöstern die berühmtesten Reliquien herbei[2], wie man alle Verwandten zur Weihe einer neuen Wohnung zu laden pflegte. Häufig kamen so bei hohen Festen die Mitglieder anderer Kirchen mit „Kreuzen und Reliquien" zum Gottesdienst befreundeter Kapitel[3]. Ja im 11. Jahrhundert hatten die Geistlichen von Amiens mit den Mönchen von Corbie den Vertrag eingegangen, am Octavtag der Bittprocessionen sollte jede Genossenschaft mit ihren Reliquien der andern entgegenziehen, so daß sie sich in der Mitte des Weges träfen. Der Gebrauch entstand im Jahre 1021, als eine große Pest die Gegend entvölkerte[4]. Als im Jahre 1053 eine neue Pest wüthete, trugen fünfzehn Benediktiner von Fontanelles in feierlicher Procession die Gebeine des hl. Wulfram nach Ouen[5], wo ihnen die Canoniker mit den Reliquien des hl. Romanus entgegengezogen. Man brachte beide Heiligthümer in die Marienkirche, wo der Archidiakon Hugo eine glänzende Lobrede auf den Heiligen von Fontanelles hielt. Die Mönche zogen mit ihrem Patron weiter zur Kirche des hl. Audoën, vor der ihnen ihre Ordensgenossen in weißen Chorkleidern mit dem Schrein des hl. Nicasius begegneten. Am Abend stellten sie ihr Heiligthum in die Kirche des hl. Laurentius; dort wurde eine Frau geheilt, welche beim Sturze vom Pferde den Arm gebrochen hatte, als sie von St. Denys heimkehrte, wohin sie mit vielen anderen gepilgert war, „um den hl. Dionysius zu sehen".

Auch im Mittelalter fehlte es indessen nicht an Gegnern solcher Processionen, weil sie leicht zu Mißbräuchen Veranlassung bieten konnten. Der vielgenannte Abt Guibert meinte, man hätte die Reliquien in den

---

[1] Theodorici Thuringi De s. Elisabeth. lib. III, c. 11 bei Canisius-Basnage IV, 127. Vgl. über Reliquienprocessionen an Rogationstagen auch Bock et Willemsen, Antiquités sacrées à Maestricht. p. 40.
[2] Tomelli, Historia monasterii Hasnoniensis, Mon. Germ. XIV, 157.
[3] Gerbert, Vetus liturgia Alemanica. II, 991.
[4] Mabillon, Annal. Bened. IV, 368 et 280.
[5] Mabillon l. c. p. 541.

Altären und Gräbern lassen sollen¹; andere Klostervorsteher sahen nicht gerne, daß ihre Untergebenen durch solche Umzüge vielfach Gastmählern und freierem Verkehr mit Geistlichen und Laien ausgesetzt wurden². Das war wohl auch der tiefere Grund, warum Abt Richard von St. Vannes zu Verdun dem Bischofe Richard, welcher die Reliquien des hl. Viton wegen einer Pest herumtragen wollte, entgegnete, man solle doch die Heiligen nicht so beunruhigen³. Aber der Widerspruch hatte wenig Erfolg.

2. Weil man, wie bemerkt, die Heiligen als Besitzer ihrer Kirche und des ihr zustehenden Grundbesitzes ansah, entstand, wie es scheint, in Frankreich die Sitte, diese Heiligen (b. h. ihre Reliquien) in Kapellen oder auf Grundstücke zu tragen, wogegen mächtige Herren einen Angriff planten⁴. Als beispielsweise Graf Robert von Flandern 1074 die Güter zurücknehmen wollte, welche die Abtei Corbie von seinem Ahnen, dem hl. Adalhard, erhalten hatte, beschlossen die Mönche, die Reliquien des Adalhard auf die bedrohten Besitzungen zu tragen. So kamen sie auch zu einer kleinen Stadt in der Nähe von Tournai, welche Graf Robert eben belagerte. Kaum hörte dieser, die Reliquien seines Ahnherrn näherten sich, so eilte er ihnen entgegen, nahm den Schrein, brachte ihn mit seinen Hofleuten in die nächste Kirche und gab dort alles Geraubte zurück. Freudig kehrten die Mönche heim. Als sie aber auf dem Wege durch das Gebiet der Adela, der Mutter des Grafen, kamen, ließ diese ihnen befehlen, nicht weiter zu ziehen, weil sie entweder für ihren Ahnen eine neue Kirche bauen oder ihn auf den Blandinenberg bei Gent bringen wolle. So hielt sie den Zug und die Reliquien in einer Kirche des hl. Stephanus fest. Einer der Corbier, Everard genannt, nahm jedoch in der Nacht die heiligen Gebeine aus dem silbernen Schrein und floh heim. Als die Gräfin dies am Morgen vernahm, entließ sie dessen Gefährten mit dem leeren Reliquiar⁵.

Im Jahre 1060 trugen die Mönche von Lobbes mit Erlaubniß der benachbarten Bischöfe und der Landesherren die Reliquien des hl. Ursmar durch Brabant und Flandern, um die verlorenen Güter wiederzuerlangen und die mißliche Lage, worein sie gerathen waren, zu bessern⁶.

---
¹ Vgl. 47. Ergänzungsheft S. 125; Mabillon, Annal. Bened. V, 550 sq.
² Mabillon l. c. IV, 368.   ³ Mabillon l. c. p. 464.
⁴ Beispiele bei Mabillon III, 547. 549; IV, 37. 543. 552 aus Fontanelles 960, Luxeuil 960, St. Benoît-sur-Loire 986, Lobbes in Flandern 1053 und Sens 1055.
⁵ Mabillon, Annal. Bened. V, 82.
⁶ Miracula s. Ursmari in itinere per Flandriam facta, Mon. Germ. XV, 837 sq.

Um das Jahr 1030 wollte das Kloster des hl. Victor bei Marseille ein ihm zur Zeit Lothars geschenktes, aber entfremdetes Gut wiedererlangen. Es wandte sich ohne rechten Erfolg an das ordentliche Gericht, brachte aber auch den Schrein seines Patrons zu der betreffenden Besitzung, in die sich vier Herren getheilt hatten. Alle weigerten sich anfangs, zurück=zuerstatten. Zuletzt traten zwei derselben zu den Reliquien hin und gaben ihren Theil zurück. Die anderen wollten es auf ein Gottesurtheil an=kommen lassen, banden ein Kind an einen Strick und ließen dasselbe ins Wasser hinab. Da es untertauchte und nicht, wie sie zum Beweise ihrer Unschuld erwartet hatten, auf der Oberfläche schwimmen blieb, verstanden auch sie sich dazu, das Eigenthumsrecht des Klosters anzuerkennen[1].

Indessen waren solche Versuche, mittelst der Reliquien angefochtenes Eigenthum zu sichern oder wiederzuerlangen, nicht immer erfolgreich. Als nämlich Graf Balduin von Flandern († 1036) eine Villa des Klosters Maroiles im Hennegau in Besitz genommen hatte und die Mönche mit Be=willigung des Bischofs von Cambrai die Reliquien ihres heiligen Stifters Humbert nach Flandern brachten, wo der Graf sich aufhielt, erreichten sie, wie es scheint, nichts und kehrten darum mit ihrem Schreine heim[2].

Wurde der Heilige als Besitzer und Schutzherr des Gebietes einer Abtei oder einer Diöcese angesehen, so lag es nahe, ihn bei Besitzergreifungen handeln zu lassen. Als darum die Mönche von St. Bertin zu St. Omer die Grenzen ihres Gebietes bestimmen wollten, brachten sie die Leiber der Heiligen Audomar und Bertin auf ein Schiff und fuhren mit denselben so weit, als ihr Besitzthum reichte[3]. Auch wenn eine Kirche vor dem weltlichen oder geistlichen Gericht etwas zu verhandeln hatte, wurde um das Jahr 1000 in wichtigeren Fällen „der Heilige" als Kläger oder fälschlich Angeklagter hingetragen. Als darum in Frankreich Vornehme und Geringere Kirchen und Klöster bedrängten, feierten die Bischöfe, Aebte, Kapitel und Ordenshäuser der Provinzen Poitiers und Le Mans 988 im Kloster Charoux ein Concil und sandten ihre Reliquien zu demselben, um dessen Beschlüssen desto größeres Ansehen zu verleihen. Gleiches ge=schah 1020 auf dem Concil zu Airy bei Autun, 1033 auf verschiedenen Concilien, welche für die Gegenden von Arles, Lyon und Burgund einen allgemeinen Gottesfrieden verkündeten, 1047 zu Caen, 1116 auf einem

---

[1] Mabillon, Annal. Bened. IV, 282 et 363. Mabillon erzählt diese Ge=schichte zweimal.
[2] Acta SS. 25. Mart. III, 563 sq.
[3] Du Cange, Glossarium. Paris 1886. VII, 114, 1.

Concil in Burgund, und 1049 zu Rheims vor Leo IX.¹, wobei unter anderen der Erzbischof von Trier, die Bischöfe von Metz, Verdun und Konstanz, sowie die Aebte von Prüm, Hautvillier, Montier-en-Der und Gorze theilnahmen.

Auf jenem Concil bereitete sich eine Scene vor, welche in deutlicher Art zeigt, wie sehr man in jener Zeit einen plastischen Ausdruck der Ideen suchte, wodurch dann auch wieder erklärlich wird, warum man die Reliquien in so vielfacher Weise als Vertreter der Heiligen behandelte. Bischof Hugo von Langres wurde nämlich dort abgesetzt, weil er die Irrlehre Berengars gegen das heiligste Altarssacrament in Schutz genommen hatte. Nun folgte er dem Papste nach Rom und trat bei der nächsten Synode vor denselben, halb entkleidet, barfuß und Ruthen in der Hand, womit er geschlagen werden sollte. Leo verzieh und gab ihm das Kleid, den Ring und die Sandalen zurück, wodurch er die Ausübung seiner bischöflichen Würde wiedererlangte.

Selbst zum Kaiser zogen die Mönche und Stiftsherren mit ihren Reliquien. So kamen die Maestrichter Canoniker 944 mit dem Schrein des hl. Servatius zu Otto I. nach Duisburg, um Schutz gegen den Grafen Immo zu erflehen, und 1087 nach Aachen zu Heinrich IV. Der Kaiser hatte aber ausdrücklich verlangt, sieben vornehme Herren müßten sie von Maestricht dorthin begleiten und die Wahrheit einer von Gerard von Wassenberg angefochtenen Schenkung als Eideshelfer bezeugen². Im Jahre 871 erschienen die Capuaner mit den Reliquien des hl. Germanus vor Ludwig II. Die Mönche von St. Ghislain kamen 1035 mit ihrem Patron zu Konrad II. (wahrscheinlich nach Tribur), um dessen Hilfe mit Erfolg anzurufen. Sie wurden in der alten Abtei Thorn an der Maas bei der Heimreise so wohl aufgenommen, daß Abt Heribrand den Nonnen eine Lebensbeschreibung des hl. Ghislain schenkte³.

Vor Heinrich IV. erschienen 1094 die Mönche von Lobbes bei Löwen mit den Reliquien des hl. Ursmar, um die Wiedererstattung ihrer Güter zu erbitten. Sie erhielten ein Diplom, worin ihr alter Besitz bestätigt wurde⁴.

Eine der lehrreichsten Erzählungen über solche durch Reliquien gestützten Bittfahrten der Mönche zum Kaiserhof bietet der von Zeitgenossen

---

¹ Mabillon, Annal. Bened. IV, 52. 267. 383. 484; V, 617; IV, 503.
² Continuatio Chronici Regionis ad an. 944 und Jocundi Translatio s. Servatii. Mon. Germ. SS. I, 619 et XII, 124. Weitere Nachweise bei Bock et Willemsen, Antiquités sacrées à Maestricht. p. 122. Im Jahre 1002 trugen die Maestrichter ihren Heiligen nach Koblenz, in dessen Nähe eine Besitzung bedroht war. Acta SS. 13. Maj. III, 219 n. 39.
³ Mabillon, Annal. Bened. IV, 405.   ⁴ Mabillon l. c. V, 339.

geschriebene Bericht über die Wiedererwerbung des Klosters Malmedy[1]. Erzbischof Anno von Köln hatte sich nämlich um 1061 mit Hilfe des Erzbischofs Adalbert von Bremen durch den minderjährigen Heinrich IV. den schon von früheren Kölner Oberhirten beanspruchten Besitz dieses in der Lütticher Diöcese gelegenen, zu Stablo gehörenden Klosters zusprechen lassen. Einen der Gründe seiner Ansprüche sah er darin, daß die Malmedyer ihm erlaubt hatten, die Reliquien des hl. Agilolf, des um 717 gestorbenen Kölner Erzbischofs und Abtes von Stablo, wozu Malmedy gehörte, in seine Metropole zu übertragen. Im Jahre 1065 kam nun Graf Konrad im Auftrage Anno's nach Malmedy, um es in dessen Namen in Besitz zu nehmen. Die Mehrzahl der Bewohner unterwarf sich; andere aber traten vor den Grafen mit dem Stabe des hl. Remaclus, des Patrones und Abtes der Abtei, welcher um 670 als Bischof von Lüttich gestorben war und wegen dessen sie bei der Lütticher Diöcese bleiben wollten. Das Vorweisen dieses Lütticher Stabes sollte der handgreiflichste Protest sein. Beide Parteien einigten sich, zum Zeichen ihrer Bedrängniß den Reliquienschrein in die Mitte der Kirche auf den Boden zu stellen und vor ihm Tag und Nacht das Klagelied zu singen: „Schau, Herr, weil deiner Kirche Trostlosigkeit entstand. Keiner ist, der sie, welche in Trauer sitzt, tröstet außer und allein dein Erbarmen."

Der Abt reiste zum König und zum Reichstage in Goslar. Dort erlangte er 1065 nur das Versprechen, man wolle beim nächsten Reichstage in Aachen seine Klagen anhören. Er und seine Partei kamen darum in die alte Kaiserstadt mit den Reliquien ihres Patrons, stellten sie in der Pfalzkapelle auf und begannen laut zu beten und zu klagen. Im Auftrage Heinrichs IV. befahl ihnen aber der Bischof von Speier, sich zu entfernen. Sie gehorchten, zogen mit ihrem Schrein in eine Aldegundiskirche und kehrten bald nachher unverrichteter Sache nach Malmedy zurück. Noch im Jahre 1066 kam Heinrich mit seiner Gemahlin Bertha nach Stablo und gab durch Ueberreichung des Stabes des hl. Remaclus dem Abte Theodorich die bestrittenen Besitzungen zurück. Die Mönche brachten den Reliquienschrein, welchen sie auch jetzt mitten in der Kirche auf den Boden gestellt hatten, unter feierlichem Gepränge wiederum auf den Altar. Im December versprach Heinrich zu Bamberg dem Abte alles Gute, und dieser zog mit den Reliquien des hl. Remaclus von Stablo nach Malmedy, um im Namen des Heiligen aufs neue von der ihm zugesprochenen Abtei

---

[1] Mon. Germ. XI, 433 sq. Vgl. Wattenbach, Deutschlands Geschichtsquellen. II, 126 f.

Besitz zu ergreifen, obwohl Anno dem widersprach. Als nun im Jahre 1068 Erzbischof Anno nach Rom reiste, eilte der Abt von Stablo und Malmedy, ihm zuvorzukommen, und trat ihm am Grabe des hl. Petrus, wo dieser die heilige Messe feiern wollte, entgegen mit der Aufforderung, er möge aus Liebe zum hl. Petrus nachgeben. Anno weigerte sich; der Papst wollte den Streit nicht entscheiden, sondern verwies die Sache an den König. Weil zum Osterfest 1071 ein Reichstag nach Lüttich berufen ward, griff Abt Theodorich, der schon so viele Ausgaben gemacht hatte, als er zum Könige nach Aachen, Goslar und Bamberg, zweimal aber nach Rom zum Papst gereist war, zum äußersten Mittel. Er befahl, die Reliquien des hl. Remaclus von Stablo nach Lüttich zu bringen, wo dieser sein Patron als Bischof regiert hatte. Auf dem Wege gesellten sich die Geistlichen von Lierneu mit den Reliquien ihres Heiligen, des Martyrers Symmetrius, zu den Stabloer Mönchen. Der Bischof von Lüttich kam ihnen entgegen und führte die Heiligen am Charsamstag mit großen Ehren in die Stadt.

Erst am Sonntage nach Ostern begann der entscheidende Reichstag. Während auf ihm auch der Streit zwischen dem Erzbischof von Köln und dem Abte von Stablo über den Besitz Malmedy's verhandelt wurde, sangen die Mönche vor dem Altar der heiligsten Dreifaltigkeit, auf den sie ihren Schrein gestellt hatten, das Veni Creator Spiritus, die Bußpsalmen und eine Litanei; dann zogen sie zur Krypta des hl. Lambertus, von da zur Marienkirche und brachten den Schrein zuletzt wiederum zum Dreifaltigkeitsaltare. Sie ließen dort einige Wächter zurück und gingen geradeswegs zum König, der mit dem Erzbischof von Köln und anderen Großen bei der Tafel saß. Ihre Klagen fruchteten nichts. Bischof Hermann von Bamberg, der Haushofmeister des Königs, vertröstete sie auf den morgen abzuhaltenden Gerichtstag. Die Mönche entfernten sich zwar, erschienen aber bald nachher mit ihrem Heiligen vor dem Herrscher und vor dessen Gästen, stellten den Schrein auf den Tisch und wiederholten ihre Klagen. Alle erschraken, die Königin weinte, Anno zürnte. Die Tafel wurde aufgehoben, und der König zog sich in den Palast zurück. Die Mönche versuchten, ihm zu folgen, wurden jedoch an der Thüre zurückgewiesen. Sie blieben stehen, laut klagend über die Verletzung ihres Eigenthums. Das Volk sammelte sich und stimmte ein in ihre Beschwerden. Der König sandte Boten über Boten an den Abt und die Bischöfe, die Mönche blieben aber mit der Menge um den Schrein versammelt, wollten sich nicht entfernen und hielten die ganze Nacht hindurch Stand. Am Morgen rieth man ihnen bringend, die Sache nicht auf die Spitze zu treiben, und nicht zu versuchen, dem Könige Zwang anzuthun. Nun trugen sie den hl. Remaclus zurück in die Marienkirche, wo das Volk sich sammelte und Wunder geschahen. Der Bischof von Cambrai und andere Herren vom Hofe sahen diese Wunder und berichteten an Heinrich IV. Dieser sprach mit Anno, der zuletzt nachgab, seinen Stab ergriff und ihn dem König reichte mit den Worten: „Weil es Gott nun einmal so gefällt und es nicht anders sein kann, so nimm, o König, das Geschenk zurück, das du mir gabst." Der König nahm den Stab an und glaubte dadurch das Verfügungsrecht über Malmedy wiedererlangt zu haben. Er ging zur Kirche, ließ sich dort den Hirtenstab des hl. Remaclus, den man von Stablo mitgebracht hatte, reichen, legte ihn auf den Schrein und sprach: „Sieh, nimm zurück dein Eigenthum, das ich dir, Heiliger, erstatte. Verzeihe, gewähre mir auf meine Bitten Nachlaß der Schuld." Die Stabloer stimmten ein Te Deum an, die Lütticher Cleriker stimmten ein, alles Volk jubelte und erlangte vom Heiligen neue wunderbare Heilungen. Am folgenden Morgen begaben die Mönche sich mit ihrem Reliquienschrein auf die Heimreise. Der Clerus der Kirche des hl. Lambertus gab ihnen ehrenvolles Geleit. Jenseits der Maas machten sie Rast, um die heilige Messe zu feiern. Ein Knabenchor stieg auf einen benachbarten Berg und sang von dort aus ein Loblied auf den hl. Remaclus. Die Besitzer des Grundstückes, auf dem man gerastet hatte, schenkten es dem Heiligen, und die Bewohner der Umgegend erbauten ihm dort eine Kirche. Am Abende kam man nach Malmedy, das Remaclus einstens als Bischof und Abt vom König Sigebert erhalten hatte, und das er nun wieder feierlich in Besitz nahm. Einer der Mönche aber schrieb kurz nachher die beiden Bücher des Triumphus s. Remacli de Malmudariensi coenobio, aus dem hier ein Auszug geboten ward.

Blutiger gestaltete sich ein „Triumph des hl. Lambert" von Lüttich. Gottfried von Bouillon hatte vor dem ersten Kreuzzug 1096 sein Schloß der Kirche von Lüttich, d. h. nach damaliger Anschauung dem hl. Lambert übergeben. Graf Rainald von Bar aber setzte sich 1129 durch Bestechung und nächtlichen Ueberfall in dessen Besitz. Im Jahre 1141 suchte Bischof Albero II. (1136—1145) es am 17. August durch Belagerung wiederzuerlangen. Doch das Kriegsglück war ihm nicht hold, bis er auf Bitten seiner Streiter die Reliquien des hl. Lambert aus Lüttich zum Heere bringen ließ. Dadurch stieg der Muth der Seinigen und sank die Widerstandskraft der Belagerten so sehr, daß das Schloß sich am 18. September übergab. Der Schrein des Heiligen wurde im Triumph in die Burgkapelle gebracht; der Sohn des Grafen aber versprach vor den Reliquien, nie mehr etwas von den Besitzungen des hl. Lambert anzutasten[1]. Auch der 1213 zu Steppes errungene Sieg der Lütticher über den Herzog von Brabant wurde der Fürbitte des hl. Lambert zugeschrieben und jährlich am 13. October gefeiert[2], während die Erinnerungsfeier für die Eroberung von Bouillon am 28. April jedes Jahres stattfand.

3. Beim Bericht über jenen „Triumph des hl. Remaclus" wurde erwähnt, man habe zum Zeichen der Trauer in Stablo den Reliquienschrein vom Altar herabgenommen und auf die Erde gestellt. Dies zu thun, entsprach einer alten Sitte. Bereits Gregor von Tours († 594) erzählt, Bischof Franco von Aix sei durch einen Hofmann des Königs Sigebert eines Landgutes der Kirche des hl. Mitrias beraubt und, als er Klage erhob, mit Schimpf und Schande weggejagt worden. Da habe sich der Bischof vor das Grab des Heiligen hingeworfen und gesprochen: „Hier soll kein Licht angezündet werden, kein Psalmengesang mehr erschallen, glorreichster Heiliger, bis du deinen Dienern gegen ihre Feinde Recht verschaffst und die dir gewaltsam geraubten Güter deiner heiligen Kirche wiedererstattest hast." Dann legte er Sträucher mit spitzen Dornen aufs Grab, verließ die Kirche, verschloß die Thore und häufte auch vor sie Dorngestrüpp auf. Der Räuber erkrankte bald nachher, sandte Boten, welche das Gut zurückerstatteten und 600 Goldstücke auf das Grab legten, erlangte aber trotzdem nicht die Gesundheit, sondern starb[3].

Aehnliches berichtet der hl. Bischof Audoenus († 683)[4]. Als eines Tages der Schatzmeister der Kirche der hl. Columba von Paris zum hl. Eligius kam und ihm meldete, Diebe hätten in der Nacht deren Schätze gestohlen, eilte der Bischof zur Kirche und betete: „Höre, hl. Columba, was ich sage: Mein Erlöser weiß, daß, falls du nicht bald die geraubten Schätze dieses Hauses zurückbesorgst, ich Dornen herbeiholen und diese Thüre so verschließen lasse, daß dir von heute ab an diesem Orte niemals mehr Verehrung gezollt wird." Am folgenden Tage fand der Schatzmeister alles, was er vermißt hatte, in der Kirche wieder.

---

[1] Triumphus s. Lamberti de castro Bullonio, Mon. Germ. XX, 497 sq.; Vita s. Mochullei Hiberniensis episcopi, l. c. 512 sq.; Reineri Triumphale Buloicum. XX, 583 sq.

[2] Triumphus s. Lamberti in Steppes, l. c. XXV, 169 sq.

[3] Gregorii Turonensis Liber in gloria confessorum, c. 70, Mon. Germ., SS. rerum Meroving. I, 789.

[4] Audoeni vita s. Eligii, l. c. 30, Migne, Patrol. LXXVII, 503.

Im Jahre 997 war Graf Fulco von Angers mit Bewaffneten in das berühmte Stift des hl. Martin zu Tours eingedrungen, hatte in demselben ein Gebäude zerstört und das Asylrecht in gröblichster Weise verletzt[1]. Als Antwort legten die Angegriffenen das Kreuz sammt allen Reliquien der Heiligen auf den Boden, brachten Dorngestrüpp auf das Grab des hl. Martin, um die Reliquiare sowie um das Kreuz und schlossen die Thore für alle Einheimischen. Bald nachher gelangte der Graf zur Erkenntniß seiner Missethat und kam mit mehreren vornehmen Begleitern barfuß zur Kirche, um vor dem Grabe des Schutzheiligen, vor den Reliquien und zuletzt vor dem Kreuz Abbitte zu leisten und ein Pfand zu hinterlegen, daß Aehnliches sich nie mehr ereignen werde.

Zweifelsohne lassen sich solche Maßregeln des Clerus sehr verschiedenartig beurtheilen. Die Dornen sollten in handgreiflicher Weise und im Anschluß an die Sprache der hl. Schrift die Bedrängniß der in ihrem Eigenthum geschädigten Heiligen darstellen. Das Hinlegen der Dornen war gleich einer öffentlichen Klage, war ein Appell an das Volk und an das Gewissen des Uebelthäters. Es hat in vielen Fällen Nutzen gestiftet und hohe Herren, denen sonst nicht beizukommen war, so sehr dem Unwillen der öffentlichen Meinung preisgegeben, daß sie zuletzt nachgaben. In unseren Zeiten würde man ähnliche Rechtsverletzungen von seiten Regierender oder mächtiger Beamten in den Zeitungen geißeln. Damals, in gläubigeren Zeiten, in einem Culturzustand, der nicht mit der gesprochenen oder geschriebenen Klage sich begnügen konnte, sondern alles in symbolischen Thaten darstellte, griff man zu anderen Mitteln. Ist dies hie und da auch in mißbräuchlicher Weise, vielleicht zu oft und zu rasch geschehen, so dürfen in unserem die Autorität so wenig achtenden Jahrhundert jene gewiß am wenigsten darüber klagen und herb urtheilen, die in ihrer Art noch rascher und häufiger Kritik üben und an das Publikum appelliren. Es ist auffallend, wie gerade jene, welche sich als die Liberalsten hinstellen wollen, die ersten sind, welche Verwahrung einlegen, wenn einmal der Clerus gegen ungerechte Bedrückung von seiten weltlicher Herren an das Volk appellirt hat.

Die Dränger waren oft die mächtigsten Herren, gegen die auf gerichtlichem Wege nichts zu erreichen war. Beispielsweise hatte König Heinrich von Frankreich dem Herzog Gozelo von Lothringen ein an der Maas liegendes Gut des Klosters des hl. Medardus von Soissons

---

[1] Mabillon, Annal. Bened. IV, 108.

gegeben. Abt Richard wagte nicht, dem König Vorwürfe zu machen, stellte aber den Gottesdienst ein und „erniedrigte" die gewöhnlich auf dem Altar stehenden Reliquien bis auf den Boden der Kirche. Als der Herzog 1037 nach Nymwegen zum Kaiser reisen mußte, erkrankte er gefährlich, sah dies als Strafe des Himmels an und erstattete den hll. Medardus und Sebastianus ihr Gut zurück [1].

Oft folgte ein solches „Erniedrigen" der Reliquien dem Spruche der geistlichen Oberen. Als z. B. [2] 1049 ein Adeliger die armen Bauern einer Villa des Klosters des hl. Eligius zu Noyon so arg bedrängte, daß diese entfliehen wollten, bat Bischof Balduin von Noyon den Bischof Fulco von Amiens, in dessen Diöcese jene Ansiedelung lag, den Herrn zu excommuniciren. Fulco willfahrte; Abt Remigius aber ließ, um dem Spruch Nachdruck zu verleihen und der armen Landbevölkerung desto wirksamer zu helfen, die Reliquiare von ihrem erhabenen Platz herabnehmen.

Der heilige Bischof Godfried von Amiens hatte um 1105 zu St. Omer das Weihnachtsfest gefeiert. Als der Graf von Flandern und andere Herren bei der heiligen Messe zum Opfern sich dem Altare näherten, hatte er ihre Gaben abgewiesen, weil sie gleich Weibern ihre Haare lang wachsen ließen. Alle hatten aus Achtung gegen den heiligen Mann sich mit ihren Schwertern und Messern die Haare abgeschnitten und sich dann wieder dem Altare genaht. Der Bischof ritt heim in Begleitung Adams, des Stadtobersten von Amiens. Auf der Reise kam ihm Guermund von Pequigny entgegen, grüßte ihn, nahm dann trotz aller Einsprache Godfrieds jenen Adam gefangen, legte ihn in Ketten und führte ihn weg. Als lange Bitten und viele Vorstellungen nichts gefruchtet hatten, stellte der Bischof die Reliquien des hl. Firmin und anderer Heiligen der Kathedrale auf den Boden. Guermund zürnte, verwüstete die Umgegend von Amiens mit Feuer und Schwert. Der Bischof eilte zu ihm, warf sich ihm vergebens barfuß und in rauher Büßerkleidung zu Füßen. Kurz nachher wurde aber der Herr von Pequigny selbst gefangen. Der Bischof ging zum Sieger, erbat sich die Freiheit des Gefangenen, erhielt auch die Befreiung Adams, führte denselben freudig nach Amiens zurück und erhöhte die Reliquien auf ihren alten Platz [3].

Uebrigens scheint diese Sitte, Reliquien auf den Boden zu stellen und zwischen Dornen [4] zu legen, sich in Deutschland nicht weit verbreitet

---

[1] Acta SS. 12. Mart. II, 126 n. 24; Mabillon, Annal. Bened. IV, 416.
[2] Mabillon l. c. 509.   [3] Mabillon l. c. V, 482.
[4] Viele Beispiele bei Du Cange, Glossarium. Paris 1886. VII, 112 sq.

zu haben und fast nur in den an Frankreich grenzenden Gebieten nach=
geahmt worden zu sein. Darum mußte hier, um die Entwicklung des
Gebrauches nachzuweisen, über die Grenzen unseres Gebietes hinausgegangen
werden und waren Beispiele aus Frankreich beizubringen. Das zweite
allgemeine Concil von Lyon schaffte den Gebrauch ab, welcher bei der
verbesserten Rechtspflege nicht mehr nöthig war. Es bestimmte: „Den
verabscheuenswerthen Mißbrauch der schrecklichen Unfrömmigkeit jener,
welche wagen, gemalte oder geschnitzte Bilder des Kreuzes, der seligsten
Jungfrau oder anderer Heiligen voll Unehrerbietigkeit zu behandeln, indem
sie die Einstellung des Gottesdienstes dadurch verschärfen, daß sie diese
Bilder auf die Erde stellen und Disteln oder Dornen unter sie legen,
mißbilligen wir durchaus. Strengstens verbieten wir, dergleichen in Zu=
kunft zu thun. Wir bestimmen zugleich, es solle gegen jene, welche wider
unsern Erlaß handeln, mit hartem Strafurtheil vorgegangen werden.
Mögen Fehlende so streng bestraft werden, daß andere abgehalten werden,
Aehnliches zu wagen." [1]

Wer bedenkt, welchen großen Einfluß der fromme und milde hl. Bona=
ventura bei jenem Concil ausübte, während dessen Feier er starb, wird
die Entrüstung begreifen, womit dieser Canon geschrieben ist. In der
That war bei dem Bildungszustand des 13. Jahrhunderts und bei der
mystischen Richtung, welche besonders durch die hll. Bernhard und Bona=
ventura weite Verbreitung gefunden hatte, jene alte Sitte nicht mehr zeit=
gemäß, ja ärgerlich. Das scharfe Decret des Concils war um so nöthiger,
weil die Zahl der Aebte, Pröpste und Kirchenoberen, welche eine so auf=
fallende und aufregende Maßregel veranstalten durften, stark gewachsen
war, weil alle diese ein ehedem in Ausnahmefällen angewandtes letztes
Mittel häufiger in Scene setzten, weil die Zahl der aus den Gräbern
auf die Altäre erhöhten Heiligen sehr groß geworden war und weil
endlich jene „Erniedrigung" im 13. Jahrhundert nicht nur die Reli=
quien, sondern auch die vielen Gemälde und Statuen der Heiligen be=
traf. So sehr also jenes Decret für seine Zeit angezeigt war, würde

---

[1] Concilium Lugdunense II, can. 17, Mansi XXIV, 92. Cfr. Durandi,
Rationale lib. I. c. 2 in fine: In concilio Toletano XXVI. q. VI. „Quicunque"
cavetur, quod clericus causa doloris in alterius perniciem altare vel
imaginem exuens, vestibus vel lugubri veste vel spinis accingens, vel ecclesiae
luminaria extinguens, deponatur. Sed si ecclesia sua jure suo indebite spo=
liatur, hoc causa moeroris facere licet, vel secundum quosdam, quem=
admodum et in die passionis Domini in signum tristitiae altaria denudantur.
Quod tamen hodie Concilium reprobat Lugdunense.

man doch irren, wenn man daraus schließen wollte, die viele Jahrhunderte vorher von den besten Bischöfen und Aebten angeordnete „Erniedrigung" der Reliquien sei in sich verwerflich und tadelnswerth gewesen. Die äußere That des Hoch= oder Niedrigstellens eines heiligen Gegenstandes, der Anwendung von Dornen und Disteln ist in sich vielfacher Auffassung fähig. Diese Auffassung änderte sich in den Veranstaltern und in den Zuschauern; mit der veränderten Gesinnung und innern Wirkung änderte sich aber auch der moralische Werth der ins wirkliche Leben eingesetzten That.

4. Dasselbe zweite allgemeine Concil von Lyon erließ, freilich ohne durchschlagenden Erfolg, einen ebenso scharf abgefaßten Beschluß gegen die **mit Reliquien herumziehenden Collectanten**[1]. Es sagte: „Almosensammler verunstalten die Kirche durch Lügen und Unvollkommenheiten und setzen sie dem Spott aus. Zweitens bestechen sie die Kirchenvorsteher durch Geschenke, und diese erlauben ihnen darum, zu sagen, was sie wollen. Drittens erdichten und erlügen sie in ihren Briefen und Schreiben so viele Ablässe und erklären dieselben so schlecht, daß fast niemand ihnen glaubt. Viertens, sie erbetteln viel und schicken wenig an die Orte, wofür die Almosen bestimmt sind. Sie betrügen mit falschen Reliquien."

Die bekannten Klagen gegen Ablaßprediger des Mittelalters sind in diesen Worten kurz zusammengefaßt. Sie kehren in den deutschen Concilien immer wieder. Solche Ablaßprediger zogen nun oft auch mit den Reliquien derjenigen Heiligen umher, für deren Kirchen sie sammelten, und verschenkten kleinere Reliquien an jene, welche ihnen größere Summen gaben, trieben also gewissermaßen damit einen Handel.

Ein altes Beispiel der durch Reliquien unterstützten Collecten bietet Abt Nicolaus von Rouen; denn er ließ bald nach seiner Wahl (1042) die Reliquien des hl. Ouen (Audoën) durch verschiedene Provinzen tragen, um die Mittel zur Errichtung einer neuen Kirche zu erlangen[2].

Reiche Nachrichten über die vom hl. Amand bei seiner Reise nach Frankreich und Brabant gewirkten Wunder sind von Zeitgenossen überliefert[3]. Der Abt seines Klosters bedurfte außerordentlicher Mittel zur Er-

---

[1] Canon 8. De corrigendis circa quaestuarios praedicatores. Mansi l. c. p. 131.

[2] Mabillon, Annal. Bened. IV, 450.

[3] Miracula s. Amandi in itinere Gallico facta und Miracula in itinere Bragbantino facta. Mon. Germ. XV, 849 sq.; Carmen de incendio s. Amandi. Mon. Germ. XI, 409 sq.; Mabillon, Annal. Bened. IV, 679.

neuerung der abgebrannten Gebäude, erbat sich die nöthige Erlaubniß sowohl von den Bischöfen als von den Herren des Landes und verließ am 7. Juni 1066 sein bei Tournai gelegenes Kloster. Vier Mönche trugen den Schrein, die anderen begleiteten ihn. So gelangten sie zuerst nach Cambrai. Auf dem Wege nach Coucy kam ihnen der Priester der Kirche des hl. Remigius mit vielem Volk entgegen und bat sie, den Schrein einige Zeit in seiner Kirche aufzustellen. Als nun eine schon zehn Jahre lahme Frau den Lärm und den Gesang des begleitenden Volkes vernahm, betete sie zum Heiligen, ward geheilt, eilte hinaus und legte sich beim Schrein einen Riemen um den Hals, zum Zeichen, daß sie von nun an dem hl. Amand gehöre.

Zu Noyon eilte die Geistlichkeit mit den Reliquien des hl. Eligius den Kommenden entgegen, weil ihr hl. Eligius hier auf Erden mit dem hl. Amand in vertrautem Verkehr gestanden habe. Seine Reliquien lagen in zwei Schreinen, von denen Weltgeistliche den einen, Ordensleute den andern trugen. Von beiden Schreinen ward „der hl. Amand" in die Kathedrale geleitet, wo er blieb, bis die Mönche des hl. Amand ihr Zelt auf einem freien Platze der Stadt aufgestellt hatten. Nach Vollendung desselben holten sie ihren Schrein aus der Kathedrale, stellten ihn in ihr Zelt und begannen in Gegenwart einer großen Volksmenge vor ihm in der Nacht das kirchliche Officium zu verrichten. Vier Wochen dauerte die Pilgerfahrt, erst am 4. Juli langten die Mönche reich beschenkt wiederum in ihrer Heimat an. Das Volk der Umgegend eilte ihnen entgegen, half den Schrein tragen und erlangte, daß man ihn für die folgende Nacht nicht gleich auf den Altar der wenigen Leuten zugänglichen Krypta, sondern auf einen innerhalb der Klostermauern gelegenen Platz brachte und dort vor ihm das nächtliche Stundengebet abhielt. Mit Hilfe der gesammelten Gaben begann der Abt seinen Neubau, dessen Verlauf Gislebert als Augenzeuge schildert. Er verweilt lange bei der Beschreibung der zwölf die Apostel sinnbildenden Säulen seiner Kirche und erklärt deren Kreuzgewölbe als Symbole des Zeichens der Erlösung, während die leuchtenden Glasfenster ihn an die glänzenden Beispiele der Heiligen erinnern.

Im Jahre 1088 ward die neue Kirche geweiht. Fast zwanzig Jahre später (1107) beschlossen die Mönche, ihren Schrein durch Brabant zu tragen, um einige dem hl. Amand entfremdete Besitzungen wieder zu erlangen. Aus dem Berichte über diese zweite Reise erhellt, daß die Kranken, welche durch die Fürbitte des Heiligen Heilung erflehten, unter den Schrein gelegt wurden und dort lange liegen blieben, um die Erhörung ihrer Bitten durch Ausdauer zu erlangen. Weiterhin ersieht man daraus, daß die Mönche bei solchen Reisen die heilige Messe im Freien vor dem Schreine feierten, und daß große Menschenmengen an vielen Orten ihrem Heiligen entgegenkamen und ihn begleiteten.

Um dieselbe Zeit trugen die Mönche einer der Abtei St. Remy zu Reims unterworfenen Kirche die Reliquien des hl. Marculf, die Canoniker von St. Quentin diejenigen des hl. Quintin, die von St. Martin zu Tours diejenigen des hl. Briccius Almosen sammelnd durch das Land[1]. Selbst Suger, der Abt des reichen Klosters St. Denys, wagte den Neubau der Kirche nur „im Vertrauen auf die Hilfe der Heiligen".

Eingehende Berichte liegen über die Collecte zum Bau der durch Brand zerstörten Kathedrale von Laon vor[2]. Die Sammler zogen im Jahre 1111 mit ihren Reliquien durch Frankreich und Belgien, ja bis nach England. Eines der mitgenommenen Reliquiare war besonders kostbar; denn seine Außenseiten waren mit Gold, Edelsteinen und Inschriften verziert, sein Inneres aber barg Reliquien vom Kleide und von den Haaren der Gottesmutter, vom Schwamm, womit der Herr getränkt ward, und vom heiligen Kreuz. Abt Guibert, der sich im allgemeinen der Reliquienverehrung seiner Zeit gegenüber ablehnend verhält, erzählt doch mit Begeisterung, welche Wunder auf jener Reise geschehen seien, wie die Begleiter der Heiligthümer predigten und dabei den Brand und die Armuth ihrer Kathedrale darstellten. Nach der Predigt ging das Volk, wie ehedem beim Offertorium der heiligen Messe, zum Opfern um den Schrein, und jeder legte eine Gabe hin, indem er den im Chor stehenden Schrein küßte. Auf der Reise lag der Reliquienschrein in einem großen Kasten, auf dem ein vergoldeter Adler stand. Bei Tours wurde ein Taubstummer geheilt, als er Wasser trank, in welches man das Reliquiar getaucht hatte. In einer andern Stadt trug man auf Ersuchen die Reliquien sogar ins Haus einer Kranken, welche auf die Fürbitte Maria's genas, als auch sie von dem durch die Reliquien geweihten Wasser trank. Ein zweiter Taubstummer fand Gehör und Sprache, als er seine Schuhe einem Armen geschenkt, dem Schrein lange barfuß gefolgt und geraume Zeit unter demselben gelegen hatte. Das Volk nahm die Reliquien fast überall mit Begeisterung auf und spendete reiche Gaben.

---

[1] Mabillon, Annal. Bened. V, 447 sq.
[2] Herimanni Miracula s. Mariae Laudunensis, Mon. Germ. XII, 654 sq.; Guiberti Abbatis Libri de vita sua. III. c. 12 sq., Migne, Patrol. CLVI, 938; Mabillon, Annal. Bened. V, 585; Vincentius Bellovacensis, Speculum historiale. XXVI, 15.

Wie man von Laon bis nach England zog, so kamen um jene Zeit auch die Engländer collectirend nach Frankreich und nach Flandern[1].

Zur Förderung der Errichtung der Trierer Liebfrauenkirche erließ Erzbischof Konrad von Hostaden, der erste Bauherr des Kölner Domes, im Jahre 1243 einen Ablaßbrief, worin er die Collectanten empfiehlt und verordnet, bei der Annäherung der Reliquien der Liebfrauenkirche sollten allerorts die Glocken geläutet werden und Clerus und Volk sich versammeln, um mit geziemender Feierlichkeit ihnen entgegen zu gehen. Der Tag der Ankunft solle von allen feierlich und festlich wie ein Sonntag begangen werden, bis die Messe und das Geschäft der Sammler vollendet seien[2].

Ein Provinzialconcil von Mainz erließ kurz nachher, im Jahre 1261, Synodalstatuten, worin es das Verhalten der mit Reliquien umherziehenden Sammler gesetzlich regelt, aber dabei sehr bitter gegen jene eifert, welche sich grobe Mißbräuche zu Schulden kommen ließen und falsche Reliquien vorzeigten[3]. Aehnliche Klagen wiederholt 1310 ein Trierer Concil[4].

Darf man nun aus den so oft und mit Recht gerügten Mißbräuchen auf die Verwerflichkeit der Sache selbst schließen? So oft ein Concil solche Mißbräuche geißelt und Verhaltungsmaßregeln zu deren Verhütung erläßt, lobt und billigt es die Sache, wofern sie in der gewünschten Ordnung vollzogen wird. Fast alle unsere mittelalterlichen Kirchen sind mit Hilfe der Almosensammler errichtet. Letztere haben in vielen Fällen nur durch Hinweisung auf die Reliquien des Heiligen, dem zu Ehren das Gotteshaus erbaut werden sollte, die nöthigen Summen erlangt. Was ist überdies Gottes und seiner Heiligen würdiger, was entspricht den übernatürlichen Idealen mehr, jenes alte oder unser neues System? Heute veranstaltet man zum Ausbau eines Domes Lotterien, wodurch Millionen erworben werden. Die Loose werden aus allerlei Gründen von allerlei Händlern und Agenten gegen Procente abgesetzt, und dabei gewinnen die Zahlenden allerlei moderne Bilder und Sachen oder Geldsummen. Damals predigt man von der Ehre, welche Gott und den Heiligen durch Errichtung einer Kirche erwiesen werde, versprach man den

---

[1] Mabillon, Annal. Bened. V, 538 ad annum 1109.
[2] Wyttenbach et Müller, Gesta Trevirorum. I, Appendix p. 59; Goerz, Urkundenbuch. III, 580.
[3] Hartzheim, Concilia. III, 600 can. 17 et 612 can. 48.
[4] Hartzheim, Concilia. IV, 145 can. 85.

Almosengebern Gottes Lohn und den Nachlaß zeitlicher Sündenstrafen. Wie man denen, die Geld spenden, heute ein Lotterieloos reicht, stellte man ihnen am Ende des Mittelalters einen Ablaßzettel aus. Bei den Verhandlungen über die erste Kölner Domlotterie sind diese Gegensätze gründlich erörtert worden. Man hat sich die Schattenseiten des neuen Systems nicht verhehlt, aber geglaubt, unter den obwaltenden Verhältnissen sei die nicht von der geistlichen Behörde veranstaltete Lotterie nicht zu mißbilligen. Möge man gegen die mittelalterlichen Almosensammler unter Berücksichtigung der Zeitverhältnisse ebenso billig sein.

Zweites Kapitel.

Verehrung der Heiligen und Aufbewahrung ihrer Reliquien bei und in Altären bis ins 13. Jahrhundert.

1. Gar oft wird der Einwurf wiederholt, die Verehrung der Heiligen habe wenigstens im Mittelalter die Anbetung Gottes gemindert und geschädigt, Christus sei durch seine Heiligen in den Hintergrund gedrückt worden. Wie wenig diese Anschuldigungen der Wahrheit entsprechen, erhellt klar aus der Anlage und Ausstattung mittelalterlicher Kirchen. Schon der Grundriß der deutschen Kirchen des Mittelalters ahmt das heilige Zeichen der Erlösung nach[1]. Die alten Basiliken haben nur ein auf die Achse des Mittelschiffes gelegtes Querschiff, wodurch ein sogen. Antoniuskreuz entsteht, oder entbehren des Querschiffes. In Italien und Südfrankreich haben diese beiden Formen sich im Grundriß lange gehalten. In Deutschland zeigen dagegen seit dem 10. Jahrhundert fast alle bedeutenden Kirchenbauten in ihrer Anlage die Form des lateinischen Kreuzes.

In der Mitte dieser Kirchen, in der Vierung, wo Langschiff und Kreuzschiff sich schneiden, stand regelmäßig ein Kreuzaltar, wodurch der symbolische Charakter des Grundrisses scharf betont ward. Befand sich doch dieser Altar dort, wo bei Crucifixen das Haupt des Gekreuzigten war. In einigen Kirchen neigt sich sogar das Chor von der Vierung an nach Süden oder nach Norden. Hier und da wird diese Unregelmäßigkeit auf bauliche Gründe zurückzuführen sein, in andern Fällen aber ist sie beabsichtigt, um anzudeuten, daß der Herr am Kreuze sein Haupt neigte, bevor er starb[2].

---

[1] Vgl. Dehio und v. Bezold, Die kirchliche Baukunst des Abendlandes, Tafeln.
[2] Mittheilungen der k. k. Centralcommission. III, 227; Otte, Handbuch der kirchlichen Kunstarchäologie. 5. Aufl. I, 39 u. 111.

Hinter dem Kreuzaltar stand im 10. bis 12. Jahrhundert auf einer hohen Säule ein reiches, goldenes Kreuz, z. B. in Hildesheim, Essen und Braunschweig[1], das späterhin über dem Altar aufgehängt ward. Kreuser bemerkt richtig, man habe das Kreuz an diesem hervorragenden Platz in so augenfälliger Weise angebracht, damit jeder „gleich beim Eintritt in das Haus des Herrn an den Hausherrn kräftig gemahnt würde." Weil der Heiland am Kreuze über den Tod, die Sünde und den Teufel triumphirte, wurde das Kreuz als Zeichen des Triumphes angesehen und einfachhin „Triumphkreuz" genannt. Der Bogen, an dem man es aufhing, und der das Chor vom Kreuzschiff trennte, hieß darum Triumphbogen. In dem an ihn anstoßenden Gewölbe ward dann die Idee dieses Triumphes weiter versinnbildet durch Bilder des Auferstandenen oder des Weltenrichters[2]. Dies Kreuz galt so sehr als eines der wichtigsten Ausstattungsgegenstände, daß Gottfried von Viterbo, ein in der zweiten Hälfte des 12. Jahrhunderts blühender Schriftsteller, es als „Haupt der Kirche" bezeichnet[3].

Da den Frauen, ja sogar an den meisten Orten allen Laien das Betreten des Chores verboten war, galt der Kreuzaltar meist auch als Altar der Laien, während die Mönche oder Kapitulare ihren Gottesdienst an dem im eigentlichen Chor stehenden Hochaltar feierten. Vor dem Kreuzaltare fanden seit dem 11. Jahrhundert Bischöfe und Aebte, später auch vornehme Wohlthäter ihr Grab. Sie ruhten dort zu den Füßen dessen, der am Kreuz für sie gestorben, ihnen aber auch die Auferstehung verdient hatte. Beispielsweise begruben die Mönche von Gembloux 1092 und nach 1133 ihre Aebte Tietmar und Anselm vor dem Kreuzaltar[4]; ebendasselbe thaten die Halberstädter Canoniker 1008 für den in ihrer Diöcese verstorbenen Bischof Ludolf von Trier und 1123 für ihren Bischof Reinard[5]. Heinrich der Löwe ward bei seiner Gemahlin in dem von ihm neu erbauten Dom zu Braunschweig vor dem kostbaren, von ihm geschenkten Kreuze begraben[6]. Im Dome zu Trier wurde Erzbischof

---

[1] Kratz, Der Dom zu Hildesheim. S. 59 f.; Neumann, Der Reliquienschatz des Hauses Braunschweig-Lüneburg. S. 15. Einen Beweis dafür, daß kostbare Kreuze auf Säulen hinter den Altären standen, liefern die säulenförmigen Füße des Veletrikreuzes und des Welfenkreuzes a. a. O. S. 63 u. 80. Auf den Altar durften in älterer Zeit weder Kreuze noch Leuchter gestellt werden. Vgl. Ergänzungsheft 47. S. 102.

[2] Kreuser, Der christliche Kirchenbau. 2. Aufl. I, 163.

[3] Ecclesiis crux benedicta caput. Speculum 1109, Mon. Germ. XXII, 80.

[4] Gesta abbatum Gemblacensium, Mon. Germ. VIII, 545 et 554.

[5] Gesta episcoporum Halberstadensium, Mon. Germ. XXIII, 90 et 105.

[6] Stimmen aus Maria-Laach. XL, 576.

Arnold I. 1183 vor dem Kreuzaltar bestattet, fünf andere Bischöfe des 12. Jahrhunderts und je einer des 11., 13. und 15. Jahrhunderts fanden in den östlichen Theilen des südlichen Seitenschiffes, also auf der Männerseite in der Nachbarschaft des Kreuzaltares ihre Ruhestätte, vier andere des 13., 14., 16. und 18. Jahrhunderts wurden im nördlichen Seitenschiff bestattet[1]. Kaum einer bedeutendern Kirche fehlte ehemals ein vor dem Kreuzaltar stehendes Grabdenkmal des 13. oder 14. Jahrhunderts, worauf ein hervorragender Wohlthäter in Lebensgröße dargestellt war. Alte Abteikirchen, besonders jene der Cistercienser, z. B. Bronnbach, zeigen vor der Stelle des alten Kreuzaltares ganze Reihen von Grabplatten.

In den auch für die deutschen Klöster wichtigen Gewohnheiten des bedeutenden, zwischen Rom und Reate erbauten Klosters Farfa wird im 11. Jahrhundert verordnet, wenn der deutsche König das Haus besuche, seien alle Mönche mit Chorkappen zu bekleiden, alle Laienbrüder aber und Schüler mit „Tuniken". Dann solle man die beiden größten Glocken läuten und in folgender Art eine Procession ordnen. In der 1. Reihe müsse Weihwasser getragen werden zwischen zwei Kreuzen, in der 2. ein Kreuz zwischen zwei Weihrauchfässern, in der 3., 4. und 5. je ein Evangelienbuch zwischen zwei Kerzen. Dann folgten in Stillschweigen paarweise die Laienbrüder, die Schüler mit ihren Lehrern, der Abt und zuletzt zu zweien und zweien die Mönche. Der Abt reichte dem König Weihwasser und ein Evangelienbuch zum Kusse. Unter dem Geläute aller Glocken führte er ihn zum Kreuzaltar und zum Hochaltar, vor denen Teppiche ausgebreitet waren, und nach einem kurzen Gebet ins Kloster[2].

2. Aus dem Gesagten erhellt, daß das Mittelalter bei der aufs höchste gesteigerten Verehrung der Heiligen doch nie vergaß, daß sie nur Diener Christi seien, und daß es dem Herrn den vorzüglichsten Platz wahrte. Wie sehr aber neben Christus seine treuen Diener und Nachfolger geehrt wurden, zeigten die ihnen geweihten Altäre, in denen ihre Reliquien geborgen wurden. Wir müssen nun hier die mittelalterlichen Altäre einer Reihe deutscher Kirchen aufzählen, um zu zeigen, welche Heiligen bis zum 13. Jahrhundert bevorzugt wurden. Die im 14. und 15. Jahrhundert besonders verehrten werden später zu behandeln sein.

Der hl. Ardo, Schüler des hl. Benedikt von Aniane (Cornelimünster bei Aachen), des vertrautesten Rathgebers Ludwigs des Frommen, erzählt[3],

---

[1] Wilmowsky, Die Grabstätten der Erzbischöfe im Dome zu Trier. Tafel 1.
[2] Historiae Farfenses, Ordo, Mon. Germ. XI, 547.
[3] Ardonis vita Benedicti, Mon. Germ. XV, 205 sq.

sein Meister habe im Jahre 782 den Bau einer neuen Kirche begonnen und in derselben drei Altäre aufgestellt, den Hochaltar aber zu Ehren der heiligsten Dreifaltigkeit geweiht. Benedikt gab ihm drei Platten (arae[1]), um die drei Personen der Dreifaltigkeit auszudrücken. Das Innere ließ er hohl, weil der von Moses in der Wüste erbaute Altar hohl gewesen sei. Er machte ihm aber eine Thüre, wodurch die in dem Altar aufbewahrten Reliquiare verschlossen wurden, und welche erlaubte, sie an Feiertagen herauszunehmen und öffentlich auszustellen. Die drei Nebenaltäre waren dem hl. Michael, den Apostelfürsten und dem hl. Stephanus geweiht. In der ältern Marienkirche trugen die drei Altäre die Namen der Gottesmutter, des hl. Martin und des hl. Benedikt. Die Kirchhofskapelle war dem hl. Johannes dem Täufer gewidmet. Arbo hebt hervor, so hätten die sieben Altäre seines Klosters zugehört: dem Könige der Könige, der Königin der Jungfrauen, dem höchsten Engel, den Fürsten der Apostel, dem ersten Martyrer, der Zierde der Bischöfe und dem Vater der Mönche. Er freut sich, beifügen zu können, zur weitern Erinnerung an die sieben Gaben des Heiligen Geistes habe der Hauptaltar sieben Leuchter gehabt; sieben gegossene Lampen und sieben Kronleuchter von Silber aber hätten im Chore gehangen.

Im Jahre 974 weihte Bischof Hildward von Halberstadt die Krypta seiner neuen Kathedrale und widmete den Hauptaltar derselben der Gottesmutter, den südlichen Seitenaltar den hll. Martin, Gregor, Augustin, Hieronymus, Benedikt, Nicolaus und allen Bekennern, den Seitenaltar der Frauenseite den hll. Cäcilia, Agatha, Agnes, Lucia, Magdalena und ihrer Schwester Martha. In dem über der Krypta erbauten provisorischen Oratorium trug der Hochaltar die Namen der heiligsten Dreifaltigkeit und des heiligen Kreuzes, der südliche Seitenaltar jene der hll. Petrus und Paulus und aller Apostel, der nördliche jene der beiden Johannes, des Täufers und des Apostels.

Im Jahre 980 war der genannte Bischof laut der Halberstadter Chronik „glücklich, seine Kirche mit einem über Gold und Edelsteine erhabenen Schatze zu zieren; denn er übertrug in die Halberstadter Kirche Blut des heiligen Erzmartyrers Stephanus mit zwei heiligen Knochentheilen desselben und Theilen seiner Kleidung, welche man in einem vom Erzbischof Drogo, dem Sohne Kaiser Karls des Großen, zu Metz geweihten Altare gefunden hatte."

---

[1] Ara sive lapis maxima, quae erat super praedictum altare. Annales Senenses, Mon. Germ. XIX, 233.

Zwölf Jahre später 992 kamen Kaiser Otto III., Adelheid, die Gemahlin Otto's I., deren Tochter Mathilde, erste Aebtissin von Queblinburg, und viele andere Großen des Reiches nach Halberstadt, um die Einweihung des eben vollendeten Domes zu feiern. Hildward sah drei Erzbischöfe, deren sechzehn Suffragane und acht andere Bischöfe als Gäste um sich versammelt. Mit elf anderen Bischöfen und Erzbischöfen weihte er sein Gotteshaus, so daß die Zahl der Weihenden derjenigen der Apostel gleich kam.

Dem 974 geweihten Stephansaltar entnahm er eine Menge Erinnerungen an das Heilige Land: Theile vom Heiligen Grabe, einen aus dem Jordan genommenen Stein, Staub vom Oelberg, Stücke vom Grabe des Lazarus, Reliquien Christi, Mariä, sowie „unzähliger heiliger Martyrer, Bekenner und Jungfrauen".

Zehn Altäre wurden geweiht: 1. der neue Hochaltar der heiligsten **Dreifaltigkeit** und ihrem ersten Ritter, dem hl. Stephanus, 2. der südliche Seitenaltar dem hl. **Mauritius** und seiner Legion[1], 3. der nördliche Seitenaltar den heiligen Martyrern Vitus, Justin und Cyriakus, 4. der Altar an der südlichen Thüre dem heiligen Papste Clemens und der hl. Cäcilia, 5. der Altar an der nördlichen, zum Bischofshof führenden Pforte dem hl. **Dionysius**, seinen Genossen und dem hl. **Liborius**, 6. der zwischen den ebengenannten im Mittelschiff errichtete Altar dem heiligen Kreuz. Im Mittelschiff des hohen Westchores ward consecrirt; 7. ein Altar der heiligen Martyrer Sixtus, Felicissimus, Agapitus und Januarius, 8. südlich von ihm der Altar der heiligen Martyrer Laurentius, Hippolytus, Pankratius, Vincentius und Cyriakus, 9. nördlich jener der Martyrer Sebastian, **Bonifatius, Ludgerus, Magnus, Udalrich** und **Afra**; 10. endlich der Altar der heiligen Erzengel Michael, Gabriel, Raphael, aller „himmlischen Bürger", des heiligen Bischofs **Martin** und des heiligen Bekenners **Gallus**[2].

Die Reihe der Heiligen, denen diese zehn Altäre geweiht wurden, zeigt, daß die alten römischen Martyrer zwar noch überwiegen, daß aber auch die heimischen Heiligen zu Ehren kommen. Genannt sind unter ihnen die Heiligen: Martin von Tours, Liborius von Paderborn, Bonifatius von Mainz, Ludgerus von Münster, die Aebte Magnus und Gallus, endlich der hl. Udalrich mit der hl. Afra von Augsburg.

---

[1] Vgl. das 47. Ergänzungsheft. S. 119.
[2] Gesta episcoporum Halberstadensium, Mon. Germ. XXIII, 85 sq.

Andere Gesichtspunkte herrschten bei den Bamberger Kirchweihen, bei denen wohl Heinrich der Heilige auf die Auswahl der Altarpatrone mitgewirkt hat. In St. Jakob weihte man 1072 den Altar der Krypta der heiligsten Dreifaltigkeit, dem heiligen Kreuz, der Gottesmutter und den Heiligen, deren Reliquien in ihn gelegt waren, 1109 den Hochaltar des Westchores dem Erlöser, dem Kreuze, der Gottesmutter und dem Apostel Jacobus, im Ostchore den Hauptaltar unserm Herrn Jesus Christus, seiner Mutter, dem hl. Michael und den beiden Johannes, den zur Rechten stehenden Seitenaltar unserm Herrn Jesus Christus, dem Papst Silvester, den Bischöfen **Martin** und Nicolaus nebst allen Bekennern, den linken Seitenaltar unserm Herrn Jesus Christus nebst den Martyrern Clemens und Georg, 1112 den Altar beim Heiligen Grabe der Auferstehung des Herrn, seinem Kreuze, der Gottesmutter und allen Heiligen, 1120 den Altar auf dem Lettner zu Ehren der Heiligen, deren Reliquien darin geborgen wurden; es waren diejenigen von zwei Aposteln, sechs Martyrern, drei Bekennern und drei Jungfrauen. Nicht die Vorliebe zu einem oder dem andern Heiligen, sondern der zufällige Besitz von Reliquien bestimmte also im letztern Falle den **ganzen** Altartitel. Auch der Altar der Kirchhofskapelle von St. Jakob ward 1122 geweiht zu Ehren des hl. **Leonard** und der anderen dreißig Heiligen, deren Reliquien in denselben eingeschlossen wurden. 1124 ward im Oratorium der Altenburg ein Altar gewidmet den heiligen Aposteln Philippus und Jacobus, der hl. **Walpurgis** und den anderen Heiligen, deren Reliquien in ihn gelegt wurden. Dabei wird als etwas Besonderes betont, der Bischof habe den **ganzen** Altar oben durch einen **einzigen** Stein geschlossen[1].

In feierlichster Weise ließ Heinrich II. die Altäre der dem Apostelfürsten gewidmeten Domkirche weihen. Viele Gäste fanden sich ein aus allen Theilen seines weiten Reiches, unter denen man nicht weniger als 45 Bischöfe zählte. Von den Vornehmsten derselben wurden folgende Altäre consecrirt[2]:

1. Im Westchor der Altar der hll. Petrus und Paulus, aller Apostel, des hl. Kilian und seiner Gefährten; 2. zur Rechten dieses Hauptaltares der Kirche der Altar der heiligen Bekenner Silvester, Gregor und Ambrosius; 3. zur Linken der Altar der heiligen Martyrer Dio-

---

[1] Notae s. Jacobi Babenbergenses, Mon. Germ. XVII, 637 sq.
[2] Dedicatio ecclesiae s. Petri Babenbergensis l. c. 635 sq.

nysius, Rusticus und Eleutherius, Laurentius, Hippolytus und Vitus; 4. in der Mitte der Kirche der Altar des hl. Kreuzes und des hl. Stephanus; 5. im Ostchor der Hochaltar der Gottesmutter, des hl. Michael, aller Engel und des hl. Georg; 6. zur Rechten desselben ein Altar der hll. Nicolaus, Adalbert (von Prag), Emmeram (von Regensburg), Wenzeslaus (von Böhmen), Ruodbert (von Salzburg) und Erhard. In den letztgenannten Altar kamen außer den Reliquien der erwähnten Heiligen diejenigen der hll. Burkard (von Würzburg), Severin (von Köln), Pantaleon, Wunibald (Bruder der hl. Walpurgis), Gallus (von St. Gallen), Othmar (von St. Gallen), Columban (von Bregenz und Bobbio), Ulrich (von Augsburg), Briccius, Wicbert (Genosse des hl. Bonifatius), Severus und Valentin, also einer Reihe deutscher Heiligen, welche auch zu den Reliquien der übrigen Altäre reichlich beisteuerten; 7. zur Linken des östlichen Hochaltares weihten die Bischöfe einen Altar der hll. Blasius, Lambert (von Lüttich) und Nicolaus; 8. vor der Krypta endlich den Altar der hll. Hilarius (von Poitiers), Remigius und Vedastus (von Arras).

Zu Lüneburg wurde geweiht: 1. 1048 in der Krypta ein Altar der heiligsten Dreifaltigkeit, des Kreuzes, der allerseligsten Jungfrau und der Heiligen, deren Reliquien in denselben gelegt wurden; 2. im Chore der Hochaltar der Gottesmutter, aller Apostel und aller Martyrer Christi; 3. der nördliche Seitenaltar der heiligen Bekenner, deren Reliquien er erhielt: Gregor, Ambrosius, Martin, Nicolaus, Johannes, Antimus, Jovinian, Benedikt, Wicbert, Meinulf und aller anderen Bekenner Christi; 4. im Süden, also auf der Frauenseite, der Altar der heiligen Jungfrauen, deren Reliquien er enthielt: Cäcilia, Agatha, Petronilla, Scholastika, Potentiana, Walpurgis, Grata, Felicia und der 11 000 Jungfrauen. 1230 wurde der Kreuzaltar, 1179 ein vor dem Chore stehender Altar der Apostel zu Ehren der heiligsten Dreifaltigkeit, der Gottesmutter u. s. w. geweiht[1].

1066 weihte der hl. Anno die Kirche und den Hochaltar in Siegburg bei Bonn zu Ehren des hl. Michael, aller Engel, des hl. Mauritius und seines Heeres, vor dem Chore aber einen Kreuzaltar[2]. Michael wurde wohl Patron, weil das Kloster auf einem weithin sichtbaren Berge lag, Mauritius, weil es eine feste Burg gewesen war. Dem Lebens-

---

[1] Tituli Lüneburgenses, Mon. Germ. XXIII, 397 sq.
[2] Vita Annonis c. 21, Mon. Germ. XI, 475.

beschreiber Anno's verdanken wir die beachtenswerthe Bemerkung, sein Erzbischof habe die damals vor den Mauern Kölns liegende, von ihm erbaute Georgskirche lange nicht einweihen können, weil er keine Reliquien des Patrons zu erlangen vermochte[1]. Waren Reliquien des Titularheiligen damals so sehr erwünscht, fast nothwendig, so erklärt sich, warum man sich bei der Wahl des Namens der Kirche oft nach vorhandenen Reliquien richtete.

In dem berühmten Kloster Hirschau in der alten Diöcese Speier wurden 1091 folgende Altäre geweiht[2]: drei im Mittelschiff, 1. der Hochaltar (und die Kirche) zu Ehren der heiligsten Dreifaltigkeit, des heiligen Kreuzes, der Gottesmutter, des hl. Bischofs Aurelius, dessen Leib die Mönche 830 aus Italien erhalten hatten, und aller Heiligen; 2. der Altar des heiligen Kreuzes und des hl. Johannes; 3. der im Osten in der Mitte stehende Altar der heiligen Väter (des Mönchstandes): Benedikt, Antonius, Arsenius, Maurus, Macarius, Hilarion, Columba, Paulus, Johannes, Columban, Gallus, Magnus, Othmar (von Sankt Gallen), Simeon (von Trier), Udilo und aller heiligen Mönche und Einsiedler. Auf der rechten Seite erhielten vier Nebenaltäre ihre Consecration: 4. der Altar aller heiligen Päpste; 5. der Altar aller heiligen Apostel und Evangelisten, besonders des hl. Andreas; 6. der Altar aller heiligen Bekenner, besonders der hll. Martin, Silvester, Gregor (Papst), Nicolaus, Remigius und Ubalrich; 7. der Altar aller Heiligen und der heiligen Jungfrau Mechtildis. Auf der linken Seite befanden sich ebenfalls vier Nebenaltäre: 8. der Altar des hl. Emmeram und aller heiligen Propheten; 9. der Altar der hll. Laurentius, Stephanus, Innocentius, Blasius, Mauritius, seiner Genossen, Georg, Sebastian und aller Martyrer; 10. der Altar aller heiligen Jungfrauen, besonders Agatha, Agnes, Lucia und Cäcilia; endlich 11. der Altar des hl. Michael und aller Engel.

In den Hirschauer Altartiteln erscheinen, wie man sieht, nicht viele deutsche oder gallische Heiligen, desto mehr in den Verzeichnissen der in jene Altäre gelegten Reliquien. Man findet dort außer den genannten die hll. Maternus und Valerius von Trier, Dionysius von Paris, Severin von Köln, Lambert von Lüttich, Amand, Bonifatius, Willibald, Kilian, Willibrord von Echternach, Ubalrich, Adalbert, Wolfgang, Erhard, Burkard, Florian, Gangolf aus Burgund, die heiligen Könige Sigismund

---

[1] Vita Annonis c. 17, Mon. Germ. XI, 474 sq.
[2] Historia Hirsaugensis monasterii, Mon. Germ. XIV, 261 sq.

und Wenzeslaus, die hll. Radegundis, Königin von Frankreich, Walpurgis, Ottilia, Helena, Wiboraba, Kategundis, Guthildis, Ursula mit ihren Genossinnen: Binnosa, Biventia und Cordula.

Allgemeine, je eine Klasse von Heiligen umfassende Titel wählten auch 1109 die Mönche des von Hirschau abhängigen, in der Schwäbischen Alb, nicht weit von der Donau gelegenen Klosters Zwiefalten. Damals standen folgende Altäre in ihrer neuen Kirche: 1. Der Hochaltar der heiligsten Dreifaltigkeit, des heiligen Kreuzes und besonders der Gottesmutter; 2. der kleine hinter dem Hochaltar stehende, schon 1103 geweihte Altar des hl. Benedikt und aller heiligen Mönche und Einsiedler. 3. Der erste Seitenaltar zur Rechten trug die Namen des hl. Petrus und aller Apostel; 4. der erste linke Seitenaltar jene des hl. Georg und aller Martyrer; 5. der zweite Seitenaltar zur Rechten die des hl. Martin, aller Bekenner und Bischöfe; 6. der zweite Seitenaltar zur Linken diejenigen der hl. Justina und aller heiligen Jungfrauen und Wittwen[1].

Andere bemerkenswerthe Einzelheiten ergeben sich aus der Chronik von St. Trond in Belgien. Bei der Weihe von 1117 werden folgende Altäre erwähnt: 1. Der Hochaltar der Gottesmutter und der hll. Quintinus und Remigius. Letzteren hatte der hl. Trudo sein Kloster geweiht, jetzt fügte man ihren Namen den Titel der allerseligsten Jungfrau bei, weil die Marienverehrung solchen Aufschwung genommen hatte, daß der Mutter des Herrn fast immer ein Hauptaltar gewidmet ward. Hinter dem Hochaltare befand sich auch hier ein kleinerer, den hll. Martin und Christophorus gewidmeter Altar; 2. auf der rechten Seite stand der Altar der beiden hll. Johannes, des Täufers und des Evangelisten; 3. auf der linken jener der hll. Petrus und Paulus und aller Apostel. 4. Im Westchor befand sich beim Grabe des hl. Trudo dessen Altar; 5. bei den Pforten der Kirche sah man zur Linken den Altar der hll. Leonard und Gertrud, 6. zur Rechten jenen des hl. Lambert[2].

Das vom hl. Otto, Bischof von Bamberg, 1109 gestiftete Kloster Prüfening hatte bei der Kirchweihe von 1119 nur vier Altäre: 1. Den Hochaltar des hl. Georg; 2. den Altar des heiligen Kreuzes und des hl. Pankratius; 3. den rechten Seitenaltar des hl. Benedikt und 4. den linken des hl. Johannes des Täufers. Dazu kamen 1125 zwei neue Seitenaltäre: 5. im Süden jener der heiligen Apostel; 6. auf der Frauen-

---

[1] Ortliebi Zwifaltensis chronicon. II, Mon. Germ. X, 86 sq.
[2] Gesta abbatum Trudonensium. X, 17, Mon. Germ. X, 29.

seite aber derjenige der heiligen Jungfrauen. 1174 wurde auf derselben Nordseite ein Nicolausaltar, 1273 ein Altar der heiligen Apostel Andreas und Johannes, sowie der hll. Anna und Katharina hinzugefügt[1].

Zu Scheftlar an der Isar bei München wurden 1160 geweiht[2]: 1. Der Hochaltar der heiligsten Dreifaltigkeit, des Kreuzes, der Gottesmutter und des hl. Dionysius; 2. „der Altar beim heiligen Kreuz" zu Ehren des Kreuzes, der Gottesmutter und der Heiligen, deren Reliquien er enthielt; 3. in der linken Apsis 1162 der Altar der heiligsten Dreifaltigkeit und des hl. Martin von Tours; 4. in der rechten Apsis 1163 der Altar der beiden hll. Johannes, des hl. Wilhelm und der Heiligen, deren Reliquien er enthielt; 5. wurde 1172 ein Altar in einer Apsis zur Rechten consecrirt zu Ehren der heiligsten Dreifaltigkeit, der Gottesmutter, aller Apostel und der Heiligen, deren Reliquien er besaß; 6. im Jahre 1182 einer in der linksliegenden Apsis zu Ehren der hll. Michael, Korbinian, Martha und der Heiligen, deren Reliquien er barg. 7. Im Jahre 1284 erhielt eine linksliegende Apsis einen Altar zu Ehren der heiligsten Dreifaltigkeit, des Kreuzes und aller Heiligen; 8. in der Vorhalle der Kirche stellte man 1315 einen Altar zu Ehren der heiligsten Dreieinigkeit, der allerseligsten Jungfrau, des hl. Andreas und des hl. Christophorus auf; endlich 8. im Jahre 1341 in dem Kreuzgange vor dem Kapitelsaal einen Altar des hl. Augustin.

Papst Leo IX. († 1054) weihte in St. Arnulph zu Metz 1. den Altar des hl. Johannes des Evangelisten, der Apostelfürsten und aller Apostel und Evangelisten[3] und verordnete, an demselben dürften nur Bischöfe, Aebte, sieben bevorzugte Priester des Klosters und der Dechant, Archidiakon und Chorbischof des Stephansstiftes zu Metz die heilige Messe lesen. Weiterhin befanden sich in jener Kirche: 2. der Altar der heiligen Bischöfe von Metz, Arnulf, Goëricus, Papolus, Godon, Clemens und Felix; 3. der Altar der hll. Stephanus, Vincentius, Georg, Christophorus, Gangolf, Sixtus und aller Martyrer; 4. der Altar der Gottesmutter, des hl. Johannes des Täufers, der hll. Lucia, Eugenia, Anastasia, Cäcilia und aller heiligen Jungfrauen; 5. der Altar der hll. Martin, Gregor, Hilarius, Nicolaus, Briccius und aller heiligen Bekenner; 6. der Altar der hll. Benedikt, Clobulf, Majolus, Maurus und aller heiligen Mönche; 7. im Jahre 1240 wurde zu Ehren des Erlösers, des heiligen Kreuzes,

---

[1] Notae Pruveningenses, Mon. Germ. XVII, 610 sq.
[2] Dedicationes Scheftlarienses, Mon. Germ. XVII, 345 sq.
[3] Dedicationes ecclesiae s. Arnulfi, Mon. Germ. XXIV, 547.

des hl. Patinus und aller heiligen unschuldigen Kinder der Kreuzaltar geweiht. Außerdem besaß die Kirche noch 8. den Altar des hl. Andreas, der Apostelfürsten, der Martyrer Blasius, Gangolf, Mauritius und seiner Genossen, sowie der heiligen Bekenner; 9. den Altar der hll. Protus, Hyacinthus, Gereon und seiner Genossen; 10. den Altar der hll. Briccius, Gallus, Terentius und Damasus; 11. den Altar der hll. Laurentius, Stephanus (Papst), Georg und Christoph; 12. den Altar der hll. Vincentius, Gorgonius, Pankratius, Primus und Felicianus.

Aus diesen und vielen anderen Verzeichnissen deutscher Altäre des 8. bis 13. Jahrhunderts ersieht man deutlich, wie die Litanei von allen Heiligen, welche damals in der Liturgie einen bedeutendern Platz einnahm, als dies heute der Fall ist, die Gemüther beherrschte. Man liebte es, die Heiligen klassenweise und nach Ordnung jener Litanei zu vereinen und zu ehren. Wie die Litanei in den einzelnen Kirchen vermehrt ward, so nimmt auch bei den Altären die Verehrung der Heiligen, welche nicht als Blutzeugen ihr Leben hingaben, Schritt um Schritt zu. Die Bekenner, Bischöfe, Aebte, Mönche und Einsiedler nahmen einen immer ehrenvollern Platz ein; auch außerrömische und nicht gemarterte Jungfrauen werden mehr und mehr verehrt. An der Spitze der Altartitel stehen wie in der Litanei die heiligste Dreifaltigkeit und der Erlöser mit seinem heiligen Kreuz, dann folgten oft Maria, die reinste Jungfrau und Gottesmutter, die beiden Johannes und die Apostelfürsten, der Erzengel Michael, die Martyrer Stephanus und Mauritius, Martin von Tours, und bei Klosterkirchen Benedikt mit seinen Ordensgenossen.

3. Die meisten Altäre waren nach dem Chronisten des Elsaß noch klein, je drei Fuß breit, hoch und lang und mit einer vier Finger über den Unterbau vorstehenden Platte gedeckt[1]. Die Hauptaltäre bedeutender Kirchen waren natürlich größer. Oft wurde der Altar nach dem Vorbild der Bundeslade gebildet. Weil jene Lade nach der Ansicht des Mittelalters[2] die Gesetzestafeln, die Ruthe Aarons und ein Mannagefäß

---

[1] De rebus alsaticis ineuntis saeculi XIII, Mon. Germ. XVII, 236. Die Platte wird hier mensa genannt. Eine Stelle, worin sie als ara bezeichnet wird, vgl. oben S. 22. Cfr. Durandus, Rationale. I. c. 2 n. 1 sq.

[2] Durandus l. c. n. 5. Vgl. 3. Kön. 8, 9 und Hebr. 9, 4. Klein und hohl war auch der vor 1134 abgebrochene Altar von Petershausen bei Konstanz. Mon. Germ. XX, 669. Ueber andere im Innern hohle Altäre vgl. Münzenberger, Zur Kenntniß und Würdigung der mittelalterlichen Altäre Deutschlands. S. 12 Colonne 2. 33. 66 Anm. 2; Ergänzungsheft 47 Die Verehrung der Heiligen und ihrer Reliquien in Deutschland bis zum Beginn des 13. Jahrhunderts. S. 13 f. 118. 124 u. s. w.

enthielt, so legte man in den innern hohlen Raum Reliquien. Bereits oben ist der Altar von Cornelimünster erwähnt worden. Ein anderes, bekannteres Beispiel bietet der Trierer Dom, in dessen Hochaltar Erzbischof Johannes I. im Jahre 1196 drei größere Schreine und einen Beutel voll Reliquien legte, und worin man 1512 den heiligen Rock fand[1].

Die meisten Altäre bestanden jedoch aus einem festen Mauerkörper, in dem nur eine kleine, von oben oder von der Seite oder auch von hinten zugängliche Höhlung frei gelassen war, worin die Reliquien geborgen wurden und die darum „Grab" (Sepulchrum) hieß. Die Reliquien lagen dann in jener Höhlung entweder in einer hölzernen Kapsel[2], oder in einer bleiernen Umfassung[3] oder in Gläsern[4]. Diese Reliquienbehälter waren mit Schnüren umwickelt und so mit einem bischöflichen Siegel verschlossen, daß sie ohne Zerreißen jener Bänder nicht geöffnet werden konnten. Jede Reliquie lag wiederum fest zugebunden in Seide, Leinwand oder Pergament und hatte ihren den Namen und Titel angebenden Zettel. Das Oeffnen jenes „Grabes" entweihte den Altar, ebenso das Abstoßen der Ecken (Cornua). 1216 wurde z. B. in St. Pantaleon zu Köln der Hochaltar neu geweiht, weil die Ecken (Hörner) abgestoßen waren[5].

Die Menge der in die Altäre gebrachten Reliquien ist erstaunlich. Bei manchen Kirchen und Abteien, ja selbst bei weltlichen Fürsten, z. B. Karl dem Großen und Karl IV. von Böhmen-Luxemburg, grenzte der Eifer nach möglichst vielen und wichtigen Reliquien an den leidenschaftlichen Eifer heutiger Sammler. Ueber Angilberts Reliquiensammlung im Kloster Centulum ist bereits früher berichtet[6]. Das Verzeichniß des Blandinenberges bei Gent zählt zum Jahre 944 ungefähr 150 Reliquien auf und sagt, bei 27 weitern seien die Zettel (breves) nicht mehr leserlich gewesen[7]. In den Marienaltar des sächsischen Klosters Stederburg brachte 1166 Bischof Hermann von Hildesheim außer einer großen Reihe benannter Reliquien noch 127 „deren Namen im Buche des Lebens verzeichnet stehen"[8].

---

[1] Beissel, Geschichte des heiligen Rockes. 2. Aufl. S. 20 f. und 110 f.
[2] Eine solche mit dem Siegel bedeckte Kapsel des 11. Jahrhunderts ist beschrieben in der Zeitschrift für christliche Kunst. I, 415.
[3] Otte, Kunst-Archäologie. 5. Aufl. I, 134.
[4] Solche Reliquiengläser finden sich am Rheine und an der Mosel häufig in gotischen Altären.
[5] Annales Colonienses maximi, Mon. Germ. XVII, 828.
[6] 47. Ergänzungsheft. S. 47; Mon. Germ. XV, 175 sq.
[7] Sermo de adventu ss. Wandregisili etc., Mon. Germ. XV, 628 sq.
[8] Annales Stederburgenses, Mon. Germ. XVI, 212.

Reliquientafeln. 31

Winith, der Stifter des Klosters Windberg in der Diöcese Regensburg, legte angeblich[1] in einen Altar die Reliquien von nicht weniger als 900 und 5300 = 6200 Heiligen. Auch in die anderen Altäre wurden bei späteren Weihen 1142 und 1167 sehr viele Reliquien geborgen: in den der Gottesmutter gewidmeten Hochaltar 63, in den Kreuzaltar 42, in das in der Mitte der Kirche über ihm hängende Kreuz 42, in den Aegidiusaltar 39, in den Nicolausaltar 33, in den Mauritiusaltar 37.

Als das berühmte Egmonder Kloster 1143 geweiht wurde, sprach sogar Bischof Hartbert von Utrecht in seiner Predigt öffentlich seine Verwunderung darüber aus, „daß so wichtige und so viele Reliquien der größten Heiligen, Apostel, Martyrer, Bekenner und Jungfrauen an den letzten Grenzen der Erde enthalten seien"[2].

4. Reiche Laien ließen ihre Reliquien in große Tafeln, später in kleine Flügelaltärchen einfassen. Die schönste Reliquientafel dieser Art, jene des Klosters des hl. Matthias bei Trier, ist im Anfange des 13. Jahrhunderts in Nachahmung der wundervollen, von Heinrich von Uelmen 1204 zu Constantinopel erbeuteten, jetzt im Limburger Dome aufbewahrten Tafel angefertigt. Sie enthält außer einem großen Stücke vom heiligen Kreuze in 20 viereckigen Vertiefungen, wie es scheint, 40 verschiedene Reliquien. Es ist kaum möglich etwas Kunstreicheres zu sehen als dies Werk, das bei einer Höhe von 735 cm und einer Breite von 55 cm schon durch seine Größe Staunen erregt und mit dem feinsten Filigran, den farbenprächtigsten Emails und den werthvollsten Edelsteinen verziert ist. Mit Recht rief Didron[3] aus: „Sagt mir, ob ihr eine feinere, reichere, schönere Goldschmiedearbeit kennt als diese Tafel?"

Zur Reliquientafel und zugleich zum Deckel eines Evangelienbuches wurde auf Befehl des Herzogs Otto von Braunschweig 1339 das Schachbrett seiner Gemahlin Agnes von Görz umgearbeitet[4]. Sie ist 35 cm hoch, 26 cm breit und hat ebenfalls 20 mit Reliquien gefüllte Kästchen. Vielleicht sind auch unter den Jaspisblättchen des berühmten Berner „Hausaltars des Königs Andreas III. von Ungarn"[5] (1290—1301)

---

[1] Historiae et Annales Windbergenses, Mon. Germ. XVII, 560 sq.
[2] Annales Egmundani, Mon. Germ. XVI, 455.
[3] Annales archéologiques. XIX, 226; Palustre et Barbier de Montault, Le trésor de Trèves. XXI s.; Aus'm Weerth, Kunstdenkmäler. III, 99, Tafel LXII und Siegeskreuz der byzantinischen Kaiser Constantinus VII. und Romanus II. S. 14 f.
[4] Neumann, Der Reliquienschatz des Hauses Braunschweig-Lüneburg. S. 243 f.
[5] Zeitschrift für christliche Kunst. I, 89 f. u. II, 53 f.

Reliquien verborgen. Eine durch viele fensterartige Nischen belebte, dreitheilige und angeblich von Ludwig dem Heiligen stammende Reliquientafel in Form eines Klappaltars befindet sich in England[1]. Neuere tafelförmige Reliquiensammlungen findet man in katholischen Ländern noch heute fast allerorts. Am weitesten ist dies System entwickelt in der goldenen Kammer von St. Ursula in Köln, deren Wände mit Büsten, Reliquiaren und Reliquien vollständig bedeckt sind. Aehnliches findet man in der Kapelle der Festung Marienberg in Würzburg.

5. Barg zu Windberg wie an vielen anderen Orten das Triumphkreuz Reliquien, so legte man auch fast immer Heiligthümer in die Vortragkreuze und in jene, die hinter oder auf den Altar gestellt wurden. So liegen in den beiden Prachtkreuzen der Gräfin Gertrud I. von Braunschweig († 1077) die Reliquien in kleinen Vertiefungen des Holzkernes. Sie sind aber durch Emailplättchen verschlossen und unsichtbar gemacht[2]. Bei manchen goldenen Kreuzen des 10. und 11. Jahrhunderts, z. B. beim kostbaren Kreuze des hl. Bernward, liegen die Reliquien unter einem Krystall, bleiben also sichtbar; bei anderen, z. B. beim kleinen silbernen Kreuz des genannten Bischofs von Hildesheim, sind sie zwar bedeckt, aber in Inschriften genannt[3]. Sehr reich an Reliquienkreuzen war die Abtei Zwiefalten. Beschreibt doch ihr Chronist Ortlieb um 1144 aus ihrem Schatz nicht weniger als 15 größere oder kleinere Kreuze von Gold, Silber oder Bein, welche mit Reliquien gefüllt waren[4]. Bis ins späteste Mittelalter, selbst bis heute blieb es Sitte, in höhere oder niedrigere Kreuze, besonders in deren Mitte Reliquien, wo möglich Theile des wahren Kreuzes einzulassen. Im Kloster Villers in Belgien füllten die Cistercienser im Jahre 1267 das „eiserne mit Silber bedeckte" Kreuz der Westfaçade ihrer Kirche mit zahlreichen Reliquien[5]. Im Kloster Dießen ging man sogar so weit, das Haar der 1160 verschiedenen heiligen Aebtissin Mathilde vom Klosterthurm auszuhängen, um gegen Gewitter Schutz zu finden[6].

---

[1] Viollet-le-Duc, Dictionnaire du mobilier. I, 227 sq. Eine ähnliche Reliquientafel des 14. Jahrhunderts mit 100 Fächern ist abgebildet bei Didron, Annales. XIX, 38.

[2] Neumann, Reliquienschatz des Hauses Braunschweig-Lüneburg. S. 93 u. 98.

[3] Kratz, Der Dom zu Hildesheim. S. 28 u. 37.

[4] Ortliebi Zwifaltensis chronicon. II, Mon. Germ. X, 89 sq.

[5] Chronica Villariensis monasterii. Continuatio prima, Mon. Germ. XXV, 209. Ueber Reliquien in dem berühmten Mainzer Kreuz Revue de l'art chrétien 1891, II, 510; über andere Reliquienkreuze Münzenberger a. a. O. S. 63 Anm. und S. 89 Anm.

[6] Wattenbach, Deutschlands Geschichtsquellen. 5. Aufl. II, 341.

Gerne legte man Reliquien in die Altarsäulen, z. B. in Braunschweig[1], ja sogar in die Säulen der Kirche. Zu letzterm kam man um so eher, weil ja viele mittelalterliche Kirchen auf 14 Säulen ruhten, welche als Symbol Christi und der Apostel angesehen wurden. Wie nahe lag es, jeden Patron als geistige Stütze seiner Kirche zu betrachten und dessen Reliquien in eine Säule zu bergen! Beispielsweise befahl Otto II., in alle Kapitäle des von ihm erbauten Magdeburger Domes Reliquien zu bergen[2].

Im Jahre 1491 legte der Weihbischof von Köln Reliquien von „den Kleidern der Gottesmutter" und andere Heiligthümer in den Sockel eines „Vesperbildes" der allerseligsten Jungfrau zu Dieburg. Um die Echtheit der Reliquien zu bezeugen, brachte er sein Siegel unterhalb der Hand der schmerzhaften Mutter an[3]. In ähnlicher Weise hat man vielen Bildern des Mittelalters Reliquien gegeben.

6. Auch noch in der zweiten Hälfte des Mittelalters stellte man große Sarkophage mit dem Leibe eines Heiligen unter oder hinter die Altäre. Einige Beispiele mögen deren Anlage erläutern:

Im Jahre 1134 berief Abt Konrad von Petershausen den Bischof Udalrich von Konstanz in sein Kloster[4], um den Leib des hl. Gebhard, Bischofs von Konstanz († 996), an einen andern Ort zu übertragen. Er war auf der Südseite der Krypta beim Eingange begraben unter einem etwa zwei Hand hoch über den Boden erhabenen Stein. Zu seinen Häupten stand der Altar des hl. Benedikt und ein Kreuzesbild von Stuck. An der Wand zur Rechten sah man ebenfalls in Stuck zwischen Säulen und Bogen, die von Weintrauben umrankt und mit Vögeln und Thieren verziert waren, das Bild des heiligen Oberhirten zwischen Diakon und Subdiakon, als ob er mit ihnen das heilige Opfer beginnen wolle. In der Wand zur Linken und über der Grabtafel trug ein vorstehender Stein ein Holz mit sieben Kerzen. Man erhob die Grabtafel und fand unter ihr ein flaches Mauerwerk, dann eine zweite Steinplatte mit zwei Eisenringen, und nach deren Entfernung endlich den heiligen Leichnam, welchen man

---

[1] Neumann, Der Reliquienschatz des Hauses Braunschweig-Lüneburg. S. 14.
[2] Durandus, Rationale. I. c. 1 n. 27; Stimmen aus Maria-Laach. XIX, 137; Thietmari Chronicon. II. c. 11, Mon. Germ. III, 748.
[3] Die katholische Bewegung, 1891. S. 468 f. Andere Beispiele bei Münzenberger, Zur Kenntniß und Würdigung der mittelalterlichen Altäre Deutschlands. S. 63 Anm.; S. 69 Colonne 2 (Reliquien in Bilderrahmen) u. s. w.
[4] Casus monasterii Petrishusensis. lib. V. c. 30, Mon. Germ. XX, 669 sq.

in einen reichen Sarkophag legte, um das Kloster trug und unter den neuen, in der Mitte der Kirche errichteten Kreuzaltar stellte. Den Altar selbst weihte man dem Heilande, seiner Mutter, dem hl. Gebhard, dem hl. Benedikt und 31 anderen Heiligen, deren Reliquien in ihn gelegt wurden.

Auf dem Disibodenberg bei Mainz errichteten die Mönche 1143 für ihren heiligen Abt Disibobus hinter dem Hochaltar ein steinernes Grabdenkmal, in das sie dessen Gebeine und dessen Asche in zwei Bleikapseln bargen. In dies Denkmal brachten sie aber auch noch drei hölzerne Schreine mit Reliquien der „11 000 Jungfrauen" und mit Reliquien der Thebäer[1].

Noch lehrreicher ist der Bericht über den Reliquienaltar der hll. Trubo und Eucherius zu St. Trond in Belgien[2]. Im Jahre 1115 war bei deren Gräbern ein kleiner Westchor errichtet worden, der 1169 abgebrochen wurde, um einem bessern Platz zu machen. Beim Graben der Fundamente fand man außer anderen Heiligengräbern hinter dem alten Altare unter einem Steingewölbe einen Sarkophag, worin in zwei Holzschreinen die Reliquien jener beiden Heiligen enthalten waren. Die Mönche berichteten dem Diöcesanbischof, Rudolf von Lüttich, welcher die Reliquien erhob und in neue Schreine legte. Die alten Schreine beließ er im Sarkophag, der weiterhin als Grab jener Heiligen gezeigt und verehrt ward. Während der Abt aus weißen und dunkeln Steinen den mit vielen Säulen und Bildern gezierten Westchor aufführte, blieben die Reliquien in der Mitte der Kirche in einem mit getriebenen Goldplatten bedeckten Schreine. Nach Vollendung des Baues trug man sie um die Stadt und stellte sie im neuen Westchore so hinter den Altar, daß dessen auf vier Säulen ruhender Baldachin auch jenen goldenen Schrein überragte.

Zu Metz hatte bereits der hl. Chrodegang († 766) den Reliquienschrein des hl. Stephanus bei dessen Altar unter einen Baldachin (Reba) gestellt[3]. Doch wird der Schrein damals nicht höher gestanden haben als der Altartisch; denn die von Viollet-le-Duc durch Zeichnungen erläuterten Reliquienaltäre der Abtei St.-Denis und der heiligen Kapelle zu Paris thun dar, wie der anfangs unter dem Altar in die Erde gesenkte Sarkophag nur langsam höher stieg. Im 12. Jahrhundert über-

---

[1] Annales s. Disibodi, Mon. Germ. XVII, 26.

[2] Gesta abb. Trudonensium. lib. X, 16 und Continuatio secunda. lib. III, Mon. Germ. X, 297 et 351 sq., cfr. 230 et 235, 15.

[3] Pauli Gesta episcoporum Mettensium und Vita Chrodegangi c. 21, Mon. Germ. SS. II, 268 et X, 564.

ragte er den Altartisch noch wenig, erst im 13. thronte er so hoch über demselben, daß er seinen eigenen vom Altar losgelösten Baldachin erhalten mußte[1].

Seit dem Beginn des 13. Jahrhunderts befand sich zu Aachen der Prachtschrein mit den Gebeinen des dort als heilig verehrten Karl des Großen mitten im alten Chore. Seit der 1413 vollzogenen Einweihung des neuen Hochchores aber stellten die Stiftsherren auf einen neuen Altar den nach 1220 vollendeten Marienschrein mit den „großen Reliquien" Aachens[2].

Im alten Kölner Dom erhob sich der Prachtschrein der heiligen Dreikönige auf einem reichen Unterbau von Stein über und hinter dem in der Mitte stehenden Altare. Vor ihm hing eine große Lichterkrone. Als der Neubau des jetzigen Domes so weit gefördert war, daß der alte abgebrochen werden mußte, übertrug man den Dreikönigenschrein in die Marienkapelle, später würde man ihn wahrscheinlich hinter den Kreuzaltar oder hinter den Hochaltar gestellt haben[3].

Zu Maestricht stand der im dritten Viertel des 12. Jahrhunderts angefertigte Schrein des heiligen Servatius und des hl. Martin von Tongern zwischen vier kleineren Reliquienschreinen hinter dem Tische des Hochaltares[4]. Zu Xanten aber sieht man den Victorschrein noch heute in der Mitte des um 1534 erbauten, prachtvollen Flügelaltares im Hochchore[5].

Bereits aus der oben gegebenen Aufzählung der Altarpatrone erhellte, daß im 12. und 13. Jahrhundert der heiligsten Dreifaltigkeit und dem Heilande die ihnen gebührende Ehrenstelle gegeben wurde. Die praktische Unterordnung der noch so hoch verehrten Heiligen unter ihr Haupt zeigt sich aber am klarsten aus der Betrachtung der großartigen Reliquienschreine jener Zeit. Wer würde nicht erwarten, daß Geistliche und Laien, die Hunderttausende für einen solchen Schrein und dessen Altar aufwendeten, nun auch in den Bildwerken jener Schreine das Leben ihres Patrons dargestellt hätten? Und doch thaten sie das gewöhnlich nicht.

---

[1] Dictionnaire de l'architecture. II, 23 s.; Münzenberger, Zur Kenntniß und Würdigung der mittelalterlichen Altäre Deutschlands. S. 41 f.

[2] Bock, Karls des Großen Pfalzkapelle. S. 141 Anm. gegen S. 108.

[3] Bock, Der Kunst- und Reliquienschatz des Kölner Domes. S. 29. Auf dem Hochaltar stand im 17. Jahrhundert der Schrein des hl. Engelbert. Crombach, Historia SS. Trium regum. II, 800.

[4] Bock et Willemsen, Antiquités sacrées à Maestricht. p. 134.

[5] Ergänzungsheft 37. S. 7 f.

Am herrlichen Marienschrein von Aachen und am Godehardschrein zu Hildesheim, sowie an den Langseiten der Prachtschreine von Maestricht, Stablo, Huy und Amay sitzen die Apostel, an denen der reichen Schreine des Kölner Domes und der ehemaligen Abtei Deutz Apostel und Propheten. Die schräg abfallenden Dachseiten zeigen bei den genannten Schreinen von Aachen, Maestricht, Köln und Xanten Scenen aus dem Leben des Herrn, aus den Parabeln oder dem Gericht[1]. Der Karlsschrein von Aachen hat an den Langseiten Kaiser oder Könige, oben Scenen aus der Legende Karls. Das erklärt sich aber durch den Umstand, daß der Schrein bald nach der durch die Staufen vermittelst eines Gegenpapstes erfolgten Canonisation des großen Karl hergestellt ward, und durch die besondere Stellung dieses Kaisers.

Die Heiligen, für deren Reliquien so prachtvolle und theure, kaum je mehr in gleicher Güte zu schaffende Schreine angefertigt wurden, erscheinen in allen genannten Beispielen und fast in allen Schreinen des 12. und 13. Jahrhunderts in der ihnen gebührenden Stellung zur Seite des Herrn und seiner Mutter, meist an einer Stirnseite. Diese Thatsache spricht doch so laut als möglich gegen den Verdacht einer Uebertreibung des Heiligencultes. Christus, seine Apostel und Evangelisten werden fast stets in den Vordergrund gestellt, obgleich man bei solchen Schreinen vom Herrn hätte absehen können, dessen Diener man ehren wollte.

7. Das gleiche Ergebniß bietet eine andere, bis zum 13. Jahrhundert sehr beliebte Klasse von Kunstwerken, welche zwischen Altären und Reliquiaren stehen und den Uebergang von den einen zu den anderen vermitteln: die Tragaltäre. Sie bestanden anfangs nur aus einer einfachen, in einen schlichten Holzrahmen eingelassenen Platte. Unter dieser Platte lagen Reliquien, die ja nicht fehlen durften, weil auf Grund der geheimen Offenbarung seit den ältesten Zeiten bei oder über Reliquien das heiligste Meßopfer gefeiert wurde.

Im 12. und 13. Jahrhundert, ja wohl schon früher, begann man indessen, die Tragaltäre nach Art der großen, mit goldenen Tafeln bekleideten Altäre reicher Kathedralen und berühmter Abteien zu bilden. So kam unter jene ursprüngliche Platte ein fester Unterbau, ein gleich der mosaischen Bundeslade gebildeter Schrein, in den man vielerlei Reli-

---

[1] Köln allein besaß im Jahre 1654 nach Crombach (Historia SS. Trium regum. II, 817) mehr als 17 große Reliquienschreine; der Engelbertschrein des Domes ist nicht mitgezählt.

quien in großer Zahl barg. Auch bei diesen Tragaltären sind nun die Seitenwände meist mit den Darstellungen der um ihren Meister versammelten Zwölfboten und Evangelisten besetzt. Die obere Platte aber, die immer mehr verziert ward, und dadurch den Altarstein Schritt um Schritt verkleinerte, erhielt die Vorbilder des neutestamentlichen Opfers: Abel, Abraham, Isaak und Melchisedech, oder Scenen aus dem Leben des Herrn [1]. Die Reliquien und die Verehrung der Heiligen treten also hier in einer so entschiedenen Art zurück, daß sie fast Verwunderung erregt.

Gleiches ist der Fall in fast allen Reliquiaren der romanischen Epoche, auf die wir uns hier beschränken, um jene des gotischen Stiles später zu behandeln. Es dürfte genügen, zum Beweise auf die beiden wundervollen Reliquiare von Elten (jetzt in London) und Braunschweig [2] hinzuweisen. Sie ahmen eine über dem Grundriß eines griechischen Kreuzes aufgeführte Kuppelkirche nach und waren zur Aufnahme größerer Reliquien eines Heiligen bestimmt. Auch hier stehen in den Nischen des Unterbaues und des die Kuppel tragenden Tambours Propheten, Apostel und Scenen aus dem Leben Jesu. Wo immer man die Sonde anlegt, überall dasselbe Ergebniß!

Sollen wir noch auf die Miniaturmalerei hinweisen? Um das Jahr 1000 bringt sie meist Scenen aus dem Leben Jesu [3], daneben Illustrationen zu den Psalmen und Darstellungen aus dem alten Testament, aber wenige Heiligenbilder. Nach dem Jahre 1000 steigt die Zahl der den Heiligen gewidmeten Bilder, aber sie bleibt bis ins 13. Jahrhundert verhältnißmäßig klein. Gleiches gilt von den Wandmalereien und Elfenbeinschnitzereien.

8. Und die Zeit, aus welcher alle diese Denkmäler stammen, ist jene der Kreuzzüge, jene Periode, in der nach einer immer wieder laut ausgesprochenen Anklage die Gier nach Reliquien und die Verehrung der Heiligen alles Maß, jede Schranke überstiegen haben sollen. Jene Zeit ist es, worin die christlichen Nationen das Kreuz nahmen, Gut und Blut einsetzten, um zu kämpfen gegen die Ungläubigen für ihren Erlöser! Wie konnte man dazu kommen, Bischöfen und Laien aus den Tagen der Kreuzzüge Vernachlässigung Jesu Christi durch übermäßige Heiligenverehrung

---

[1] Vgl. Stimmen aus Maria=Laach. XL, 567 f.
[2] Neumann, Der Reliquienschatz des Hauses Braunschweig=Lüneburg. S. 176 f.
[3] Vgl. die Uebersichtstabellen in den beiden von mir herausgegebenen Werken über ältere Miniaturmalerei: Die Bilder der Handschrift des Kaisers Otto im Münster zu Aachen. Aachen, Barth, 1886. S. 52 f. und Das Evangelienbuch des hl. Bernward. Hildesheim, Lax, 1891.

vorzuwerfen? Warum anders hielten sie die Heiligen hoch, als weil dieselben „Ritter Christi" gewesen, weil dieselben in Wort und That Christi Kreuz umfaßt hatten? Die Jahrhunderte der Kreuzzüge waren eine Periode der Steigerung aller religiösen Gefühle. Mancher versteht sie in unserem nüchternen Jahrhundert schwer, selbst wenn er noch festhält am Glauben an Christus und an der Werthschätzung übernatürlicher Güter. Wie viele meinen aber, um so herber tadeln zu dürfen, je weniger sie im Stande sind, den Geist zu erfassen, der damals mit solcher Kraft die äußeren Lebensformen bestimmte! „Sie lästern, was sie nicht kennen", sagt der Apostel Judas Thaddäus von selbstgefälligen Hyperkritikern seiner Zeit! In allen Reliquienverzeichnissen, bei allen Altarweihen, bei allen Goldschmiedearbeiten und Malereien, überall, immer ist mit ängstlicher Gewissenhaftigkeit, wo nicht besondere Gründe Ausnahmen rechtfertigten, die Rangordnung beachtet. Der Heiland steht an der Spitze, neben ihm sehen wir jene hochbegnadigte Vertreterin des weiblichen Geschlechtes, die alles, was sie ist, ihrer mütterlichen Beziehung zu ihm verdankt. Es folgen die Apostel und Evangelisten, die Vertreter des Evangeliums, die Martyrer, die Helden des Glaubens, dann die Bekenner dieses Glaubens, endlich die Jungfrauen, die Heroen desselben Glaubens. Das Kreuz ward hoch erhoben getragen an der Spitze aller Reliquienprocessionen; es war fünffach eingegraben auf jeden Altarstein, stand zwölffach auf den Wänden der Kirche, glänzte in Gold und Edelsteinen auf dem Altar, hing allen sichtbar in gewaltiger Ausdehnung über dem Kreuzaltar und überragte den vollendeten Dom in gotischer Zeit in hunderten von Fialen, bis es als Kreuzblume hoch oben auch die Thürme abschloß. Der Bischof trug es auf der Brust; er und seine Priester wurden nicht müde, es mit ihren Händen immer wieder zu bilden bei Segnungen, Sacramenten und im heiligen Opfer. Dies Opfer, die Darstellung des Kreuzestodes des Herrn, war der Mittelpunkt alles Cultes. Als Vorbereitung und Danksagung für die Erneuerung des Kreuzesopfers sangen Priester und Mönche, ja selbst Laien, Tag um Tag viele Psalmen, lasen sie Abschnitte aus den Schriften des Alten und Neuen Bundes. Die Feste des Herrn, nicht zum mindesten die seines Leidens und seines Kreuzes, beherrschten das Kirchenjahr. Wenn die Christen jener Zeit, deren Leben durch den Wahlspruch beherrscht war: „Im Kreuze ist Heil, im Kreuze Sieg", sich dann auch noch zur Reihe aller jener wandten, welche unter dem Kreuze gestanden, welche nach des Herrn Mahnung sein und ihr Kreuz auf sich genommen und ihm nachgefolgt waren, verdienen sie dann Tadel? Wenn

sie mit gewohnter Liebe, Begeisterung und Wärme auch Reliquien und
Heilige verehrten, haben sie dann des Herrn vergessen? Die Verehrung
Christi ist der große Maßstab, den wir anzulegen haben an die Jahr=
hunderte des eigentlichsten Mittelalters, das 11. bis 13. Legen wir jenen
Maßstab an, dann bleibt die Heiligenverehrung, wie es sich ziemt, zurück.
Gab es denn keine Ausschreitungen? Wie schwer und wie selten gibt
denn der Mensch sich mit Begeisterung einer Sache hin, ohne in einer
oder der andern Rücksicht die gemessenen Schranken der Klugheit wenig=
stens äußerlich und scheinbar zu überschreiten? Man kann aber auch
diese Uebertreibungen, sagen wir, wenn jemand es verlangt, diese Miß=
bräuche von zwei verschiedenen Seiten betrachten und beurtheilen. Los=
gelöst von ihrer Umgebung, von den persönlichen Umständen, verdienen sie
nur Tadel, in der Verbindung mit ihrer Quelle, ihrer Zeit und Absicht
bieten sie einen Beweis inniger und lebendiger Auffassung der christ=
lichen Wahrheit und der Werthschätzung christlicher Tugend, die Aner=
kennung heischen.

Drittes Kapitel.

Verehrung morgenländischer Heiligen und Reliquien.

Am Schlusse des vorigen Kapitels ist auf die Kreuzfahrer und auf deren Verhältniß zu Christus und den Heiligen im allgemeinen hingewiesen worden. Wir müssen nun unsere Aufmerksamkeit wenden zu den von jenen Kreuzfahrern nach Deutschland gebrachten Reliquien und auf die Heiligen, deren Verehrung durch sie volksthümlich wurde [1]. Da sie indessen hinsichtlich der Verehrung der Reliquien des Heiligen Landes in die Fußstapfen ihrer Vorfahren traten, müssen wir auch hinaufsteigen in die weit vor den Kreuzzügen liegenden Jahrhunderte. Bereits Gregor von Tours erzählt, die Königin Radegundis († 587) habe „Boten nach Jerusalem und durch das ganze Morgenland" gesandt, welche herumgezogen seien zu den Gräbern der heiligen Martyrer und Bekenner und viele Reliquien heimgebracht hätten. Die Königin aber habe dieselben mit einer aus Jerusalem stammenden Kreuzpartikel in einen silbernen Schrein gelegt und durch denselben seien viele Wunder geschehen [2]. Willibald († 786), den der hl. Bonifatius zum Bischofe von Eichstädt weihte, erzählt im Bericht über seine Reise ins gelobte Land, um das Fest Epiphanie, wobei ja auch die Taufe des Herrn gefeiert wurde, hätten viele Kranke, besonders aber Frauen, welche des Kindersegens entbehrten, sich im Jordan gebadet [3]. Während des ganzen Mittelalters brachten darum deutsche Pilger gerne Jordanwasser nach Hause, dem sie

---

[1] Tobler et Molinier, Itinera Hierosolymitana et descriptiones terrae sanctae bellis sacris anteriora et latina lingua exarata. Genevae 1877 sq.; Röhricht, Deutsche Pilgerreisen nach dem Heiligen Lande (seit circa 1300). Gotha, Perthes 1889.

[2] Gregor. Tur. liber in gloria martyrum, c. 5, Mon. Germ., SS. rerum Meroving. I, 489 sq.

[3] Mon. Germ. XV, 96.

wunderbare Kraft zuschrieben[1]. Am Orte, wo der Herr gekreuzigt ward und wo Helena die drei Kreuze fand, sah Willibald drei hohe Kreuze von Holz stehen[2]. Manche der zahlreichen Theile „vom Kreuze Christi" und „vom Kreuze des Schächers", welche von Pilgern mitgebracht wurden und in den mittelalterlichen Reliquienverzeichnissen erscheinen, dürften Theile von jenen Kreuzen sein. Willibalds Lebensbeschreibung sagt zwar nicht ausdrücklich, er habe Reliquien aus Jerusalem und Constantinopel heimgebracht; da sie aber am Ende beifügt, derselbe habe viele Reliquien[3] besessen, werden nicht wenige derselben aus dem Morgenlande gekommen sein.

Schon Bischof Gaudentius von Brescia hatte am Ende des 4. Jahrhunderts von einer Reise nach Kappadocien und Palästina Reliquien der am 10. März verehrten 40 Martyrer heimgebracht[4]. Zu Hildesheim zeigt man ein angeblich von Kaiser Ludwig dem Dom geschenktes Reliquienkreuz mit eingravirten griechischen Inschriften, welches aus Jerusalem stammen soll[5]. Karl der Große erhielt viele Heiligthümer aus Constantinopel und Jerusalem, von denen ein großer Theil noch jetzt zu Aachen verehrt wird[6].

2. Die bei Aachen liegende ehemalige Abteikirche von Burtscheid bewahrt ein musivisches Bild des hl. Nicolaus, welches sie vielleicht vom Bruder der Kaiserin Theophanu, der dem Kloster als Abt vorstand, erhielt. Es ist sehr lehrreich für die Geschichte der Verehrung des hl. Nicolaus in Deutschland. Denn auf dem Rahmen, welcher im Beginn des 13. Jahrhunderts dem Bilde beigefügt ward, ist zuerst dargestellt, wie ein ehemaliger Besitzer das Bild mißhandelt, weil es, in seiner Vorrathskammer aufgehängt, die Diebe nicht verhinderte, einzubrechen. In der zweiten Scene betet der Besitzer vor dem Bilde und bringen die Diebe ihren Raub zurück. Bereits im 13. Jahrhundert ward der Heilige also um Wiedererlangung verlorener Sachen angerufen[7]. Sein Name findet sich noch nicht in den Perikopen des 11. Jahrhunderts[8], tritt aber in dieselben früher ein als jener der hl. Katharina (25. November).

---

[1] Röhricht a. a. O. S. 27 f., 57 Anm. 154.
[2] Mon. Germ. XV, 97.   [3] L. c. 106.
[4] Sermo 17, Migne, Patrol. XX, col. 964 sq.
[5] Kratz, Der Dom zu Hildesheim. I, 12 f. meint, es stamme aus den Geschenken, welche Karl der Große 799 vom Patriarchen Johann V. von Jerusalem erhalten habe. Es scheint jedoch bedeutend jünger zu sein.
[6] Floß, Geschichtliche Nachrichten über die Aachener Heiligthümer. S. 1 f.
[7] Bock, Die Reliquienschätze von Burtscheid und Cornelimünster. S. 17.
[8] Beissel, Des hl. Bernward Evangelienbuch. Hildesheim, Lax, 1891. S. 58.

Die Verehrung der letztern begann erst mit den Kreuzzügen, verbreitete sich dann aber weit, besonders seitdem die Universität von Paris sie zur Patronin erwählt hatte, weil die Heilige nach der Legende in einer Disputation die heidnischen Philosophen besiegte. Großen Einfluß auf die Ausdehnung dieser Verehrung übte das Kloster des Berges Sinai, wohin Engel den Leib der Heiligen getragen haben sollen. Dort wurde ein Orden der hl. Katharina gestiftet, und vornehme Pilger rechneten es sich zur Ehre, daselbst zu Katharinenrittern geschlagen zu werden, z. B. 1433 zwei Herren von Rechberg und ein Herr von Frankenstein. Manche dieser Ritter nahmen sogar das Rad der Heiligen in ihr Wappen auf[1]. Herzog Heinrich von Braunschweig brachte ein noch jetzt im Welfenschatz befindliches Glasfläschchen heim, das die Inschrift trägt: „Oel der hl. Katharina, welches Herzog Heinrich mit eigenen Händen aus deren Grab nahm und nach Braunschweig brachte 1331 am 3. April." Andere Reliquien, die von seiner Pilgerfahrt zum Katharinenkloster stammten, schenkte der Herzog laut Urkunde vom 5. Januar 1351 dem Cistercienserkloster zu Walkenried[2].

Ein anderer orientalischer Heiliger, welcher während des Zeitalters der Kreuzzüge im Abendlande zu großem Ansehen gelangte, war der hl. Blasius[3]. Beim Volk ward er allbekannt, weil seit Jahrhunderten mit den am Feste Mariä Lichtmeß gesegneten Kerzen am 3. Februar unter seiner Anrufung ein Halssegen ertheilt wird. In Rom waren ihm während des Mittelalters fünf Kirchen geweiht. In einer derselben ward an seinem Feste jährlich Brod vertheilt. Da er Arzt war, wählte man ihn gern als Patron der Hospitalkirchen. So hatten die Benediktiner zu Rom ein Blasiushospiz, worin der hl. Franziscus von Assisi einkehrte, wenn er in die ewige Stadt kam. Graf Bruno von Dachsburg, Bischof von Toul, als Papst Leo IX. genannt, erhielt durch eine Erscheinung des hl. Blasius die Gesundheit wieder und war seitdem ein besonderer Verehrer desselben. Berühmte Erinnerungen knüpfen sich an das im Beginn des 11. Jahrhunderts zu Braunschweig gegründete Blasiusstift und an das Kloster

---

[1] Röhricht, Pilgerreisen. S. 71 u. 122.

[2] Neumann, Reliquienschatz des Hauses Braunschweig=Lüneburg. S. 222 und 350.

[3] Neumann a. a. O. S. 11 f. 32 f. 288 f. 325. 343 f. u. s. w. In Süddeutschland wird auch Brod zu Ehren des hl. Blasius gesegnet, „damit alle, welche davon essen, von jedem Uebel des Halses und von Krankheit des ganzen Körpers Heilung erlangen".

St. Blasien im Schwarzwald. Heinrich der Löwe brachte Reliquien des Heiligen aus Constantinopel nach Braunschweig. Andere in deutschen Kirchen vorkommende Blasiusreliquien sind meist im 11. Jahrhundert zu Rom erlangt worden. Da der Heilige gleich dem fränkischen Heiligen Aegidius in der Waldeinsamkeit Gott diente, baute man ihm oft Kirchen und Kapellen in waldreichen Gegenden und rief ihn in denselben besonders um Schutz der zur Mast in die Wälder getriebenen Heerden an. Eine gravirte Platte des Braunschweigischen Schatzes aus der Zeit um 1330 zeigt darum, wie ein armes Weib den Heiligen um ein verloren gegangenes Schwein anfleht und wie ein Wolf es wiederbringt.

Der vierte orientalische Heilige jener Zeit, neben Katharina einer der am meisten verehrten, ist Georg. Schon Adaman, Abt der bei Schottland gelegenen Insel Hu oder Hey († 704), erzählt, der hl. Georg habe einen Reitersmann und sein ihm theures Pferd in allen Gefahren der Reisen und Kriege beschützt [1]. Die Lebensgeschichte des hl. Willibald von Eichstädt († 786) aber hebt hervor, derselbe habe das unweit Jerusalem liegende, berühmte Heiligthum des hl. Georg besucht [2]. So sehr galt dieser Heilige als Schutzherr aller christlichen Ritter, daß Graf Robert von Flandern († 1111) von den Türken wegen seiner Festigkeit im Kampfe „der Sohn des hl. Georg" genannt ward [3]. Dieser Robert brachte einen Arm des hl. Georg, den er wohl im Kampfe bei sich geführt hatte, nach Flandern und schenkte ihn dem Kloster Anchin [4]. Fast alle deutschen Ritter, welche zum gelobten Lande zogen, führten St. Georgs Banner und traten in der St. Michaelskirche zu Kairo oder auf dem Berg Sinai in dessen Orden ein [5].

Im Jahre 1063 kam der Heilige den Normannen in einer Schlacht zu Hilfe, und 1097 erschien er, der Patron von Byzanz, mit dem hl. Demetrius, dem Patron von Thessalonich, hoch zu Roß, um die Kreuzfahrer bei Dorylaum zum Siege zu führen. Die Begeisterung für ihn wurde nachgerade so groß, daß fast keine deutsche Stadt ohne Kirche oder

---

[1] De locis sanctis, III. c. 4, Migne, Patrol. LXXXVIII, 812.
[2] Mon. Germ. XV, 99.
[3] Gualterii Vita beati Caroli Boni n. 6, Bouquet, Recueil. Neue Ausgabe. XIII, 335.
[4] L. c. XIII, 411. Genealogia comitum Flandriae n. 9 und Acta SS. 23. April III, 136 sq. n. 10 sq.
[5] Röhricht, Deutsche Pilgerreisen. S. 72; über andere Orden des hl. Georg vgl. das Kirchenlexikon. 2. Aufl. V, 331 und Acta SS. 23. April III, 156 sq. n. 100 sq.

wenigstens ohne Altar desselben blieb[1], und daß ihm in der Reihe der Nothhelfer der erste Platz zugewiesen ward[2].

Was der hl. Georg für die Ritter war, das galt dem Volk der heilige Einsiedler Antonius. Seine Reliquien waren 561 nach Alexandrien, 635 nach Constantinopel und um das Jahr 1000 nach St. Didier de la Mothe in der Diöcese Vienne gekommen. Dort entstand im 11. Jahrhundert die Congregation der Antoniter, welche die an der Pest (Antoniusfeuer) Leidenden verpflegten und ihnen mit Hilfe ihres Patrons oft Heilung verschafften. Kamen sie in ein Dorf, so verkündeten sie mittelst eines Glöckchens ihre Anwesenheit, damit die Kranken sich meldeten. Da sie bei ihren Klöstern Landwirthschaft betrieben, hatten sie in vielen deutschen Städten, z. B. in Wesel und Würzburg, aber auch in außerdeutschen, das Recht, ihre Schweine frei herumlaufen zu lassen, welche dann von den Einwohnern gefüttert wurden. So wurde der Heilige auch Patron dieser Hausthiere[3].

3. Wirkte das Morgenland schon durch seine Heiligen und durch die in ihm befindlichen heiligen Stätten mächtig ein auf das Abendland, so gewann es einen neuen und gewaltigen Einfluß durch die **Eroberung Constantinopels** von seiten der Kreuzfahrer; denn infolge dieser Eroberung wurde das Abendland plötzlich mit Kostbarkeiten und mit Reliquien gleichsam überschwemmt. Zahlreiche Priester, Bischöfe und Aebte, aber auch viele adelige Herren suchten bei der Plünderung der Stadt in die Gotteshäuser einzudringen und sich deren Reliquien anzueignen, um sie in der Heimat ihren Kirchen zu übergeben[4]. Die bekanntesten und wichtigsten deutschen Schätze dieser Art sind von Heinrich von Uelmen in die Rheinprovinz gebracht worden. Das Kloster Stuben verdankt ihm das herrliche, jetzt zu Limburg an der Lahn aufbewahrte „Siegeskreuz", eine mit byzantinischen Emails reich ausgestattete Reliquientafel mit einem

---

[1] Acta SS. 23. April. III, 110 sq., besonders n. 65 p. 118, 135 sq. Ueber die vom hl. Georg den christlichen Soldaten erwiesene Hilfe l. c. p. 153 c. VIII.

[2] L. c. p. 150 n. 64 sq.

[3] Beissel, Bauführung des Mittelalters. III. Ausstattung der Kirche des hl. Victor. S. 65; Niedermayer, Kunstgeschichte Wirzburgs. S. 113; Samson, Die Schutzheiligen. S. 90; Cahier, Caractéristiques des Saints. II, 705.

[4] Die betreffenden Nachrichten hat Graf de Riant gesammelt, doch beschäftigt er sich meist mit Frankreich. Les dépouilles religieuses, enlevées à Constantinople au XIII⁶ siècle par les Latins (Extrait des Mémoires de la société nationale des antiquaires). Paris, 1875, und Exuviae sacrae Constantinopolitanae. 2 vol. Paris, 1876.

großen Stück vom wahren Kreuz. St. Matthias bei Trier erhielt von ihm einen großen Theil einer Kreuzpartikel, welche ein deutscher Goldarbeiter in meisterhafter und freier Nachahmung jener griechischen Tafel faßte[1]. Nach Heisterbach sandte Heinrich ein Kreuz aus der Sophienkirche und einen Zahn des Vorläufers[2], nach Laach eine Kreuzpartikel, nach St. Pantaleon zu Köln ein kostbares Kreuz mit Reliquien und Theile der Gebeine des Patrons jener Abtei[3]. Zahlreiche Reliquien brachte Bischof Konrad von Halberstadt aus Constantinopel. Seine Domkirche feierte am 17. August das Fest der Ankunft derselben und bewahrt noch jetzt im Schatze Reste dieser Erwerbungen[4]. Eine fast endlose Menge Reliquien hatte der Benediktiner Thomas für seine im Hennegau gelegene Abtei Laetia erworben[5].

Eine anschauliche Schilderung, welche erkennen läßt, wie manche jener Männer in Constantinopel zu ihren Reliquien kamen, gibt Günther, Mönch des Cistercienserklosters Pairis oder Päris bei Sigolsheim im Elsaß[6]. Sein Abt Martin machte den vierten Kreuzzug mit, drang mit den Siegern in die Stadt ein und begab sich rasch in die „Grabkirche der Mutter des berühmten Kaisers Emanuel", wohin die Griechen viele Schätze geflüchtet hatten. Martin verlangte aber nicht nach Gold und Silber, sondern nach Reliquien, wendete sich darum an den greisen Priester der Kirche, zwang diesen, ihm einen eisernen Reliquienschrank zu öffnen, nahm soviel er tragen konnte, belud auch seinen Kaplan mit Reliquiaren und eilte zurück zu seinem Schiff, ohne jemand etwas über seine Beute zu erzählen. Jener Greis besorgte ihm später eine Wohnung in der Stadt, wo der Abt den Sommer hindurch wohnte und seine sorgfältig verheimlichten Heiligthümer

---

[1] Vgl. Ernst aus'm Weerth, Kunstdenkmäler des christlichen Mittelalters. III, 99 f., und dessen große Monographie über das „Siegeskreuz".

[2] Caesarius Heisterbach., Distinctio. IV. c. 30 und VIII. c. 54; Ed. Strange I, 200; II, 127. Cfr. distinctio X. c. 43.

[3] Gelenius, De admiranda magnitudine Coloniae. p. 367 et 370, V. Brower, Annales Trevirenses. II, 101 sq.

[4] Chronicon Halberstadiense bei Leibnit. SS. II, 146; Gesta episcoporum Halberstadiensium, Mon. Germ. XXIII, 120 sq.; Compilatio chronologica bei Pistorius-Struve SS. I, 1097; Wilken, Geschichte der Kreuzzüge. V, 305 Anm. 58 und 306 Anm. 61; Riant, Exuviae passim.

[5] Beyerlinck, Theatrum VI, R. 294.

[6] Abgedruckt bei Canisius-Basnage, Thesaurus IV, p. XVI n. 19 sq. und p. XXI Katalog der Reliquien. Günther ist auch Verfasser des bis vor kurzem als humanistische Fälschung angesehenen Ligurinus. Wattenbach, Geschichtsquellen. 5. Aufl. II, 258 f.

verehrte. Er reiste im Herbst weiter und theilte sein Geheimniß nur dem Bernher (Werner), einem vornehmen Ritter des Elsaß, mit. Dieser bat ihn, doch im Morgenlande zu bleiben, wo er leicht Bischof werden könne, und die großen Reliquien nicht den Gefahren einer weiten Heimreise auszusetzen. Martin aber liebte sein Kloster so sehr, daß er ihm seine heilige Beute bringen wollte. Die Heimreise verlief glücklich. Zu Basel dankte er in der Marienkirche der Gottesmutter, welcher er sich bei der Abreise empfohlen hatte, für ihren Schutz. Auch gab er dort dem Bischof Lütold und anderen Personen, sowie einigen Kirchen Theile der Heiligthümer. Den Rest brachte er am Feste der Geburt des Täufers in feierlicher Procession auf den Hochaltar seiner Abtei. König Philipp von Schwaben erhielt von ihm eine kostbare, mit werthvollen Edelsteinen verzierte Reliquientafel, wogegen dieser dem Kloster einen Schutzbrief ausstellte.

Graf Balduin von Flandern sandte kostbare, im kaiserlichen Palast erbeutete Reliquien nach Namur [1]. Herzog Leopold von Oesterreich aber hatte, als der große, in Constantinopel aufbewahrte Theil des heiligen Kreuzes von den Bischöfen mit gewissenhafter Unparteilichkeit unter die vornehmsten Ritter vertheilt ward, eine bedeutende Partikel erhalten, welche er nach Hause brachte [2].

4. Es ist nicht möglich, hier alle deutschen Kirchen aufzuzählen, welche durch Pilger und Kreuzfahrer Reliquien aus dem Morgenlande erhielten. Sagt doch P. Honoré von Ste. Marie: „Man wird kaum eine Grafschaft, einen Vornehmen, einen Ritter oder tapfern Krieger antreffen, der nicht mit solchen heiligen Erwerbungen heimgekehrt wäre, oder dergleichen nicht durch einen Geistlichen oder eine andere Person in seine Heimat gesendet hätte." [3]

Ein solches Mitbringen oder Senden von Reliquien oder Andenken aus dem Heiligen Lande blieb auch nach Abschluß der Kreuzzüge leicht, weil der Guardian von Jerusalem den Pilgern dergleichen Sachen beim Abschiede schenkte, und weil sie solche Erinnerungen oder Heiligthümer in den zahlreichen Klöstern des Morgenlandes leicht erhielten, ja sogar z. B. am Jordan, in Bethlehem, in Jericho, am Sinai und auf dem Karmel selbst fanden und ohne Anstand nehmen durften [4]. Bezeugt doch z. B. der Official der Propstei Jechaburg im Fürstenthum Schwarzburg-

---

[1] Miraeus, Donat. belg. n. 84.
[2] Hurter, Geschichte Papst Innocenz' III. 3. Aufl. I, 707 f.
[3] Réflexions sur les règles de la critique. III, 428.
[4] Röhricht, Deutsche Pilgerreisen. S. 25. 28 u. 280.

Sondershausen, Konrad von Tannenroba und seine Gemahlin hätten 1430 einer Elisabethkapelle 330 Stückchen von Erinnerungen und Reliquien übergeben, welche deren Eltern „nach Sitte der Vornehmen im Heiligen Lande und der Stadt Jerusalem" und an anderen überseeischen Orten gesammelt hatten[1].

Es ist herkömmlich, bei Besprechung der aus dem Orient stammenden Reliquien über die Betrügereien der falschen Griechen und die Leichtgläubigkeit abendländischer Pilger sich zu verbreiten und zu betonen, viele jener Reliquien seien gefälscht gewesen. Wilken behauptet: „Die christlichen Priester in Jerusalem und in den anderen heiligen Städten Palästina's wußten von diesem Glauben Nutzen zu ziehen, und sorgten dafür, daß alle Reliquien dieser Art, wonach nur die Pilger aus dem Abendlande hätten fragen können, bei ihnen zu haben waren."[2] Die Beweisstelle bringt nichts für diese Anschuldigung gegen „die christlichen Priester", welche „alle Reliquien dieser Art, wonach Pilger hätten fragen können", besorgten.

Wahr ist freilich, daß manche Reliquien in den Kirchen Constantinopels verehrt, daß manche im Morgenland und besonders in Palästina gezeigt wurden, an deren Echtheit man heute nicht glauben mag[3]. Anzuerkennen ist auch, daß Betrügereien vorkamen; dagegen ist die in solchem Maßstab behauptete Ueberschwemmung des Abendlandes durch falsche Kreuzzugsreliquien eine unerwiesene These der Feinde jeder Reliquienverehrung. Unsere Vorfahren kannten die Griechen und wußten,

---

[1] A. a. O. S. 121. Weitere Nachrichten über Reliquien aus dem Heiligen Lande S. 134. 136. 148. 184. 186. 191. 193. 289. 314 u. s. w. König Stephan von Ungarn erhielt aus Constantinopel Reliquien des hl. Georg, von denen Bischof Leubuin von Groß-Wardein einen Theil empfing. Wattenbach, Geschichtsquellen. 5. Aufl. II, 138. Gottfried von Bouillon sandte um 1099 einen Arm des Apostels Thomas dem Servatiusstift zu Maestricht. Bock et Willemsen, Antiquités sacrées à Maestricht. p. 46 et 207. Das Kloster Zwiefalten bewahrte vor 1145 in zwei Kreuzen Reliquien, welche ihm Bertolf von Sparwarisegge und der Mönch Otto aus Jerusalem gebracht hatten. Ortliebi Zwifaltensis Chronicon. II, Mon. Germ. X, 89. Johann I. schenkte seiner Clever Stiftskirche 1450 ein silbernes Pax mit Reliquien, die er aus dem Heiligen Lande mitgebracht hatte. Scholten, Die Stadt Cleve. S. 447. Ueber constantinopolitanische Reliquien im Prämonstratenserkloster Kappenberg vgl. Beissel, Geschichte des heiligen Rockes. 2. Aufl. S. 228 f. Häufig brachten Pilger Streifen mit, welche die Länge des heiligen Grabes hatten. Röhricht S. 74 Anm. 283, S. 185 u. 288. Fr. Schneider, Les croisades et les inventaires de nos églises. Revue de l'art chrétien 1888, p. 170 s. etc.
[2] Geschichte der Kreuzzüge. I, 12 f.
[3] Vgl. den ersten Theil dieser Arbeit. S. 135 f.

daß man auf seiner Hut sein müsse. Bei wichtigeren Reliquien haben sowohl sie, als die Griechen und Mohammedaner wohl zugesehen, um so mehr, da alle in Werthschätzung derselben einig waren. Als z. B. im Jahre 943 Kaiser Romanus Lekapenus dem Kalifen für ein Schweiß= tuch des Herrn die Freilassung vieler Gefangenen anbot, versammelte dieser seinen Rath. Viele wollten die Reliquie behalten, doch wurde zuletzt entschieden, die Erlösung der Gefangenen sei wichtiger, als die Auf= bewahrung des Schweißtuches im Lande der Gläubigen [1].

Vergessen wir doch nie, daß die besten und edelsten unseres Volkes die beschwerliche, kostspielige und gefährliche Pilgerfahrt ins Heilige Land aus den edelsten Beweggründen antraten und vollendeten. „Da wir die hochheilige Stadt (Jerusalem) im Angesicht hatten, war sehr große Rüh= rung in jedwedem, also daß wir als rechte Christgläubige niederknieten und des Dankes voll waren. Und könnte ich das keinem beschreiben, wie mir zu Muthe war vor so vieler Gnade Gottes, daß ich das erschauen durfte. Kam mir auch wohl in den Sinn, wie ich da allein solche Selig= keit erlebte, und wenn das meine Brüder sehen könnten! Das ist mir beschieden durch Gottes unglaubliche Gnade! Er wird mir meine Sünden verziehen haben."

So schrieb Herzog Christoph von Bayern 1493 in sein Tagebuch [2]. Die von ihm so schön ausgedrückte Gesinnung belebte Tausende von Pil= gern, welche seit alters nach Palästina wallfahrteten, um die heiligen Stätten zu verehren, an denen der Heiland die Erlösung der Welt siegreich voll= endete. Sie haben sicher nicht in böswilliger Absicht falsche Reliquien angenommen, gesammelt und heimgebracht. Sie waren auch in den meisten Fällen wohl im Stande, zuzusehen und sich nicht einfach in solcher Weise betrügen zu lassen, wie oft angenommen und behauptet wird.

---

[1] Abulfedae Annales moslem. II, 424; Wilken, Geschichte der Kreuzzüge. I, 14.
[2] Röhricht a. a. O. S. 24; vgl. S. 193 f.

Viertes Kapitel.
Deutsche Heilige der zweiten Hälfte des Mittelalters.

1. Die Verehrung der aus fremden Ländern in Deutschland eingeführten Reliquien und die gesteigerte Anrufung morgenländischer Heiligen hat in keiner Weise die heimischen in den Hintergrund gedrängt. Ist doch kaum eine Zeit reicher an großen, bahnbrechenden Heiligen, als die der Kreuzzüge. Wie in ihnen die christlichen Nationen sich trotz vieler Reibereien doch zu einem Heere einten, so wurden viele Heilige dieser Periode wirklich international. Das ist vor allem der Fall hinsichtlich jener fünf großen Ordensstifter, durch welche Deutschlands Gaue damals mit Klöstern gefüllt wurden: Bruno von Köln, welcher 1084 den Karthäuserorden gründete, Bernard († 1153), das große Licht der Cistercienser, Norbert von Xanten († 1134), der Stifter der Praemonstratenser, Franziskus von Assisi und Dominikus. Der Nachfolger des hl. Dominikus im Generalat, der selige Jordanus, war ein Deutscher. In Köln glänzten als würdige Vertreter desselben Ordens der hl. Thomas von Aquin und der selige Albert der Große, welcher Bischof von Regensburg wurde, aber zu Köln 1280 starb. Als Seliger desselben Ordens wird ebenfalls verehrt der große Prediger und tiefsinnige Mystiker Heinrich Suso († 1365). Der selige Jakob von Ulm starb 1491 im Kloster der Dominikaner zu Bologna. Der größte Schüler des hl. Norbert war der selige Gottfried, Graf von Kappenberg bei Dortmund († 1127), der volksthümlichste der selige Hermann Joseph von Köln, der um 1236 im Kloster zu Steinfeld in der Eifel verschied und sein Grab fand.

Der selige Berthold von Regensburg († 1271) erwarb sich als berühmter Prediger für die Verbreitung der Minderbrüder in Deutschland große Verdienste.

Viele Deutsche heiligten sich im Zeitalter der Kreuzzüge und im vorhergehenden Jahrhundert auf den Bischofstühlen unseres Landes, so z. B. in Köln: Heribert († 1021), Anno, „der Kirche und des Reiches Säule" († 1075), und Engelbert, welcher 1225 als Martyrer starb, in Mainz: Willigis († 1011) und Bardo († 1051), in Hildesheim: Bernward († 1022) und Godehard († 1038). Das Erzstift Trier verehrt den erwählten Bischof Cono als Martyrer († 1066), Bamberg rühmt sich des hl. Otto als Apostels der Pommern († 1139), Augsburg des hl. Ulrich († 973), Konstanz der hll. Konrad († 976) und Gebhard († 996), Salzburg der hll. Hartwig († 1023), Balduin († 1060), Gebhard († 1088), Thiemo († 1101) und Eberhard († 1164). Passau hat seinen hl. Pilgrim († 991), Regensburg den hl. Wolfgang († 994), Würzburg den hl. Bruno, Apostel der Ruthenen und Preußen († 1045), Fünfkirchen den hl. Maurus († 1070). Auch Norddeutschland hatte damals seine heiligen Bischöfe. So glänzte in der Diöcese Aldenburg-Lübeck der hl. Vicelin als Apostel von Holstein († 1154), zu Meißen der hl. Benno († 1106), zu Ratzeburg der hl. Evermod († 1178), zu Paderborn der hl. Meinwerk († 1036), zu Münster der hl. Erpho, zweiter Stifter der Abtei St. Mauriz († 1097), zu Utrecht der hl. Ansfried († 1010), zu Lüttich der hl. Wolbodo († 1021) und der hl. Albert († 1192). Toul endlich rühmt sich des hl. Bruno, welcher 1054 als Leo IX. starb. Der letzte deutsche Bischof des Mittelalters, welcher als Seliger verehrt wird, ist Bischof Peter von Metz, ein Graf von Luxemburg-Ligny († 1387).

Als heilige Aebte sind besonders berühmt Bernard von Menthon, der Stifter der Hospitien des St. Bernardberges († 1008), Poppo von Stavelot († 1048), Theodorich von St. Hubert in den Ardennen († 1084), Berthold, Abt zu Steiergarsten in Oesterreich († 1142) und Volquin, Abt des Cistercienserklosters Sichem in Thüringen († um 1160). Im Elsaß wird der hl. Morand, Prior des Cluniacenserklosters St. Christoph bei Altkirch, hoch verehrt († 1115), zu Anderlecht in Belgien der hl. Guido († 1012), welcher zweimal nach Rom und Jerusalem gepilgert war, im Kloster Jardinet (Hortulus B. Mariae) bei Namur der Cistercienserabt Eustachius († 1441), in Schönau Abt Daniel († 1209).

Viele Männer, welche sich als Einsiedler in strenger Abgeschiedenheit geheiligt hatten, wurden nach ihrem Tode vom Volke verehrt. Z. B. in Trier der hl. Simeon, weil er sich in der Porta nigra hatte einschließen lassen († 1035), bei Maestricht der Büßer Gerlach. Ihm übersandte die hl. Hildegard zum Zeichen ihrer Hochachtung den Kranz, welchen ihr der Bischof bei der Einkleidung aufgesetzt hatte. Weit berühmter wurde der sel. Nicolaus von der Flüe (a Rupe). Er hatte zuerst als tapferer Eidgenosse im Kriege sich ausgezeichnet und als vortrefflicher Familienvater gelebt, zog aber zuletzt in die Einsamkeit, um sich in ihr einem vollkommenen Leben zu widmen († 1487). In der Schweiz starb auch 1514 als Einsiedler der Karthäuser Hans Wagner. Seinem Orden gehört der sel. Dionysius an, welcher am Niederrhein segensreich wirkte und viele fromme Schriften hinterließ († 1471). Neben ihm lebte und schrieb der ehrw. Thomas von Kempen, Subprior eines Klosters der regulirten Chorherren des hl. Augustinus von der Windesheimer Congregation bei Zwolle († 1471).

Selbst unter den Großen dieser Welt findet man um jene Zeit heilige Männer. Erinnern wir z. B. an Heinrich II., an den hl. Stephan von Ungarn, welchen der heilige Bischof Adalbert von Prag († 997) taufte, an seinen Sohn Emerich, der als Seliger verehrt wird, an seinen Großneffen, den heiligen König Ladislaus von Ungarn, und an Markgraf Leopold von Oesterreich († 1136). Seine fromme Gemahlin Agnes war Tochter Kaiser Heinrichs IV. und Großmutter Friedrich Barbarossa's. Er gründete das Cistercienserkloster Heiligkreuz und das Augustinerstift Kloster-Neuburg, dessen erster Propst Hartmann Bischof zu Brixen wurde und dort als Seliger gilt. Auch Markgraf Bernard von Baden († 1458) wird als Seliger verehrt.

Als Märtyrer galten Karl der Gute, Graf von Flandern († 1127), Sohn des heiligen Königs Kanut von Dänemark und der Gräfin Adelheid von Flandern, Herzog Wenzeslaus von Böhmen († 936) und der aus königlichem Geblüt stammende, an der Donau 1012 getödtete Coloman, sowie der 1241 an den Ufern des Po ermordete Gerold von Köln. Zahlreiche Pilger strömten nach Oberwesel am Rhein zum Grabe des 1287 von den Juden ermordeten Knaben Werner, andere nach Trient zur Verehrung des von denselben gemarterten heiligen Kindes Simon.

Wie Bischof Gerhard von Csanad in Ungarn († 1046), Cono von Trier, Engelbert von Köln, Albert von Lüttich und König Kanut werden die oben Genannten als Blutzeugen angesehen, weil sie um der Gerechtigkeit willen einen blutigen Tod erlitten. Man faßte also auch noch im 13. Jahrhundert den Begriff des Martyriums weiter, als dies früher geschah und heute üblich ist [1].

---

[1] Vgl. I. Theil. S. 40 f.

Wie man jene ebengenannten Männer als Martyrer ansah, so zählte man die Herzogin Ludmilla von Böhmen († 927) unter die Blutzeuginnen, weil sie auf Anstiften ihrer heidnischen Schwiegertochter wegen ihrer Liebe zur christlichen Tugend ermordet ward, und die hl. Margaretha von Belgien, weil sie lieber sterben als die Ehre der Jungfräulichkeit preisgeben wollte.

Martyrer im vollen Sinne des Wortes war der hl. J. Nepomuk († 1383). Weil er den Tod erlitt wegen der Bewahrung des Beichtsiegels, verehrten ihn bald alle, deren Ehre angegriffen war, als Patron; weil er von der Prager Brücke in den Fluß gestürzt wurde, erwählte man ihn zum Schutzherrn aller Brücken[1].

Die Reihe heiliger, auch irdisch hochgestellter deutscher Frauen eröffnet in Deutschland am Ende des 10. Jahrhunderts die 968 verstorbene hl. Mathilde, Gemahlin Heinrichs I., Mutter Otto's des Großen. Sie war Stifterin der sächsischen Klöster Nordhausen, Quedlinburg und Pöhlde, in denen aus dankbarer Gesinnung ihre Verehrung gefördert ward. Die zweite Heilige des Kaiserhauses war Adelheid († 999), Gemahlin Otto's I., die dritte Kunigunde, Heinrichs II. Gemahlin. Den Heiligenschein tragen fernerhin Agatha-Hildegard, Pfalzgräfin von Kärnthen († 1024), die hl. Elisabeth von Thüringen und deren Tante, die Herzogin Hedwig von Schlesien und Polen († 1243), sowie die hl. Margaretha von Bayern, Herzogin von Lothringen († 1434).

Unangesehen hinsichtlich ihrer irdischen Stellung, aber dem Volk desto lieber, waren die heiligen Dienstmägde Radegund und Notburga († 1313), die in Süddeutschland lebten.

Von den vielen heiligen und seligen deutschen Klosterfrauen jener Zeit seien hier nur genannt: die sel. Mathilde, Aebtissin zu Dießen bei Augsburg († 1160), und ihre Schwester, die sel. Euphemia, Aebtissin von Altomünster, Mechthildis, Inclusin der Abtei Sponheim im Bisthum Mainz († 1154), die sel. Ida von Nivelles († 1231), die selige Klausnerin Dorothea von Montau[2] und die sel. Elisabeth die Gute, von Waldsee in Württemberg († 1420).

---

[1] v. Sybel, Historische Zeitschrift. XXVII, 225 f. Ueber Brückenbau des Mittelalters, den Patron der Brücken und in den Grundstein derselben gelegte Reliquien vgl. Historisch-politische Blätter. LXXXVII, 89 f., 104 u. 186 f.

[2] Ihre Offenbarungen sind jüngstens neu herausgegeben: Septililium beatae Dorotheae Montoviensis auctore Joanne Marienwerder. Ed. F. Hipler. Bruxellis, 1885. Abdruck aus Analecta Bollandiana. II—IV.

Die hl. Elisabeth von Schönau bei Bingen († 1165) stand gleich dem hl. Bernard mit der berühmten Seherin, der hl. Hildegard, Aebtissin des Rupertberges bei Bingen († 1179), in Briefwechsel und verfaßte selbst Schriften. Als Selige werden fernerhin verehrt mehrere Ordensfrauen mit Namen Jutta, von denen eine auf dem Disibodenberg Lehrerin der hl. Hildegard, eine zweite Gefährtin der hl. Elisabeth war.

Eine vielgenannte deutsche Heilige ist dann noch die hl. Gertrudis von Eisleben († um 1334), eine Schwester der hl. Mechthildis († um 1290). Wie die hl. Hildegard hat auch sie ihre Offenbarungen aufgeschrieben.

2. Offenbarungen spielen besonders in der Geschichte des 12. und 13. Jahrhunderts eine wichtige Rolle. Freilich waren in Deutschland auch schon viel früher ähnliche Offenbarungen bekannt gemacht worden. So hatte Wetti, Vorsteher der Reichenauer Klosterschule, kurz vor seinem Tode (824) eine Vision, welche auf die Zeitgenossen großen Eindruck machte, weil er darin Himmel und Hölle durchwandert hatte und berichtete, was er dort gesehen habe[1]. Als seine Aufzeichnungen der Vergessenheit anheimfielen, sah im Jahre 1190 ein armer Bauer Godeskalk in einer fünftägigen Bewußtlosigkeit den Himmel und die Hölle mit ihren Bewohnern, wodurch die Phantasie des Volkes wiederum sehr auf die Dinge der jenseitigen Welt hingelenkt wurde[2].

Weit wichtiger waren für die Entwicklung des religiösen Lebens die im 12. Jahrhundert häufig auftretenden Visionen, deren die Heiligen jener Zeit gewürdigt wurden. Von weittragendem Einfluß waren in dieser Hinsicht die verschiedenen Erscheinungen, welche der hl. Franziskus von Assisi hatte, diejenige des hl. Dominikus über den Rosenkranz, des hl. Norbert über die thebäischen Martyrer[3], des hl. Thomas von Aquin über die Güte seiner Schriften.

Viel gelesen wurden damals die Visionen der hll. Hildegard und Elisabeth. Die Offenbarungen der letztern sind theils von ihrem Bruder,

---

[1] Mon. Germ. Poëtae latini. II, 267 sq.

[2] Wattenbach, Geschichtsquellen. I, 260 und II, 486 über Visio Wettini und Visio cujusdam pauperculae mulieris I, 260 und II, 486; Visio Bernoldi I, 261; Visio Caroli Magni I, 178 und 228; Visio Godescalci aus dem Jahre 1190 II, 310; Visio Raduini II, 490; Visio Rotcharii I, 261 und II, 486; Visio Tundali vom Jahre 1149 II, 221. 279 und 348. Vision des Winith von Windberg, Mon. Germ. XVII, 559. Eine Vision auch im zehnten Briefe des hl. Bonifatius. Jaffé, Mon. Moguntina. p. 53 sq.

[3] Visionen über Orte, an denen Ueberreste von Heiligen auszugraben seien, sind überaus häufig und kommen fast überall bei Reliquienerhebungen dieser Zeit vor.

Egbert von Schönau, überarbeitet und dadurch im einzelnen unzuverlässig geworden, theils (wie ihre Offenbarungen über die hl. Ursula und deren Gefährtinnen), wenigstens zum großen Theil, nur Phantasiebilder, worin „die unglaublichsten Dinge zu historischen Thatsachen gestaltet" werden[1]. Dagegen sind die Anfänge des Buches Scivias, worin die hl. Hildegard ihre Offenbarungen niederlegte, von einem unter dem Vorsitz des Papstes Eugen III. zu Trier abgehaltenen Concil geprüft worden. Unter Zustimmung der Versammelten wurde der Papst durch den hl. Bernard, seinen Lehrer, gebeten, Hildegard zur Vollendung ihrer Arbeit aufzufordern. Da dieselbe im höchsten Ansehen bei Weltlichen und Geistlichen stand und als eine von Gott hochbegnadigte Person galt, ihre Helfer aber das von ihr Angegebene zwar feilten, aber im wesentlichen unverändert ließen, waren ihre prophetischen Schriften für die Zeitgenossen von hoher Bedeutung.

Noch auffallender als die Gesichte jener Seherinnen sind die Lebensumstände zweier als Selige verehrten Jungfrauen, die beide Christina Mirabilis genannt wurden, und von denen die erstere bei St. Trond in Belgien († 1224), die andere zu Stommeln bei Köln († 1312) lebte. Damals begann auch die Reihe der Stigmatisirten, deren erster der Seraph von Assisi ist. Als deutsche Stigmatisirte des Mittelalters sind hier zwei Holländerinnen zu nennen, die sel. Gertrud von Oosten, eine Beguine zu Delft († 1358), und die sel. Lidwina von Schiedam († 1433).

Die Zeit der Kreuzzüge war eine in jeder Hinsicht hoch erregte, und diese geistige Erregung trat auch in jenen heiligen Seherinnen und in den beiden „wunderbaren" Christinnen zu Tage. So leichtfertig heute oft über dergleichen abgesprochen wird, so schwer ist es im einzelnen über solche Offenbarungen und solche wunderbaren Ereignisse ein sicheres Urtheil zu fällen. Für die Beurtheilung im ganzen und großen gibt die kirchliche Verehrung eine sichere Bürgschaft; die Einzelheiten bleiben schwierige Probleme der christlichen Mystik. Man muß die Thatsachen eben hinnehmen und an deren Beurtheilung herantreten mit den Grundsätzen des christlichen, des katholischen Glaubens, der damals alles beherrschte, hob und verklärte.

Von diesem sichern Standpunkte aus wird man dann gestehen müssen, daß damals Gottes Macht und Gnade viel sichtbarer eingriff in die Ge-

---

[1] Kirchenlexikon. 2. Aufl. IV, 384. Vgl. auch Wattenbach a. a. O. I, 38 f. und II, 221, der aber bei Beurtheilung jener Visionen zu weit geht.

schicke der Völker und einzelner Menschen. Weil aber, um den großen Gedanken des hl. Augustinus zu verwerthen, damals die Stadt Gottes so groß dastand, mußten auch die feindlichen Mächte in entschiedenerer und sichtbarerer Art gegen sie auftreten.

Licht und Schatten, große Heiligkeit und starke Ausbrüche menschlicher Leidenschaften oder teuflischer Bosheit mußten gegeneinander treten. So haben wir auf der einen Seite eine Reihe der größten Heiligen, Wunder und Visionen, auf der andern die Ausschreitungen manichäischer Secten in den Katharern und Albigensern, sowie den vollen Abfall vom Glauben in den Streitschriften Friedrichs II. gegen den Papst.

Fünftes Kapitel.
Die vorzüglichsten Patrone.

1. Waren nun die im vorigen Kapitel erwähnten deutschen Heiligen der zweiten Hälfte des Mittelalters auch die am meisten verehrten? Wichtige und sichere Anhaltspunkte zur Beantwortung dieser Frage dürften die Namen der Kölner Kirchen bieten. War doch Köln in jener zweiten Hälfte des Mittelalters die Stadt, worin deutsches Leben am mächtigsten pulsirte. Zählen wir demnach die gegen Ende des Mittelalters bestehenden Kirchen und Kapellen der mächtigen Reichs- und Hansastadt auf, unter Angabe ihrer Entstehung und der für unsere Zwecke dienlichen Erläuterungen[1].

A. Elf Stiftskirchen: 1. Der Dom des hl. Petrus. Nebenpatrone waren die heiligen drei Könige, die heiligen Martyrer Nabor und Felix, Sebastian, Agnes, Engelbert, Bischof von Köln († 1225), sowie die fränkischen Heiligen Gerebern, Irmengard und Lambert.

2. St. Gereon. Nach der Ueberlieferung erbaut von der hl. Helena zu Ehren der zu Köln gemarterten Soldaten der thebäischen Legion. Nebenpatrone: der hl. Gregorius, Anführer von 318 maurischen Soldaten (Mauri), welche mit den Genossen des hl. Gereon für Christus starben, und die hl. Helena.

3. Die Kirche der hll. Cornelius und Cyprian, gegründet vom hl. Severin, Bischof von Köln, dessen Namen sie jetzt trägt († 403). Beim Eingange der Kirche stand eine Kapelle des hl. Erasmus.

4. Die Kirche des hl. Clemens, jetzt nach ihrem Stifter, Bischof Cunibert von Köln († 663), benannt. Neben der Kirche befand sich der alte Rheinhafen, und sie soll bei ihm errichtet worden sein, weil der

---

[1] Gelenius, De admiranda magnitudine Coloniae 1645. Ueber die Aufhebung und den Abbruch vieler oben genannten Gotteshäuser vgl. A. E. b'Hame, Beschreibung der Domkirche. Köln, 1821. S. 351 f.

hl. Clemens ins Meer versenkt ward und als Patron der Schiffer galt, bis diese sich den hl. Nicolaus als Schutzheiligen wählten. Nebenpatrone: die beiden Brüder, welche nach der Farbe ihrer Haare der „weiße" und der „schwarze" Ewald genannt wurden.

5. Die Kirche des hl. Matthäus, seit der zweiten Hälfte des 9. Jahrhunderts St. Andreas genannt. Nebenpatrone: die allerseligste Jungfrau Maria und der Erzengel Michael.

6. Die vor dem 10. Jahrhundert gegründete Kirche der heiligen Apostel. Nebenpatrone: Felix, Abauctus und Cyriacus.

7. Maria zur Stiege, erbaut in der ersten Hälfte des 11. Jahrhunderts vor dem Ostchore des Domes. In der Kirche befand sich eine alte und berühmte Marienbruderschaft. Nebenpatrone: der hl. Agilolf, Bischof von Köln († 717), die sel. Richeza, Königin von Polen († 1057), und der hl. Anno als Mitstifter der Kirche († 1075).

8. St. Georg. Die Kirche hatte seit 1336 einen viel besuchten Altar der sieben Freuden der Gottesmutter und einen 1444 erbauten ebenso hoch geschätzten Altar der sieben Schmerzen. Beachtenswerth ist, daß vor dem erstgenannten Altare an den sieben Festen: Verkündigung, Epiphanie, Lichtmeß, Ostern, Christi Himmelfahrt, Pfingsten und Mariä Himmelfahrt sieben Lichter angezündet und feierliche Lieder gesungen wurden.

9. Maria im Kapitol. Ein von Pipin gegründetes Damenstift, worin seine Gattin Plektrudis als Heilige verehrt ward. Nebenpatron war der hl. Vitalis. In der Kirche bestand (freilich erst seit dem 17. Jahrhundert) eine Bruderschaft der sieben Schmerzen Mariä. Die Zunft der Schuhmacher feierte in ihr das Fest der hll. Crispin und Crispinian.

10. Das Damenstift der hl. Ursula, Cordula und ihrer Gefährtinnen, deren Reliquien in zahllose Kirchen kamen. Seit dem 15. Jahrhundert bestand in der Kirche die durch ganz Deutschland, besonders in Sachsen und im Elsaß, verbreitete Bruderschaft des „Schiffchens der hl. Ursula", deren Mitglieder durch die Verdienste der genannten Heiligen einen glücklichen Tod erlangen wollten.

11. Das Damenstift der hl. Cäcilia. Nach der Ueberlieferung war die Kirche der hl. Cäcilia die erste Kathedrale der Stadt. In derselben feierte die Zunft der Leineweber das Fest der hl. Cäcilia, jene der Maler und Glaser das des heiligen Bischofs Ebrigisil von Köln († um 600), jene der Altkäufer das des hl. Leonard. Als ein Hauptpatron galt den Stiftsdamen der hl. Augustin, dessen Regel sie befolgten.

B. **Zwei Benediktinerabteien.** 1. Die karolingische Abtei der drei heiligen Aerzte Pantaleon, Cosmas und Damian wurde von Bischof Bruno, dem Bruder Otto's I., 964 erneuert. Als Nebenpatrone wurden die großen Heiligen des Benediktinerordens verehrt, dann der durch die Kaiserin Theophano aus Rom nach St. Pantaleon übertragene hl. Albinus (Alban) und der heilige Martyrer Maurinus, Abt dieses Klosters († 966).

2. Die größere Kirche des hl. Martin (Groß-Martin), ehedem auf einer Rheininsel gelegen, war ein vorkarolingisches Schottenkloster, worin man besonders die Reliquien des hl. Eliphius verehrte, den Julian 363 mit seinem Bruder und fünf Schwestern bei Gent marterte. In der Kirche blühten die Bruderschaften des heiligsten Sacramentes, der Gottesmutter und der hl. Anna. Die Zunft der Fischer feierte dort das Fest der hl. Katharina.

C. **Neunzehn Pfarrkirchen.** Die fünf Pfarrkirchen der Altstadt verdankten ihre Namen der hl. Columba und den hll. Martin von Tours (Klein-Martin), Laurentius, Alban und dem Apostelfürsten Petrus. In St. Laurentius feierten die Harnischmacher ihre religiösen Feste, hatte die Zunft der Goldschmiede eine Bruderschaft des heiligsten Sacramentes und verehrten die Schwertfeger den hl. Nicolaus, während die Tuchweber etwa seit Beginn des 17. Jahrhunderts in St. Peter eine Marienbruderschaft bildeten.

Die vierzehn außerhalb der Altstadt gelegenen Pfarren hießen Sanct Maria am Ufer, St. Lupus, St. Jakob, St. Johann Baptist, Maria Ablaß, St. Paul, St. Severin mit einer Kapelle der hl. Maria Magdalena, St. Brigitta bei Groß-Martin, St. Mauritius, St. Aposteln, St. Cunibert, St. Christophorus bei Sankt Gereon, St. Johannes der Evangelist und Maria zur Wiese (in pasculo)[1].

In St. Lupus bestand seit 1515 eine sehr beliebte Bruderschaft des hl. Joseph, in St. Johann Baptist hatten die Leineweber einen Severusaltar.

D. **Männerklöster** hatte die Stadt dreizehn. Die Kirche der Templer war der hl. Katharina geweiht, die der Johanniter dem hl. Jo-

---

[1] Drei der genannten Kirchen: St. Severin, Aposteln und Cunibert sind schon oben erwähnt. Gelenius sagt, in St. Severin habe man den untern Theil der Kirche zum Pfarrgottesdienst benutzt. Sollte nicht in Aposteln und Cunibert das große Westschiff für den Pfarrgottesdienst erbaut worden sein?

hannes und seit 1278 auch der hl. Cordula, die der Antoniter seit 1298 dem heiligen Einsiedler Antonius, die der Augustinercanoniker dem heiligsten Sacrament (1331 gegründet). Letztere hatte Bruderschaften des heiligsten Sacramentes (seit 1497) und der sieben Freuden Mariä, seit 1503 aber einen Altar der sieben Freuden. Die Kirche der Fraterherren des großen Gerard von Deventer trug den Titel der heiligsten Dreifaltigkeit und des hl. Michael (1449), die der Karthäuser denjenigen der hl. Barbara. Daß diese Karthäuser das Fest ihres um 1035 zu Köln geborenen, 1101 gestorbenen und 1514 heilig gesprochenen Stifters Bruno hoch hielten und die Kölner zur Festfeier zahlreich herbeiströmten, wird oft gemeldet. Und doch war die hl. Barbara Hauptpatronin.

Die Dominikaner hatten seit 1226 in ihrer Kirche des Heiligen Kreuzes eine große Rosenkranzbruderschaft; sie leiteten auch eine Bruderschaft vom Namen Jesu und zeigten in ihrem Kloster die Zellen des hl. Thomas von Aquin, Alberts des Großen und des Heinrich Suso. Die Franziskaner, welche seit 1220 zu Köln wohnten, verbreiteten die Verehrung ihrer Heiligen in der Stadt und leiteten ihren dritten Orden nebst den Bruderschaften der hll. Anna, Barbara, der Gottesmutter (für die Bäckerzunft), der hll. Cosmas und Damian (für die Rasierer), des hl. Rochus und des hl. Jodocus.

Die Karmeliter waren 1219 nach Köln gekommen und hatten in ihrer Kirche zwei sehr besuchte Marienbilder: ein schon 1298 mit Abläßen versehenes „Vesperbild" (die schmerzhafte Mutter ihren todten Sohn im Schoße haltend) und ein laut Urkunde von 1411 wunderthätiges „Bild der freudenreichen Jungfrau", die auf dem Throne sitzt und ihr Kind hält. Sie leiteten vor 1500 nicht weniger als neun Bruderschaften mit den Titeln der Himmelfahrt Mariä, des heiligsten Sacramentes, des heiligen Kreuzes, des hl. Georg, der hl. Anna (1502 bestätigt, 1517 von der Schusterzunft übernommen), Dorothea (1464 bestätigt), Apollonia, des hl. Joseph (seit 1485, seit 1500 Joseph und Joachim), und besonders die des Scapuliers vom Berge Karmel.

Die Augustiner waren 1164 mit den Reliquien der heiligen Dreikönige in Köln eingezogen. Unter den sechs von ihnen geleiteten Bruderschaften waren die der Gürtelträger des hl. Augustin und der hl. Monika und (seit 1269) diejenige des hl. Sebastian die bedeutendsten.

Im Jahre 1307 wurde der Kreuzherrenconvent gestiftet. Der im Jahre 1221 der Gottesmutter Maria gewidmete Convent der Cistercienserinnen ging an die Salvatorbrüder der hl. Brigitta über.

Die Celliten oder Alexianer blühten schon im 14. Jahrhundert zu Köln und verehrten als Patrone ihrer Kirche die hll. Alexius und Longinus.

E. **Frauenklöster.** Außer den mit den Häusern der eben genannten Salvatorbrüder und Alexianer verbundenen Frauenconvente hatte die Stadt noch 31 weitere. **Benediktinerinnen** bestanden seit dem 13. Jahrhundert bei der Kirche der Maccabäer, seit 1459 bei jener der hl. Agatha und seit 1144 bei der Pfarrkirche des hl. **Mauritius**, Clarissinnen seit etwa 1300, Cistercienserinnen im „**Mariengarten**" bereits 1244, bei der Kirche der hll. **Bartholomäus** und **Aper** seit 1474, **Augustinerinnen** seit 1118 bei der alten Kapelle des hl. Maximin, vor 1230 bei jener der hl. Magdalena (weiße Frauen), in „groß Nazareth", und seit 1477 in St. Reinold bei der Apostelkirche. In St. Nicolaus und seit 1480 in St. Michael waren Regularschwestern des hl. Augustin, Bußschwestern desselben Heiligen seit 1471 bei „St. Maria Magdalena in Bethlehem". Auch bei St. Apollonia wohnten seit 1468 Augustinerinnen; die Cellitinnen des hl. Augustin aber hatten zu Köln vor 1500 fünf Häuser, von denen eines der hl. Elisabeth, ein anderes der heiligsten Dreifaltigkeit geweiht war. **Dominikanerinnen** waren schon vor 1286 bei St. Gertrud, Clarissinnen lebten seit 1300 bei St. Clara, **Franziskanerinnen** seit 1331 in der Kirche der hll. Vincentius und Maria von Aegypten, seit 1480 bei der zum Andenken an die Schlacht von Worringen (1288) errichteten Kapelle des hl. Bonifatius in der Nähe von St. Severin, seit 1481 bei der Kirche „Unserer Lieben Frau in Bethlehem" und bei St. Ignatius.

Servitinnen der schmerzhaften Mutter kamen schon im 13. Jahrhundert nach Köln und haben dort die Andacht zu den sieben Schmerzen gefördert. Nonnen von der dritten Regel des Berges Karmel erhielten 1304 ein Haus in Köln.

F. **Hospitäler** besaß Köln um 1500 vierzehn. Die zu ihnen gehörenden Kirchen oder Kapellen hatten als Patrone den Heiligen Geist, das heilige Kreuz und die hll. Johannes Baptist, Laurentius, Quirin, Jodocus, Heribert, Magdalena, Agnes und Ursula.

G. Zu all diesen Kirchen kommen zahlreiche kleinere Kapellen. Abgesehen von den Privatkapellen galten über vierzig als öffentliche. Die Titel der den Heiligen gewidmeten waren in alphabetischer Ordnung: St. Aegidius, Afra, Alexius, Benedikt, Christophorus mit Erasmus und Sebastian (1497 erbaut), Dionysius, Eligius mit Cornelius und Cyprian, Erasmus (bereits 970 in Gebrauch), Georg (um 1060), Hieronymus,

Lambertus (1076 neu geweiht), Lucia (im Thurme bei St. Cunibert), Marcellus (650?), Margaretha (um 660?).

Weiterhin besaß die Stadt zwei Kapellen des hl. Matthias (Nebenpatrone der ersten, 1499 neugeweihten waren Victor und Gereon), drei Kapellen des hl. Michael beim Eingange zu St. Gereon, zu St. Severin und bei der Marspforte, zwei des hl. Nicolaus, eine des hl. Norbert und des sel. Hermann Joseph. Weitere Kapellen waren geweiht der hl. Notburgis (ehedem den Apostelfürsten) und den hll. Quintin, Sergius und Bacchus, Servatius (circa 400?), Stephanus (1009 consecrirt) und Thomas.

Man erkennt leicht, wie in den Namen dieser Heiligen drei Perioden sich scheiden. Die ältesten Kirchen haben bis zum Ende des 12. Jahrhunderts meist Namen der altrömischen Heiligen oder der Lokalpatrone[1]. Mit dem Ende des 12. Jahrhunderts beginnt eine andere Entwicklung. Die neuen Orden, besonders jene der Cistercienser, Franziskaner und Dominikaner, dann aber auch die aus dem Heiligen Lande herübergekommenen Ritterorden und die Karmeliter bringen neue Heilige und neue Andachten unter das Volk. Im 15. Jahrhundert gewinnt die Verehrung des heiligsten Sacramentes, des Leidens Christi, der Schmerzen und Freuden Maria's, der hll. Joachim, Anna und Joseph einen großen Aufschwung. Die Herrschaft des Bürgerstandes kündet sich an durch viele Stiftungen zu Ehren der Zunftpatrone. In ähnlicher Weise hat sich die Sache in anderen großen Städten Deutschlands und im Bereiche der einzelnen Diöcesen entwickelt.

2. Wenden wir uns nun von den Patronen der Kirchen zu denen der Zünfte. Während der ersten Hälfte des Mittelalters, ja bis zum 13. Jahrhundert gab es noch nicht viele Handwerkerpatrone. Der hl. Eligius

---

[1] Die Hauptpatrone sind zusammengefaßt in einer Sequenz, die man in den Kirchen der Stadt oft und gerne sang. In einem Chorbuche aus der Kirche des hl. Dionysius zu Krefeld, jetzt in der Pfarrbibliothek zu Kaarst bei Neuß, lautet dieselbe: Gaude felix Agrippina sanctaque Colonia, | Sanctitatis tuae bina gerens testimonia. | Postquam fidem suscepisti, civitas praenobilis, | Recidiva non fuisti, sed in fide stabilis. | Gereonis cum bis nonis trecentena concio | Et Maurorum trecentorum sexaginta passio | Te tinxerunt et sanxerunt, Virginumque millium | Undenorum te decore coronat martyrium. | Severinus, Cunibertus, Evergislus, inclyti, | Agilolphus, Heribertus, patres urbis praediti, | Felix, Adauctus, Albinus, Maurinus, | Eliphius, Hippolytus et Paulinus, Ewaldi, Gregorius, | Felix, Nabor, hi cum tribus Magis, urbs sanctissima, | Te tuentur tribus, quibus polles, famosissima. | Ut vobiscum, supplicamus, patroni propitii, | Gloriose resurgamus in die iudicii. Mit mehreren Verbesserungen und Ergänzungen abgedruckt bei Gelenius p. 657; Daniel II, 203.

von Noyon († 683) wurde, weil er seine Metallarbeiten geliefert hatte, von allen Metallarbeitern, besonders von den Goldschmieden angerufen, der hl. Nicolaus von Myra von denen, welche durch Sturm auf der See zu leiden hatten, dann von allen Schiffsleuten, Fischern und Faßbindern, an die sich in dieser Verehrung später jene anschlossen, welche der Fässer bedurften, besonders die Bierbrauer. Die hl. Barbara wurde zur Patronin derjenigen, welchen plötzlicher und rascher Tod drohte, also der Soldaten und Dachdecker. Die Soldaten verbreiteten ihre Verehrung bei den Harnischmachern, die Dachdecker bei den Bauleuten, besonders seitdem der Thurm zum Symbol der Heiligen geworden war.

Beizeichen spielten seit dem 14. Jahrhundert eine so große Rolle, daß sie oftmals die Wahl des Patrons bestimmten. So machte die Wage, welche der heilige Erzengel Michael hat, weil er die Seelen vors Gericht führt, ihn zum Patron aller, die mit einer Wage viel umzugehen hatten, also der Krämer und Apotheker. Für geistliche und weltliche Genossenschaften galt er als Schutzherr der Thore; darum liebte man es, ihm in den Thürmen beim Eingang der Befestigungen Kapellen zu errichten. Wie er Satan und seinen Anhang am Eintritt in den Himmel verhindert hatte, sollte er auch Städte, Klöster und Burgen vor Feinden schützen.

Der Apostel Thomas trägt ein Winkelmaß, weil er nicht glauben wollte, bis er „gesehen" hatte. Wegen dieses Winkelmaßes wurde er Patron der Bauleute. Der hl. Nicolaus verdankt den drei Broden, welche er zum Zeichen seiner Mildthätigkeit trägt, das Patronat über manche Bäckerzunft, Dorothea ihrem Blumenkörbchen das Patronat über Gärtner.

Andere Heilige galten als Patrone der Stände, zu denen sie gehört hatten, z. B. Lucas, Cosmas und Damian als Patrone der Aerzte, die vier Gekrönten als Patrone der Steinmetzen, Crispin und Crispinian als Patrone der Schuster, Ivo als Patron der Juristen, Georg, Mauritius, Longin, Paulus und zuletzt Ignatius von Loyola als Patrone der Soldaten. Martha und Zachäus wurden Schutzheilige der Wirthe, weil sie den Herrn bewirthet hatten. Vor Antritt einer Reise betete man zum hl. Raphael, weil dieser den Tobias so sicher geleitet hatte, zur hl. Martha als „guter Herbergsmutter", zu Michael als Beschützer vor Feinden und zum hl. Christophorus gegen Wassernoth[1].

Der hl. Hubertus ward Patron der Jäger, weil er bei der Jagd bekehrt ward. Er gilt auch als Helfer gegen Biß und Tollwuth der

---

[1] Röhricht, Pilgerreisen. S. 47 Anm. 89.

Hunde. Andere Heilige verdanken ihr Ansehen der Art ihres Martertodes. War doch der hl. Sebastian Schutzheiliger der Bogenschützen, weil er mit Pfeilen erschossen war, Bartholomäus Patron der Metzger, weil man ihm die Haut abgezogen hatte. Apollonia ward (wie Laurentius) bei Zahnleiden angerufen, weil die Henker ihr die Zähne ausstießen, Rochus und Sebastian halfen bei der Pest[1]; den hl. Erasmus rief man an bei Unterleibsleiden, weil die Henker ihm die Eingeweide ausrissen. Agatha war Patronin bei Brustleiden, Katharina Patronin der Philosophen, weil sie vor dem Richter die heidnischen Weisen in einer Disputation besiegt habe.

Da der Sachsenspiegel im Beginn des 13. Jahrhunderts bestimmte, auf den Feldern solle die Ernte dem gehören, welcher bis zum Fest der hl. Margaretha (20. Juli) den Acker bestellte, in Wein= oder Baumgärten aber demjenigen, welcher bis zum Feste des hl. Urban (25. Mai) in denselben arbeitete, so wurden jene beiden Heiligen Patrone der Landleute. Ihre Feste bezeichneten den Abschluß der Arbeit und die Aussicht auf Erfolg[2].

Manche Heilige verdankten auch ihre Volksthümlichkeit dem Umstande, daß man ihr Fest an die Stelle alter heidnischer Gottheiten gesetzt hatte und die zu Ehren jener Gottheiten üblichen Gebräuche den Heiligen zulieb vornehmen ließ. So sind die Martins=Feuer, die zu Ehren des hl. Martin gebackenen Brode und vielleicht auch die Sitte, Martinsgänse zu essen, aus Umwandlung heidnischer Sitten entstanden[3].

Der Erzmartyrer Stephanus wurde an vielen Orten Patron der Pferde, weil an seinem Tag ehedem den Rossen des Sonnenwagens geopfert ward, welche um diese Zeit zu steigen beginnen (Solstitium).

Den hll. Barbara, Katharina und Margaretha, oder den hll. Fides, Spes und Charitas wurden gern an den Orten Kapellen errichtet, wo ehedem die „drei Mütter" angebetet worden waren[4].

---

[1] Das Germanische Museum zu Nürnberg besitzt ein Gemälde (Nr. 223), in dessen Mittelstück Gott Vater, über dessen Haupt die Taube sichtbar ist, Pestpfeile auf das Volk entsendet. Doch brechen die Pfeile auf die Fürbitte Christi und Mariä, welche vor ihm knieen, ab. Auf den Innenseiten der beiden Flügel erblickt man die hll. Sebastian und Rochus, auf den Außenseiten die armen Seelen.

[2] Samson, Die Schutzheiligen. II, 236 u. 318 f.

[3] Hefele, Conciliengeschichte. 2. Aufl. III, 500 Anm. 1, 506 n. 3, 509 n. 19, 510 n. 26 u. 28 u. s. w.; Cahier, Caractéristiques. II, 580; Samson, Die Schutzheiligen. S. 247 f.

[4] Arendt, St. Quirin. Luxemburg, 1888, behandelt ein sehr anschauliches Beispiel dieser Umänderungen S. 12. 29 u. 37 sowie Tafel 8.

Zuweilen haben auch äußerliche Umstände zur Verbreitung der Verehrung bestimmter Heiligen beigetragen. So erbaute der hl. Willibrord in Friesland gerne Kirchen zu Ehren des hl. Clemens, weil er 696 unter dem Namen dieses Heiligen zum Erzbischof geweiht worden war. Seitdem aber haben bis heute viele alte Kirchen des Niederrheins diesen hl. Clemens als Patron. Erzbischof Philipp I. von Heinsberg († 1191) erbaute drei Kirchen zu Ehren seines Lieblingsheiligen, des hl. Gangolf. Thomas Becket aber, der 1170 in England ermordet und 1172 canonisirt worden war, wurde bald nachher in Braunschweig hoch verehrt, weil die Gemahlin Heinrichs des Löwen eine englische Prinzessin war, und Herzog Heinrich in seinem Schicksal eine Aehnlichkeit mit dem jenes Martyrers sah, da auch er in Vertheidigung der Kirche soviel verloren habe[1].

Die Verehrung der hll. Erasmus, Rochus und Sebastian aber stieg oder fiel, je nachdem das Volk durch die in der zweiten Hälfte des Mittelalters so schrecklich wüthenden pestartigen Krankheiten (schwarzer Tod) in Angst versetzt und angetrieben ward, bei Gott und seinen Heiligen Hilfe aus solchem Elend zu erflehen.

Die Verehrung der heiligen Dreikönige gewann in ganz Deutschland eine weite Verbreitung, als Reinald von Dassel 1163 ihre Reliquien nach Köln gebracht hatte. Alte Ritualien enthalten einen Segen, zur Weihe der Kreide[2], womit die Gläubigen auf die Thüren ihrer Häuser die Buchstaben C † M † B † schrieben, um so des Schutzes derselben theilhaft zu werden. In den Kirchen wurden zu ihrer Ehre liturgische Spiele gefeiert, die sich noch theilweise im Volk erhalten haben[3].

Lokale Einflüsse brachten neue Patrone; so trat der hl. Bernward von Hildesheim in Deutschland mehr und mehr an die Stelle des hl. Eligius als Patron der Goldschmiede, der hl. Pantaleon an die Stelle der hll. Cosmas und Damian als Patron der Aerzte, der hl. Joseph aber wurde gegen Ende des Mittelalters Patron der Schreiner und Zimmerleute. Die hl. Magdalena trat in Süddeutschland mehr und mehr zurück vor der hl. Afra von Augsburg als Fürsprecherin bekehrter Sünderinnen. Ebenso theilten sich je nach der Gegend die hll. Agatha, Laurentius, Florian und Donatus im Schutz gegen Feuersgefahr. Daß Heilige in jenen Landstrichen, welche ihr als Wallfahrtsort vielbesuchtes Grab besaßen, mit besonderem Vertrauen um Hilfe in bestimmten

---

[1] Neumann S. 17.   [2] Benedictio cretae.
[3] Samson, Die Schutzheiligen. S. 143 f.

Krankheiten und als Patrone bestimmter Zünfte und Genossenschaften verehrt wurden, versteht sich leicht.

3. Weit verbreitet war besonders seit der Mitte des 15. Jahrhunderts die Andacht zu den vierzehn Nothhelfern[1]. Man rechnet zu ihnen zehn Martyrer: Georg, Blasius, Erasmus, Pantaleon, Vitus, Christophorus, Dionysius, Cyriacus, Agathius und Eustachius, einen Bekenner: den fränkischen Einsiedler oder Abt Aegibius, und drei Martyrinnen: Margaretha, Barbara und Katharina. Einen bedeutenden Aufschwung erhielt die Verehrung derselben 1446 durch eine wunderbare Erscheinung zu Frankenthal, welche den Fürstbischof von Bamberg veranlaßte, auf Grund und Boden der Cistercienserabtei Langheim ihnen eine Kapelle zu weihen. Papst Nicolaus V. verlieh den Besuchern dieser Kapelle Ablässe, und Kaiser Friedrich III. kam 1485 als Pilger dahin. Die Verehrung der 14 Heiligen war aber schon vor jener Frankenthaler Erscheinung bekannt und geübt, besonders in den Diöcesen Bamberg, Passau, Augsburg, Regensburg und Freising. Wichtig für die Kenntniß des Grundes ihrer Verehrung ist eine Urkunde vom Jahre 1426, worin eine Messe gestiftet wird in der Pfarrkirche des hl. Veit zu Wunsiedel in der Diöcese Regensburg zu Ehren der heiligsten Dreifaltigkeit, der Gottesmutter, „der vierzehn besonders privilegirten Martyrer"[2] und der ganzen himmlischen Heerschaar. Auch in manchen Meßformularen wird am Ende des 15. Jahrhunderts und im 16. Jahrhundert betont, diese Heiligen würden verehrt, weil sie von Gott kräftige und besondere Privilegien besäßen, zu helfen in allen Nöthen und jeglicher Krankheit.

Manche glaubten, die Zusammenstellung der vierzehn Nothhelfer sei zu Rom geschehen. Das ist aber unwahrscheinlich, weil die wichtigsten Martyrer der heiligen Stadt in ihrer Reihe fehlen. Ebenso vermißt man Apostelnamen und die im Canon der heiligen Messe genannten Heiligen, ferner die in der Kölner, Mainzer und Trierer Diöcese verehrten Lokalheiligen, den in Oesterreich so viel angerufenen hl. Florian und den vor dem 13. Jahrhundert diesseits der Alpen allerorts hochgehaltenen hl. Martin. In einer Diöcese Bayerns muß also ein frommer Mann jene Heiligen

---

[1] Vgl. den lehrreichen Artikel über die Nothhelfer in der Tübinger Quartalschrift 1888. LXX, 72 f.; Neumann, Reliquienschatz des Hauses Braunschweig-Lüneburg. S. 346; Lechner, Kalendarien. S. 244; Martinus Crusius, Corona anni. II, 280 sq.

[2] Quatuordecim martyrum specialiter privilegiatorum l. c. p. 89.

zusammengestellt und der Verehrung empfohlen haben[1]. Gegen welche „Noth" jeder dieser 14 Heiligen im 15. Jahrhundert als „Helfer" angerufen worden sei, ist schwer zu bestimmen. Doch ward sicher der hl. Blasius angerufen bei Halsübeln, Erasmus bei Unterleibskrankheiten, Dionysius bei Kopfweh, Margaretha bei Frauenkrankheiten, Christophorus und Barbara zur Erlangung eines guten Todes.

4. Bei Feststellung der in Deutschland am meisten verehrten Heiligen dürfen wir die alten Gemälde nicht vergessen. Am leichtesten läßt sich hier eine Uebersicht gewinnen durch Vergleichung der im Kölnischen Museum vereinten Tafeln. In 416 altkölnischen Gemälden aus der Zeit vor circa 1550 (Nr. 30—445 des Katalogs[2]) finden sich die zwölf Apostel zusammen dreimal, Petrus neunmal, Johannes (abgesehen von den Bildern der Kreuzigung des Herrn) achtmal, Andreas, dem eine Stiftskirche zu Köln geweiht war, sechsmal, Paulus viermal, Thomas und Bartholomäus je dreimal, Lucas zweimal, Matthias und Marcus je einmal. Alte und berühmte Kirchen hatten zu Köln Ursula, Cäcilia, Johannes der Täufer, Georg, Gereon und Pantaleon; wir finden sie auf den Gemälden des Museums, beziehungsweise siebzehn=, acht=, sieben=, sechs=, vier= und zweimal, die heiligen drei Könige (abgesehen von Bilderreihen, welche die Jugendgeschichte Christi schildern) zehnmal. Von den heiligen Erzbischöfen Kölns treten uns Anno sechsmal, Severin viermal, Agilolf zweimal, Cunibert einmal entgegen. Am meisten sind Katharina und Barbara verherrlicht worden, da erstere auf nicht weniger als 15, letztere auf 13 Gemälden dargestellt ist. Je sechsmal finden wir den hl. Laurentius und die hl. Anna, je fünfmal den hl. Stephanus und die hl. Maria Magdalena (abgesehen von Bilderreihen der Geschichte des Erlösers), je viermal Margaretha, Agnes, Rochus, Achatius mit den 10000 Martyrern, Klara und ihren Lehrmeister Franziskus von Assisi, je dreimal Nicolaus, Hippolyt, Christophorus[3], Gudula, Bruno, den Stifter der Kölner Karthause, die hll. Sippen und Elisabeth von Thüringen, je zweimal Sebastian, Dorothea, Apollonia, Felicitas mit

---

[1] Beachtenswerth ist die Nachricht, Kaiser Otto I. habe einen Arm des hl. Cyriacus aus Rom nach Bamberg gebracht. Acta SS. 8. Aug. III, 338 sq. Vgl. über die heiligen Nothhelfer auch Neumann, Der Reliquienschatz des Hauses Braunschweig-Lüneburg. S. 346.

[2] Führer des Museums Wallraf-Richartz von Nießen.

[3] Da dieser Heilige fast in jeder Kirche lebensgroß beim Eingange stand, erhellt, daß man bei Beurtheilung der obigen Zahlen allgemeine Schlüsse nur mit Vorsicht wagen kann.

ihren Söhnen, Aegidius, den Einsiedler Antonius, Maria von Aegypten, Helena, Christina, den Karthäuser Hugo, die Kirchenväter Hieronymus und Augustinus, die Messe des hl. Gregorius und Nicasius. Nur je einmal treffen wir 35 Heilige, unter denen besonders bemerkenswerth sind: Lucia, Agatha, Brigitta, Martin von Tours, Dionysius, Hubertus, Cornelius, Erasmus, Cosmas und Damian.

Man erkennt leicht, wie sehr die alten römischen Heiligen noch vorwiegen, und in wie auffallender Weise nicht nur die späteren Heiligen, sondern auch die deutschen zurücktreten. Franziskus und Klara, die doch durch ihre so weit verbreiteten Orden allgemein bekannt waren, dann die Heiligen der Orden der Benediktiner, Cistercienser, Dominikaner, Karthäuser, Karmeliter zeigen sich alle zusammen kaum so oft als Barbara, Katharina oder Ursula, als Petrus und Johannes.

In Nürnberg liefern 252 nieder- und oberdeutsche Bilder (Nr. 7 bis 259) des Germanischen Museums aus der Zeit um 1380—1550 ähnliche Ergebnisse; denn sie enthalten die hl. Katharina zwölfmal, Barbara elfmal, Georg achtmal, die heiligen drei Könige siebenmal, Margaretha und Sebastian je fünfmal, je viermal Johannes den Täufer und den Evangelisten, Bartholomäus, Ursula und Vitus, je dreimal Petrus, Stephanus, Christophorus, Ambrosius, Hieronymus, Mauritius, Anna, Dorothea und Brigitta, je zweimal die hll. Sippen, Paulus, Jacobus, Lucas, Gregor, dessen Messe, Laurentius, Cosmas und Damian, Quirin, Gereon, Hubertus, Sebaldus, Agnes, Helena und Magdalena, je einmal 23 Heilige, z. B. die Nothhelfer, Lucia, Afra, Rochus, Apollonia, Nicolaus, Dominikus, Thomas von Aquin, Franziskus von Assisi.

5. Großen Einfluß hatte auf die Darstellung der Heiligen die Wahl der Namenspatrone; denn da die meisten Bilder gestiftet wurden, erschienen diese Namenspatrone oft hinter den Stiftern, ja ließen solche Stifter zuweilen die ganze Legende ihrer Heiligen darstellen[1].

Und doch ist die Sitte, bei der Taufe den Namen eines Heiligen zu empfangen, welcher dann den Getauften durch das Leben begleitet, ihn Gott empfiehlt, weniger alt, als gewöhnlich angenommen wird.

---

[1] Die Annahme, die hinter Stiftern stehenden Heiligen seien immer ihre Namenspatrone, ist zwar weit verbreitet, aber nicht richtig. Beispielsweise steht hinter einem Donator im Bilde Nr. 54 des Germanischen Museums die Gottesmutter, wie die heilige Katharina seine Gemahlin begleitet. Bei der lebhaften Heiligenverehrung des 15. Jahrhunderts konnte jemand leicht einen von seinem Namenspatron verschiedenen Heiligen auf solchen Bildern neben sich darstellen lassen.

Freilich ermahnten einzelne Kirchenväter schon früh, man möge bei der Taufe keine **heidnischen Namen** annehmen, und folgten viele dieser Aufforderung, aber zum Gesetz wurde die Annahme von **Namen der Heiligen** erst durch das Concil von Trient, dessen Decret in zahlreichen deutschen Concilien wiederholt ward. Benedikt XIV. verschärfte jenes Decret durch die Verordnung, nur solche Namen den Kindern beizulegen, welche im römischen Martyrologium ständen[1].

In Deutschland wurden zu Ende des 8. Jahrhunderts mit der neuen Einführung der römischen Liturgie die christlichen Namen etwas häufiger. Wie langsam diese Sitte sich aber verbreitete, erhellt am besten aus den im 9. Jahrhundert begonnenen Verbrüderungsbüchern von St. Gallen, welche bis ins 15. Jahrhundert Nachträge erhielten. Namen der in die damaligen Martyrologien aufgenommenen Heiligen haben die zahlreichen dort verzeichneten Mönche bis zum 11. und 12. Jahrhundert selten. Bei allen Namen, welche an deutsche Heilige erinnern, bleibt zweifelhaft, ob dieselben gewählt wurden, weil sie von alters her in Deutschland eingebürgert waren, oder weil Heilige sie getragen hatten[2]. Selbst in den Verzeichnissen der deutschen Könige oder Bischöfe findet man bis ins 13. Jahrhundert sehr häufig Namen, die nicht mit Rücksicht auf canonisirte Heilige angenommen sind. Erst seit dem 14. Jahrhundert gewann die Sitte, Namen der Heiligen zu tragen, Oberhand, weil einerseits die gebräuchlicheren Namen durch einen frühern Träger geheiligt worden waren, andererseits die Verehrung der Heiligen sich steigerte. Gerade um jene Zeit aber treten, wie jene Gemälde zeigen, die Namen deutscher Heiligen durchaus nicht in den Vordergrund.

6. Wie im Mittelalter die Sitte sich ausbildete, daß jede einzelne Person ihren Namenspatron erhielt, so wählten sich auch Städte, Provinzen, Diöcesen und Länder ihre Patrone[3]. In vielen, vielleicht

---

[1] Ueber die Namen der alten Christen vgl. Kraus, Real-Encyklopädie der christlichen Alterthümer. II, 467 f., über Taufnamen überhaupt Gerbert, Liturgia alemanica. II, 423; Binterim, Denkwürdigkeiten der christkatholischen Kirche. I, 40 f.; Hartzheim, Concilia. VII, 677. 711. 772. 1003; VIII, 389. 410. 699. 776. 952; IX, 108. 208. 445; X, 148. 235. 312. 529 et 756; besonders Corblet, Histoire du Sacrement de Baptême. Paris, 1882. II, 228 et 241 s.

[2] Libri confraternitatum sancti Galli Augiensis, ed. Piper, Mon. Germ. Ohne Bandangabe.

[3] Theoph. Raynauld VIII, 476 sq. De titulis cultus sanctorum specialibus; Fabricius, Bibliographia antiquaria. p. 362 sq.; Cahier, Caractéristiques des saints. II, 604 s. Ueber die nach Schluß des Mittelalters geltenden Bestimmungen hinsichtlich der Stadtpatrone vgl. Ferraris, Prompta bibliotheca „Patronus".

den meisten Fällen wurde der Patron der Hauptkirche auch jener des Ortes; doch ist dies nicht, wie man oft meint, immer der Fall gewesen. Wichtige und sichere Auskunft über die Entstehung, Ausbreitung und Veränderung dieses Patronates der Heiligen über bestimmte Orte geben Siegel und Münzen, weil auf ihnen jene Schutzheiligen erscheinen. Eines der ältesten Zeugnisse für das Vorkommen eigentlicher Stadtpatrone bietet das vor 1200 gestochene älteste Stadtsiegel von Aachen. Dort war Karl der Große, der zweite Gründer der Stadt, 1165 heilig gesprochen worden. Sie ließ für dessen Reliquien um 1200 einen herrlichen Schrein anfertigen und nahm ihn auf seinem Throne sitzend, freilich ohne Nimbus, in ihr großes Siegel auf. Er thront auch auf dem zweiten, vierten und fünften Siegel der Stadt zwischen zwei Bischöfen. Auf dem dritten schon 1327 benutzten Siegel kniet aber der Kaiser vor der Gottesmutter und reicht ihr das von ihm erbaute Münster hin. Obwohl er Stadtpatron blieb und man zu seiner Ehre jährlich mit Begeisterung die Lokalhymne Urbs Aquensis, urbs regalis sang[1], hatte die Verehrung Maria's, der auch das Münster geweiht war, so zugenommen, daß man sie ins Siegel aufnahm.

Auf dem großen im 13. Jahrhundert entstandenen Stadtsiegel von Trier sieht man den Heiland, einen Schlüssel haltend, in der Mitte der Stadt, auf deren Mauern die Inschrift Sancta Treveris erscheint. Der hl. Petrus, Patron des Domes, der hl. Eucharius, erster Bischof der Stadt, und zwei Einwohner erheben ihre Hände, um den Schlüssel des Herrn zu berühren. Die Umschrift lautet: „Trevericam plebem Dominus benedicat et urbem" — „Gott segne Triers Volk und Stadt". Auf dem spätgotischen Siegel Triers findet man den hl. Petrus allein.

Noch frommer lautet die Umschrift der beiden großen, um 1210 und 1270 entstandenen Siegel der Stadt Köln: „Sancta Colonia, Dei gratia Romanae ecclesiae fidelis filia" — „Das heilige Köln, durch Gottes Gnade der römischen Kirche treue Tochter". In der Mitte eines jeden thront der hl. Petrus, dem auch der Dom geweiht war. Als Wappen diente der Stadt wenigstens seit dem Beginn des 13. Jahrhunderts ein Schild, in dessen oberen Hälfte drei Kronen an die heiligen drei Könige erinnerten. Beim Ausgange des Mittelalters fügte man im untern Theile elf Flämmchen bei „zu Ehren der hl. Ursula und ihrer 11000 Gefährtinnen".

Die Stadt Neuß ahmte die Kölner Umschrift nach, nannte sich aber bescheidener: „Nussia sancte Coloniensis ecclesie fidelis filia" — „Neuß,

---

[1] Daniel, Thesaurus hymnologicus. V, 235.

der heiligen Kölner Kirche treue Tochter". In der Mitte ihres Siegels steht der hl. Quirinus, der Patron der Stadt und ihrer Stiftskirche.

Im Mainzer Stadtsiegel thront der hl. Martinus inmitten eines romanischen Gebäudes. Die Umschrift lautet: „Aurea Moguncia Romane eccl(es)ie specialis filia" — „Das goldene Mainz, der römischen Kirche besondere Tochter".

Manche Städte der Erzdiöcese Köln, z. B. Zülpich, Rheinberg, Lechenich, Brühl und Rees, haben in ihrem Siegel den hl. Petrus, nicht weil der Apostelfürst Patron ihrer Pfarrkirche war, sondern weil sie dem hl. Petrus gehörten, d. h. dem Erzbischof, dessen Kathedrale dem hl. Petrus geweiht war. Auch in vielen Siegeln westfälischer Städte ist der hl. Petrus dargestellt, weil jene Orte der Kölner, Osnabrücker oder Mindener Kirche gehörten, die den Apostelfürsten als Patron hatten. Andere enthalten den hl. Paulus, weil sie Eigenthum des Bisthums Münster waren, dessen Kathedrale dem Völkerapostel geweiht war.

Als Patrone erscheinen in den Siegeln der niederrheinischen Städte nur vorkarolingische Heilige. So führte Elberfeld den hl. Laurentius, Krefeld den hl. Dionysius, Bonn den hl. Quirin, Monheim den hl. Gereon, Griethausen den hl. Martin, Mettmann den hl. Lambert, Werden den hl. Ludgerus im alten Siegel [1].

Aehnlich stellt sich die Sache innerhalb der Grenzen des alten Westfalens, wenn in den Siegeln des Mittelalters andere Heilige als Petrus oder Paulus erscheinen. Es haben dort nämlich Werl den hl. Michael, Attendorn und Neheim Johannes den Täufer, Sudern den hl. Johannes den Evangelisten, Haltern den hl. Sixtus, Drolshagen den hl. Clemens, Beckum den hl. Stephanus, Soest den hl. Patroklus, Willebadessen, Höxter und Beverungen den hl. Vitus, Iserlohn den hl. Pankratius, Dülmen den hl. Victor von Xanten, Altena die hl. Katharina, Sendenhorst und Olpe den hl. Martin, Koesfeld und Affeln den hl. Lambert. Von den Heiligen, welche erst später in Deutschland Verehrung erhielten, nahmen in ihr Siegel auf den hl. Georg Hattingen, Christophorus Werne, Antonius Aldendorp, Kilian Korbach, Karl den Großen Stromberg [2]. Wir finden also auch hier keinen einzigen Heiligen aus der zweiten Hälfte des Mittelalters und nur einen oder zwei ältere deutsche Heilige. Selbst Ludgerus fehlt.

---

[1] Endrulat, Niederrheinische Städtesiegel. Düsseldorf, 1882.
[2] Die Westfälischen Siegel des Mittelalters. II, 2; Die Siegel der Städte. Münster, 1887.

Wie am Niederrhein und in Westfalen zeigen viele andere alte Städte=
siegel Deutschlands in der Mitte das Bild Christi, seiner Mutter oder
eines seiner Heiligen, oft aber auch mehrere Figuren. Das romanische
Essener Siegel stellt z. B. die hll. Cosmas und Damian neben die thro=
nende Gottesmutter, das frühgotische von Gent zwei Engel mit Rauch=
fässern neben den hl. Johannes den Täufer. Letzteres bietet die Um=
schrift: „S. sancti Johannis Baptiste Civium Gandensium Patroni.
Ad legationes" — „Siegel des hl. Johannes des Täufers, des Patrons
der Bürger von Gent. Für Botschaften".

Späterhin traten Wappen an die Stelle der Heiligen, doch ward
dann oft ein Symbol des Patrons zum Siegelbild. So kam der Schlüssel
des hl. Petrus in die Siegel von Bremen und Minden, der Rost des
hl. Laurentius in jenes von Elberfeld, das Rad des hl. Willigis in das
Wappen von Mainz.

Ist es nun aber nicht auffallend, daß weder unsere deutschen Heiligen,
noch jene weltbewegenden großen Ordensstifter aus der zweiten Hälfte des
12. und aus dem Beginn des 13. Jahrhunderts die volksthümlichsten
Patrone der letzten Hälfte des Mittelalters waren? Die Thatsache erklärt
sich aus den Zeitverhältnissen. Vor allem waren die berühmten Martyrer
der ersten Jahrhunderte schon lange bekannt und waren bereits Patrone
der Kirchen und Städte. Ihre Bilder standen auf den Altären, und
prägten sich darum immer von neuem ein[1], ihre Feste kehrten jährlich
wieder und verhinderten, daß sie vergessen wurden. Das Missale nannte
viele derselben im Canon der heiligen Messe, das Brevier verkündete ihr
Lob, und die alten Legendensammlungen boten deren Lebensgeschichte. Gelten
diese Gründe für die alten und berühmten Martyrer und Heiligen des
Abendlandes, so kam für die oben genannten, aus dem Orient entlehnten

---

[1] Concilium Treverense provinciale anno 1310 Can. 69; Hartzheim, Con=
cilia. IV, 142: Praecipimus, ut in unaquaque ecclesia ante vel post vel
supra altare sit imago, vel sculptura, vel scriptura, vel pictura expresse
designans et cuilibet intuenti manifestans, in cujus Sancti meritum et honorem
sit ipsum altare constructum. Ein Magdeburger Concil von 1315 verbietet noch,
Bilder der Heiligen in Städten, Flecken oder Dörfern, wo Pfarrkirchen sind, anders
als auf einen geweihten Altar zu stellen. Hartzheim, III, 801 n. 22 ad an. 1266;
Binterim, Concilien V, 310 Nr. 20 zum Jahre 1286; Hefele, Conciliengeschichte.
2. Aufl. VI, 566 Nr. 22 zum Jahre 1315, vgl. S. 99 über diese Zeit. Dagegen mildert
ein späteres Concil von Magdeburg das Verbot dahin, daß zur Aufstellung von
Kreuzen und Bildern an Straßen und Wegen vor der Stadt oder vor dem Dorfe die
Erlaubniß des Bischofes oder seines Generalvikars nöthig sei. Binterim VI, 492
Nr. 21 zum Jahre 1386; Hefele VI, 970 Nr. 27 zum Jahre c. 1390.

Heiligen hinzu, daß ihre Legende in der sagenhaften Ausschmückung so recht der lebhaften Phantasie entsprach, die in der zweiten Hälfte des Mittelalters herrschte. Ueberdies war man damals viel weniger von dem engherzigen Nationalgefühl beherrscht, das heute Europa zerklüftet. Man fragte nicht so sehr nach der Nationalität als nach dem sittlichen Werthe, nach der Liebenswürdigkeit und vor allem nach der Macht, welche dieser oder jener Heilige für bestimmte Nöthen und Anliegen besitze.

Trotzdem würde es ein Irrthum sein, anzunehmen, die **volksthümlichsten** Heiligen seien auch die einflußreichsten gewesen. Die Menge des gläubigen Volkes vertritt eben nicht die tiefere Auffassung des Christenthums und die wirksamste Befolgung seiner Anforderungen. Sie bleibt nothwendig mehr oder weniger an der Oberfläche, hängt sich ans Sinnenfällige. Darum bedarf sie Tag um Tag und allerorts der Führer. Diese Führer wurden gebildet von jenen großen Ordensstiftern des 12. und 13. Jahrhunderts. Letztere standen alle den Tausenden Ordensleuten, welche in Hunderten von Klöstern Deutschland bevölkerten, als Ideale vor Augen. Nach diesen Idealen innerlich gebildet, traten Norbertiner, Cistercienser, Franziskaner, Dominikaner und andere neben den alten Orden erblühende Genossenschaften durch Beispiel und Wort vor die Volksschaaren, um dieselben immer von neuem hinzuweisen auf die wesentlichen Erfordernisse des Christenthums: den Empfang der heiligen Sacramente und die demüthige Erfüllung der Standespflichten. Ohne solche tiefer im Geist des Christenthums gegründete Führer wäre die Verehrung der volksthümlichen Heiligen und der Reliquien vielleicht das geworden, was man ihr von protestantischer Seite immer wieder vorwirft. Durch die Geistlichkeit und besonders durch die Ordenspriester wurde das Gleichgewicht hergestellt. Sie ließen dem Volk die ihm so angemessene, sinnenfällige Verehrung seiner Heiligen und seiner Reliquien, sorgten aber, daß diese Verehrung im allgemeinen in den rechten Schranken blieb, und daß jene wichtigeren Anforderungen nicht vergessen wurden.

Sechstes Kapitel.

Ikonographie der Heiligen.

1. Sobald die Kirche begonnen hatte, die Heiligen öfter bildlich darstellen zu lassen, trat die Nothwendigkeit hervor, dieselben voneinander zu unterscheiden. Einer der ersten, welcher im Abendlande bestimmte Merkmale erhielt, war Petrus. Als Apostel gab man ihm eine Rolle oder ein Buch, als Fürsten der Zwölfboten einen Stab und Schlüssel, als Martyrer einen Kreuzesstab. Ueberdies ward er fast stets in individuellen Zügen dargestellt, mit rundem Gesicht, starkem, aber kurzem Bart und Haupthaar, etwas später oft mit einer Tonsur oder kahlem Haupte.

Seine Kleidung war die römische, bestand also aus einer Tunica, einem langen, mantelartigen Ueberwurf (Pallium) und Sandalen. Diese Tracht und diese Symbole sind ihm, mit Ausnahme des Stabes, durch das ganze Mittelalter im wesentlichen geblieben. Paulus erscheint von alters her meistens mit länglicher Gesichtsbildung und langem, spitz zulaufendem Barte. Seine Kleidung stimmt mit der des Apostelfürsten überein. Wie jener trägt er eine Rolle oder ein Buch. Seine Füße sind, wenigstens auf der obern Seite, unbedeckt.

Der hl. Laurentius trägt auf den älteren römischen Denkmälern, gleich den Aposteln, ein Buch, das ihn aber nur als Diakon kennzeichnen soll, als Symbol des Martertodes hat er ein langes Kreuz oder einen Rost, zuweilen beides. Die hl. Agnes erscheint zur selben Zeit ohne Symbol ihres Martyriums, aber zum Zeichen des Sieges zwischen zwei Bäumen (des Paradieses) oder zwischen zwei ihre Reinheit andeutenden Tauben, welche ihre Kränze halten.

Erst später erscheint die Palme in den Händen der Martyrer als deren Kennzeichen. Wie lange sich die Ikonographie der Heiligen an den einfachsten Formen hielt, mögen zwei Beispiele aus Soest und Aachen beweisen.

In den 1166 gemalten Bildern der Soefter Patrokluskirche erscheinen nämlich neben und unter dem thronenden Weltheiland Maria und Johannes, Petrus und Paulus, Stephanus und ein Martyrer, weiterhin vier Könige, endlich zwei Engel mit Patroklus und Nicolaus[1]. Nur Patroklus hat das kurze Kleid des Soldaten, aller anderen Tunika reicht bis zu den Füßen. Stephanus trägt eine reiche Dalmatik, Nicolaus eine gemusterte Kasel und eine Bischofsmütze. Das Oberkleid der übrigen ist ein Umschlagstuch (Pallium), oder wie eine Kasel (Paenula), oder ein Mantel. Johannes, Petrus und Paulus sind barfuß. Als Symbole halten Petrus und jener Martyrer ein Kreuz, derselbe Martyrer hat überdies wie Stephanus eine Palme; Paulus trägt nur ein Buch, Petrus hält seine Schlüssel, Patroklus ein Schwert und einen Fisch, Nicolaus einen Korb mit Broden (Aepfeln?) und einen mit Blättern besetzten Stab. Maria und Johannes strecken betend ihre Hände zum Herrn empor, sind darum ohne Beizeichen.

Auf dem um 1220 entstandenen Marienschrein zu Aachen sitzen die Zwölfboten unten an den Langseiten mit Tunica und Pallium bekleidet, ohne Bedeckung der Füße oder Häupter. Alle halten ein offenes oder ein geschlossenes Buch. Als Zeichen des Martertodes haben Petrus und Andreas ein reich verziertes Altarkreuz, Paulus und sieben andere je ein Schwert; Johannes trägt ein Faß, dem zwölften Apostel fehlt ein Marterzeichen. Der Fortschritt besteht hier also fast nur darin, daß zu Symbolen des blutigen Todes statt Kreuz oder Palme Schwerter gewählt sind.

Noch um das Jahr 1000 war der Nimbus nicht zum ständigen Zeichen der Heiligen geworden; denn in den deutschen Handschriften jener Zeit erscheinen die Apostel, ja selbst Maria, mit oder ohne denselben, je nach Belieben der Maler. Die Griechen sind in Anwendung von Symbolen bis in die letzte Zeit sehr zurückhaltend geblieben und kaum weiter gekommen, als man im Abendlande am Ende des ersten Jahrtausends war. Papebroek hat im ersten Maibande der Acta Sanctorum auf zwölf großen Tafeln die im russischen Kalender seiner Zeit (1680) für jeden Tag dargestellten Heiligen nachstechen lassen. Diese Tafeln zeigen, daß man damals in Rußland allen Heiligen einen Nimbus gab und darauf hielt, sie durch die Tracht als Patriarchen, Bischöfe, Aebte, Priester,

---

[1] Die Deutung der Figuren steht zwar nicht sicher fest, doch ändert der Zweifel nichts an dem oben Gesagten. Vgl. Aldenkirchen, Die mittelalterliche Kunst in Soest. Bonn, 1875.

Diakone, Mönche, Soldaten oder Frauen u. s. w. genau kenntlich zu machen. Als Beizeichen wird den Aebten, Bischöfen und Aposteln ein Buch oder eine Rolle, den Diakonen ein Weihrauchfaß, vielen, nicht allen Martyrern ein kleines Kreuz in die Hand gegeben. Niemals erhalten jedoch jene, welche schon ein Buch tragen, dazu noch ein Kreuz, wenn sie auch Martyrer sind. Nur die als „Säulensteher" durch harte Buße berühmten Einsiedler sind besonders charakterisirt, indem sie nicht, wie alle übrigen, in ganzer Figur erscheinen, sondern ihre Büste auf einen Untersatz gestellt ist. Eine alleinstehende Ausnahme bildet Katharina, indem sie außer dem Kreuze der Martyrer noch ein Rad trägt.

Trotz der verschiedensten Trachten und trotz mancher zwischen den Einzelfiguren angebrachten, die Feste anzeigenden Gruppen herrscht auf jenen zwölf Tafeln eine ermüdende, laut für die Nothwendigkeit reicherer ikonographischer Mittel zeugende Einförmigkeit.

2. Seit dem 13. Jahrhundert hat das Abendland stetig danach gestrebt, seine ikonographischen Mittel zu erweitern und zu einem der Wichtigkeit des Gegenstandes entsprechenden Reichthum zu kommen. Es hat ihn erlangt, ja so gesteigert, daß er nur mehr schwer zu übersehen ist. Die stetige Vermehrung der Symbole wurde eben nöthig, weil die Zahl der verehrten und dargestellten Heiligen unablässig wuchs, also neue Unterscheidungen erforderlich wurden. Ueberdies schwanden späterhin auch noch die Beischriften, durch welche man die Figuren kenntlich gemacht hatte. Wie man darum die einzelnen Ritter durch bestimmte Wappenzeichen unterschied, suchte man jetzt auch jedem Heiligen wenigstens ein ständiges Symbol zu geben. Da der Versuch in verschiedenen Gegenden gemacht wurde, erhielt mancher Heilige hier dieses, dort jenes Attribut. Als man die Unterschiede merkte, half man sich dadurch, daß man ihm alle ließ. So kam mancher Heilige zu drei bis vier Zeichen.

Man hat nun im Mittelalter, wie dies von alters her Sitte war, zuerst jedem Heiligen eine Tracht gegeben, welche seinen ehemaligen Stand anzeigte. Bei Christus, Maria und bei den Aposteln hielt man sich meist an die alte Kleidung, an Tunica und Pallium, doch erscheint im 15. Jahrhundert der hl. Petrus auch im vollen päpstlichen Ornat. Für die meisten Heiligen scheute man sich nicht, jene Kleidungsstücke zu malen oder zu meißeln, welche die Leute des betreffenden Standes zur Zeit der Entstehung des Kunstwerkes trugen. So haben die griechischen Bischöfe die Insignien der lateinischen und werden römische Soldaten zu mittelalterlichen Rittern. Wenn man darum eine Reihe in verschiedenen Jahrhunderten gefertigter

Bilder der hll. Mauritius, Georg oder Michael hat, ersieht man aus ihnen, wie die Rüstung und die Waffen der Ritter sich änderten und entwickelten. Eine Anzahl mittelalterlicher Bilder der hl. Maria Magdalena aber wird die Entwicklung der feinern weiblichen Tracht darthun.

Durch solche zeitgenössische Kleidung kamen offenbar die Heiligen dem Volk um so näher. Wie durch die Legenden die Sitten der Zeit in das Leben der Heiligen hinübergetragen wurden, so diente die Tracht dazu, die Himmelsbürger in diese irdische Welt zurückzubringen. Trivialität und Entwürdigung, deren sich moderne Maler schuldig machen, weil sie die Heiligen in das Getriebe unseres Lebens und unseres Jahrhunderts herabziehen, blieb bei den mittelalterlichen Bildern fern, weil in ihnen trotz aller Natürlichkeit doch der Idealismus herrschte. In ihnen ist ein Georg nie nur das Bild eines gewöhnlichen Ritters, eine Magdalena niemals nur das Portrait einer schönen Dame. Die Alten verstanden eben, in die Züge und in die Stellung so viel hineinzulegen, die Umgebung so leuchtend und paradiesisch zu bilden, daß die Figuren zur Monumentalität emporgehoben wurden.

Dabei waren jene mittelalterlichen Künstler äußerst naiv. Freilich haben sie den hl. Martin oft auch als Reitersmann dargestellt, welcher seinen Mantel theilt und einem Bettler die Hälfte reicht. Sie trugen aber kein Bedenken, ihn so zu zeichnen, daß er das Mantelstück in voller bischöflicher Tracht hinreicht, obwohl er es als Katechumen und Soldat gegeben hatte. Dem hl. Erasmus geben sie auf der Folterbank, obwohl ihm jede andere Kleidung fehlt, eine, ihn als Bischof charakterisirende Mitra. Hubertus hat Mitra und Stab, aber neben ihm steht der Hirsch, welcher sich ihm als Jäger zeigte. Die hl. Elisabeth erscheint im armen Kleide des hl. Franziskus, trägt aber eine Krone auf dem Haupte. Solche Abweichungen von dem Gesetze der Einheit in der Zeit haben jene alten Künstler sich stets ohne Bedenken erlaubt, weil sie eben in ihrem Bilde mit möglichst wenig Mitteln an den ganzen Charakter und an das ganze Leben ihres Heiligen zu erinnern suchten.

Oft genügte die Tracht nicht, um den Stand der Heiligen genau zu bezeichnen. Darum halten Crispin und Crispinian Schustergeräth in der Hand, Cosmas und Damian ein Apothekergefäß; darum hält der hl. Severus, Bischof von Ravenna, ein Schiffchen, um anzudeuten, daß er das Handwerk eines Webers ausübte, der hl. Bernward von Hildesheim aber jenes von ihm angefertigte Kreuz, welches noch heute zu Hildesheim gezeigt wird.

Heilige, welche Bisthümer ausschlugen oder auf irdische Herrschaft verzichteten, haben zum Zeichen ihrer Weltverachtung eine Mitra oder eine Krone zu ihren Füßen liegen. Neben anderen, welche mehrere Diöcesen verwalteten, sieht man mehrere Mitren.

Wurde durch **Kleidung und Amts- oder Handwerkszeichen** die gesellschaftliche Stellung eines Heiligen dargestellt, so liebte man noch weit mehr, die Todesart der Martyrer durch Beigabe der betreffenden Instrumente anzuzeigen. Die älteren Meister verfahren darin meist viel künstlerischer als manche spätere. So haben die alten Kölner Maler der hl. Ursula den Pfeil und dem hl. Matthias das Beil in die Hand gegeben. Das war doch weit schöner, als wenn Lucas Cranach den Apostel unter einem Fallbeil knieen läßt[1], oder als wenn man Heilige sieht, denen das Beil oder das Messer im Kopf oder in der Brust steckt.

Vielen Heiligen gab man indessen nicht jenes Marterinstrument, welches ihnen den Tod brachte, sondern jenes, das am meisten die Phantasie anregte und sie leichter von anderen unterschied. So sind Katharina, Barbara und Sebastian enthauptet worden; ihr gewöhnlichstes Symbol ist trotzdem nicht das Schwert, obgleich sie auch dieses oft haben.

Hatte man einmal den Martyrern allerlei an ihr Leiden und Sterben erinnerndes Geräth beigegeben, so kam man dazu, die **anderen Heiligen mit ähnlichen Sachen darzustellen**, um an Ereignisse ihres Lebens zu erinnern. Weil Helena das Kreuz fand, hält sie es im Bilde als Symbol; weil Odilia blind war und bei der heiligen Taufe das Augenlicht erhielt, trägt sie zwei Augen; weil Maria Magdalena zu den Füßen des Herrn kniete und mit der Salbbüchse zum Grabe kam, ist eine solche Büchse ihr Symbol, und lieben die Maler es, sie vor dem Herrn knieen zu lassen. Petrus trägt die Schlüssel, weil der Herr ihm die Schlüsselgewalt gab; die hl. Scholastika erscheint mit einer Taube, weil der hl. Benedikt sah, wie ihre Seele, einer Taube gleich, zum Himmel flog; dagegen schwebt neben dem heiligen Kirchenlehrer Gregor dem Großen eine Taube, weil sein Schreiber sah, wie ihm der Heilige Geist das zu Dictirende einsprach.

3. Entstammten die bis dahin besprochenen Beizeichen der Heiligen geschichtlichen Thatsachen, so spielen manche andere Symbole auf den Namen, den Charakter und die Wirksamkeit derselben an.

---

[1] Cahier, Caractéristiques des saints. II, 475.

Die hl. Agnes trägt z. B. ein Lamm, weil sie oft Agna genannt wurde, und der Name des Lammes im Lateinischen Agnus ist[1]. Der heilige Martyrer Vincenz ward zum Patron der Winzer und erhielt deren Werkzeug, weil sie in seinem Namen den des Weines (vinum, vin) fanden[2]. Neben der hl. Lucia und dem heiligen Bischof Clarus von Nantes sieht man in vielen Bildern zwei Augen, weil ihr Name an klares (clarus) Licht (lux) der Augen erinnerte und sie dann von Kranken darum gebeten wurden[3].

Aehnliche Wortspiele haben zu manchen Beizeichen geführt. So sollen nach einigen die Dominikaner jenen Hund mit der brennenden Fackel, den man oft neben ihrem heiligen Stifter sieht, deshalb in ihr Wappen aufgenommen haben, weil sie in ihrem Namen[4] eine Anspielung auf den Eifer gefunden hätten, womit sie die Sünder für Gott aufsuchen und gewinnen wollten. Der Traum, in dem die Mutter des Heiligen ihn als Hund mit einer brennenden Fackel sah, soll nach anderen den eigentlichen Grund bilden, warum man jenes Wappenbild wählte[5]. Beide Erklärungen enden zuletzt in demselben Grundgedanken. „Gehet, entzündet alles", sagte auch der hl. Ignatius seinen Genossen, als er sie aussandte. Der Heiland selbst aber sprach zu seinen Aposteln: „Ich bin gekommen, Feuer auf die Erde zu bringen; was will ich anders, als daß es brenne?"

Andere Attribute weisen auf den Charakter der Heiligen hin. So hält der heilige Kirchenlehrer Augustinus ein Herz in der Hand, weil er in seinen Bekenntnissen von sich sagt: „Mein Herz war voll Verlangen nach dir." Ja dies Herz ist zuweilen von einem Pfeil durchbohrt, weil er daselbst schrieb: „Du hattest mein Herz durchbohrt mit deiner Liebe." Der hl. Ambrosius trägt einen Bienenkorb wegen seiner „süßen" Beredsamkeit und wegen seines arbeitsamen Seeleneifers. Einen gleichen Bienenstock verdankt der hl. Bernard seinem Beinamen Doctor mellifluus, „honigfließender Lehrer", während neben dem Doctor angelicus, dem hl. Thomas von Aquin, ein Engel steht.

---

[1] Jacobus a Voragine, Legenda aurea c. 24. Agnes dicta est ab agna, quia mitis et humilis tanquam agna fuit.

[2] Grimouard, Guide de l'art chrétien. V, 33.

[3] Cahier, Caractéristiques. I, 104 s.

[4] Domini-cani, Domini-canes, „des Herrn Jagdhunde". Auch des hl. Bernard Mutter sah ihn als Jagdhund. Darum wird auch neben diesem Heiligen zuweilen ein Hund gemalt.

[5] Acta SS. 4. Aug. n. 126, I, 382 et n. 12 p. 562.

Die Engel selbst tragen Flügel als Himmelsbewohner und Stäbe als Boten Gottes. Michael tritt auf einen Drachen, weil er den Teufel aus den Vorhöfen des Himmels herabwarf und hält eine Wage, weil er die Seelen vor Gottes Gericht führt.

Nicht selten haben die **Wirkungen und Segnungen** der Heiligen zur Wahl von Symbolen geführt. Weil die Antoniter Spitäler verwalteten und Krücken der Lahmen im Wappen der Hospitäler standen, hat der Einsiedler Antonius ein Krückenkreuz erhalten. Einem Tau=Stabe der älteren Aebte und Bischöfe gleicht es zwar, ist aber nicht aus ihm entstanden[1]. Die Pilger, welche nach Compostella wallfahrteten, hatten eine bestimmte Tracht; man stellte darum den hl. Jacobus mit deren Mantel, Hut uud Pilgermuschel dar. Weil so viele Christen sich der hl. Ursula empfahlen, die so manche Jungfrauen um sich gesammelt hatte, gruppirte man alle Stände unter ihrem Mantel, wie man auf Bildern Mariens, „unter deren Schutz und Schirm" die Christen fliehen, oft unter dem von Engeln ausgebreiteten Mantel ganze Schaaren aus allen Ständen erblickt.

4. Einige auffallende Symbole sind durch merkwürdige Verkettungen von Umständen entstanden.

So deutet die Gans, welche den hl. Ambrosius (7. December) begleitet, ebenso wie jene des hl. Martinus (11. November) an, daß sein Fest beim Beginn des Winters gefeiert wird[2]. Der Löwe des hl. Hieronymus bedeutet nach einigen die Einsamkeit, worin dieser Heilige gleich dem Könige der Wüste gelebt hat. Nach anderen stellt er ihn in Parallele zum hl. Marcus; spätere sahen darin ein Bild seines Charakters.

Viele Heilige erscheinen mit Schlangen oder Drachen. Späte Legenden erzählen dann, dieselben hätten einen Lindwurm getödtet. In den meisten Fällen ist das Ungeheuer, wie beim hl. Michael, Symbol des Teufels, soll deshalb daran erinnern, daß der Heilige das Volk aus dem Heidenthume oder aus der Ketzerei errettete[3]. Da indessen manche dieser mit Schlangen und Ungeheuern abgebildeten Heiligen auch Klöster bauten, Wälder ausrodeten, Wüsteneien anbauten, so haben sie dadurch auch die

---

[1] Cahier, Caractéristiques. p. 132. [2] L. c. p. 580 et 581.
[3] Cahier l. c. p. 315 s. et 748, wo die zahlreichen Heiligen besprochen sind, welche von Schlangen und Drachen begleitet werden. Oft findet man im Mittelalter auch Bilder, in denen die Heiligen, z. B. Katharina, auf ihren Verfolgern stehen, sie siegend zertreten.

wilden Thiere, deren Hauptvertreter der Drache ist, verscheucht. Der Drache, welcher besiegt unter ihren Füßen erscheint, ist demnach das Symbol der durch die Heiligen gebrachten Cultur.

Papst Leo IV. hat einen Drachen, weil er Rom vor den Sarazenen rettete, St. Amand von Maestricht, weil er die Gegend um Gent vom Götzendienst reinigte. Zu Huy in Belgien pilgerte man jährlich zu einem Brunnen, wo der heilige Bischof Domitian einen Lindwurm getödtet haben soll. Vielleicht hat an diesem Brunnen der Heilige getauft und den Teufel aus den Herzen der Katechumenen vertrieben. Der hl. Victor von Xanten, ein Soldat der thebäischen Legion, tritt auf einen Drachen, weil er im Martertod den Teufel besiegte und so am Niederrhein den Glauben verbreitete.

Die hl. Margaretha steigt oft aus dem Rücken eines Drachen heraus, der sie im Kerker verschlungen und aus dem Gott sie lebendig herausgeführt haben soll. Hier ist der Drache also Symbol des Leidens, aus dem Gott erlöste.

Wenn Bischof Pirmin, wie viele andere Heilige, von Schlangen umgeben ist, die er aus der Reichenau verjagte, wo er ein Kloster gründete, und wenn die Irländer erzählen, der hl. Patrick habe alle Schlangen und alles giftige Gethier von ihrer Insel auf immer vertrieben, der Versuch der Engländer, dasselbe wiederum hinzubringen, sei gescheitert, so kann dieser Erzählung ein Wunder zu Grunde liegen, das Bild also Ausrotten wirklicher Schlangen andeuten. Das Ganze könnte aber auch ein Symbol sein für die christliche Cultur und ihre glücklichen Folgen, welche man diesen Heiligen verdankt.

Am meisten ist der Drache des hl. Georg dargestellt worden. Wie andere Heilige ward Georg bis zum Ende des 11. Jahrhunderts auf einem Drachen stehend abgebildet. Nachdem er den Kreuzfahrern zu Doryläum in der Schlacht zu Pferde erschienen war, freute man sich, ihn gleich den Führern der Kreuzfahrer auf einem Schlachtroß zu malen. Den Drachen wollte man aber nicht missen und bildete ihn als Lindwurm[1]. Da nun auch die hl. Margaretha von einem Drachen begleitet ward, verband die Legende hie und da ihre Person mit der des tapfern Streiters Christi. So entstand die Sage, Georg habe die einem Lindwurm ausgelieferte Königstochter Margaretha befreit und dann mit ihr den Martertod erlitten. Diese Sage ist zuweilen in mittelalterlichen Bildern angedeutet

---

[1] Acta SS. 23. April. III, 105 sq. § 3.

oder dargestellt worden[1]. Nüchterne Kritiker sehen in der vom hl. Georg befreiten Jungfrau ein Bild der Provinz Kappadocien, welche ihm die Errettung aus der Finsterniß des Heidenthums verdankt. Ihre Erklärung stützt sich auf den Umstand, daß die Griechen Städte und Provinzen häufig unter dem Bilde weiblicher Wesen darstellten[2].

Wird die Errettung aus dem Heidenthum bei manchen Heiligen durch einen besiegten Drachen versinnbildet, so wird bei anderen durch ein Licht an die Einführung ins Christenthum erinnert. Der hl. Irenäus von Lyon und die hl. Genovefa dürften ihre brennenden Lichter den Bemühungen um Verbreitung des Glaubenslichtes verdanken[3].

Neben dem hl. Antonius brennt oft ein Feuer, weil er angerufen ward um Befreiung von einer pestartigen Entzündung, die man „Antoniusfeuer" nannte. Der Todtenkopf, welcher besonders nach Schluß des Mittelalters bei vielen Heiligen erscheint, soll daran erinnern, daß dieselben ein strenges Leben führten und die Eitelkeit der Welt besonders in den Folgen des Todes betrachteten.

Jene drei nackten Knaben, welche sich neben dem hl. Nicolaus in einer Bütte erheben, sind wohl die drei verleumdeten Officiere, die ihm Errettung aus Kerker und Todesangst verdankten. Drei runde Gegenstände, die er in der Hand hält, sind ursprünglich weder Brode noch Aepfel gewesen, sondern drei Goldstücke, womit er die Töchter eines Armen ausstattete[4].

Vielumstritten ist die Erklärung jener Bilder, auf denen Heilige ihr **abgeschlagenes Haupt** halten. Ihre Legenden erzählen, sie hätten es nach dem Tode aufgenommen und so oder so weit getragen. Es ist möglich, daß ein solches Wunder sich bei einzelnen ereignet hat. Cahier[5] führt aber so viele Martyrer auf, von denen solches erzählt wird, daß ihm, wie

---

[1] Acta SS. 20. Jul. V, 30 n. 38. Ueber die Bedeutung des Festes der hl. Margaretha in den deutschen Rechtsbüchern vgl. Samson, Die Schutzheiligen. Paderborn, Schöningh, S. 236.

[2] Cahier, Caractéristiques, p. 320.   [3] A. a. O. S. 194 f.

[4] A. a. O. S. 304. 354 u. 596.

[5] A. a. O. S. 761 f.; Benedict. XIV., De servorum Dei beatificatione lib. IV. p. II. c. 21 n. 4. Quibus omnibus (in picturis reprehensione dignis) ab aliis additur, nimia facilitate a pictoribus depingi nonnullorum sanctorum Martyrum imagines, abscissum caput manibus gestantium, cujus mirificae delationis nullum exstat in Actis eorumdem vestigium; ex quo derivatum esse dicunt multorum errorem, qui putant, praedictum miraculum contigisse in omnibus illis Martyribus, quorum imagines sic a pictoribus depictae sunt. Ita scilicet scribit Langlet in „methodo pro studio historiarum" cap. 17 § 5, ubi ait, praedictarum picturarum morem suam originem desumpsisse a verbis S. Joannis Chrysostomi

schon Benedikt XIV., die Erklärung annehmbar scheint, man habe ehedem gerne Martyrer, welche durch Enthauptung endeten, ihr Haupt tragend dargestellt, damit dieselben es gleichsam Gott darböten, um ihn an ihre Leiden zu erinnern. Wenn der hl. Paulus das Schwert hält, womit er enthauptet ward, wenn der hl. Laurentius den Rost vorweist, auf dem er zu Tode gequält ward, wenn der hl. Rochus sein Geschwür zeigt, wenn die hl. Apollonia auf einer Zange einen ihrer Zähne emporhebt, warum sollte nicht ein Martyrer sein Haupt hinhalten, das er für Gott hingab?

Fast alle Kirchen hatten im 14. und 15. Jahrhundert am Eingange oder sonstwo an einem weithin sichtbaren Orte, zuweilen sogar an der Außenseite, ein in großem Maßstabe ausgeführtes Bild des hl. Christophorus. Man glaubte, wer es fromm ansehe, werde nicht an demselben Tage eines plötzlichen Todes sterben[1]. Der Kern des Bildes erklärt sich aus dem Namen des Heiligen: „Christusträger"[2]. Die alte Fassung der Legende sagt, Christophorus sei ein Soldat von riesengroßer Gestalt gewesen, habe aber, voll Furcht vor dem Martertode, Gott um ein Zeichen der Hilfe gebeten und daraufhin seinen Stab blühen sehen. Cahier meint, wenn man nun hinzunehme, daß die Leiden oft in der Heiligen Schrift Wasserfluten genannt würden, so habe man die Grundzüge des ältesten und der ursprünglichen Legende entsprechenden Bildes: ein großer, Christus tragender Mann, der einen blühenden Stab haltend durch starke Wasser schreitet[3].

Im 12. Jahrhundert nahm man „das starke Wasser" nicht mehr als Symbol, und kam dann leicht dazu, zu erzählen, der Riese habe das

---

in „oratione de Sanctis Juvent. et Max." tom. 2 p. 583, ubi sic loquitur, ut sanctorum Martyrum intercessionem apud Deum confirmet: ‚Etenim sicut milites vulnera, quae in proeliis sibi inflicta sunt, Regi monstrantes, fideliter loquuntur, ita et illi (Martyres videlicet) in manibus abscta capita gestantes et in medium afferentes, quaeque voluerint, apud Regem coelorum impetrare possunt.' Ante Langlet id ipsum adnotarunt Bollandiani in „comment. histor. de SS. Maximo et Venerando, ad diem 25. Maji."

[1] Organ für christliche Kunst. 1858 S. 76. 89 u. 101; 1859 S. 153; 1861 S. 250; 1862 S. 220 f.; 1868 S. 170; 1869 S. 30 u. 277; Kreuser, Kirchenbau. I, 139 f.; II, 129 f.; G. W. van Heukelum, Van sunte Cristoffels beelden. Utrecht, 1885.

[2] Jacobus a Voragine c. 100 (al. 95): Christophorus ante baptismum dicebatur „Reprobus", sed postmodum „Christophorus" dictus est, quasi Christum ferens, eo scilicet, quod Christum quatuor modis portavit, scilicet in humeris per traductionem (trans flumen), in corpore per macerationem, in mente per devotionem, in ore per confessionem sive praedicationem.

[3] Cahier, Caractéristiques, p. 446 s.

Jesuskind durch einen Strom getragen. Der blühende Stab wird in Beziehung zu diesem Tragen gebracht, und so sagt das Kind: „Wenn du das andere Ufer erreicht haben wirst, dann pflanze deinen Stab, worauf du dich im Wasser stützest, neben deine Hütte. Er wird blühen zum Zeichen, daß du Christus getragen hast." Da der Tod ein schwerer Uebergang von dieser Welt in die andere ist, da die Leiden und Versuchungen, welche das Scheiden umgeben, wie wilde Wasser sind, da alles darauf ankommt, mit Christus in die jenseitige Welt zu gelangen, lag es sehr nahe, den „Christusträger" um eine glückliche Sterbestunde zu bitten.

Die Gläubigen des Mittelalters hatten eine richtige Ansicht von der Wichtigkeit der Sterbestunde. Schon die am Ende jener Periode so oft gedruckten und zahlreichen „Sterbebüchlein", welche „die Kunst zu sterben" lehrten, mehr noch der damals verbreitete zweite Theil des Ave Maria, der um einen guten Tod bittet, zeigen das. Darum wurden viele Heilige um ihre Fürbitte für jene letzten Augenblicke angerufen: neben Maria und Christophorus besonders die hl. Barbara. Weil aber zwei Dinge in der Todesstunde vor allem nöthig sind: der rechte Glaube und der Empfang der heiligen Sacramente, darum hält Barbara in der Rechten einen Kelch, über dem die heilige Hostie schwebt, und darum sind in ihrem Thurm drei Fenster, als von ihr gewähltes Symbol des Glaubens an die heiligste Dreifaltigkeit [1].

Meist steht in der zweiten Hälfte des Mittelalters jeder Heilige vereinzelt auf seinem Bilde. Erst später, als malerische Rücksichten immer mehr die Oberhand gewannen und die frühere, der Architektur entlehnte statuarische Auffassung verdrängten, wurden die Heiligen lebendig und handelnd dargestellt. Die ersten, bei denen eine solche lebendigere Auffassung zur Geltung kam, waren Johannes der Täufer, den man auf das von ihm getragene Lamm hinweisen ließ, und Martin, der hoch zu Roß seinen Mantel theilt. In ähnlicher Weise wurden viele Heilige späterhin in lebhaftere Beziehung zu ihrem Symbol gebracht. Die hl. Elisabeth reicht ein Gewand einem Krüppel, der sich zu ihr aufrichtet; der hl. Nicolaus setzt sich in Beziehung zu den drei, unten neben ihm befindlichen kleinen Gestalten; Michael kämpft mit dem sich aufbäumenden Drachen.

Wo in der zweiten Hälfte des 15. Jahrhunderts mehrere Heilige nebeneinander stehen, werden sie zu Gruppen vereint und reden miteinander. Raffael hat durch diese Verbindung der Heiligen die „Sixtina" zu einem

---

[1] Cahier, Caractéristiques, p. 176 et 775.

einheitlich gegliederten Bilde gemacht. Noch genialer war sein Gedanke, auf einem Bilde, wo er den Erzengel Raphael neben Maria malen sollte, die Sache so anzuordnen, daß Raphael den Tobias zu Maria führt, um ihr den Fisch zu opfern, welcher ihn charakterisirt. Indessen läßt sich nicht verkennen, daß durch solche Gruppirung die einzelnen Heiligen doch verlieren, und daß das Mittelalter richtiger handelte, wenn es sie, wie in der Litanei, so auch im Bilde einfach nebeneinander stellte.

Wenn das Mittelalter Gruppen bildete, dann gab es ihnen gerne den Heiland als Mittelpunkt, so z. B. in den hübschen Bildern, worin die berühmtesten heiligen Jungfrauen die reinste Jungfrau umgeben. Da trägt Maria ihr Kind, das der hl. Katharina einen Ring gibt, dem Dorothea Blumen reicht, vor dem Cäcilia musicirt und Agnes das Lamm hält, das ihren Bräutigam symbolisirt. Ebenso ist in den heiligen Sippen Jesus der Mittelpunkt, wie in den Bildern, worin der Herr mit seinen Aposteln erscheint. Immer hat das Mittelalter dem Gottmenschen seine hervorragende Stellung unter den Heiligen gewahrt. Ihm bleibt der Kreuznimbus, ihm im Abendlande das Kreuz vorbehalten[1]. Erst nach Schluß des Mittelalters hat man im Abendlande auch andere Heilige mit dem Kreuze des Herrn, oder so, wie Christus, gekreuzigt, dargestellt. Nur Helena hält des Herrn Kreuz hoch empor, weil sie es fand.

Gern hat das deutsche Mittelalter den Himmel oder die Versamm=lung „aller Heiligen" (zum 1. November) gemalt. Da erscheint Christus als Herr und Herrscher seiner Heiligen. So zeigt er sich auch auf Bildern, welche die Gemeinschaft der Heiligen, die Engel und Seligen des Himmels mit den Gliedern der Kirche auf Erden darstellen. Die romanische Kunst gab dem Menschensohne eine größere Gestalt, auch die gotische that es häufig. Beide aber hoben ihn so hervor, daß er als Herr und Erlöser, als der große Mittler und König aller Heiligen hervortritt.

---

[1] Ueber einzelne Heilige, welche doch gekreuzigt dargestellt werden, vgl. Cahier, Caractéristiques, p. 285. Ich vermisse aber Nachweise aus der Kunst des Mittel=alters und des Abendlandes. Die hl. Wilgefatis (Kümmerniß) bietet freilich ein auf=fallendes Beispiel aus älterer Zeit, ist aber darum auch ein Kreuz der Archäologen.

Siebentes Kapitel.

Die Reliquiare der zweiten Hälfte des Mittelalters.

1. Die Ueberreste der Heiligen wurden anfangs in Sarkophagen und unter Altären aufbewahrt. Aus jenen Sarkophagen und Altären bildeten sich die im zweiten Kapitel behandelten großen Prachtschreine und Tragaltäre. Schreinartig waren aber auch die ältesten **kleinen Reliquiare** unseres Landes, z. B. das zu den Reichsinsignien gehörende goldene Reliquiar von Aachen mit der vom Blute des hl. Stephan getränkten Erde. Ein ähnliches Reliquiar befindet sich zu Hildesheim, ein anderes mit den Reliquien des hl. Willibrord zu Emmerich[1]. Indessen sind diese Reliquiare im Gegensatz zu den großartigen Schreinen des 11. und 12. Jahrhunderts entweder ebenso hoch als lang, oder sogar mehr hoch als lang; ihre Breite ist gering, ihr oberer Theil dachförmig zugespitzt. Sie wurden darum in alten Verzeichnissen aufgeführt als „viereckige Schreine in Form eines Hauses". Die Reliquie lag in ihnen verschlossen. Viele legten so wenig Werth auf das Sehen der Heiligthümer, daß sie kleinere Ueberreste sogar in 3,5 cm lange und 2,5 cm breite Kuchen von kostbarem Weihrauch einließen und die Oberflächen mittelst eines Stempels durch Blätter oder dergleichen verzierten[2]. Vielleicht bezieht sich auf solche „Laudanumkuchen" eine Nachricht der im 11. oder 12. Jahrhundert geschriebenen „Rede über die Ankunft der hll. Wandregisil, Ansbert und Wulfram" auf dem Blandmenberg bei Gent im Jahre 944[3]. Es werden nämlich dort unter den übertragenen

---

[1] Bock, Karls des Großen Pfalzkapelle, S. 158 f.; Kratz, Der Dom zu Hildesheim. S. 16; Aus'm Weerth, Kunstdenkmäler, I, 7, Tafel II und III. Die alte Form dieser Reliquiare ist noch in einem Reliquiar des 12. Jahrhunderts zu Maestricht nachgeahmt. Bock et Willemsen, Antiquités sacrées à Maestricht, p. 142.
[2] Neumann, Reliquienschatz des Hauses Braunschweig-Lüneburg, S. 43 u. 220.
[3] Mon. Germ. XV, 629.

Reliquien auch erwähnt: „zwei runde Kistchen aus Elfenbein, welche der hl. Wandregisil aus der Stadt Rom heimgebracht haben soll; eines derselben birgt einen Theil des Kniees des hl. Papstes Leo mit geweihtem Balsam". Hie und da gab man den Reliquiaren schon in der ersten Hälfte des Mittelalters die Form der in ihnen liegenden Reste eines Heiligen. So ließ Bischof Goderich von Auxerre († 933) Reliquien der hll. Stephanus und Germanus in zwei goldene Hände fassen und „die Hand des Erzmartyrers" mit Edelsteinen verzieren[1]. Die Kirche der Abtei von St. Moritz im Kanton Wallis besitzt noch heute ein Armreliquiar des hl. Bernard von Menthon und eine Büste des hl. Candidus, die dem 9. oder 10. Jahrhundert zugeschrieben werden[2]. Die Kathedrale von Vienne in der Dauphiné aber zeigte eine aus dem 9. Jahrhundert stammende goldene, mit Edelsteinen verzierte Büste[3]. Endlich soll Heinrich III. für eine Reliquie des hl. Servatius eine goldene Büste bestellt und dem Dom von Goslar geschenkt haben[4].

Selbst für Reliquien, die nicht vom Haupte, von der Hand oder vom Arm eines Heiligen stammten, wählte man doch ähnliche Formen. So ließ der Abt Gosselin für die Kirche St. Benoit de Fleury um 1026 eine goldene Hand anfertigen, worin er einen Theil des Schweißtuches des Herrn verschloß. Die Inschrift besagte, die Hand trage das Heiligthum[5]. Erzbischof Egbert von Trier aber setzte am Ende des 10. Jahrhunderts auf seinen glänzenden und farbenprächtigen Reliquienschrein einen in Gold getriebenen Fuß, um anzuzeigen, der Schrein enthalte eine Sandale des hl. Andreas.

Daß trotzdem solche Reliquiare vor dem 12. Jahrhundert noch verhältnißmäßig selten waren, erhellt aus alten Schatzverzeichnissen. Besaß doch im Jahre 870 die reiche belgische Abtei St. Trond[6] unter anderm einen großen goldenen Reliquienschrein, 21 silberne Schreine, 10 große Kreuze aus edelm Metall und 9 kleinere, außerdem 7 mit Gold oder Silber bekleidete Altäre, aber keine silbernen Arme oder Büsten.

---

[1] Neumann a. a. O. S. 262
[2] Blavignac, Histoire de l'architecture, p. 159 s.
[3] Viollet-le-Duc, Dictionnaire du mobilier, I, 217
[4] Bock et Willemsen l. c. p. 9.
[5] Hugo Floriacensis, De modernis Francorum regibus. Bouquet, Recueil, XII, 794. Die Inschrift lautete: Gaudia laeta fert manus ista, Syndone Christi plena refulgens.
[6] Rodulphi gesta abbatum Trudonensium I, c. 3, Mon. Germ. X, 231.

Seit dem 13. Jahrhundert werden solche Reliquiare häufig und behaupten dann bis in unsere Zeit auf den Altären und in den Schatzkammern ihren Platz. Man gewöhnte sich sogar daran, den Leib eines Heiligen in einen großen Schrein, das Haupt in eine silberne Büste, Theile der Hände oder der Arme in Armreliquiare zu fassen. So zeigt man im Reliquienschatze von Aachen einen vergoldeten Schrein, eine riesige Büste und einen Arm Karls des Großen. An vielen Orten hatte man eine Büste und ein Armreliquiar des Schutzheiligen, welche aber oft nur kleine Reliquien desselben enthielten [1].

Das 13. und das 14. Jahrhundert waren überaus glücklich in Auffindung immer neuer Formen, wodurch die noch verschlossenen und unsichtbaren Reliquien angezeigt werden. Das Aachener Münster besitzt z. B. eine herrliche, in Silber getriebene Gruppe der Darstellung des Herrn im Tempel aus der ersten Hälfte des 14. Jahrhunderts, worin Maria und Simeon an den Seiten eines Altares stehen. Im Altare liegt dann ein Theil eines Armes Simeons. Um den Werth der Reliquie anzudeuten, hält das Bild des Greises das Jesuskind auf seinen Armen über jenem Altar. Sehr häufig ließen reiche Kirchen silberne und goldene Statuen eines Heiligen anfertigen und bargen in dieselben deren Reliquien, oder gaben den Heiligen kleine Kapseln in die Hand, oder befestigten kleine Medaillons auf ihrer Brust, worin jene Partikeln gelegt waren. Ja man brachte sogar die Theile des Fußes eines Heiligen in silberne Füße oder Beine, Stücke der Rippen in gekrümmte Behälter u. s. w.

2. Die Form der Reliquiare sollte ehedem die Art der Reliquie andeuten, weil noch das allgemeine vierte Concil vom Lateran verboten hatte, die Reliquien außerhalb der Schreine zu zeigen [2]. Indessen änderte 1279 die Synode von Ofen dieses Verbot dahin, daß Reliquien außerhalb des Schreines gezeigt werden dürften an Hauptfesten und an Tagen, an welchen viele Leute zu einer Kirche pilgerten und gewohnt seien, die Reliquien zu

---

[1] Nach Mon. Germ. XV, 198 besaß man zu Cornelimünster bei Aachen eine Büste und einen Schrein des hl. Arbo.

[2] Can. 62. Cum ex eo, quod quidam sanctorum reliquias exponunt venales et eas passim ostendunt, christianae religioni sit detractum saepius, ... statuimus, ut antiquae reliquiae amodo extra capsam non ostendantur, nec exponantur venales. Mansi, Concilia, XXII, 1050. Das Decret wurde oft wiederholt, z. B. noch 1448 und 1461; vgl. Hefele, Conciliengeschichte, V, 898 n. 62; VIII, 38 und 156. Daß man häufig im 13. Jahrhundert und auch früher die Reliquien den Schreinen entnahm und dem Volke zeigte, wird öfters gemeldet. Vgl. z. B. Mabillon, Annales, V, 108.

sehen[1]. Freilich erneuerte das Würzburger Concil von 1298[2] einfach den Wortlaut der Lateransynode. Weil aber das Volk die Reliquien sehen wollte, brachte man an jenen Reliquiaren, welche die Form von Schreinen, Figuren, Büsten, Armen oder Füßen hatten, Oeffnungen an, durch welche der Inhalt sichtbar wurde. Diese Oeffnungen wurden immer größer, und zuletzt lagen die Reliquien frei vor den Augen. Aber die Pilger wollten die Reliquie auch küssen. Nun verkleinerte man die Reliquiare und machte sie so handlich, daß sie zum Kuß hingereicht werden konnten. Dadurch entstanden zahllose gotische Ostensorien und Reliquien= monstranzen. Hatte man früher in einen Schrein oder in einen Trag= altar zehn, zwanzig, ja mehr Heiligthümer gelegt, so wurde jetzt fast für jede größere Reliquie ein eigenes kunstreiches Gefäß hergestellt, dessen Kern meist ein durchsichtiger Cylinder von Glas oder Kryftall war. Infolge dieser Aenderung verschwanden viele in früheren Jahrhunderten in den Kirchenschätzen oft genannte Andenken an das Heilige Land, an dessen merkwürdige Stätten und Heiligen. Sie hatten in den Zeiten der Kreuzfahrer besondern Werth und wurden zu anderen Reliquien gelegt, weil ja Platz in Ueberfluß da war. Dagegen schienen sie meistens nicht bedeutend genug, um auch in Ostensorien ausgestellt zu werden.

Der Aachener Schatz, wohl der reichste unseres Landes, zeigt in seinen Bestandtheilen diesen Entwicklungsgang deutlich. Im 13. Jahr= hundert wurden die beiden großen Schreine vollendet, worin die Reliquien fest verschlossen und verborgen ruhten. Im 14. aber entstanden zwei 1,25 und 0,935 m hohe Reliquienkapellen mit je drei Thürmen. Die ältere ruht noch auf einem langen Schrein, dessen Wände durchbrochen sind. Trotzdem sieht man die Reliquie nicht selbst, sondern nur deren seidene Umhüllung. In den drei zweischossigen Thürmen stehen Christus, Maria, zwei Engel und ebensoviele Heilige. Vier von ihnen tragen kleine, mit Reliquien gefüllte Gefäße. Bei der zweiten, etwas jüngern Reliquienkapelle ist der Schrein weggefallen, die Reliquien aber sind an verschiedenen Stellen des Kunstwerkes eingeschlossen. Diesen beiden Kapellen folgen viele Reliquienmonstranzen, deren mehr oder minder reich entwickelter Fuß ein durchsichtiges Gefäß trägt, worin die Reliquie ohne Hülle be= festigt ist und dem ein thurmartiger Abschluß als Deckel dient. Neben diesen Schaugefäßen findet man dann hier und anderswo Tafeln oder Scheiben, in deren Vertiefungen ebenfalls Reliquien ohne Verhüllung

---

[1] Mansi, Concilia, XXIV, 283.   [2] Hartzheim IV, 28.

unter einer durchsichtigen Schutzdecke liegen. Auch die in Kreuzen auf=
bewahrten heiligen Reste suchte man im Gegensatz zu früher jetzt auf
irgend eine Weise dem Auge erreichbar zu machen.

3. Erstaunlich ist auch der Erfindungsgeist der Goldschmiede des 15.
und 16. Jahrhunderts im Entwerfen neuer Formen von Reliquiaren, die
oft geistreich, zuweilen aber auch naiv sind. So besitzt die Kirche des
hl. Servatius zu Maestricht ein allerliebstes silbernes, zweistöckiges Thürm=
chen von 0,29 m Höhe, aus der Zeit um 1500, worin sich Reliquien der
hl. Barbara finden, weil deren Symbol ein Thurm ist. In derselben Kirche
zeigt man einen Gürtel der allerseligsten Jungfrau in einer 0,585 m langen
und nur 0,038 m breiten Scheide von Silber. Dem Hildesheimer Dom
schenkte ein Kapitular um 1370 eine Anzahl Reliquien in einem dreistöckigen,
etwa 0,80 m hohen Thurmreliquiar, während der dortige Bischof zum
Dank für einen Sieg über die Feinde des Stiftes den Thurm der Kathe=
drale selbst vergolden ließ[1]. Derselbe Dom besitzt eine auf achteckigem,
hohem Untersatz angebrachte Büste des hl. Königs Oswald († 642),
dessen Vorbild oder Wiederholung sich in Paris befindet[2]. Ludwig der
Heilige legte die von ihm mit vielen Opfern erlangte Dornenkrone des
Heilandes in eine goldene Königskrone, deren Inneres einen Krystall=
cylinder mit der Reliquie enthielt[3]. Zu Aachen, im Welfenschatz und
im Kensington=Museum aber finden sich Kuppelkirchen von Metall, welche
als Behälter für heilige Häupter dienen oder dienten. Würzburg zeigt
Reliquien der hl. Margaretha in einem silbernen Drachen, Halle hatte
eine silberne Fahne mit Reliquien des hl. Mauritius, ein silbernes Schiff
mit Reliquien der Genossinnen der hl. Ursula und eine silberne Wiege
mit Reliquien von den unschuldigen Kindern, Wittenberg einen Löwen
mit Reliquien des hl. Marcus[4].

Man benutzte sogar **Elephantenzähne, Hörner, Straußen=
eier, Kokosnüsse** und andere seltene Dinge, die im Innern einen
hohlen Raum boten, als Reliquienbehälter, und paßte sie durch Verzie=
rungen, Einfassungen u. dgl. ihrem Zwecke an[5].

---

[1] Kratz, Der Dom zu Hildesheim, S. 184 f. Abt Alduin fand bereits 1015 das
Haupt des Vorläufers in einem thurmartigen Gefäß. In theca saxea turrita instar
pyramidis. Ademari Histor. III, Mon. Germ. IV. 141.

[2] Kratz a. a. O. S. 144 f.; Viollet-le-Duc, Dictionnaire du mobilier, I, 217 s., pl. 7.

[3] Viollet l. c. p. 214.

[4] Otte, Kunstarchäologie, 5. Aufl., I, 205.

[5] Viele derartige Reliquiare besitzt die Kirche des hl. Servatius zu Maestricht.
Bock et Willemsen l. c. 178 s. 194. 197. 199. 222. 233, Anhang LXV u. LXVII.

4. Die **Hörner** wurden übrigens auch als Trinkgeschirre benutzt. So wird noch heute in der alten Abtei des hl. Cornelius an der Inde bei Aachen das sog. „Horn des hl. Cornelius" in der Festoctav mit gesegnetem Wasser gefüllt und den Pilgern, besonders den mit der Fallsucht behafteten, daraus ein Trunk gereicht [1].

In vielen Kirchen werden **Trinkgeschirre der Patrone** gezeigt, z. B. in Deutz die Kuppe des hl. Heribert, in Trier jene der hl. Helena, an verschiedenen Orten Gläser der hl. Hedwig [2], Becher der hl. Elisabeth und deren Nachahmungen. Da nun viele Rituale seit alters einen Segen enthalten, welcher am dritten Weihnachtstag zu Ehren des hl. Johannes, des Lieblingsjüngers, über Wein gesprochen werden sollte, und dieser Wein als „Johannisminne" gereicht und getrunken ward, ja da man überhaupt vor Antritt einer größern Reise beim Abschied solche „Johannisminne" zu trinken pflegte [3], entwickelte sich in vielen Kirchen der Gebrauch, den Gläubigen und den Pilgern an den Festen der Patrone gesegneten Wein oder auch nur gesegnetes Wasser zum Trinken zu reichen. Das that man besonders gern, wenn man noch ein Trinkgefäß des Heiligen besaß oder zu besitzen glaubte. Bereits für das 12. Jahrhundert ist der zu Maestricht noch jetzt übliche Brauch bewiesen, wonach in der Festoctav des hl. Servatius zahlreiche Leute aus der Schale des Heiligen tranken, um vom Fieber geheilt oder davor bewahrt zu werden [4].

Die Sitte, Reliquien in Wein oder Wasser zu tauchen und die so gesegnete Flüssigkeit den Pilgern zu reichen, ist schon im 11. Jahrhundert bezeugt und sicher viel älter [5]. Da in Karolingischer Zeit strenge Verbote erlassen wurden gegen die Sitte, Zaubersprüche über Trinkhörner zu sprechen und dies so verzauberte Wasser zu trinken [6], könnte der Gebrauch, durch Reliquien oder Segen Wasser zu weihen und dies den Gläubigen zum Trank zu bieten, eines der vielen Mittel gewesen sein, wodurch man in Deutschland mit Erfolg heidnischen Aberglauben in christliche Ceremonien umgewandelt hat.

---

[1] Annalen des historischen Vereins für den Niederrhein LII, 166. Zu Fouron in Belgien und zu St. Hubert werden Hörner des hl. Hubertus gezeigt und wurde aus ihnen den Pilgern ein Trunk geboten. Acta SS. 3. Nov. I, 871 n. 80.

[2] Zeitschrift für christliche Kunst III, 329 f.

[3] Röhricht, Deutsche Pilgerreisen, S. 46, Anm 87. Auch am Feste des hl. Stephanus wurde Wein gesegnet. Beim Reichen desselben sprach der Priester: Bibe fortitudinem s. Stephani, während er beim Johanniswein sagte: Bibe amorem s. Joannis.

[4] Bock et Willemsen l. c. p. 76.   [5] Mabillon, Annales, IV, 363 et 447.

[6] Hefele, Conciliengeschichte, 2. Aufl., III, 9 und 510.

5. Eine eigene Klasse bilden unter den Reliquiaren die Kußtäfelchen (Pacificalia). Vor der hl. Communion gibt im feierlichen Hochamte der Priester dem Diakon, dieser dem Subdiakon den „Friedenskuß". Der Subdiakon vermittelt denselben den übrigen im Chor anwesenden Geistlichen und nimmt dann eine Tafel, die er den vornehmeren Laien zum Kusse reicht, indem er sagt: „Der Friede sei mit dir." Im Mittelalter wurde „der Friede" aber in vielen Kirchen nicht nur den Laien, sondern auch den Clerikern mittelst eines solchen Kußtäfelchens gegeben. Deshalb waren in allen bedeutenderen Kirchen für höhere oder niedere Feste auch verschiedene Pacificalia erforderlich. Daß der Patron des Gotteshauses für gewöhnlich auf der Vorderseite dargestellt wurde, und man dessen Reliquien in das Pacificale einzuschließen liebte, ist einleuchtend. Die Rückseite mußte eine Handhabe, der untere Rand, wenn er nicht flach war, Füße erhalten. Zuweilen, beispielsweise im Aachener Münster, finden sich Kußtäfelchen, die ehedem als Agraffen auf den Chorkappen der Donatoren gedient hatten und später umgearbeitet wurden. Die im 15. Jahrhundert üblichen Chorkappenagraffen, welche auf der Brust an den Verbindungsstreifen der Kappe befestigt wurden, waren nämlich oft so kostbar, daß man sie nach dem Tode des Besitzers gerne zu höheren Zwecken verwendete.

6. Agnus Dei wurden während des Mittelalters häufig in runden Kapseln von Privatpersonen getragen und waren somit eine Fortsetzung der bei den alten Christen üblichen Enkolpien oder Phylakterien, wodurch die heidnischen Amulette verdrängt wurden. Eines der ältesten deutschen Reliquiare, das bestimmt war, vom Besitzer auf Reisen mitgenommen zu werden, befindet sich im Hildesheimer Domschatz. Es hat die Form einer stark abgeplatteten Halbkugel und wurde nach der Legende von Ludwig, Karls Sohn, selbst auf der Jagd getragen. Der König hängte es, als er sich verirrt hatte, an einen im einsamen Walde blühenden Rosenstrauch, betete davor und fand seine verlorenen Gefährten. Zum Danke errichtete er an jenem Ort eine Marienkirche, woraus der Dom von Hildesheim erwuchs, an dessen Chormauern auch jetzt noch nach tausend Jahren der alte Rosenstrauch neue Blüten treibt [1]. Im Lüneburger Schatz befand sich um das Jahr 1200 ein kleines mit einem Onyx verschlossenes Reliquiar, von dem ausdrücklich gesagt wird, man habe es am Halse getragen [2]. Der Welfenschatz allein besitzt sechs Reliquienmedaillons aus

---

[1] Schrader, Der tausendjährige Rosenstock am Dom zu Hildesheim. Hildesheim 1884, S. 8 f.; Kratz a. a. O. S. 3 f.
[2] Tituli Luneburgenses, Mon. Germ. XXIII, 399.

dem 10. bis 16. Jahrhundert, die vornehmen Personen als Schmuckstücke und Andachtsgegenstände dienten[1]. Bekanntlich tragen die Bischöfe seit alter Zeit Reliquienkreuze als Amtszeichen auf der Brust. Zwei solcher Kreuze erwähnt um 1144 Ortlieb von Zwiefalten in seiner Chronik. Derselbe nennt weiter unter den Schätzen seines Klosters Reliquien, „die in einen Kryſtall eingeſchloſſen ſind, den der Herr Abt wegen der Kranken auf der Reiſe mit ſich zu tragen pflegt"[2].

Wie die Chriſten jener Zeit im Leben Reliquien allezeit bei ſich trugen, ſo hielten ſie an ihnen feſt im Sterben. Als Abt Richard von Verdun 1046 dem Tode nahe war, ließ er sich auf Asche und im Bußkleide so hinlegen, daß er den Altar des hl. Nicolaus erblicken konnte. Dann küßte er die Reliquien, welche er aus Jerusalem mitgebracht hatte, und die er allezeit am Halſe trug, und ließ sie zu seinen Füßen hinstellen. Als die Lebenswärme entwich, zog er sie auf seine Bruſt, legte sie aufs Herz und entschlief[3]. Auch der hl. Meinrad ſtarb, indem er die Reliquienkapſeln, welche er in ſeiner Zelle hatte, einzeln küßte[4]. Dem hl. Bernard gab man ein Reliquiar, worin die ihm kurz vorher aus Jeruſalem geſandten Ueberreſte des hl. Apoſtels Thaddäus enthalten waren, mit ins Grab[5]. Der Aachener Münſterſchatz verlor erſt 1804 einen lichtgrünen Achat mit dem Bilde der Gottesmutter und ein von zwei halbkugelförmigen Kryſtallen gebildetes kleines Reliquiar, die man im Grabe Karls des Großen gefunden hatte[6].

7. Wie man die in Reliquiaren öffentlich ausgestellten Ueberreſte der Heiligen verehrt hat, erhellt aus einem 1506 zu Basel gedruckten Buch[7]. Es gibt zuerst an, wie der Pfarrer das kommende Feſt ſeines Heiligen dem Volk verkünden ſoll, indem es ihm dazu folgende Formel bietet:

„... Uff zinſtag (Dienstag) verkund ich uch eins hochwirdigen biſchoffs ſant Thieboldostag: der do urſprunclichen im latin Ubaldus geheiſſen, ſo in der ſtat Eugubio im furſtenthum des hertzogen von urbin biſchoff

---

[1] Neumann a. a. O. S. 307 f.
[2] Mon. Germ. X, 89 sq.   [3] Mabillon, Annales, IV, 474.
[4] Gerbert l. c. I, 194.
[5] Vita s. Bernardi l. V. c. 2 n. 262, Acta SS., ed. nova, 20. Aug. IV, 324.
[6] Keſſel, Heiligthümer zu Aachen, S. 161.
[7] Manuale curatorum. 4°. Gedruckt per Iohannem prius civem Argentinensem. In aedibus zum Thiergarten 1506. Liber II, consideratio 3 et 18. Fol. 76 et 121. Die Vorrede iſt unterzeichnet vom Verfaſſer Ioannes Ulricus Surgant, utriusque juris doctor, curatus ecclesiae s. Theodori martyris minoris Basileae 1502.

gewesen: ouch do by uff einem hohen berg by sant gerva: und protha=
(sius) capellen costlich erhaben begrebnyß hat. Des heiligthum nämlich
ein tum von der hant in der ersamen statt zu **Tann baßler Bistumbs**
loblich und christlich gehalten ist. Dohin auch mechtige grosse walfart ist,
uß allen landen, wan do selbs her vil mirackel und wunderzeichen ge=
schechen. Dann der selb heilig bischoff sant Thiebold, hie in zyt umb
got verdient hat mit sinem strengen andechtigen seligen leben, das alle die
menschen so in anruffend in iren notten, es sye in wasser oder fur: zu
land oder zu feld: bie wil got der allmechtig gemeinlich erhoren umbs sines
verdienens willen. Den selbigen heiligen bischoff wissent zu eren uff zinstag
nechtkunfftige mit uwrem gebet: kirchgang: almusen, und andern guten
andechtigen wercken: als ir ouch begeren von im geeret zu werden in
allen uwren noten."

Am Festtage selbst strömten die Pilger nach Thann. Sie waren
gewohnt, daß der Priester ihnen dann die Reliquien zeigte und mit dem
Reliquiar ihr Haupt berührte. Derselbe nahm die Reliquien, wandte sich
am Hochaltare zum Volk und sprach dann:

„Andechtigen kynder christi. Vel sic: Ir andechtigen bruder und
schwestern, bis ist das wirdig loblich heiligtum des hochwirdigen hymel=
fursten und nothelffers sant Thiebolt, der umb got den allmechtigen ver=
dient hat, das alle die menschen die in anruffent in iren noten, eß sey in
wasser oder feur, ze huß oder ze feld :c., bie wil got der allmechtig er=
hören umb sines verdienens willen. Hierumb so gond (kommt) herzu mit
andacht und lassent euch mit dem heiligtumb bestrichen, umb das der lieb
heilig uwer guter fursprech oder furminder gegen got sey, euch frid und
gnad zu erlangen, und alles das darumb ir die wallfart oder bilgerschafft
furgenummen haben von got zu erwerben und also gesunt und frolich
wider zu euwrem heimet keren mogent. Amen."

Nach dieser Anrede stieg der Priester vom Altare herab und berührte
mit dem Reliquiar das Haupt eines jeden Pilgers. War das geschehen,
dann brachte er von zwei Fackelträgern begleitet, in Stola und Chor=
mantel, die Reliquien zur Sacristei zurück und ließ zwei Kerzen vor
ihnen brennen.

Man sah eben im Mittelalter die Reliquien an als etwas, was den
Heiligen gehört hatte, ja ihnen noch gehörte, demnach als Bindeglieder
zwischen den Freunden Gottes im Himmel mit den Dienern Gottes auf
Erden. Die Heiligen, deren Reliquien man hatte und verehrte, sollten
Fürsprecher und Helfer sein bei Christus, wie er es war beim Vater.

Wie man in der ersten Hälfte des Mittelalters feierliche Eide auf die heiligen Evangelien abgelegt hatte, so vereidete man sich später vor den Reliquien. Vor ihnen legten auch die Mönche oft ihre Gelübde ab[1]. Göttliche Ehre wurde den Heiligthümern dadurch nicht erwiesen; denn der Eid band Gott gegenüber, die Heiligen aber galten als Zeugen und Helfer der Schwörenden. Daß den Heiligen aber durch solche Schwüre ein hoher Beweis der Achtung und Liebe erbracht wurde, ist sicher.

Wir haben im 19. Jahrhundert kaum eine Vorstellung davon, wie sehr sich ehedem im Leben das Vertrauen zu den „lieben Heiligen" entwickelt hatte. Das Gold und die Edelsteine ihrer Reliquiare sollten sinnenfällige Zeichen der innern Gesinnung sein. Man bewahrte die Reliquiare auf in reich verzierten Nischen der Chorwände neben den Altären, oder in den Sacristeien in geschnitzten Schränken, deren Thüren und Wände in Gemälden die Heiligen darstellten, deren Ueberreste sich dort befanden. So oft man die Thüre öffnete oder ein Reliquiar zeigte, wurden Kerzen angezündet. Der Priester nahm es nicht in seine Hand und reichte es niemanden zum Küssen, bevor er ein Chorkleid angezogen hatte. In vielen Kirchen war es Sitte, bestimmte Gebete zu verrichten, wenn man die Reliquienschränke öffnete. So betete man zu Xanten jedesmal, wenn die Flügel des Hochaltares zurückgeschlagen und dadurch der Schrein des hl. Victor sichtbar gemacht wurde:

„Sei gegrüßt, unbesiegtester Krieger, heiligster Martyrer, sei gegrüßt. Gütiger Schutzherr, St. Victor, sei gegrüßt. Da wir mit begeistertem Gebet deine Milde anflehen, erlange den Frommen des Allmächtigen Huld."[2]

---

[1] Mabillon, Annales, II, 269; V, 401. Zu Hildesheim legten vom 12. bis zum 16. Jahrhundert Bischöfe, Domherren und andere Geistliche Eide ab vor „unserer lieben Frau Heiligthum", einem alten Reliquiar, das Reliquien der Gottesmutter enthielt. Kratz, Der Dom zu Hildesheim, S. 8.

[2] Beissel, Bauführung, III, Ausstattung der Kirche des hl. Victor, S. 11.

Achtes Kapitel.

Die Heiligen in der Literatur des Mittelalters.

Leitenden Einfluß hatten auf die Entwicklung der Heiligenverehrung allezeit die liturgischen Bücher der Kirche. Ihre einzelnen Theile sind also hier vor allem zu Rathe zu ziehen.

1. Seit den letzten Jahrhunderten des Mittelalters beginnen sie mit einem Kalendarium, in der frühern Zeit sind die Feste im Text oder im Verzeichniß der Perikopen angegeben. Vergleicht man nun die für die Feier der heiligen Messe verbindlichen Feste, so ergibt sich, daß bis um das Jahr 1000, abgesehen von Festen des Herrn und seiner Mutter, nur Martyrer, einige Apostel und Evangelisten und der hl. Michael im officiellen Kalender standen. Bekenner und Jungfrauen, welche nicht als Glaubenszeugen starben, fehlen im ersten Jahrtausend fast überall[1]. Die Tendenz ging zuerst dahin, alle Apostel und alle Evangelisten in die Festreihe aufzunehmen; dann drängte derselbe leitende Gedanke, welcher „die Säulen der Kirche" ehren wollte, dazu, auch jedem Kirchenvater sein Fest zu geben. Waren dadurch einmal heilige Bekenner neben die Martyrer, ja allmählich über manche Blutzeugen gestellt, so mußte auch anderen Bekennern und den Jungfrauen ein Platz zugestanden werden. Martin von Tours war einer der ersten, den man schon vor dem Jahr 1000 ins Meßbuch aufnahm.

Die Martyrologien nannten freilich schon früher zahlreiche Heilige aller Klassen, besonders auch Lokalheilige. Aus ihnen kamen diese langsam in den Kalender der betreffenden Klöster, Stiftskirchen und Diöcesen; denn jede größere Körperschaft ging hinsichtlich ihres Martyro=

---

[1] Beissel, Des hl. Bernward Evangelienbuch. Hildesheim, Lax, 1891, S. 57 f.; Lechner, Mittelalterliche Kirchenfeste und Kalendarien. Freiburg, Herder, 1891.

logiums und Kalenders ziemlich frei voran, weil eine feste, einheitliche, ins einzelne gehende Leitung der Liturgie von Rom aus noch nicht in Gebrauch war. Während die Kalendarien des 11. und 12. Jahrhunderts kaum bei der Hälfte der Tage des Kirchenjahres Heilige vermerken, haben diejenigen des 15. Jahrhunderts nur mehr wenige Lücken. Ja in den zum Privatgebrauch verfaßten Gebetbüchern sind sie oft vollständig ausgefüllt.

Die Feste der Apostel, der Lokalheiligen und Patrone wurden mehr und mehr zu Feiertagen erhoben, so daß gegen Ende des Mittelalters durchschnittlich jede Woche ein Fest des Herrn oder seiner Mutter oder eines Heiligen brachte, an dem die Arbeit ruhte[1]. Als infolge des Concils von Trient neue Ausgaben des Meßbuches, Breviers und Martyrologiums veranstaltet wurden, entfernte man manche Heilige, welche in diesen oder jenen Gegenden in die liturgischen Bücher gekommen waren. So wurde eine Reihe von Messen der deutschen Missalien des 15. und 16. Jahrhunderts gestrichen, z. B. die Messen der Schwestern der Gottesmutter (Maria Jacobi und Maria Salome), der Erzengel Gabriel und Raphael, der Patriarchen Abraham, Isaak und Jakob, sowie diejenigen der Gerechten Job, Elisäus, Daniel und Simeon, jene der hll. Sebastian, Rochus und Antonius gegen die Pest, jene der Nothhelfer u. s. w.[2].

2. Zeigen die Kalendarien, welche Heiligen zu verehren seien, so zeigt der weitere Inhalt der liturgischen Bücher an, wie diese Verehrung sich gestalten soll. Die Hauptsache sind in dieser Hinsicht die Gebete. Die ältesten, sich aufs engste an ihre römischen Vorbilder anschließenden Meßbücher Deutschlands[3] geben für jedes Heiligenfest wenigstens drei Gebete, oft auch noch eine eigene Präfation. In allen ist stets Gott angeredet und fast stets durch Vermittelung des Heiligen eine übernatürliche, innere Gnade erbeten. Sehr selten ist äußere Hilfe in Noth und Krankheit Inhalt der Bitte. So heißt es im alten Gebete zum hl. Sebastian, der doch als Nothhelfer und Patron gegen die Pest verehrt ward: „Gott, der du den hl. Sebastian, deinen Martyrer, durch die Kraft der Beharrlichkeit in seinem Leiden gestärkt hast, gib, daß wir in seiner Nachahmung aus Liebe zu dir alles Glück der Welt verachten und keine ihrer Widerwärtigkeiten fürchten durch unsern Herrn Jesum Christum u. s. w."[4] Die

---

[1] Beissel, Die Bauführung des Mittelalters, II. Geldwerth und Arbeitslohn, S. 158.
[2] Acta SS. 23. April. n. 66, III, 150.
[3] Gerbert, Monumenta veteris liturgiae alemanicae, I, 1 sq.
[4] A. a. O. S. 21.

hll. Cosmas und Damian durften als Aerzte doch gewiß um leibliches Wohlergehen gebeten werden. Trotzdem wendet sich die Oratio, wie immer, an Gott und sagt: „Durch die Fürbitte deiner Heiligen Cosmas und Damian gewähre, o Herr, deinem Volke Hilfe, damit es **hier und in Ewigkeit** alles Nützliche erhalte. Durch unsern Herrn u. s. w."[1]

In dieser Weise betete man nicht nur im Beginn des Mittelalters, sondern auch am Ende desselben. Greifen wir beispielsweise aus dem Kölner Missale von 1514 die Gebete der Messen zweier Nothhelfer heraus. Nicht einmal sie steigen herab zur bloßen Bitte um leibliche und irdische Güter:

„Herr, der du uns durch die Verdienste und Fürbitte des seligen **Georg**, deines Martyrers, erfreust, gewähre gnädig, daß wir, die wir seine Wohlthaten erbitten, dieselben durch das Geschenk deiner Gnade erlangen. Durch u. s. w."

„Der feierliche Geburtstag deines seligen Martyrers **Christophorus** möge auf uns, o Herr, immer so wirken, daß er uns die Freude deiner Verherrlichung eingieße und uns dir angenehm mache. Durch u. s. w."

Beachtenswerth sind in dieser Hinsicht auch die für einzelne Tage der Woche angegebenen **Votivmessen**. Es sind Meßformulare, deren sich der Priester zu bestimmten Zeiten nach Belieben bedienen durfte. Da finden wir nun in jenem Kölner Missale von 1514 für den Sonntag eine Messe „von der allerheiligsten Dreifaltigkeit" und eine „vom Heiligen Geist", für den Montag eine „von den Engeln", für den Dienstag „von der ewigen Weisheit", für den Mittwoch „von der Liebe", für den Donnerstag „vom heiligsten Sacrament" und „von dem hl. Petrus", dem Patron der Diöcese, für den Freitag „vom heiligen Kreuz" und „von den fünf Wunden", für den Samstag „von der Gottesmutter".

Freilich heißt es in dem Gebete, welches vom Priester aus persönlicher Andacht zu Ehren des Patrones eingelegt werden durfte:

„Habe, o Herr, wir bitten dich, Erbarmen mit uns, deinen Dienern, durch die glorreichen Verdienste dieses deines hl. N., welcher in der gegenwärtigen Kirche ruht, damit wir durch seine fromme Fürbitte vor allen Widerwärtigkeiten beschützt werden. Durch unsern Herrn u. s. w."

Nur bei der Votivmesse des hl. Rochus tritt die Bitte um Abwendung eines zeitlichen Uebels in jenem Missale in den Vordergrund: „Gott, der du glorreich bist in der Glorie der Heiligen, und allen, welche zu

---

[1] A. a. O. S. 187.

ihnen als Patronen fliehen, heilsamen Erfolg ihrer Bitte gewährst, gib deinem Volke, daß es durch die Fürbitte des hl. Rochus, deines Bekenners, weil es sich bei seiner Verherrlichung fromm erweist, frei sei von der epidemischen Krankheit, die er in seinem Körper zu Ehren deines Namens litt, und daß es deinem Namen, o Gott, immer ergeben sei. Durch unsern Herrn u. s. w."

Im neuen römischen Missale steht diese Messe nicht mehr. Auch in den Votivmessen der älteren Meßbücher treten die Heiligen noch sehr zurück. So geben die oben erwähnten von Gerbert zusammengestellten Meßbücher als Votivmessen: für den Sonntag „von der heiligsten Dreifaltigkeit", für den Montag „von der Weisheit", für den Dienstag „zur Erflehung der Gnade des Heiligen Geistes", für den Mittwoch „zur Erlangung des Gebetes der Engel", für den Donnerstag „von der Liebe", für den Freitag „vom Kreuze" und für den Samstag „von der hl. Maria". Diesen folgen dann noch Votivmessen „zu Ehren der Heiligen", ohne Angabe eines bestimmten Tages [1].

Am klarsten tritt das Verhältniß der Heiligen zu Gott und zu ihren Verehrern in den alten **Präfationen** und im **Canon** hervor. Die meisten Meßbücher des Mittelalters, besonders die älteren, enthalten nämlich für die wichtigeren Feste der Heiligen eigene Präfationen. Alle Präfationen beginnen und enden stets in denselben Worten mit dem Lobe Gottes. In der Mitte wird dann zur Erinnerung an das betreffende Fest ein Satz eingeschoben, welcher hervorhebt, wie der Heilige des Tages Gott verherrlichte. So lautet die Einlage der Präfation des hl. Georg [2]:

„Wahrhaftig würdig . . . ist es, ewiger Gott, dich in den Triumphen deiner Heiligen zu loben; denn allen ward die Palme des Sieges durch deine Gaben und Geschenke zu theil. Aus der Zahl (dieser Heiligen) verehren wir am heutigen Festtage das Leiden deines seligen Martyrers Georg, welcher für das Bekenntniß Jesu Christi, deines Sohnes, verschiedene Peinen erlitt und, sie überwindend, die Krone der Ewigkeit verdiente, durch denselben Christus unsern Herrn, durch den deine Majestät loben die Engel. . . . Lasse, wir bitten dich, mit ihnen auch unsere

---

[1] Gerbert, Monumenta veteris liturgiae alemanicae. I, 260 sq. Alte Sacramentare des 11. und 12. Jahrhunderts (z. B. eines im Dome zu Mainz) geben für feria II: De Sapientia; feria III: De Spiritus sancti dono postulando; feria IV: Ad postulanda angelica suffragia; zuletzt eine Missa quotidiana in laudem Sanctorum.

[2] Gerbert l. c. I, 107. Cf. Daniel, Codex liturgicus I, 30 sq.

Stimmen zu dir kommen, die wir in demüthigem Bekenntniß sprechen: Heilig, heilig, heilig ist der Herr, Gott Sabaoth . . ."

Im Canon selbst werden seit unvordenklichen Zeiten[1] die Heiligen zweimal eingeführt, vor der heiligen Wandlung nach dem Gebete für die Lebenden und nach der Consecration im Anschlusse an das Gebet für die Verstorbenen. Im ersten Falle vereinen sich die Gläubigen mit den Heiligen, um vermittels deren Verdienste und Bitten in allem durch die Hilfe und den Schutz Gottes beschirmt zu werden; im zweiten bitten die Theilnehmer am heiligen Opfer, Gott möge sie wegen ihres Vertrauens auf seine Barmherzigkeit zu der Gesellschaft seiner Heiligen zulassen und sie nicht mit Rücksicht auf ihre Verdienste, sondern auf seine Erbarmung in deren Genossenschaft aufnehmen.

So stellen die liturgischen Bücher in ihren Gebeten, in ihren Präfationen und in ihrem Canon die Heiligen stets und ausnahmslos hin als Menschen, die durch Gott eine höhere Stellung erlangten, darum durch Gott ihren Mitmenschen zu helfen vermögen. Nie aber gestehen sie denselben irgend eine Unabhängigkeit von Gott zu, weder auf dem Wege zu ihrer Krone, noch bei deren Erlangung, noch bei ihrer Fürbitte.

3. Die für Laien bestimmten Bücher enthalten zweierlei Gebete: solche, welche sich eng an jene der für den Priester bestimmten Bücher anschließen, und freier gebildete. In den ersteren ist fast immer der feste Stil der Kirchengebete beibehalten. Es fehlt freilich nicht an solchen, in denen die Klarheit des Aufbaues, die Durchsichtigkeit des Inhaltes, die Kürze des Ganzen und die classische Abrundung mehr oder weniger vermißt oder durch Spielereien und Ueberladung verdunkelt werden. Die besten aber sind wie im Missale nach Art der Urkunden des Mittelalters abgefaßt. In jenen Urkunden folgt dem Namen und Titel des Ausstellers zuerst eine Inscriptio oder Salutatio, worin die Person bezeichnet oder begrüßt wird, für welche die Urkunde bestimmt ist. Daran reiht sich als erster Haupttheil die Arenga. Sie spricht einen allgemeinen Gedanken aus mit besonderer Beziehung auf den folgenden Inhalt der Urkunde. Nun kommt die Promulgatio, worin der Aussteller sagt: „Ich bestimme", „Ich mache kund" u. dgl. Den zweiten Haupttheil bildet die Expositio oder Dispositio, die Verfügung über die Streitsache oder über die Begünstigung. Den Schluß bildet die Corroboratio, welche den Urkundentext formell endet und Unterschrift sowie Besiegelung ankündet.

---

[1] Gerbert l. c. p. 233.

Gerade so sind die meisten alten Gebete des Meßbuches und des Breviers gebaut, sowie die ihnen entsprechenden für Laien verfaßten Gebete. Sie haben zwei durch kleinere Theile eingeschlossene Haupttheile. Beispielsweise lautet das alte Gebet zum Pfingstfest:

„Gott (Inscriptio, Salutatio), der du am heutigen Tage die Herzen der Gläubigen durch die Erleuchtung des Heiligen Geistes gelehrt hast (Arenga, I. Theil), gib uns (Promulgatio), daß wir in demselben Geiste das, was recht ist, verstehen und uns seiner Tröstung allezeit erfreuen (Expositio, Dispositio, II. Theil). Durch unsern Herrn Jesus Christus u. s. w." (Corroboratio).

Bei den Gebeten zu Ehren eines Heiligen wird in der Arenga auf eine von Gott dem Heiligen gewährte Gnade hingewiesen, dagegen in der Expositio gebeten, Gott möge uns helfen wegen dessen Fürbitte. Auch darin liegt eine Analogie zu den alten Urkunden, weil in ihnen häufig gesagt wird, dies oder jenes werde bewilligt auf Bitten einer hochstehenden Person. So gibt der König z. B. ein Privileg auf Bitten seiner Gemahlin oder eines Großen des Reiches (Interveniens, Ambasciator). Ein altes Kirchengebet zum hl. Petrus lautet:

„Gott (Inscriptio), der du deinem Apostel Petrus durch Uebergeben der Schlüssel des Himmelreichs das Amt zu binden und zu lösen anvertraut hast (Arenga), verleihe (Promulgatio), daß durch die Hilfe seiner Fürbitte (Interveniens) wir befreit werden von den Banden unserer Sünden (Dispositio). Durch unsern Herrn u. s. w." (Corroboratio.)

Jene für die Laien bestimmten Gebetbücher waren seit dem 13. Jahrhundert meist sogen. Livres d'heures, d. h. Laienbreviere. Sie enthielten einen Kalender, das kleine Officium Beatae Mariae Virginis, die sieben Bußpsalmen, die Litanei von allen Heiligen, ein Officium zum Leiden Christi (De cruce) und das Todtenofficium, woran sich verschiedene Gebete schlossen. Ein solches Gebetbuch des 15. Jahrhunderts[1] enthält z. B. 17 Gebete, worin folgende Heilige angerufen werden: St. **Michael** um Schutz im Gerichte Gottes, Jacobus um Hilfe im allgemeinen, **Christophorus** um einen guten Tod und ein gnädiges Gericht[2],

---

[1] Es ist das in der Zeitschrift für christliche Kunst 1889 Sp. 81 f. beschriebene Livre d'heures von Katwyck. Obgleich es in Frankreich entstand und manche französische Gebete enthält, sind doch die hier angezogenen lateinischen auch in Deutschland benutzt worden.

[2] Fac nos in morte fore dignos Deitatis amore promisso Christi, quia quod petis obtinuisti. Da populo tristi bona, quae moriendo petiisti. Confer solamen et mortis tolle gravamen; iudicis examen fac mitis sit omnibus.

Sebastianus um Befreiung von pestartigen Krankheiten[1], Petrus und Paulus um Befreiung von Wassernoth, Johannes der Täufer, Antonius um Rettung vor Entzündungen und Hölle[2], Nicolaus um Bewahrung vor der ewigen Pein, Stephanus um Feindesliebe, Laurentius um Stillung der Flammen der Leidenschaften, Anna um reichen Segen Gottes[3], Katharina um Hinführung zu Christus, Maria Magdalena um Sündenvergebung, Genovefa von Paris um Verzeihung der Schuld, Barbara um eine glückselige Sterbstunde, Apollonia[4] um Befreiung von Zahnschmerzen, Margaretha um Rettung aus Bedrängnissen.

Da in diesen Gebeten, wie in den Kirchengebeten, die ständige Formel beibehalten ist: „Gott, der du diesem Heiligen jenes verliehest, gib durch dessen Fürbitte auch uns Entsprechendes", bleibt Gott in jeder Hinsicht der Höchste, der Ursprung aller Gnade, das Ziel aller Gebete. Weiterhin bildet keineswegs nur Befreiung von sinnlichen Leiden den Inhalt und Zweck dieser Gebete. Das Herz wird höher gehoben, auf die Rettung von Sünde und Schuld, auf die Erflehung von Gnade für dies Leben und im Tode und auf ein günstiges Gericht hingewiesen.

Da aber der Mensch nur zu sehr seine Ohnmacht in all der Noth fühlt, welche ihn infolge der Sünde bedrängt, sucht er naturnothwendig überall nach höheren „Helfern". Der Christ findet sie in bestimmten Heiligen. Daß indessen die Verehrung solcher Heiligen keineswegs das Vertrauen auf Gott selbst schädigte, erhellt, abgesehen von der eben dargelegten Form der Gebete, auch aus der allen Katholiken wohl bekannten Glaubenslehre, daß jeder Heilige nur als Vermittler bei Gott angerufen werden darf, und aus vielen anderen Sitten des deutschen Mittelalters. So waren die Krankenhäuser meist dem Heiligen Geist geweiht, „dem Tröster"[5].

---

[1] Deus, qui meritis beati Sebastiani, martyris tui, quandam generalem pestem epidemiae hominibus mortiferam revocasti, praesta supplicibus tuis, ut qui pro consimili peste revocanda ad ipsum sub tua confidentia confugiunt... liberentur.

[2] Deus, qui concedis obtentu beati Anthonii confessoris tui morbidum ignem exstingui et membris aegris refrigeria praestari, fac nos propitius ipsius meritis a gehennae incendiis liberari. Fast dasselbe Gebet im Kölner Missale von 1514.

[3] Da nobis per intercessionem matris et filiae propitiationis abundantiam.

[4] Per intercessionem ejus (S. Apolloniae) et beati Laurentii martyris tui simulque omnium sanctorum tuorum, ut dolorem a dentibus meis expellas.

[5] Vgl. Huhn, Geschichte des Spitals, der Kirche und der Pfarrei zum Heiligen Geist in München. München, Lentner, 1891.

An vielen Orten fand man Salvatorkirchen, „Kapellen unseres Herrn Hilfe", anderswo Kapellen zu den sieben Zufluchten: die heiligste Dreifaltigkeit, das heiligste Altarssacrament, das heilige Kreuz, die Gottesmutter, die Engel, die Heiligen Gottes und die armen Seelen im Fegfeuer [1].

Außer den nach Art der officiellen Kirchengebete streng gegliederten Gebeten benutzten die Gläubigen, Laien, Ordenspersonen und Priester, auch andere, längere, freier gebildete. Manche derselben sind noch heute in Gebrauch und von Heiligen, z. B. dem hl. Thomas von Aquin, Bonaventura und Bernard, verfaßt; andere stammen von Unbekannten. Daß man unter den von solchen Unbekannten verfaßten Gebeten einige finde, welche zu weit gehen, soll nicht in Abrede gestellt werden. Für sie ist die Kirche nicht verantwortlich, weil sie jenen zur Last zu legen sind, welche deren Verbreitung förderten oder nicht genugsam hinderten. Nur zu oft verbarg man solche Gebete und Segensformeln vor den Augen der geistlichen Obrigkeit, oder hielt trotz des Verbotes an ihnen fest.

4. Das Missale enthält außer jenen Gebeten, außer dem Canon und anderen ständig wiederkehrenden Theilen der heiligen Messe **Lesungen und Verse aus der Heiligen Schrift, sowie Sequenzen und Hymnen**. Die aus der Heiligen Schrift entnommenen Stücke werden auf die Heiligen angewendet und zeigen dadurch, wie sehr die Verehrung der verherrlichten Freunde Gottes in der Bibel begründet, wie innig sie besonders mit dem Evangelium verbunden ist. Heute finden sich, abgesehen vom Stabat Mater, im Meßbuch keine Sequenzen mehr zu Ehren der Heiligen, während die Missalia des Mittelalters reich daran waren. Sie sind aus dem jetzigen römischen Meßbuch entfernt worden, weil die alten Bücher bis um das Jahr 1000 keine besaßen. Doch ist das Brevier noch heute reich an Hymnen auf die Heiligen. In der zweiten Hälfte des Mittelalters wuchs ihre Zahl ins Unendliche. Man vergleiche die Sammlung von Daniel, die von Mone und besonders die beide ergänzende und jetzt schon an Anzahl der Stücke übertreffende von Dreves. Alle diese lateinischen Gesänge erzählen das Leben der Heiligen, preisen deren Tugenden und erbitten von ihnen Fürsprache bei Gott. Gnade, Tugend und die ewige Seligkeit sind die Gegenstände, um deren Vermittelung die Heiligen von den Dichtern gebeten werden. So sehr auch die Begeisterung und Liebe zum Lokalpatron oft aufflammen mag, wenn auch hie und da kühne Wendungen vorkommen, nie wird das richtige

---

[1] Tübinger Quartalschrift LXX. (1888) S. 81 Anm. 1.

Verhältniß zwischen den Lebenden, den Heiligen und Gott in irgend einem in die kirchlichen Bücher aufgenommenen Liede verkannt. Wie wahr und erhebend ist z. B. der mittelalterliche, noch heute im Brevier stehende Hymnus zu Ehren der Apostel: Exultet orbis gaudiis!

> Frohlock' und jauchz', o Erdenkreis,
> Im Himmel schalle Lob und Preis:
> Da der Apostel Herrlichkeit
> Das weite Weltall sich erfreut.
>
> Der Völker Richter hochverehrt,
> Als Lichter aller Welt verklärt,
> Blickt huldvoll aus den sel'gen Höh'n
> Herab auf eurer Diener Fleh'n.
>
> Die ihr verschließt des Himmels Pfort',
> Eröffnet auch durch euer Wort:
> Fleht, daß der Herr der Gnad' und Huld
> Uns spreche frei von Sünd' und Schuld.
>
> Krankheit und Siechthum wich alsbald
> Vor eures hehren Worts Gewalt:
> Erbarmt der kranken Seelen euch;
> Heilt sie, an Tugend macht uns reich,
>
> Daß, wann der Richter aller Welt
> Am jüngsten Tag das Urtheil fällt,
> Sein Spruch uns rufe mildiglich
> Zu seinen Sel'gen ewiglich.
>
> Dem Vater auf dem Himmelsthron,
> Und, mit dem Geist, dem ew'gen Sohn,
> Gleichwie er sein wird, ist und war,
> Lob, Preis und Ehre immerdar. Amen [1].

5. Aus den lateinischen Liedern entstanden deutsche, theils im Anschluß an sie, theils als Uebersetzungen, theils in freier Bearbeitung. Bei der feierlichen Einführung des Bischofs Diethmar in Prag sang die Geistlichkeit 973 Te Deum laudamus, der Herzog aber und die Großen des Landes antworteten:

> „Christe kinado, Kyrie eleyson
> unde die heiligen alle helfant uns! Kyrie eleyson." [2]

---

[1] Uebersetzt von Schlosser, Die Kirche in ihren Liedern. 2. Aufl. I, 227. Eine alte deutsche Bearbeitung bei Kehrein, Katholische Kirchenlieder II, 174.
[2] Bäumker, Das katholische deutsche Kirchenlied I, 7.

Noch aus dem 9. Jahrhundert stammt folgendes Lied zu Ehren des hl. Petrus:

> Unser Herre gab Gewalt
> Sancto Petro mannigfalt,
> Daß er wohl erhalten kann
> Jeden, der ihn rufet an.
>   Kyrie eleyson. Christe eleyson.
>
> Er hat von seinem Worte
> Des Himmelreiches Pforte,
> Darein mag er schalten,
> Den er will erhalten.
>   Kyrie eleyson. Christe eleyson.
>
> Bitten wir den Gottestraut
> All zusammen überlaut,
> Daß er uns, den Sündern, doch
> Wolle sein gnädig noch.
>   Kyrie eleyson. Christe eleyson [1].

In einer freilich viel später entstandenen gereimten Litanei lautet die auf alle Heiligen bezügliche Strophe:

> Ihr Heiligen Gottes alle,
> Und gantz himlisches Heer,
> Die ihr mit reichem schalle
> Gott singet Lob, Preiß und Ehr,
> Jetzt und zu allen zeiten,
> Bitt Gott für uns zugleich,
> Daß er uns armen Leuten
> All unser Sünd verzeyh [2].

In einem geistlichen Liede von den Heiligen sagt die erste, fünfte und sechste Strophe:

> O Ihr heyligen Gottes frundt,
> Wie hoch hat euch der Herr geehrt,
> Das ihr ym Hymmell alle stundt,
> Habt alles, was das hertz begert,
> Ihr habt bei euch das höchste gutt,
> Das alzeyt erfrewt ewern mudt
> Kein trawren ist begreiffen euch.
>
> Nu bitten wir euch alle gleich,
> Ihr wollt uns Gnad erwerben,
> Daß wir kommen yns hymmelreych
> Bald, wann wir nu sollen sterben.

---

[1] A. a. O. I, 8. Uebersetzt von Lindemann.
[2] Kehrein, Katholische Kirchenlieder II, 150, 14.

Vor uns rufft Gott den Herren an,
Das er uns nit woll verlan,
Das wir ewig nit verderben.

Ach, lieber Herr, unser Gott,
Durch die fürbitt der heylgen deyn
Komm uns zu hylff, es thut uns nobt,
Hylff uns zu dir in dein reych heym,
Zu der ewigen seligkeyt,
Die bu den beinen haft bereybt,
Durch Jesum Christum unsern Herrn [1].

Im Lied auf den hl. Petrus heißt es:

O Edler stein Herr Jesu Christ,
Der erste stein bu warlich bist,
Nach dir S. Peter eingelegt,
In bir, durch dich bleibt unbewegt [2].

Ein alter Ruf von St. Johannes dem Täufer endet:

Wann Gott zu richten wird kommen,
Steht Maria zur Rechten jhres Sohnes. Kyrie eleyson.
Johannes wird auch bey jhr stehn,
Da wird das Gricht fürüber gehn. Kyrie eleyson.
Johannes liebster Herre fein,
Hilff, daß wir all mögn selig seyn. Kyrie eleyson [3].

Der Schluß eines Liedes zum hl. Christophorus sagt:

O heiliger Christophore, Martyr fein,
Bei Gott wöllst unser Vorbitter seyn,
Die wir dich ehren auff dieser Welt.

Bey Gott thu uns Genad erwerben,
In Frieden zu leben, und selig zu sterben,
Durch Jesum Christum unseren Herren. Amen [4].

Ein alter „Ruf von dem Herrn Ritter Georgio" beginnt und schließt also:

So heben wir auch zu loben an, Kyrie eleyson,
Den Ritter S. Georgen, den heiligen Mann. Alleluja.

O Gott, mach uns zu Rittern starck, Kyrie eleyson,
Daß uns nicht schad der Höllisch Trach. Alleluja.

Auf daß wir empfahn die unsterbliche Kron, Kyrie eleyson,
Und kommen in deß Himmels Thron. Alleluja [5].

---

[1] Kehrein II, 153 f.   [2] Kehrein II, 177, Strophe 4.
[3] A. a. O. II, 198, Strophe 38—40.   [4] A. a. O. II, 213, Strophe 35 f.
[5] A. a. O. II, 219 f., Strophe 1 und 60 f.

6. Der Inhalt der zahlreichen lateinischen und deutschen Lieder des Mittelalters ist größtentheils den **Legenden und Lebensbeschreibungen der Heiligen** entnommen. Viele der letzteren waren kurz in den Lesungen des Breviers, weitläufiger in einzelnen Handschriften oder in Sammelwerken enthalten. Schon ein Verzeichniß der im 14. Jahrhundert in einem Benediktinerkloster bei Tisch zu lesenden Bücher[1] läßt erkennen, wie reich das Mittelalter an solchen Heiligenleben war. Es nennt für jedes bedeutendere Heiligenfest ein Leben eines Heiligen oder eine zu seiner Ehre verfaßte Predigt. Wie viele Bücher mit solchen Erzählungen über das Leben und Leiden, über die Uebertragungen und Wunder der Heiligen aber in mittelalterlichen Bibliotheken standen, ist gar nicht mehr zu übersehen. Die weitläufigen bibliographischen Nachschlagebücher von Potthast und Chevalier[2], mehr noch die von den Bollandisten[3] herausgegebenen Verzeichnisse der in Bibliotheken von Brüssel und Paris ruhenden handschriftlichen Heiligenleben zeigen, wie viel selbst heute noch erhalten ist. Den Kern der Acta Sanctorum der Bollandisten, Mabillons und des Surius, einen großen Theil der Monumenta Germaniae nehmen mittelalterliche Heiligenleben ein. Sie sind zweifelsohne von sehr verschiedenem Werthe; aber viele derselben sind geschrieben nicht nur von Zeitgenossen oder solchen, denen gute Zeugen berichteten, sondern auch von hervorragenden Männern, ja von den Gebildetsten ihres Jahrhunderts. Wir erinnern z. B. an Thangmars und an Wolfhere's Leben der hll. Bernward und Godehard von Hildesheim, an Otlohs Leben des hl. Wolfgang, an Lamberts von Hersfeld Leben des hl. Lullus, an Wiberts von Toul Leben Leo's IX., an die Bamberger Leben des Kaisers Heinrich und seiner Gemahlin. Geist und Absicht solcher Arbeiten erhellt z. B. aus der Vorrede, womit der hl. Ansgar das Leben des hl. Willehad, seines Vorgängers auf dem Bischofsstuhl von Bremen, einleitet[4]: „Wenn fromme Liebe der Gläubigen die Heiligen ehrt in Wort und That, so

---

[1] Gerbert, Monumenta III, 260 sq.

[2] Bibliotheca historica medii aevi. Berolini, 1862; Supplem. 1868. Chevalier, Répertoire des sources historiques du moyen âge. Paris 1877—1886; Supplément 1888.

[3] Analecta Bollandiana II—VIII, Catalogus codicum hagiographicorum bibliothecae regiae Bruxellensis. Catalogus codicum hagiographicorum latinorum antiquiorum saeculo XVI, qui asservantur in bibliotheca nationali Parisiensi.

[4] Mon. Germ. SS. II, 379.

will sie sicherlich Christum in ihnen preisen, Christum in ihnen verherrlichen; denn durch seine Macht sind sie Sieger geworden, durch seine Gnade in gutem Wandel treu erprobt worden. Durch die Gnade Gottes sind ja nach dem Apostel die Heiligen das, was sie sind. Und weil seine Gnade allezeit gut ist, werden sie durch dieselbe Menschen guten Willens. Durch diese Gnade Gottes geschieht es dann, daß jener gute Wille, der in ihnen zu sein begann, im Guten vermehrt und wachsend größer wird, damit jeder Gerechte die göttlichen Gebote erfüllen könne, die er will, ganz und vollkommen will. Die Heiligen sollen also gelobt werden wegen ihrer guten Werke, aber weit mehr soll Christus in ihnen gelobt werden, durch dessen Gnade sie erlangten, gut und heilig zu werden.... Daher stammt die vortreffliche Sitte der heiligen Kirche, das Leben und die Tugenden der Heiligen, welche auf dieser Erde durch Wunder und Glaubensinbrunst und Vollkommenheit guter Werke hervorleuchteten und Lob verdienten, nach deren Tod zu beschreiben, damit die Nachkommen wissen, wie sie das Tugendbeispiel nachahmen, wissen, wie sie die Gnade der göttlichen Erbarmung betrachten sollen. Durch diese Lebensbeschreibungen sollen sie bewahrt werden vor dem Gedanken, sie vermöchten nicht, was vielleicht unmöglich scheint. Sie mögen sehen, in jenen Heiligen sei es erfüllt, und jene hätten, in diesem gebrechlichen Leibe eingeschlossen, von Gottes Gnade unterstützt, Wunderbares und Vorzügliches geleistet. Wenn alle Gläubigen sich so allen Heiligen gegenüber benehmen sollen, weil dieselben schon glückselige Bürger des himmlischen Vaterlandes sind, so muß man doch in besonderer Weise jene verehren, von denen man sicher und fest glaubt, daß sie uns als Patrone in besonderer Weise schützen und unterstützen."

Eine große Anzahl alter Bücher, worin Thaten und Wunder der Heiligen beschrieben werden, sind freilich für den Geschichtsforscher minder werthvoll, weil deren Verfasser lange nach dem Tode ihrer Helden und nach unzuverlässigen Quellen arbeiteten, überdies dem Geiste ihrer Zeit zu viel nachgaben. Man hörte und erlebte während der Kreuzzüge so viel Wunderbares, daß gebildete Leute Berichte über ähnliche auffallende Dinge auch lesen wollten. Da nun der Sinn vieler, die nach unterhaltenden Büchern verlangten, christlich war, und da die Schriftsteller, welche diesem Verlangen zu entsprechen versuchten, meist dem geistlichen Stande angehörten, entstanden zahlreiche zur Unterhaltung, Belehrung und Erbauung verfaßte Bücher, in denen das Leben der Heiligen oder Ereignisse aus der Kirchengeschichte im Geiste und nach der Auffassung der Leser geschildert wurden. So verfaßte man erbauliche Novellen, Legenden, fromme Sagen und Erzählungen, die nicht Geschichtschreibung, sondern Unterhaltungsliteratur waren und sein wollten. Für Deutschland kommen in dieser Hinsicht besonders die Schriften des Cisterciensers Cäsarius von Heisterbach in Betracht. Bald aber gewannen hier auch die ebenso naiv als interessant geschriebenen Legendensammlungen des Jakob a Voragine, Erzbischofs von Genua († um 1298), des Thomas von Cantimpré bei Cambrai († um 1275) und des Petrus Venerabilis weite Verbreitung. Freilich bieten sie mehr Sagen über die Heiligen als Geschichte derselben. Jeder, der sie ruhig und vorurtheilslos liest, wird selbst noch in unserm Jahrhundert, obgleich er in vielen Fällen das Erzählte nicht glaubt, doch angeregt zu christlicher Gesinnung. Um wie viel größer war diese Anregung in jenen Zeiten, als man weit naiver war und die Heiligenlegenden nicht nach den Quellen schrieb, sondern nach dem Hörensagen. Durch Erzählen und Wiedererzählen wurden sie geformt und umgeformt und dadurch zum treuen Spiegelbild der Gedanken und Bestrebungen ihrer Periode. Als Legenden, nicht als kritische, quellenmäßige Darlegungen des Thuns und Leidens älterer Martyrer und Heiligen, sind sie zu lesen und zu beurtheilen. Wie schön und ansprechend schildern jene Bücher die ihnen der Zeit nach näher stehenden Heiligen! Von ihnen haben wir zu lernen, von welchen Gesinnungen die Heiligen der Kreuzzüge und des ausgehenden Mittelalters belebt waren. In ihrem Kern liegt ihr Werth; wegen ihrer Auffassung der Heiligen sind sie auch heute noch wichtig.

Die Mängel, aber auch die Vorzüge der Legenden treten in deutschen Heiligenlegenden in weit höherem Maße hervor, als in lateinischen. Waren erstere doch für jene geschrieben, welche kein oder wenig Latein verstanden, also für die Gläubigen der letzten Jahrhunderte des Mittelalters. Bereits im 12. Jahrhundert besaß man deutsche Legenden der hll. Crescentia, Margaretha, Ulrich von Augsburg, Aegidius, Andreas, Alban, Oswald und Silvester. Kurz nach 1105 entstand das Annolied. Um Köln, Anno's Bisthum, zu verherrlichen, beginnt es beim Anfange der Welt. Heinrich von Veldeke dichtete um 1173 das lange Lied vom hl. Servatius, Rudolf von Ems nach 1223 das öfter von Deutschen bearbeitete Leben Barlaams und Josaphats, Konrad von Würzburg († 1287) die Legenden der hll. Alexius, Silvester, Nicolaus und Pantaleon, Hartwich von dem Hage die Geschichte der hl. Margaretha, Johannes Rothe († 1434) das Leben der hl. Elisabeth.

Anderen weniger berühmten Dichtern verdankt man zahlreiche Legenden der im Mittelalter am meisten genannten Heiligen [1].

Seit der Erfindung der Buchdruckerkunst wurden diese bis dahin handschriftlich verbreiteten Legenden, sowie zahlreiche neu übersetzte oder bearbeitete Heiligenleben in prosaischer oder poetischer Form häufig gedruckt. Sie wurden, wie Simrock sich ausdrückt, mit Erfolg der Menge angeboten, „die sich, ohne den kritischen Zahn zu wetzen, an allem erfreut, was der Einbildungskraft anmuthig geboten wird".

Falk [2] hat die seit Beginn der Druckkunst bis um das Jahr 1520 herausgegebenen deutschen Heiligenleben gesammelt und fand bis zum Jahre 1879 Legenden von etwa 47 Heiligen in etwa 125 einzelnen Büchlein. Auch bei dieser Sammlung zeigt sich, wie am Ende des Mittelalters neue Heilige in den Vordergrund treten. Zwar erschien noch die Legende der hl. Katharina in elf, jene der hll. Barbara und Ursula in je sieben, jene der hll. Margaretha, Dorothea, Rochus und Sebaldus in je vier Ausgaben. Es hat aber die Legende der hl. Anna ebenfalls elf, die Reise des heiligen Abtes Brandon sogar zwölf und die Geschichte des hl. Wolfgang wie die eines zu Trient ermordeten Christenknaben Simon je vier Ausgaben. Dagegen kannte Falk nur je eine Ausgabe des Lebens der hll. Elisabeth, Hedwig, Martin, nur je zwei der hll. Franziskus und Heinrich, und drei von den heiligen drei Königen.

Die Einzelleben wurden in den Passionalien zusammengestellt, deren Titel schon zeigt, wie sehr die Martyrer noch vorherrschten. Er lautet im Augsburger Passionale von 1517—1518: „Das Passional oder der Heyligen Leben: was die lieben hayligen und diner gottes umb den namen Jesu christi und christlichen glauben gelitten habendt." Obgleich die Passionalia aus zwei großen Folianten zu 4—500 Blättern bestanden, erschienen doch bis 1520 nicht weniger als 45 Ausgaben. Die Leben der heiligen Einsiedler fand das Volk in dem Buche Vitae Patrum, das in einem mäßigen Foliobande bis 1520 in 18 Ausgaben erschien.

Verschieden von jenen gedruckten, in Prosa abgefaßten Passionalien ist ein von einem unbekannten Dichter des 14. Jahrhunderts in etwa 100 000 Versen bearbeitetes Passionale, dessen erste Theile Christus, Maria und die Apostel behandeln, während der dritte Theil die Heiligenlegenden

---

[1] Goedeke, Grundriß zur Geschichte der deutschen Dichtung. 2. Aufl. I, 43 f. 57. 82. 120. 126. 216 f. 229. 231 f. 468 u. s. w.
[2] Die Druckkunst im Dienste der Kirche zunächst in Deutschland bis zum Jahre 1520. Görres-Gesellschaft, zweite Vereinsschrift für 1879, S. 37 und 86 f.

bringt[1]. Die Legenden sind dort poetisch erweitert. So betet die hl. Katharina, bevor sie den Todesstreich empfängt, knieend zu Jesu:

> „Swelch mensche her nach in swelchen tagen,
> Daz miner martere hugen pflit,
> In dime lobe an rechter zit
> Und sin biten an dich hebet,
> Swa daz mit noten ist bedrebet,
> Ez si kumen offen tot
> In wazzer oder in viende not,
> Oder ander notsache,
> Viel lieber got, da mache,
> Daz der mensche werde erhort
> Und im sin leit gar zustort.
> Brenge in uz leide in gut gemach,
> Den man an mich gedenken sach."

Jesus antwortet ihr, er wolle ihre Bitte erhören; jedem Menschen, welcher sie als Heilige verehre, solle Gottes Hilfe werden. Dann reichte sie ihren „milchwizen hals" dem Henker und ließ sich enthaupten. Eine ähnliche Bitte thun die hll. Blasius und Georg vor ihrem Tode mit gleichem Erfolg[2]. Konnte der Dichter klarer betonen, daß, wie und warum diese Heiligen Vermittler und Nothhelfer seien bei Gott?

7. Noch freier wurde die Geschichte der Heiligen in den Schauspielen behandelt, z. B. in dem aus dem Ende des 13. Jahrhunderts stammenden deutschen Spiel von St. Katharina, in den im 14. Jahrhundert gedichteten Spielen von St. Dorothea, von St. Helena und dem heiligen Kreuz und von St. Georg. Selbst die Spiele von Frau Jutten und von Theophilus vertreten trotz der stark aufgetragenen Farben doch zuletzt nur die richtige Idee, daß der arme Mensch durch Schwäche und Verführung in die tiefsten Laster sinkt, aber trotzdem gerettet wird, wenn er in gläubigem Vertrauen sich an die Heiligen Gottes wendet und deren Hilfe anfleht[3]. Solche geistliche Spiele wurden immer häufiger aufgeführt und haben sich bis ins vorige Jahrhundert erhalten. In den Niederlanden gingen im

---

[1] Ueber dies Passionale und die alten Vitae Patrum vgl. Goedeke, Grundriß I, 260 f. Der dritte Theil des gereimten Passionale ist in der Bibliothek der gesammten deutschen National-Literatur von Köpke als Bd. XXXII herausgegeben.

[2] Passionale, herausgegeben von Köpke. 75. Von sante Katherinen S. 688; 18. Von sante Blasio S. 176; 27. Von sante Georgio S. 264.

[3] Kobersteins Geschichte der deutschen National-Literatur. 6. Aufl. von Bartsch I, 386 und 395 f.; Goedeke, Grundriß I, 321; Wilken, Geschichte der geistlichen Spiele in Deutschland. Göttingen 1872, S. 159 f.

15. und 16. Jahrhundert sogar bei Processionen als Heilige gekleidete Personen mit, wie man ehedem die Reliquien mitgeführt hatte.

Die Legenden waren so volksthümlich geworden, daß deren Personen gleichsam wiederum Fleisch und Blut annahmen und in der Phantasie des Volkes ein neues Leben begannen. Wie noch heute die Legenden von Ida von Toggenburg, von der Pfalzgräfin Genovefa, von Eustachius, von Barlaam und Josaphat in neuen volksthümlichen Bearbeitungen die Kinderwelt und das Volk unterhalten, belehren, erbauen und veredeln, so hatte das Mittelalter an hundert Geschichten, welche man immer von neuem bearbeitete, las und liebte.

Mit Recht bemerkt darum Hurter[1]: „Fast alle Schriftsteller dieses Zeitalters (12. und 13. Jahrhundert) berühren dergleichen außerordentliche Ereignisse, einige haben sogar Sammlungen derselben angelegt; insgesammt Beweise, wie allverbreitet, wie in das Leben eingegangen der Glaube an Wunder gewesen seye. Manchen derselben sieht man wohl das Märchenhafte an; andere dürften durch den Schmuck, womit Thatsachen allmählich umgeben wurden, diese Gestalt gewonnen haben; bey einzelnen möchte die Kritik, insofern sie mit bloßem Verneinen sich nicht gleichstellen will, am sichersten ihre Unzulänglichkeit erklären. Wofür man sich auch entscheiden möge, eine Wahrheit liegt unverkennbar in dieser Wunderfülle, daß dieselbe auf den Wandel von Tausenden und Tausenden ohne Einfluß nicht bleiben konnte. Es muß doch dadurch manches Christenherz geweckt, es muß doch dadurch mancher Christenwille gelenkt, es muß doch dadurch manches Christenleben bewahrt worden seyn. Man mag unbedenklich viele dieser Wunder kindisch, ungereimt nennen, dennoch blickt durch diese Schlacke das Gold der Anerkennung einer alles erfüllenden, in allem waltenden, allenthalben gegenwärtigen, die Frommen väterlich beschirmenden, die Wankenden erschütternd mahnenden, die Frevler oft furchtbar zermalmenden höhern Macht."

8. Aufsteigen zu Gott war und blieb immer das Endziel der katholischen Heiligenverehrung. Darauf ward letztlich und schließlich auch im Mittelalter in Predigt und Katechese immer hingewiesen. In dem am Ende des vorhergehenden Kapitels angezogenen Buche folgt der Beschreibung des Festes des hl. Theobald ein lateinisch abgefaßter Unterricht über die Verehrung der Heiligen, der sicher den Stoff zu deutschen Anreden bieten sollte. Der Verfasser sagt dort:

---

[1] Hurter, Innocenz III. IV, 537.

"Man muß bemerken, daß nach dem hl. Thomas[1] Cult und Verehrung nur einem vernünftigen Geschöpf oder der ungeschaffenen Wesenheit erwiesen wird, einem unvernünftigen Geschöpf aber mit Rücksicht auf jene Genannten. Es ist nämlich nöthig, daß das, was eigentlich verehrt wird, Verstand oder Vernunft habe. Daher verehren wir auch Bilder der Heiligen oder deren Reliquien, d. h. deren Leiber oder Gebeine oder was sie besaßen oder berührten, z. B. ihre Kleider oder dgl. Diese Dinge sind zwar vernunftlos, werden aber doch als Ueberreste der Heiligen angesehen und betrachtet. In ihnen ruht unsere Verehrung nicht eigentlich, sondern erst in den Heiligen, denen sie gehören oder gehörten, deren Zeichen oder Andenken sie sind. So bleibt ja auch jeder, der eine Brille benutzt, im Sehen nicht im Brillenglas, sondern er geht weiter bis zum Buche. So verehren wir die Reliquien des hl. Theobald so, daß unsere Verehrung auf den Heiligen selbst hinzielt.

Aber du wirfst ein: Warum sollen wir denn überhaupt Ueberreste der Heiligen verehren?

Ich antworte mit einer Stelle des Kirchenrechts[2]: Weil uns im Psalm geboten wird: ‚Lobet Gott in seinen Heiligen.'

Aus wievielen Gründen sind denn die Ueberreste der Heiligen zu verehren?

Nach Augustinus von der Stadt Gottes, nach dem Briefe des Hieronymus an Riparius und nach der oben angeführten Stelle des hl. Thomas antworte ich: aus neun Gründen: 1. Wegen des Beispiels der Väter, welche so handelten im Alten Bunde. So hat Joseph dem verstorbenen Jakob feierliche Ehre erwiesen, und ebenso haben die Kinder Israels die Gebeine des Joseph durch die Wüste nach Aegypten gebracht. Auch der hl. Stephanus ist nach der Apostelgeschichte mit großem Wehklagen verehrt worden. Der hl. Libertinus hat mit der Fußbekleidung des hl. Honoratus, die er andächtig bei sich trug, einen Knaben vom Tode erweckt[3]. 2. Sollen wir die Reliquien verehren, weil Gott selbst sie ehrt, indem er durch sie viele Wunder thut. 3. Weil sie Organe und Werkzeuge der Tugenden waren, welche durch den Heiligen Geist gewirkt wurden. Denn so liebt ein Sohn mehr die Werkzeuge des ihm theuren verstorbenen Vaters. 4. Weil die Körper der Heiligen hier auf Erden Tempel der

---

[1] Summa 3 qu. 25, a. 4.
[2] Clement. Si Dominum Lib. III, Titul. 16. De Reliquiis et veneratione Sanctorum.
[3] S. Gregorii Magni Dialog. I, c. 2, Migne, Patrolog. LXXVII, 161.

heiligsten Dreifaltigkeit waren. Joh. 14, 23: ‚Wenn jemand mich liebt, wird er mein Wort halten, und mein Vater wird ihn lieben, und wir werden bei ihm Wohnung aufschlagen.' 5. Die Reliquien sind Güter unserer Freunde und Mitbürger, die uns vorangingen. So liebt eine Tochter ein Messer ihrer verstorbenen Mutter, das von geringem Werthe ist, mehr als das Goldstück eines Fremden. 6. Weil die Heiligen beim höchsten Könige unsere Mittler und Fürsprecher sind. Sprichw. 14, 35: ‚Lieb ist dem König ein verständiger Diener.' 7. Weil Reliquien Gottes Macht verkünden in den Wundern, welche durch dieselben zuweilen offenbar werden bei Erweckung der Todten, Heilung der Kranken, Erregung der Andacht u. s. w. 8. Weil sie den Glauben an die zukünftige Auferstehung mehren. 9. Weil die Seele, welche jetzt Gottes Anschauung genießt, mit den Reliquien verbunden war und einst wiederum mit ihnen verbunden wird."

Von einer andern Seite wird die Heiligenverehrung in den Leipziger Predigten des 13. und 14. Jahrhunderts behandelt[1]. Nachdem dort zum Fest Allerheiligen gesagt ist, warum Maria zu loben ist, fährt der Verfasser fort:

„Dar nach so sule wir lobn und eren alle sine heiligen engele die uns beschirmen und bewarn vorme tůvele und sinen gespensten und sin bi uns tach und nacht, vru und spate, zu allen ziten, und ratin uns alliz gůt und schriben alliz daz wir gutis getun und brengen daz vor den almechtigen got und sin immer bi uns biz an die stunt daz wir scheiden von diseme libe. ist daz wir unserme herrin gote also wol gedienen in diseme libe, daz wir sinis riches wirdich sin, so vůren sie uns dar vil vroliche und vil herliche unde sin des vil vro daz wir ir husgenozen sule sin da zu himelriche.

Dar nach so sule wir lobn und eren die heiligen megede die mit irre kouscheit haben vordinet daz sie daz himelriche habn besezzen.

Dar nach sule wir lobn und eren die heiligen die vor unsers herren gebůrt warn, daz sin die heiligen patriarchen und die propheten und andere gute lute die vil manige groze arbeit geliden habn durch unsern herren got und da mit vordinet habn daz sie sin in grozer wirdicheit vor dem almechtigen gote.

Dar nach sult ir lobn und eren die heiligen zwelfboten und die ewangelisten den got die gewalt hat gegebn in himelriche und in

---

[1] Anton Schönbach, Altdeutsche Predigten. Graz 1886. I, 208.

ertriche daz sie daz himelriche beſlizen und uf tun allen den ſie wollen und die des wirdich ſin. wane wir daz wizzen daz ſie ſo groze gewalt habn und ouch daz ſie urteil ſule ſprechen uber al menſchlich künne zume jungiſten tage, ſo ſule wir ſie billiche lobn und eren und ſuln ſie bitten daz ſie genediclich urteil über uns vinden und ſprechen.

Dar nach ſult ir lobn und eren die **heiligen merterere** die daz himelriche ervochten haben und ir blut gegozn habn durch daz recht und durch den chriſten geloubn und durch die libe unſers herrn des almechtigen gotis. wane ſie nu alle wunne und alle vroude habn im himelriche, ſo bittet ſie daz ſie uch helfen, daz ir ouch beſitzen müzet die wünnecliche ſtat die ſie beſezzen habn.

Dar nach ſult ir lobn und eren die **heiligen bichtigere** der tach ouch hüte iſt, die die heilige chriſtenheit gelart und gewiſt habn zu allen gütin dingen und habn ouch ſelbe alſo heiliclich gelebit hie in ertriche, daz ſie beſezzen habn daz ewige himelriche. Diſe heiligen bichtigere und **alle gotis heiligen der tach hüte iſt**, die ſule wir lobn und eren und den almechtigen got zu aller vorderſt der ſie geſterkit hat an ſime dineſte und ſuln ſie bitten daz ſie uns genedich ſin zu dem almechtigen gote und uns helfin, daz wir ouch nach diſeme libe müzen cümen zu den vrouden die ſie beſezzen habn, dar zu uns hat geſchaffen und geladen unſer herre Jheſus Chriſtus, qui vivit etc."

Ein Vergleich verſchiedener mittelalterlicher Predigtſammlungen zeigt, daß die erhaltenen Predigten für ſolche Tage beſtimmt waren, an denen das Volk zur Kirche kommen und das Wort Gottes hören mußte. Die größere Hälfte der Predigten ſchließt ſich darum an die ſonntäglichen Evangelien an; andere beſprechen die Feſte des Herrn, der allerſeligſten Jungfrau, des hl. Michael, des hl. Johannes des Täufers und der Apoſtel. Einige handeln über einzelne Klaſſen der Heiligen (Martyrer, Beichtiger und Jungfrauen) und ſind für Prieſter beſtimmt, welche das Lob ihres Kirchenpatrons zu verkünden hatten. Predigten auf die volksthümlichſten Heiligen, auf Nothhelfer, fehlen faſt gänzlich. In all dieſem liegt der beſte Beweis dafür, daß die Prediger, wie auch der Inhalt ihrer Reden beweiſt, ſich auf den dogmatiſchen Standpunkt ſtellten, alſo weder die eigentliche Legende noch die Anrufung der Heiligen in beſonderen leiblichen Nöthen eingehend und als Hauptſache behandelten. Sie betonten das Beiſpiel der Heiligen und deren Nachahmung, die Nothwendigkeit der Sündenvergebung und der Erlangung der Gnaden durch Vermittlung der Himmelsbürger. Ueberall in der Literatur des Mittel=

alters kehrt also die in den Kirchengebeten so klar, schön und oft betonte Wahrheit wieder, Gott sei Ursprung und Ziel aller Heiligkeit, zu ihm sollen uns die Seligen führen durch Beispiel und Fürbitte. Aber auch dies sollen sie thun mit und durch den großen und eigentlichen Mittler zwischen Gott und den Menschen, ihren und unsern Erlöser Jesus Christus. Das erklärt im 13. Jahrhundert „der Priester Konrad" in seiner Predigt auf Allerheiligen[1] in gründlichen und plastischen Sätzen:

„... Sult ir idoch zaller vorderst hiut loben unde eren den himiliskēn kunic, den waren gots sun ... wan der ist unde haizet selbe heilic aller heiligen, wan er hat mit sime heiligen gaist alle heiligen geheiliget, et ipsum dedit caput ecclesie, unde ist ir aller herre unde ir aller houpt unde sint si alle siniu chint und siniu lit."

---

[1] Schönbach, Altdeutsche Predigten, III, 234.

Neuntes Kapitel.
Pilgerreisen und Heiligthumsfahrten.

1. Am Abende des 1. Januar 1300 füllte sich in unerwarteter Weise die Kirche des hl. Petrus zu Rom mit Andächtigen; das Volk erzählte, in jedem hundertsten Jahre sei dort der größte Ablaß zu gewinnen. Als Bonifaz VIII. die Sache untersuchen ließ, fanden sich genügende Beweismittel für eine solche Ablaßverleihung nicht. Weil aber die Zahl der Pilger sich mehrte und jene Erzählung auch in den übrigen Ländern der Christenheit Verbreitung und Glauben gefunden hatte, erließ der Papst am 22. Februar eine Bulle, worin er im Anschluß an den Volksglauben bestimmte, in jedem hundertsten Jahre solle zu Rom nicht nur ein vollkommener, sondern der „vollkommenste Ablaß" zu gewinnen sein. Die Römer mußten, um desselben theilhaftig zu werden, an 30, die Fremden an 15 Tagen wenigstens einmal des Tages die Kirchen der hll. Petrus und Paulus besuchen. Eine ungeheure Menschenmenge eilte nun nach Rom, das oft an einem Tage 200 000 Pilger in seinen Mauern sah[1]. Auch Deutschland sandte zahlreiche Wallfahrer zu den Gräbern der Apostel[2].

Schon im Jahre 1350 ließ Papst Clemens VI. das zweite Jubiläum feiern. Um Weihnachten 1349, womit das Jubiläum begann, in der Fastenzeit und um Ostern waren 1 000 000—1 200 000 Pilger in der ewigen Stadt, um Christi Himmelfahrt und Pfingsten mehr als 800 000, im Sommer weniger, aber doch fast stets 200 000; im Herbste sah man wiederum mehr, die besonders aus den deutschen Ländern herbeiströmten.

---

[1] Baronius-Raynaldus ad ann. 1300. Der Bericht daselbst stützt sich auf wichtige zeitgenössische Quellen.

[2] Unter anderen kamen die Aebte von Hirsau und Sponheim mit mehreren ihrer Mönche. Trithemii Chronic. Sponheim. ad ann. 1300 und Chronic. Hirsaug. ad ann. 1300.

Am Passionssonntage begann man im Vatican das Schweißtuch der hl. Veronika mit dem Antlitz des Herrn zu zeigen, das schon 1300 an allen Freitagen und höheren Festen ausgestellt worden war. Seine Verehrung verbreitete sich seitdem über das ganze Abendland; ja viele Rompilger trugen von da ab ein Bild dieses Schweißtuches als Pilgerzeichen auf ihrem Kleide.

Das dritte Jubiläum ward 1390 gefeiert[1], das vierte 1423; doch waren sie, besonders letzteres, nicht sehr besucht; dagegen drängten sich 1450 die Pilger wiederum auf allen Straßen, die nach Rom führten. Sie mußten jetzt nicht nur die beiden Kirchen der Apostelfürsten, sondern auch die Lateranbasilika und Maria Maggiore besuchen. Dagegen wurde die Zeit des Aufenthaltes zu Rom für die von jenseits der Alpen Kommenden auf acht, später sogar auf drei Tage ermäßigt. Cardinal Peter von Schaumburg, Bischof von Augsburg, Kurfürst Jakob I. von Trier, die Bischöfe Konrad von Metz und Ruprecht von Straßburg, der Herzog von Kleve, Albert, Bruder des Kaisers, Landgraf Ludwig von Hessen und die Markgräfin Katharina von Baden fanden sich ein mit vielen Tausenden deutscher Pilger[2]; das Schweißtuch der hl. Veronika ward jeden Sonntag gezeigt, die Häupter der Apostelfürsten jeden Samstag, die übrigen Reliquien Roms waren stets ausgestellt. Die Maler konnten das Schweißtuch Christi nicht oft genug copiren, so groß war das Verlangen der Pilger nach einer Darstellung desselben[3].

Im Jahre 1475 wurde das sechste, 1500 das siebente, 1528 das achte Jubiläum abgehalten. Doch erreichte keines derselben den Glanz mancher früheren.

Das Ziel, wohin die Päpste jene großartigen Wallfahrten in Bewegung setzten, waren die Gräber der Apostel und das Schweißtuch Christi. Einen Glanzpunkt der Feier bildete 1450 eine Canonisation; denn Nicolaus V. sprach am Pfingstfest den Bernardino von Siena heilig.

Die Deutschen zogen aber während der zweiten Hälfte des Mittelalters nicht nur zu den Jubiläen nach Rom, sondern kamen ebenfalls in

---

[1] Theodoricus de Niem lib. I, 6.
[2] Baronius-Raynaldus ad ann. 1450 n. 1; Pastor, Geschichte der Päpste, I, 323 f.: Das Jubiläum des Jahres 1450; II, 453 f.: Das Jubeljahr 1475; Mon. Germ., Deutsche Chroniken, II, 196. 381; V, 198; Trithemius, Chronic. Sponheim. ad ann. 1450.
[3] Pastor, Geschichte der Päpste, I, 343, Anm. 1. Auch Rogier van der Weyden war damals als Pilger in Rom (I, 334). Zur Literatur über das Schweißtuch vgl. Acta SS. 4. Febr. I, 460, § VI sq., und Du Cange, beim Worte: Veronica.

anderen Jahren. Auf diese Pilgerreisen hier im einzelnen einzugehen, würde zu weit führen [1].

Bereits 1350 hatte Clemens VI. einigen vornehmen Laien erlaubt, das Jubiläum zu Hause, also ohne Besuch der römischen Kirchen, zu gewinnen. Ja er hatte sogar verschiedenen Geistlichen die Vollmacht ertheilt, einer kleinen Anzahl Personen gleiche Begünstigung zuzuerkennen. Bonifacius IX. ging noch weiter, indem er einzelnen deutschen Fürsten und Städten erlaubte, ein Jubiläum in der Heimat zu feiern. Er stellte aber die Bedingung, wenigstens ein Theil der Kosten, welche eine Reise nach Rom erfordert hätte, solle dem päpstlichen Almosensammler zur Erneuerung der römischen Kirchen gegeben werden. So ward noch 1392 zu München vom Sonntag Lätare bis zum Feste des Apostels Jacobus (25. Juli) ein Jubiläum abgehalten. Die Ungarn erhielten 1450 die Vergünstigung, alle Ablässe des Jubiläums zu gewinnen, wenn sie ihre Sünden bereuten, beichteten, an drei Tagen bestimmte Kirchen ihres Landes besuchten und die Hälfte der Kosten einer Romreise in die Ablaßkiste legten [2]. In den Jahren 1475 und 1500 wurden die außerhalb Roms gesammelten Ablaßgelder theilweise für den Krieg gegen die Türken verwendet. Leider schlichen sich auch bei den Jubiläen traurige Mißbräuche ein. Bonifacius IX. († 1404) erließ darum ein Schreiben an die Bischöfe Gerhard von Ratzenburg, Nicolaus von Meißen und Gerhard von Hildesheim, worin er sie auffordert, Priester und Ordensleute vorkommenden Falles wegen leichtsinnigen Lossprechens von großen Sünden und übertriebenen Anpreisens der Ablässe strenge zu strafen. Nicht wenige hervorragende Geistliche beklagten, daß viele Frauen und Mädchen, daß sogar Ordensfrauen ohne den nöthigen Schutz, ja ohne Erlaubniß ihrer geistlichen Oberen die Pilgerfahrt unternähmen [3].

Doch auch diese Schattenseiten waren gering im Verhältniß zu den glänzenden Erfolgen und zum leuchtenden Beispiel, das gute Pilger allerorts gaben. Waren doch solche Pilgerfahrten, „wie die Erfahrung aller christlichen Jahrhunderte beweist, ein wesentliches Element für die Hebung und Kräftigung des katholischen Volkslebens und die innigere

---

[1] Vgl. Die Romfahrt-Büchlein bei Falk, Druckkunst, 57 f. und 107.

[2] Baronius-Raynaldus ad ann. 1350 n. 2, ad ann. 1390 n. 1 sq., ad ann. 1450 n. 6, ad ann. 1500 n. 2; Trithemii Chronic. Sponheim. ad ann. 1392; Pastor, Geschichte der Päpste, II, 460.

[3] Baronius-Raynaldus ad ann. 1390 n. 2; Trithemius, Chronic. Sponheim. ad ann. 1500; Pastor a. a. O. I, 338.

Verknüpfung der katholischen Welt mit dem Heiligen Stuhle. . . . Von besonderer Bedeutung aber mußte die große Wallfahrt nach Rom, wo der frische Born der Heilsquelle entquillt, für die damalige Zeit werden, welche noch an den Folgen des Baseler Schismas zu leiden hatte. Der Glaube erschien wieder neu belebt und aller Welt war deutlich dargethan, daß der Vatican, dessen Autorität so heftig angegriffen worden, noch der Mittelpunkt der Christenheit und der Papst ihr allgemeines Haupt sei"[1].

2. Gleich der Wallfahrt nach Rom war auch die nach Compostella seit alters hochberühmt. Für das alte Ansehen derselben spricht schon die Thatsache, daß im 11. und 12. Jahrhundert erzählt wurde, Karl der Große sei dorthin gepilgert, habe den hl. Jacobus allezeit sehr verehrt und ihm zu Aachen, sowie an anderen Orten Kirchen erbaut[2]. Heinrich der Löwe zog wirklich nach Compostella, und im 12. Jahrhundert kam die Gräfin Sophia von Holland dorthin, welche dreimal nach Jerusalem pilgerte, wo sie 1174 starb. Die Friesländer zeichneten sich überhaupt vor allen Deutschen aus in der Verehrung des hl. Jacobus[3]. Erst durch Papst Sixtus IV. soll 1478 das Gelübde der Wallfahrt nach Compostella jenem einer Pilgerfahrt nach Rom oder Jerusalem gleichgestellt worden sein[4]. Indessen behandelt bereits Bonifacius IX. in einer Bulle vom Jahre 1390 das Gelübde dieser Wallfahrt neben jenen beiden anderen als ein dem Apostolischen Stuhle vorbehaltenes, von dem Beichtväter nicht einmal während des Jubiläums dispensiren könnten[5].

3. Auch zu manchen deutschen Kirchen eilten zahlreiche Pilger aus weiter Ferne herbei, zu keiner jedoch, wenigstens in der zweiten Hälfte des Mittelalters, mehr als zur alten Pfalzkapelle Karls des Großen in Aachen. Wie man sich die Entstehung und Feier der Aachener Heiligthumsfahrt im 11. und 12. Jahrhundert dachte, zeigen in anschaulicher Art zwei damals entstandene Schriften[6]. Sie erzählen, Karl habe bei der Rückkehr von jenem fabelhaften Zuge nach Constantinopel eine Menge Reliquien erhalten, diese in kleinere Beutel, dann alle zusammen in einen

---

[1] Pastor, Geschichte der Päpste, I, 343.
[2] Rauschen, Die Legende Karls des Großen. Leipzig 1890, S. 68 f.
[3] Acta SS. 25. Jul. VI, 34 n. 128 sq.
[4] Kirchenlexikon 2. Aufl. III, Sp. 776.
[5] Baronius-Raynaldus ad ann. 1390 n. 2.
[6] Vita Caroli Magni und Descriptio, qualiter Carolus Magnus clavum et coronam Domini a Constantinopoli Aquisgranum detulerit etc. In neuester Zeit trefflich herausgegeben und erläutert von Rauschen (Die Legende Karls des Großen im 11. und 12. Jahrhundert. Leipzig 1890, S. 62. 65. 120 u. 124).

großen ledernen Beutel gelegt, um seinen Hals gebunden und persönlich nach Aachen gebracht. Darauf habe er Gesandte ausgeschickt, um alle einzuladen, weil er am 13. Juni die von Jerusalem und Constantinopel gekommenen Reliquien dort zeigen wolle, nämlich „einen Theil der Dornenkrone, welche unser Herr Jesus freiwillig für uns trug (acht Dornen mit einem Stück des Zweiges, an dem sie hingen), einen der Nägel, Theile vom Kreuze und vom Schweißtuche des Herrn, das Unterkleid seiner seligsten Mutter, der allezeit reinen Jungfrau, das sie am Weihnachtstage trug, die Windeln, worin sie den Herrn bei der Krippe wickelte, den Arm des heiligen Greises Simeon und vielerlei anderes". Unzählige Volksschaaren entsprachen der Einladung. Am bestimmten Tage ließ der Kaiser auf Rath der kirchlichen Würdenträger der ungeheuern Menge von dreißig Kanzeln verkünden, jeder solle, um sich der Anschauung der Heiligthümer würdig zu machen, zuvor mit aufrichtigem Herzen seine Sünden beichten. Nachdem alle der Aufforderung gefolgt waren, begab sich der Kaiser mit der Loblieder singenden Geistlichkeit und mit den Reliquien auf einen außerhalb der Befestigungsmauern liegenden Hügel und zeigte dort dem Clerus und dem Volk seine Reliquien. Hervorragende Prediger meldeten dem Volke, von nun an sollten jährlich in der zweiten Woche des Juni, am Mittwoch der Quatemberfasten, die Reliquien gezeigt werden. Diese Zeit des Fastens sei gewählt, damit alle durch Abtödtung sich zur Anschauung der Heiligthümer vorbereiteten. Ueberdies sollten sie, um der mit dem frommen Anschauen und der Verehrung der Reliquien verbundenen Ablässe theilhaftig zu werden, ihre Sünden aufrichtig beichten. Man zeigte aber dem Volke jene Reliquien einen Monat und drei Tage hindurch, und solange Karl lebte, wiederholte man dieses Zeigen der Heiligthümer alle Jahre.

Ob und inwieweit wirklich bereits zu Karls Zeiten ein solches Zeigen der Aachener Reliquien jährlich stattfand, ist schwer zu bestimmen. Die Schilderung beweist aber, wie schon gesagt, in welcher Art man sich im 11. Jahrhundert eine großartige Heiligthumsfahrt wünschte und vorstellte. Ebenso ist schwer zu bestimmen, wann man sich entschloß, jene Reliquien **alle sieben Jahre** auszustellen [1]. Noch 1320 redet die Reimchronik des Jan de Clerk aus Antwerpen von einer jährlichen Pilgerfahrt nach Aachen am 13. Juli, während Karl IV. 1354 bezeugt, im Kloster

---

[1] Vgl. Floß, Geschichtliche Nachrichten über die Aachener Heiligthümer. Bonn 1855, S. 365, und Kessel, Geschichtliche Mittheilungen über die Heiligthümer der Stiftskirche zu Aachen, 1874, S. 172 f.

St. Maximin bei Trier würden wie zu Aachen die Reliquien alle sieben Jahre gezeigt[1]. Indessen schließt eine alljährliche, minder festliche Zeigung eine siebenjährige, feierlichere nicht aus. Nicht ohne Grund wird darum angenommen, die jährliche Ausstellung der Reliquien stamme aus karolingischer Zeit und sei verbunden gewesen mit dem Fest der zweiten Einweihung der Münsterkirche nach dem Normanneneinfall, das auf den 17. Juli fiel. Wenn der Beginn der siebenjährigen Heiligthumsfahrten entweder in die Zeit der Ottonen oder von anderen in das 14. Jahrhundert verlegt wird[2], so dürfte das eine zu früh, das andere zu spät sein. Höchst wahrscheinlich hat die 1238 bekannt gewordene Auffindung der bedeutendsten Reliquien der Kirche deren Ausstellung und dann die siebenjährige Heiligthumsfahrt veranlaßt. Jene Auffindung ereignete sich 1236 infolge eines der großen Brände, welche die Stadt Aachen verwüsteten, und ward erst zwei Jahre nach jenem Brande durch den sterbenden Dekan bekannt gemacht[3]. Von einer Auffindung und Bekanntmachung der großen Reliquien konnte der Chronist des Bischofs der Diöcese (Aachen gehörte damals zu Lüttich) doch unmöglich reden, wenn jene Reliquien schon jedes Jahr oder alle sieben Jahre unter großem Zulauf des Volkes gezeigt worden wären. Man wird bei dem Kirchweihfest „kleinere Reliquien" ausgestellt, die öffentliche Verehrung der „großen Reliquien" aber erst nach 1238 begonnen haben. Es ist überdies schwer glaublich, Erzbischof Johann I. von Trier habe 1196 den heiligen Rock in den Hochaltar seiner Kathedrale verschlossen, ohne eine Ausstellung oder Heiligthumsfahrt zu beginnen, wenn in dem benachbarten Aachen eine solche schon seit alters und unter großer Betheiligung stattgefunden hätte[4].

---

[1] Kessel S. 173 und 177.

[2] Kessel S. 175, dagegen Krebs, Zur Geschichte der Heiligthumsfahrten. Köln 1881. S. 14. Nach Krebs (S. 51, 53 und 55) nannte man Heiligthumsfahrten auch „Römerfahrten".

[3] Chronicon Albrici ad ann. 1238. Mon. Germ. XXIII, 943: Aquis quedam pretiosissime reliquie declarate sunt per decanum loci, positum in extremis, videlicet panniculi, quibus involutus fuit puer Jesus in praesepio, et illud linteamen, quo succinctus fuit in cruce, respersum ejus sanguine, et una camisia beate Marie. Quae omnia idem decanus anno praeterito cum cartulis suis invenerat in exportatione supellectilis ecclesiae, que facta fuit occasione ignis tunc grassantis in villa et excrescentis. Ueber den Brand von 1236 vgl. Gesta episcoporum Leodiensium abbreviata, XXV, 135.

[4] Nach Pauls (Beiträge zur Geschichte der Reliquien zu Cornelimünster, Annalen des historischen Vereins für den Niederrhein, 52. Heft, S. 158) begann die siebenjährige Heiligthumsfahrt zu Aachen laut einer Handschrift des dortigen Stadtarchivs erst 1238.

Daß bei dieser siebenjährigen Heiligthumsfahrt nicht Gebeine der Heiligen, nicht ein Kreuzesnagel oder Leidenswerkzeuge, sondern Kleider und Grabtücher eine Hauptrolle einnehmen, ist eine Weiterentwicklung des öffentlichen und feierlichen Reliquiencultes. An den Gräbern Christi und der Martyrer hatte er begonnen, er ging dann auf die Gräber anderer Heiligen, auf deren Gebeine, endlich auf deren Gewänder über. Als „große Reliquien" Aachens gelten nämlich: das Kleid der Gottesmutter, die Windeln des Herrn, das blutige Tuch, worauf das Haupt des hl. Johannes gelegt ward, und das Lendentuch, das der Herr am Kreuze trug.

Auch zu Cornelimünster fesselten vor allem stoffliche Reliquien die Aufmerksamkeit der Pilger; denn das dort gezeigte Haupt des hl. Cornelius, des Patrons der Abtei, trat zurück vor den Hauptreliquien, den drei „großen Heiligthümern": „das Tuch, womit sich der Heiland beim Abendmahl umgürtete, das heilige Kleid oder die Leinwand, in welche Joseph von Arimathäa und Nicodemus den heiligen Leichnam des Erlösers einwickelten, und das Schweißtuch, das unserm Herrn im Grabe auf sein gebenedeites Antlitz gelegt ward".

Vielleicht hängt mit dieser Betonung der stofflichen Reliquien des Herrn und seiner Mutter zusammen, daß in dem nur eine Tagereise von Aachen entfernten Maestricht Stab, Trinkschale, Gewand und Schlüssel des hl. Servatius in den Vordergrund traten, obwohl auch die Gebeine des Heiligen dort ruhten. Die Gebeine lagen in einem Sarkophag, jene anderen Heiligthümer aber wurden gezeigt und gesehen.

Eine Bulle des Papstes Innocenz VI. vom Jahre 1359 bezeugt, daß damals, wie zu Aachen, so auch zu Cornelimünster die Heiligthümer alle sieben Jahre gezeigt wurden[1]. Um dieselbe Zeit scheint auch zu Trier in der kaiserlichen Abtei des hl. Maximin und zu Maestricht die siebenjährige Heiligthumsfahrt schon eingeführt gewesen zu sein[2]. Die jährliche Wallfahrt zum Grabe des hl. Servatius und die damit verbundene Reliquienzeigung dürfte dort jedoch bereits 726 begonnen haben.

In den benachbarten Städten und Klöstern schloß man sich an die siebenjährigen Heiligthumsfahrten von Aachen, Cornelimünster und Mae-

---

Die Handschrift sagt jedoch: Anno 1238 instituta est aut splendidiore potius pompa ac apparatu peracta est septennalis lipsophaniae seu reliquiarum ostensionis solemnitas.

[1] Acta SS. 14. Sept. IV, 186 n. 295 sq.

[2] Bock et Willemsen, Antiquités sacrées à Maestricht. Maestricht, 1873, page 19 s.

stricht mehr und mehr an, besonders zu Tongern[1] und im alten Frauen=
kloster zu Alteneyck[2] an der Maas, zwischen Moestricht und Roermond.
Zu Düsseldorf begann man 1394 alle sieben Jahre die Reliquien, be=
sonders die Gebeine des hl. Apollinaris, zu zeigen[3]. In Nachahmung
des Besuches der sieben Hauptkirchen Roms bildete sich dann am Rheine
der Gebrauch aus, in den großen Heiligthumsjahren folgende sieben Orte
zu besuchen: Trier, Kapellen bei Heimerzheim, nicht weit von Bonn,
Köln, Gräfrath, zwischen Solingen und Elberfeld, Düsseldorf,
München=Gladbach und Aachen[4].

Die siebenjährige Wallfahrt nach Trier hatte in St. Maximin be=
gonnen, gewann aber nach 1512 einen gewaltigen Aufschwung durch
Auffindung und Erhebung des heiligen Rockes und die Bestimmung Papst
Leo's X., diese Reliquie solle, wie zu Aachen, alle sieben Jahre ge=
zeigt werden[5]. Da man zu Trier die Heiligthumsfahrt bereits am 7. be=
gann, zu Aachen erst am 10. Juli, so konnten die Pilger leicht Zeit ge=
winnen, auf dem Umweg über Kapellen, Köln, Gräfrath, Düsseldorf
und Gladbach von Trier nach Aachen zu ziehen. Viele dehnten ihre Reise
nach Maestricht und Tongern aus.

4. In Süddeutschland hatte Bamberg seine siebenjährige Heilig=
thumsfahrt. Einen Einblick in die Bedeutung der deutschen Wallfahrts=
orte des ausgehenden Mittelalters bietet die von Falk aufgestellte Liste
der vor 1520 gedruckten Heiligthumsbüchlein[6]. Er zählt sechzehn
Orte auf, von denen ihm solche Druckschriften bekannt waren. Führen
wir sie hier kurz auf unter Angabe der Anzahl ihrer Heiligthumsbüchlein.
Es sind folgende: Die Marienkirche zu Altötting (2), der heilige
Berg Andechs (4 oder 5), St. Ulrich und Afra zu Augsburg (2),
Bamberg (3), Einsiedeln (1), Halle (1), Georgenberg in
Tirol (1), Köln, besonders die dortige Kirche der hl. Ursula (6),
Magdeburg (1), Nürnberg (2), die Kirche der „schönen Maria"

---

[1] Ueber die Wallfahrt nach Tongern vgl. Krebs, Zur Geschichte der Heiligthums=
fahrten. Köln 1881.

[2] Acta SS. 22. Mart. III, 390 n. 9.   [3] Krebs a. a. O. S. 33 und 52.

[4] Krebs a. a. O. S. 34 f.

[5] Beissel, Geschichte der Trierer Kirche. II. Geschichte des heiligen Rockes.
2. Aufl. 1889.

[6] Falk, Die Druckkunst im Dienst der Kirche zunächst in Deutschland bis zum
Jahre 1520. Vereinsschriften der Görres=Gesellschaft. 1879. II, 59 f. Vgl. Ruland,
Ueber das Vorzeigen und Ausrufen der Reliquien oder über die Heiligthumsfahrten
der Vorzeit. Würzburg, Chilianeum, 1863, S. 231 f.

zu Regensburg (8), Rothenburg an der Tauber (1), Trier, welches nach den neuesten Ergebnissen[1] von 1512—1517 nicht weniger als 29 Wallfahrtsdrucke hervorrief, Wien (2)[2], Wittenberg und Würzburg (1).

Es gab aber in Deutschland noch viele andere Wallfahrtsorte. Corvey war schon im 11. Jahrhundert so berühmt und besucht, daß es mit Rücksicht auf seine Pilger ein zweites Rom genannt ward[3]. Lambert von Hersfeld erwähnt zum Jahre 1072 das große Ansehen, in dem die Gräber des hl. Sebald zu Nürnberg und des hl. Haimerad in Hasingen standen[4]. Das Grab der hl. Walburgis war nicht minder berühmt als St. Hubert in den Ardennen.

Die Wallfahrt nach Maria-Zell begann bereits 1156[5]. Alte Gnadenbilder waren auch zu Bischbeck im Bisthum Minden, Dittelbach im Würzburgischen und zu Hal in Brabant[6].

Doch wozu noch weiter einzelne Orte hervorheben? Gab es doch kaum irgend eine größere Abtei oder Kirche, die nicht bedeutende Reliquien besessen und an ihren Hauptfesten einer aus der Umgegend herbeiströmenden Volksmenge gezeigt hätte.

5. Als Ort der Zeigung diente meist eine Galerie, die entweder einen Theil des Kirchengebäudes bildete und dem auf einem Vorplatz versammelten Volk sichtbar war, oder ein Holzgerüst innerhalb oder außerhalb der Kirche, oder die Kanzel; selten und nur bei kleinem Zulauf zeigte man die Schätze ohne erhöhte Bühne. Beispielsweise besaß das Aachener Münster seit alters oben beim Thurm der Westfaçade eine freie Galerie und zwei Heiligthumskammern mit mehreren Fenstern, von denen aus die Reliquien gezeigt wurden. Gleiches war zu Cornelimünster der Fall. In Xanten errichtete man für die feierliche Ausstellung von 1464 ein großes Gerüst an einer Seite des Marktes, von dem aus die

---

[1] Beissel a. a. O. S. 116 f.

[2] Die Wiener Heiligthumsbücher sind vom österreichischen Museum für Kunst und Industrie 1882 neu herausgegeben worden. Die Vorrede dieser neuen Ausgabe bietet eine werthvolle Uebersicht der älteren Heiligthumsbüchlein.

[3] Mon. Germ. XV, 861.

[4] Mon. Germ. SS. V, 191. Cfr. Annal. Weissenb. ad ann. 1070. III, 71 et Annal. Augustani. III, 128 ad ann. 1070.

[5] Samson, Die Schutzheiligen, S. 35.

[6] Binterim, Denkwürdigkeiten, IV, 1. 636 f.; Trithemius, De prodigiis B. M. V. in Dettelbach; Lipsius, Diva virgo Hallensis.

einzelnen Reliquiare gezeigt und erklärt wurden [1]. Zu Nürnberg erbaute man alle sieben Jahre einen „Heiligthumsstuhl", eine aus Balken gezimmerte, mit Tüchern behangene Estrade. Aehnliches geschah bei Sankt Stephan zu Wien. In Köln wurde zur Zeit der feierlichen siebenjährigen Heiligthumsfahrten auf dem Domhof über dem „blauen Stein" eine solche Bühne erbaut [2]. In Düsseldorf erhielt die Marienkirche vor 1394 an der Südseite einen hohen Bau mit einer für die Reliquienzeigung bestimmten Empore. In Glabbach befand sich eine solche Empore am Thurm über dem Westportal. Kreglingen in Württemberg, Kiederich bei Rüdesheim und die Kirche des Christenberges bei Marburg haben an der Außenseite angebaute Kanzeln. Altane findet man über dem Portal St. Lorenz in Nürnberg und der Marienkirche zu Mühlhausen in Thüringen [3]. Zu Trier wurde der heilige Rock meist im Dome gezeigt, 1655 aber von einer hölzernen Tribüne an der Westfaçade. Gegen Ende des vorigen Jahrhunderts errichtete man dort den gewaltigen Marmorbau des Ostchores, auf dem die Reliquie seitdem ausgestellt wird [4].

Die Zeigung selbst wurde oft durch eine Predigt eingeleitet, z. B. bei der Xantener Ausstellung. In Nürnberg hielt man vor derselben eine feierliche Messe vom Leiden Christi. Weihbischof Enen von Trier, welcher 1512—1524 durch Wort und Schrift so viel für die eben beginnende Wallfahrt zum heiligen Rock that, nennt sich in seinen Büchern: „Prediger und Verkünder des Heiligthums im Dome zu Trier" [5]. Immer verkündete aber ein Geistlicher (der sogen. Vocalissimus) mit lauter Stimme, was das Volk zu sehen bekomme, indem er dieser Verkündigung eine kurze Ermahnung beifügte. So wird zu Aachen seit alters vor Zeigung eines jeden der vier großen Heiligthümer vom Thurm aus laut einer der folgenden Sätze dem unten harrenden Volk zugerufen [6]:

I. „Man soll euch zeigen das Tuch, das heilige Kleid, welches Maria, die Mutter, angehabt in der heiligen Christnacht, als Jesus Christus, wahrer Gott und Mensch, von ihr geboren ward. Darum

---

[1] Beissel, Die Bauführung des Mittelalters. 2. Aufl. II, 63. Geldwerth und Arbeitslohn. (27. Ergänzungsheft der Stimmen.)
[2] Krebs a. a. O. S. 55 Anm. und S. 65 Anm. Vgl. Buch Weinsberg. Bearbeitet von Höhlbaum. Leipzig 1886. II, 111 und 155.
[3] Krebs a. a. O. S. 32. 49 f. und 58 f.
[4] Beissel, Geschichte des heiligen Rockes. 2. Aufl. S. 124. 285 und 293.
[5] Beissel a. a. O. S. 122.
[6] Ich gebe dieselben in neuer Orthographie nach dem Heiligthumsfahrtsbuch von 1811. Ein älteres Formular steht mir leider nicht zu Gebot.

wollet bitten Gott vom Himmelreich, daß wir solches Heiligthum also anschauen mögen, daß Gottes Lob und Ehre dadurch verbreitet werde, daß wir seine Gnade und Segen erlangen mögen."

II. „Man soll euch zeigen die Windeln, die heiligen Tücher, darin unser Herr Jesus gewickelt ward in der heiligen Christnacht. Darum wollet bitten den allmächtigen Gott, daß ihr solches Heiligthum also anschauen möget, daß Gottes Lob und Ehre verbreitet werde und wir nimmer von ihm geschieden werden mögen."

III. „Man soll euch zeigen das Tuch, das heilige Kleid, worauf St. Johannis Baptist Haupt ward abgeschlagen, in welches Kleid sein heiliges Blut floß, dem Gott selber Zeugniß gegeben, daß unter allen, welche von Weibern geboren sind, keiner größer aufgestanden. Darum wollet bitten Christum, unsern Heiland, daß ihr solches Heiligthum also anschauen möget, daß Gottes Lob und Ehre verbreitet und wir durch seine göttliche Gnade selig werden."

IV. „Man soll euch zeigen das Tuch, das heilige Kleid, das der Herr Jesus Christus vor sich hatte an dem heiligen Kreuze auf dem Charfreitage, da er den bittern, unschuldigen Tod für uns gelitten hat. Darum wollet bitten unsern Herrn Jesum Christum im Himmelreich, daß wir solches Heiligthum also anschauen mögen, daß sein Lob und Ehre verbreitet werde, und sein bitteres Leiden und unschuldiger Tod an uns kräftig sein möge, durch welchen wir von aller Noth und allen Sünden sind erlöst worden."

Dann folgte in Form alter Litaneien eine Aufforderung zum Gebet für die einzelnen geistlichen und weltlichen Obrigkeiten, die Stadt Aachen, die Pilger und die Seelen im Fegfeuer. Zum Schlusse betete der Vocalissimus ein „Vater unser" und „Gegrüßet seist du, Maria" vor, das versammelte Volk antwortete ihm. Auch zu Bamberg bildete ein Gebet für Papst, Kaiser, Bischof und Reich und die Ermahnung, den Ablaß zu verdienen, den Schluß der Ausrufungen [1].

Solche Ausrufe beweisen aufs beste, wie falsch und verleumderisch die Anklagen gegen die katholische Reliquienverehrung sind; denn sie zeigen, wie die Kirche auch praktisch diese Verehrung so leitete, daß der Sinn der Gläubigen immer auf Christus, ihren Erlöser, und durch ihn auf Gott gelenkt wurde.

Dem Ausrufer folgte in Aachen ein Priester, welcher das angekündete „heilige Kleid" zeigte, während zwei andere Cleriker es mit Stäben

---

[1] Falk a. a. O. S. 63.

auf einem reichen, ausgebreiteten Tuch festhielten. Wo nicht, wie in Aachen und Cornelimünster, einzelne hervorragende Stücke getrennt gezeigt wurden, erschien nach dem Ausrufer eine Reihe von Priestern, von denen jeder ein Reliquiar trug und vorzeigte. Weil aber oft eine große Anzahl von Reliquiaren vorhanden war, theilte man sie in Gruppen. So wurde das Halle'sche, später nach Mainz übertragene Heiligthum des Cardinals Albrecht von Brandenburg in „neun Theilen oder Gängen" vorgewiesen. Bei Zeigung der Reliquien eines jeden Ganges lautete der Schluß:

„Stehet stille und dränget nicht einander, und wenn sich irgend einiger Aufruhr, Geschrei von Ausbruch eines Brandes oder anderm erhebe, was Gott gnädiglich verhüte und verwehre, sollt ihr euch nicht daran kehren, so lange, bis man euch erlaubt, abzugehen; denn es ist von unserm guten Herrn, dem Erzbischof, seiner churfürstlichen Gnaden Amtleuten, auch dem ehrbaren Rath allhier alles mit fleißigem Vorbedacht nach Erforderniß vollkommen bestellt. Würde aber irgend jemand Aufruhr und Geschrei machen und diese Ermahnung verachten, so ist ernstlich befohlen, denselben streng und ohne Gnade zu strafen."

6. Eine solche Verkündigung beweist zur Genüge, welche Volksmassen sich bei den Heiligthumsfahrten einfanden. Ueber keine hat man bessere Nachrichten, keine war übrigens auch mehr besucht als die Aachener, die wichtigste von allen [1].

Zu Hildesheim verzierte man beim Herannahen der Aachenfahrt den auf dem Markte stehenden „Schildbaum" und hängte an ihn Schildereien, welche an das Aachener Heiligthum erinnerten; an ein Eckhaus der Stadt ward eine Hand gemalt, die nach Aachen hinwies [2]. Zu Dortmund setzte 1384 der Rector der Benediktkapelle einen Mann an deren Thüre, um von

---

[1] Vgl. darüber außer den bereits angegebenen Werken von Floß und Kessel und zahlreichen Notizen in der Zeitschrift des Aachener Geschichtsvereins, besonders VII, 125, das Buch Weinsberg I, S. 22. 38 und 232 über die Heiligthumsfahrten von 1517, 1524 und 1545; von Höhlbaum nicht abgedruckte Nachrichten aus dem Buch Weinsberg über die Heiligthumsfahrt von 1580 bei Krebs, Zur Geschichte der Heiligthumsfahrten, S. 65 f.; ebendaselbst S. 61 f. über Aachenfahrten von 1337 und 1425; die Dortmunder Chronik, Chroniken der deutschen Städte XX, 34, über die Aachenfahrt von 1426; Pick, Monatsschrift für die Geschichte Westdeutschlands, über die windische Wallfahrt IV, 436 f.; Annalen des Historischen Vereins für den Niederrhein XVII, 13 f.; XLVI, 58 u. f. w ; Hansen, Chronik der Pseudorectoren der Benediktkapelle zu Dortmund, N. Archiv XI, 532. 540. 541 und 543 über die Aachenfahrten von 1377 und 1384; Fabri, Reyßbuch, I, 470 und 245 über die Heiligthumsfahrt von 1467 oder 1468 u. s. w.

[2] Floß a. a. O. S. 370 f.

den nach Aachen reisenden Pilgern Beiträge zum Weiterbau zu erbitten. Auch sorgte er, daß die Pilger zu jeder Stunde eine Messe hören konnten, ihnen die Reliquien gezeigt und die Ablässe verkündet würden [1].

Den Rhein entlang kamen die Pilger aus Ungarn, Böhmen und Oesterreich nach Aachen. 1524 zogen ihrer mehr als 3000 durch Köln. Sie besuchten dort die bedeutenderen Kirchen und opferten in denselben je eine große, mit Geldstücken besetzte Wachskerze. Zu Aachen fanden sie in der ihrer Nation gehörenden, an den Dom angebauten „ungarischen Kapelle", an der ein Ungarisch redender Geistlicher angestellt war, geistliche Hilfe und alle gewünschte Auskunft. Bei der Zeigung hatten sie einen bevorzugten Platz auf den Dächern des Münsters. Die Böhmen fanden im Beneficiaten des 1362 von Karl IV. gestifteten Wenzeslaus=Altares einen ihrer Sprache kundigen Priester.

Nach der Kölnischen Chronik zählten die Aachener Thorwächter im Jahre 1496 an einem einzigen Tage 142 000 Pilger. Die Gesinnung, in der jene Pilger kamen, kennzeichnet Dechant Oldecop von Hildesheim († 1574), indem er schreibt [2]:

„In diesem Jahre war Aachenfahrt, und einige Hundert aus Ungarn, Bremen, Preußen, Livland und Oesterreich zogen hier durch Hildesheim. Mit ihnen reisten aus Hildesheim viele Bürger und Bürgerinnen. Mit Kindern, Knechten und Mägden zogen sie zuerst nach Trier, dann nach Aachen und anderen heiligen Orten. Sie verließen Haus und Hof, Weib und Kind, bekannten sich auf diesem Erdreiche als Pilger und machten sich bereit, wenn es Gott gefallen sollte, an jedem Orte in der Fremde zu sterben. Deshalb ließ jeder reichere Bürger sein Testament schriftlich verfassen. Er ergab sich zufrieden und willig zum Sterben, wie an vielen Stellen das heilige Evangelium, Paulus und andere heilige Väter ermahnen und schreiben. Sie waren wohl darüber unterrichtet, daß Gott allerorts ist, aber sie zogen weg von dem Ihrigen, machten sich arm und fremd sowohl an weltlichen Gütern als an der Seele und bewiesen sich darin als gehorsame und fromme Christen.... Es ist eine sonderliche und große Demuth eines Christen, wenn er sich von seinem Eigenthum eine Zeitlang fernhält und weggibt in fremdes Land, Hunger leidet und Kummer, Hitze und Kälte, in der Herberge übel empfangen wird und schlecht bedient in Speise und Trank und Lager. Das alles nimmt er willig hin und bekennt dadurch, daß sein Schöpfer, Herr, Gott und

---

[1] N. Archiv XI, 541.   [2] Floß a. a. O. S. 382.

Seligmacher dergleichen Unbequemlichkeit und Armuth viel mehr auf dieser elenden Welt um unsertwillen gelitten hat."

Die vornehmsten Männer zogen so aus zu Wallfahrten. Beispielsweise war Abt Poppo von Stablo († 1048) in seiner Jugend nach Jerusalem und Rom gepilgert [1]; so waren Tausende, ja Millionen deutscher Pilger hingegangen zu zahlreichen Wallfahrtsorten und Gnadenbildern. Die Stimmung dieser frommen Christen spricht sich schön aus in ihrem alten Wallfahrtsliede:

> In Gottes Namen fahren wir,
> Seiner Gnad' begehren wir,
> Nu helfe uns allen Gottes Kraft,
> Verleih' uns allen große Macht.
>   Kyrie eleyson.

> In Gottes Namen fahren wir,
> Zu Gott dem Vater schreien wir:
> Behüt uns, Herr, vorm ewigen Tod
> Und du uns hilf in unsrer Noth.
>   Kyrie eleyson.

> In Gottes Namen fahren wir,
> Zu unserm Heiland rufen wir,
> Daß er uns durch die Marter sein
> Machen woll' von den Sünden rein.
>   Kyrie eleyson; u. s. w. [2]

In den bedeutenderen Städten fanden die Pilger theils in Hospizen, theils in Klöstern oder bei frommen Privatleuten Unterkunft. Daß sie dort mit dem Nothwendigsten zufrieden sein mußten, liegt auf der Hand [3]. Mit welcher Freude zogen sie endlich ein am Ziele ihrer Wallfahrt! Da entfaltete sich ein buntes Lebensbild. Die Pilger trugen meist ein langes Oberkleid [4] mit Kapuze und offenen Aermeln, einen breiten Hut, einen Stab und eine Tasche. Vom 11. bis 13. Jahrhundert erkannte man die nach Jerusalem reisenden an einem Kreuz, die nach Rom gehenden an den Schlüsseln Petri oder einem Veronikabilde, das sie auf ihre Kleider

---

[1] Mon. Germ. XI, 291 sq.
[2] Röhricht, Deutsche Pilgerreisen, S. 90 f.; Bäumker, Das katholische deutsche Kirchenlied, I, 572 f.
[3] Röhricht a. a. O. S. 42, Anm. 51; Stimmen aus Maria-Laach 1891, S. 18; Bock et Willemsen p. 26.
[4] Viollet-le-Duc, Dictionnaire raisonné du mobilier français, III, 349, Esclavine; Allgemeine Zeitung, 1890, Nr. 74, Beilage.

nähten, die Compostella-Pilger an einer am Hut befestigten Muschel. Doch wurde die Muschel später allgemeines Pilgerzeichen. Die Pilgerkleidung ward beim Auszug aus der Heimat gesegnet[1] und gewährte dem Träger auf der Reise manchen Vortheil und Schutz. Indessen bildete das Pilgerkleid nur eine Art Mantel, unter dem die gewöhnliche Kleidung wenigstens zum Theil getragen ward. Manche Pilger legten am Ziel ihrer Reise die Nationaltracht an. So sah man an vielbesuchten Wallfahrtsorten Leute aus aller Herren Ländern in ihrem Costüm. Hunderte von Kaufleuten schlugen ihre Buden auf; denn Wallfahrtsorte waren zur Festzeit Märkte, welche den Kleinhandel beherrschten[2]. Dazu kam noch, daß man besonders im 15. Jahrhundert auch für die Unterhaltung der Pilger sorgte, geistliche Schauspiele aufführte, Musikanten auf den Thürmen der Kirche[3] oder auf freien Plätzen spielen ließ, ja sogar Volksbelustigungen veranstaltete[4].

In Bayern versammeln sich noch heute am 6. November die Leute aus der Umgegend bei Kirchen, welche dem hl. Leonhard gewidmet sind, und fahren oder reiten dann mit reich geschmückten Wagen und Pferden in immer rascherem Zuge dreimal um eine jener Kirchen herum[5].

Einen Glanzpunkt der Heiligthumsfahrten bildete an vielen Orten eine feierliche Reliquienprocession. Dechant Heimerich hat als Zeitgenosse eine farbenprächtige Schilderung der zu Xanten 1464 gefeierten Victorstracht entworfen, wobei der Schrein des hl. Victor unter Betheiligung des Herzogs von Kleve und seines Hofstaates zum benachbarten Fürstenberg getragen ward[6]. Zu Maestricht waren solche Reliquienprocessionen zwar nicht mit der Heiligthumsfahrt verbunden, aber bei öffentlichen Drangsalen gewöhnlich, z. B. 1409, 1475, 1488, 1509[7]. Nach alter Sitte erhielten dort die Gefangenen, an deren Kerker die Reliquien vorbeigetragen wurden, die Freiheit.

---

[1] Ein solcher Segen bei Gerbert, Monumenta veteris liturgiae alemanicae, II, 111.

[2] Ueber Städte und „Märkte", die so entstanden, vgl. Samson, Die Schutzheiligen, S. 1 f.

[3] Beissel, Geldwerth a. a. O. S. 64.

[4] Bock et Willemsen, Antiquités sacrées à Maestricht, p. 29; Keffel, Mittheilungen über die Heiligthümer zu Aachen, S. 190.

[5] Stadler, Heiligenlexikon, III, 769; Samson S. 217.

[6] Ergänzt und frei bearbeitet in Beissel, Bauführung. II. Geldwerth, S. 50 f. Ergänzungsheft zu den „Stimmen aus Maria-Laach", S. 27.

[7] Bock et Willemsen p. 41 s. Ueber Reliquienprocessionen zu Braunschweig vgl. Neumann, Der Reliquienschatz des Hauses Braunschweig-Lüneburg, S. 34; über Processionen zu Hildesheim vgl. Kratz a. a. O. S. 6. 16. 23 und III, 96.

Zu Maestricht[1], Aachen und an anderen Orten gab man den Pilgern zuletzt beim Abschied auf Verlangen eine Bescheinigung, daß sie die Reliquien besucht und verehrt hätten. Ein solches Schriftstück war natürlich denen nöthig, welchen ihre Wallfahrt von der geistlichen oder weltlichen Obrigkeit als Buße auferlegt worden war. Fast alle Pilger brachten Wallfahrtszeichen, kleine Medaillen mit dem Bilde der Reliquien und der betreffenden Heiligen, sowie große und kleine Bilder mit ähnlichen Darstellungen heim[2].

7. Viele Pilger gaben reiche Opfer, häufig große Wachskerzen, die oft mit Geldstücken belegt oder gefüllt waren. Auch noch gegen Ende des Mittelalters wurden Arme, Köpfe und andere Glieder von denen dargereicht, welche um Erlösung von einem bestimmten Uebel flehten. Andere Kranke ließen sich abwägen und gaben zu Ehren des Heiligen soviel Weizen, als sie selbst schwer waren[3].

Uebrigens ist die Höhe der Opfergaben oft übertrieben worden. Beispielsweise sind in Xanten noch die Rechnungen über Einnahmen und Ausgaben der Ablaßgelder vorhanden, welche verhältnißmäßig kleine Ueberschüsse aufweisen[4]. Was einkam, floß, mit wenigen Ausnahmen, nicht in die Kasse der einzelnen Geistlichen, sondern meist in den Baufonds. Ohne Heiligthumsfahrten, ohne Ablässe und Pilgeralmosen entbehrten wir, wie schon oben ausgeführt ward, nur zu vieler herrlichen Werke der Baukunst, der Goldschmiedekunst und aller anderen Künste, die sich in den Dienst der Kirche stellten[5]. Bei der kleinlichen Geldwirthschaft des Mittelalters hätte kaum ein Bischof, kaum eine Abtei oder ein Stift daran denken können, jene großartigen Unternehmen zu planen, zu beginnen und zu vollenden, die wir jetzt freudig bewundern.

8. Freilich wurden einzelne, welche zu dem nothwendigen Geld kommen wollten, durch die leidige Concurrenz, den alten Kampf ums Dasein, verführt, zu weit zu gehen. Da Ablässe und Reliquien die Pilger anzogen, suchten

---

[1] Bock et Willemsen p. 29.
[2] Ein Trierer Wallfahrtszeichen bei Beissel, Geschichte des heiligen Rockes, 2. Aufl., S. 130; belgische Wallfahrtszeichen bei Reussens, Éléments d'archéologie. 2ᵉ éd. II, 450 s.; über deutsche Pilgermedaillen Otto, Handbuch, 5. Aufl., I, 467, Anm. 2.
[3] Kraus, Real-Encyklopädie, II, 690; Beissel, Bauführung. II. Geldwerth (Ergänzungsheft 27, S. 19). Allgemeine Zeitung 1890, Nr. 74, Beilage, S. 4. Dies Abwägen war besonders Sitte zu St. Quintin und zu Gheel bei Antwerpen.
[4] Beissel, Bauführung, S. 27 f.; vgl. S. 11 f.
[5] Vgl. z. B. Rudolfi Gesta abbatum Trudonensium I, c. 11. Mon. Germ. X, 234 sq.

sie in beider Hinsicht anderen Kirchen zuvorzukommen. Eine Urkunde erzählt z. B., bei der Weihe des Aachener Münsters habe Papst Leo für alle Pilger auf ewige Zeiten 1 Jahr und 40 Tage Ablaß verliehen, und jeder der 365 anwesenden Bischöfe habe 40 Tage hinzugefügt. Dazu kamen: ein 1248 von Innocenz IV. verliehener Ablaß, ein 1381 vom Cardinal Pileus gegebener, die durch Leo X. gewährte Zuweisung aller Ablässe des Heiligen Landes und vielerlei bei Weihen der Kirche, des Chores, der Münsterkapellen und der Altäre verliehene Ablässe[1]. Da jeder Bischof bei Weihe einer Kirche oder eines Altares je 40 Tage Ablaß verleiht, und da fast in allen Archiven große, mit vielen Siegeln versehene Urkunden ruhen, wodurch eine Anzahl Cardinäle Ablässe von je 40 Tagen gewährten, so ließ sich durch Zusammenzählen derselben innerhalb mehrerer Jahrhunderte schon eine erkleckliche Zahl herausbringen.

Das Magdeburger Heiligthumsbuch gibt 7118 Reliquien an und 49 826 Tage Ablaß[2]. Wittenberg besaß laut seinem 1509 gedruckten Heiligthumsbuch 5005 Partikeln. Die meisten derselben hatte Kurfürst Friedrich der Weise († 1525) 1493 von seiner Pilgerfahrt ins Gelobte Land heimgebracht[3]. Wenn seine Reliquiensammlung manches bedenkliche Stück enthält, darf man nicht die katholische Kirche dafür verantwortlich machen; denn durch die Förderung der Reformation hat dieser Kurfürst doch hinlänglich bewiesen, daß er nicht verdient, als Typus echt katholischer Reliquienverehrer aufgestellt zu werden. Ebensowenig ist die Kirche verantwortlich für die von Halle nach Mainz gebrachte Reliquiensammlung des Cardinals und Kurfürsten Albrecht von Brandenburg († 1545), obgleich derselbe den Bisthümern Mainz, Halberstadt und Magdeburg vorstand. Albrecht hat nach dem Beispiel des Kurfürsten Friedrich von Sachsen gehandelt. Hatte jener seine Stadt Wittenberg durch Gründung einer Universität, durch Errichtung einer Stiftskirche und durch Aufstellung eines Heiligthumes heben und zu einem Mittelpunkt machen wollen, so beabsichtigte Albert ihn in Halle zu überbieten. Darum sagt sein Reliquien-

---

[1] Kessel a. a. O. S. 175 und 183. Vgl. Bock et Willemsen, Appendices, II s.: Ablässe für Maestrichter Pilger; Kratz, Der Dom zu Hildesheim, III, 96: Ablaß für Reliquienprocessionen; Mabillon, Annales V, 485 c; Neumann, Welfenschatz, S. 34: Ablaß für Reliquienverehrung.

[2] Falk a. a. O. S. 70.

[3] Röhricht, Deutsche Pilgerreisen, S. 187 f. Das von Lucas Cranach illustrirte Wittenberger Heiligthumsbuch ist von Hirth zu München neu herausgegeben. Vgl. über das Aeußere dieses Neudruckes: Kunstchronik, Beiblatt zur Zeitschrift für bildende Kunst, XIX, 73.

buch, 8833 Partikeln seien zu sehen und 42 ganze heilige Körper, Ablaß sei zu gewinnen „39 000 mal Thausend, 200 mal 1000, 45 000, 120 Jahr u. s. w., dartzu 6000 mal 1000 u. s. w. Quadragenen"[1].

Man vergleiche dagegen die Reliquien der seit dem 8. Jahrhundert von den Karolingern und Ottonen so bevorzugten Kaiserlichen Pfalzkapelle zu Aachen, deren Heiligthumsfahrt so viel Volk aus allen Landen anzog und noch anzieht. Halle und Wittenberg boten nach kaum zehn- bis zwanzigjährigem Bestand so überschwänglich mehr, daß in ihnen keine gesunde Entwicklung des Reliquiencultes, sondern dessen Entartung zu Tage trat. Cardinal Albert hat sich demnach durch Einrichtung seiner kostbar gefaßten Reliquien mehr um die Kunst als um die Religion verdient gemacht.

---

[1] Katholik 1878, I, 418 f.; Falk S. 46 und 64 f. Ein Verzeichniß des alten Mainzer Domschatzes bei Böhmer, Fontes II, 254 sq.; vgl. Hurter, Innocenz III., IV. Bd. 694, und Falk, Hl. Mainz, S. 277. Ein Verzeichniß der Würzburger Heiligthümer im Chilianeum. Würzburg 1863, S. 292 f. Die Heiligthümer von Erkelenz in den Annalen V, 11 f. Die Kölner Reliquien und Reliquiare geben die beiden bekannten Bücher von Gelenius und Winheim. Die Düsseldorfer Kleinobien bei Krebs, Zur Geschichte der Heiligthumsfahrten, S. 78 f.; die Maestrichter Reliquien bei Bock et Willemsen, Antiquités sacrées à Maestricht, Appendices L. VIII s.

Zehntes Kapitel.
Der Uebergang in die neue Zeit.

1. Daß am Ende des Mittelalters alle jene Ideen, welche die Verehrung der Heiligen und der Reliquien ehedem bestimmten, ihre Kraft behalten hatten, ja, daß sie noch im Stande waren, plötzlich weite Volkskreise zu begeistern, zeigt ein auffallendes Beispiel[1].

Der 25 Jahre alte Steinmetz Leonard aus Cornelimünster bei Aachen arbeitete während des Jahres 1500 an der Kirche des hl. Stephan zu Mainz und fand dort hinter dem Hochaltar unter dem Hauptfenster in einer Mauernische das Haupt der hl. Anna, d. h. eine Büste, worin ein etwa 6 cm im Durchmesser haltendes Stück der Hirnschale der hl. Anna eingelassen war[2]. Er legte die Votivgeschenke und Kleinodien, welche an der Büste befestigt waren, in jene Nische, nahm die Büste mit der Reliquie heraus und eilte damit in seine Heimat. Er meinte nämlich, in der Mainzer Stephanskirche werde dies Haupt zu wenig verehrt; in der Abtei Cornelimünster, zu deren Heiligthümern nicht nur bei der siebenjährigen Heiligthumsfahrt, sondern Jahr um Jahr so viele Pilger kämen,

---

[1] Die folgende Darlegung stützt sich auf eine Bulle Julius' II. vom Jahre 1505, welche im Pfarrarchiv zu Düren ruht. Nach einer vaticanischen Copie ist sie abgedruckt im Kölner Pastoralblatt 1889, S. 117 f.; vgl. S. 147. Weitere Nachrichten bietet das Exegeticon historicum sanctae Annae aviae Christi, magnae matris Deiparae, necnon sacri capitis ejusdem Marcodurum translati . . . autore V. P. F. Jacobo Polio Marcodurano, Ord. min. strict. obs. Colon. Agrippinae, apud Gisbertum Clementem 1640. Kl. 8°. 399 S., zu denen Vorrede und Register kommen. Basen, Die Verehrung der hl. Anna, besonders in Düren, 1872.

[2] Daß man in Düren nur diesen Theil des Hauptes besitzt, haben die Bollandisten (Acta SS. 26. Jul. n. 106, VI, 256) nicht gewußt. Ihre Schwierigkeit, wie man auch an anderen Orten ein „Haupt der hl. Anna" verehren könne, entstand, wie sie n. 107 richtig vermuthen, daraus, daß man zu Mainz und Düren immer die Büste mit der kleinen Reliquie, welche in ihr lag, „Haupt der hl. Anna" nannte. Die Reliquie war 1212 aus Bethlehem nach Mainz gekommen.

werde man es dagegen mit der gebührenden Andacht behandeln. Als er jedoch in seiner Heimat angelangt war, bat und beschwor seine Mutter ihn, die Reliquie wieder an ihren alten Ort zu bringen. Sie bewog ihn, sich auf den Weg nach Mainz zurückzubegeben. Auf dieser Reise kam Leonard nun am 9. Januar 1501 nach Düren und übergab dort seine Reliquie den Franziskaner-Observanten. Das kam zu Ohren des Dechanten des Stephansstiftes zu Mainz, der rasch einen Herrn von Hurd mit einem Karthäuserbruder nach Düren sandte, um das Haupt zu holen. Die Franziskaner überlieferten es ihnen. Indessen hatte der Magistrat von Düren von der Sache gehört und beschloß, den Boten ihr Kleinod abzunehmen, um es als gestohlenes Gut mit Beschlag zu belegen. Er wurde zu diesem Vorgehen angetrieben durch die Frauen der Stadt, besonders durch eine Clara de Petra (von der Leyen?). Der Bürgermeister Erambach von Birgel zwang also jene beiden Abgesandten, die Reliquie herauszugeben, und ließ sie in Procession in die neuerbaute Stadtkirche des hl. Martin bringen. Das Volk strömte hinzu aus immer weiterer Entfernung, und bald entwickelte sich eine große Wallfahrt nach Düren. Das Mainzer Stephansstift begann Processe bei den weltlichen und geistlichen Gerichten. Ueberall wurden die Dürener verurtheilt, aber vergeblich zur Herausgabe aufgefordert. Ja Alexander VI. ließ sogar die Excommunication über Geistlichkeit, Magistrat und Bürgerschaft der Stadt verhängen und fügte Interdict und Anrufung der weltlichen Macht zur Ausführung des Urtheilsspruches bei. Der Pfarrer Hildebrand von Merworden reiste nach Rom, ohne dort etwas auszurichten. Der Magistrat wandte sich an den Kaiser Maximilian I., welcher 1504 Düren besuchte und den Einwohnern seine Hilfe und bringende Empfehlung beim Papste versprach.

Die Angelegenheit gestaltete sich immer verwickelter, weil der Zulauf der Pilger zunahm und auch die Herren der Umgegend, besonders Herzog Wilhelm von Jülich und Berg, der Stadt gewogen blieben. Papst Julius II. entschloß sich darum, von seiner höchsten Gewalt über Reliquien Gebrauch zu machen. Er befahl dem Stifte zu Mainz, auf das Haupt der hl. Anna zu verzichten, und sprach es der Stadt Düren zu, welche er von Interdict und Excommunication lossprach, die sein Vorgänger verhängt hatte. Er betonte dabei, Reliquien, d. h. Ueberreste des Leibes eines Heiligen, könnten nie eigentliches Eigenthum eines andern Menschen oder einer Kirche werden. Der Papst habe demnach das Recht, zu bestimmen, wo man sie aufbewahren solle. Zu Mainz habe man jene Reliquien nie besonders geehrt, zu Düren dagegen alles für dieselbe gethan. Wunder seien zu Mainz nie, zu Düren dagegen häufig geschehen. Es gereiche demnach zur Ehre der hl. Anna und zur Beförderung der Frömmigkeit, wenn ihr Haupt zu Düren bleibe[1].

Dieser günstige Entscheid gestaltete sich in Düren zu einem Triumph der hl. Anna. Ein Reliquienschrein wurde angefertigt, in den man das Haupt legte, eine Annabruderschaft errichtet, ein Ablaß für die Pilger erlangt und an der Nordseite der Martinskirche, welche bald nur mehr Annakirche genannt ward, eine Estrade erbaut, von der aus man alle sieben Jahre bei der Dürener Heiligthumsfahrt die Reliquie zeigte. Um den Fuß der silbernen Büste legte man einen kostbaren, mit spätgotischen

---

[1] In dem zu Düren ruhenden Originaltext der Bulle schließt Julius II., nachdem er den Sachverhalt und den Verlauf des Streites dargelegt hat, mit folgenden Sätzen: Nos igitur attendentes, quod corpora et reliquie sanctorum juxta dispositionem divinam sepissime de loco ad locum transportata fuerunt, et Romanus Pontifex pro ejus arbitrio illa de loco ad locum transferre et collocare vel transferri facere potest, prout pro fidei devotione ac populorum pia affectione et frequentia ac majori cristiane religionis cultu expedire conspicit, ac fide dignorum et multorum habet relatio, caput predictum, licet in dicta ecclesia sancti Stephani multis annis conservatum fuisset, tamen miraculis non claruit, quia forsan inibi minus honorifice, ea qua decuit devotione non habebatur ac quamprimum ad dictam parochialem ecclesiam delatum fuit, magnus populi concursus non sine divina inspiratione, ut pie creditur, fuit et est, ad illud venerandum, quodque propter maximam devotionem populi non sine scandalo ab eadem parochiali ecclesia, in qua divinitus postremo collocatum fore censendum est, amoveri non possit, ac cupientes, quantum possumus, scandalis, ne eveniant, obviare devotionemque populi conservare et augere, considerantes quoque, quod ipse reliquie ex sua natura in nullius bonis existunt, motu proprio, non ad alicujus Nobis super hoc oblate petitionis instantiam, sed de Nostra deliberatione et ex certa sententia, necnon consideratione carissimi in Christo filii Nostri Maximiliani Romanorum regis Illustris, sub cujus Imperio dictum oppidum Duren situm est, et qui alias Nobis super hoc sepius instanter scripsit, statum litis et cause seu causarum super restitutione sive repetitione capitis ac declaratione incursum censurarum hujusmodi seu ab eis dependentibus coram quibuscunque judicibus seu auditoribus, etiam causarum palatii apostolici tam in Romana curia quam extra eam per Nos seu etiam per dictum Predecessorem vel Sedem predictam delegatis seu subdelegatis pendentium, ac hujusmodi causam seu causas prosequentibus nomina, cognomina et qualitates seu conditiones presentibus pro sufficienter expressis habentes, ac illas ad nos harum serie advocantes et litem ac causas hujusmodi penitus extinguentes, eis denique, decano et capitulo super restitutione capitis hujusmodi et aliis omnibus premissis perpetuum silentium imponentes. Dann werden die Dürener von allen Excommunicationen und Strafen, die über sie verhängt waren, losgesprochen; den Mainzern aber wird strenge verboten, die Dürener zu belästigen.

Ornamenten verzierten Gürtel von Silber, wohl das Weihegeschenk einer vornehmen Dame aus dem Beginn des 16. Jahrhunderts. Da die hl. Anna um Kindersegen angerufen wurde, legte man diesen „Gürtel der hl. Anna" Frauen, die darum baten, an, und diese erwarteten daraufhin durch die Hilfe der Mutter der allerseligsten Jungfrau Erhörung von Gott, wie ja auch Anna ihr Kind durch besondern Segen Gottes nach langer Unfrucht= barkeit empfing.

So flammte kurz vor Ausbruch der Reformation zu Düren die Be= geisterung für Reliquien in einer Weise auf, wie sie uns kaum je im Mittelalter entgegentritt. Ein großer Theil des Reiches, Kaiser und Papst kamen in Aufregung wegen einer nicht einmal eine Hand großen Reliquie.

Zu Trier entstand etwa ein Jahrzehnt später durch unmittelbares Eingreifen desselben Kaisers Maximilian die Wallfahrt zum heiligen Rock.

2. Selbst Luther vertrat noch 1519 im ganzen die alte und rechte Ansicht von der Verehrung der Heiligen. Schrieb er doch damals im „Unterricht, auff etliche Artikel, so jm von seinen Abgünnern auffgelegt und zugemessen werden"[1]:

„Von der lieben Heiligen fürbitte.

Sage ich und halt fest mit der gantzen Christenheit, Das man die lieben Heiligen ehren und anruffen sol. Denn wer mag doch das wider= fechten, Das noch heutigs tages sichtiglich bey der lieben Heiligen Cörper und Greber, Gott durch seiner Heiligen Namen Wunder thut?

Das ist aber war, und habs gesagt, Es sey nicht christlich, Das man geistliche Notdurfft nicht mehr oder vleissiger, denn die leibliche bey den lieben Heiligen sucht.

Wo findet man jetzt einen Heiligen, der umb Geduld, Glauben, Liebe, Keuscheit, und ander geistliche Güter wird angeruffen, als S. Anna umb Reichthumb, S. Lorenz für das Fewer, Der umb ein böse Bein, der umb dis, der ander umb das? Nicht das alles zu verwerfen sey, Son= dern das ein Christen mensch die Geistlichen mehr achten solt, dann die Güter, die er sihet, auch den Thieren und Heiden gemein.

Darüber sind etliche so nerrisch, Das sie meinen, die Heiligen haben eine Macht oder gewalt, solches zu thun, So sie doch nur Fürbitter sind, Und alles durch Gott allein gethan wird. Darumb soll man sie so an= ruffen und ehren, Das man Gott durch sie anruffe und ehre, wie Psalm 132 Memento Domine David, Gedenk Gott an David, und aller sanfftmüthig=

---

[1] Luthers Werke, Jena 1575, I, 165 f.; vgl. III, 39 b eine ähnliche Stelle.

keit. Also auch Moses für Gott anzeucht, Abraham, Isaac und Jakob, und die Christliche Kirche in jren Gebeten, dasselbe gar wol leret."

Sicher ist, daß selbst jener, welcher die Heiligen um „Güter anruft, die er sieht", mittelbar durch sein Gebet doch immer auch „geistliche Güter" erlangt: Vermehrung des Glaubens, der Hoffnung und der Liebe. Rechte Heiligenverehrung entspringt ja aus dem christlichen Glauben, ist dessen Bethätigung und Vermehrung. Wenn man aber damals bestimmte Heilige um bestimmte sichtbare Güter, besonders um Gesundheit und Bewahrung vor Unglück, anrief, so geschah dies nicht ausschließlich. Ueberdies betete man um jene höheren Güter im Vaterunser zu Gott selbst, und zu anderen Heiligen. Neben der Verehrung der „lieben Heiligen" ging z. B. besonders im 15. Jahrhundert eine große Verehrung „Unserer Lieben Frau", des Leidens Christi und Gottes selbst, worin „Geduld, Glaube, Liebe, Keuschheit und andere geistliche Güter" mit aller Entschiedenheit in den Vordergrund treten. Alle Kirchengebete des Mittelalters zeigen, wie Luther übertreibt[1].

Später hat Luther freilich anders geschrieben und die Heiligenverehrung bekämpft. Seine Erfolge in diesem Kampfe verdankt er zum Theil der Renaissance, welche besonders der Heiligenverehrung sich sehr schädlich erwies.

3. Das deutsche Mittelalter hatte zur Darstellung seiner Heiligen langsam feste Formen und bestimmte Zeichen herausgebildet, die sich von denen der übrigen christlichen Länder wenig unterschieden. Die Heiligen wurden, so gut man konnte, als Idealgestalten, als Himmelsbürger geschildert und hatten ihre bestimmten Beizeichen. Dagegen suchten die Künstler der neuen Richtung das Natürliche, wie es bei den Römern geherrscht haben sollte. Auf ihren Bildern verloren darum die Himmelsbewohner mehr und mehr den übernatürlichen Charakter, womit die Maler des Mittelalters sie über das Gewöhnliche herausgehoben hatten. Die Gottesmutter, die Königin des Himmels, wurde mehr und mehr als schöne und zärtliche Mutter des Menschensohnes geschildert. Die Heiligen verloren ihren Nimbus, ihre Beizeichen wurden unbedeutender, ihr Benehmen näherte sich mehr und mehr dem der anderen Sterblichen. Freilich konnten die Meister der neuen, von Italien aus beeinflußten Richtung in Deutschland nicht zu plötzlich ändern. Die älteren zahllosen Bilder und Statuen, womit alle Kirchen gefüllt waren, verboten einen zu raschen Bruch mit der Darstellungsweise der Vorzeit. Aber der naturalistische Zug der Zeit

---

[1] Vgl. oben S. 96 f.

gewann Schritt um Schritt an Boden. Der hl. Sebastian wurde von den Künstlern gerne dargestellt, weil er Gelegenheit bot, einen schönen jugendlichen Körper zu malen, Maria Magdalena, weil sie eine schöne Büßerin war, und die Gewohnheit sich eingebürgert hatte, sie nicht ganz zu bekleiden, Johannes der Täufer, weil der Gegensatz zwischen seinem abgeschlagenen Haupte und der Tochter der Herodias, welche es hielt, erwünschte Contraste bot.

Die Gelehrten der Renaissance kamen den Künstlern entgegen, indem sie Kritik anlegten an die alten Legenden, und die Blüten abstreiften, mit welchen die Volkspoesie während vieler Jahrhunderte die alten Berichte verziert hatte.

Die Reformation räumte noch gründlich auf mit den alten Festen und Erinnerungen. In lutherischen Gegenden ließ man freilich oft die alten Altäre und Bilder stehen, erlaubte man auch dem Volk einstweilen, die Verehrung derselben fortzusetzen, so daß sie nur langsam und allmählich abstarb. Die Calvinisten dagegen traten als Bilderstürmer auf und zerstörten alle Bildwerke, die sie erreichen konnten.

Einestheils zog der Streit um die Grundwahrheiten des Christenthums und das Hervorheben der Bibel im Gegensatz zur Ueberlieferung viele Katholiken ab von der minder wichtigen Heiligenverehrung, anderseits erkaltete an vielen Orten auch ihr Glaube. Dies Abnehmen der gläubigen Begeisterung wirkte aber naturgemäß zuerst ein auf die nicht streng von der Kirche gebotenen Uebungen, die Verehrung der Heiligen und ihrer Reliquien. Das geschah sogar in Spanien und Italien, um wieviel mehr in Deutschland. Fühlte doch der hl. Ignatius sich verpflichtet, seinem sonst so kurz gehaltenen Exercitienbüchlein einen Anhang beizufügen, in ihm Mittel anzugeben, um mit der wahren Kirche in innerm Einklange sich zu befinden und darum zu empfehlen: „Reliquien zu loben und die Verehrung und Anrufung der Heiligen, desgleichen Wallfahrten und fromme Pilgerreisen, Ablässe, Jubiläen, Anzünden von Kerzen in den Kirchen gemäß der Gewohnheit und andere derartige Hilfsmittel der Andacht und Frömmigkeit."

4. Infolge der Reformation und der Renaissance entstand auch in der Ikonographie eine neue Richtung. Daß das Mittelalter die Geheimnisse unserer Religion, sowie biblische Scenen unzähligemal dargestellt hat, braucht nicht betont zu werden. Wahr bleibt trotzdem, daß es den Legenden einen sehr großen Theil des Stoffes für seine Bildwerke entnahm. Seit dem zweiten Viertel des 16. Jahrhunderts treten diese legendarischen Stoffe zurück, werden dogmatische oder biblische mit Vorliebe

behandelt. Auf der Biblia pauperum des Mittelalters wird weitergebaut und zwar so, daß nicht so sehr ihr historischer, als ihr dogmatischer Gehalt in den Vordergrund gestellt wird. Ein schönes Beispiel dieser neuen Richtung gibt der 1546 errichtete Lettner des Hildesheimer Domes, welcher das Chor hinter dem Kreuzaltare der Vierung abschließt. Er ist eines der hervorragendsten Werke der damaligen Bildhauerkunst und entstand an einem von der Neuerung schwer bedrängten, der Kirche treu ergebenen Ort, verdient also auch darum als Zeichen seiner Zeit angesehen zu werden. Seine Bildwerke zeigen nun: die Königin von Saba bei Salomon und die heiligen drei Könige vor der Gottesmutter; Melchisedech vor Abraham und das letzte Abendmahl; Abraham, Isaak zum Opfer führend, und Christus, sein Kreuz tragend; die Erhöhung der ehernen Schlange und die Kreuzigung; Jonas und die Grablegung; David, Goliath besiegend, und Christus, in die Vorhölle eintretend; Esther von Assuerus und Maria von der heiligsten Dreifaltigkeit gekrönt[1].

Trotz dieses tiefsinnigen, echt christlichen Inhaltes der Bilder, trotz der vortrefflichen Ausführung geben die Umrahmung und die darin vielfach vorkommenden Genien und mythologischen Gestalten dem Ganzen einen classischen, d. h. einen dem Wesen der Renaissance entsprechenden weltlichen Beigeschmack.

Um jene Zeit begann man auch statt der Heiligen die göttlichen Tugenden immer wieder an Altären, Kanzeln und Grabdenkmälern anzubringen. In jeder größern deutschen Kirche, welche ihre Altäre und Grabdenkmäler des 16. und 17. Jahrhunderts noch nicht durch eine puristische Restauration verloren hat, wird man immer dasselbe Ergebniß finden: die Bilder der Heiligen und die Darstellungen ihrer Legenden treten zurück, um biblischen Stoffen Platz zu machen; die Umrahmung hat leichtes Rankenwerk mit Putten, und oben oder an den Seiten stehen die göttlichen Tugenden oder ähnliche Symbole.

Charakteristisch ist in dieser Hinsicht ein Altar des Trierer Domes, der als Grabdenkmal des Kurfürsten Jakob III. von Eltz († 1581) errichtet ward. Bevor eine „Restauration" ihn verstümmelte, betete jener Kirchenfürst in der Mitte des Aufsatzes vor dem Bilde des hl. Jacobus und vor dem der heiligsten Dreifaltigkeit. Im Unterbau aber sieht man nicht, wie das Mittelalter gefordert hätte, zwei Scenen aus dem Leben jenes Schutzpatrons, sondern zwei aus der Geschichte des Patriarchen

---

[1] Kratz, Der Dom zu Hildesheim, S. 223 f.

Jakob: dessen Traum, worin er die Himmelsleiter sah, und die Wegführung seiner Gebeine nach Aegypten [1].

Auch neue Heilige traten im 16. Jahrhundert immer mehr in den Vordergrund, vor allem biblische. Die hl. Anna war schon beim Schluß des Mittelalters sehr volksthümlich. Hatten vielleicht das Bürgerthum und sein gemüthliches Familienleben die Darstellung der heiligen Sippen und der „Ahnfrau Christi" so beliebt gemacht? Mit dem Schluß des Mittelalters gewinnt auch die Verehrung des hl. Joseph immer mehr Ausdehnung.

5. Die Reliquienverehrung nahm im ganzen und großen stark ab. Zwar zogen die Ausstellungen des heiligen Rockes in der ersten Hälfte des 16. Jahrhunderts viele an; allein sie konnten sich doch bei weitem nicht messen mit dem alten Glanz der Aachener Heiligthumsfahrten. Seit der zweiten Hälfte des 16. Jahrhunderts aber verlor auch die Trierer Ausstellung viel. Beweis dafür ist die Thatsache, daß das von Leo X. verordnete siebenjährige Wiederkehren derselben nur 1517, 1524, 1531, 1538 und 1545 stattfand, und daß seitdem bis zum 19. Jahrhundert nur 1585 und 1655 feierliche und große Ausstellungen vorgenommen wurden.

Am auffallendsten bekundet sich das Nachlassen der Reliquienverehrung in den Kirchenschätzen. Nur selten wird man in Deutschland ein nach der Mitte des 16. Jahrhunderts angefertigtes kunstreiches Reliquiar antreffen. Fast alle gehören der gotischen oder romanischen Zeit an. Wenn in einer Kirche ein späterer Schrein oder ein späteres Reliquiengefäß sich findet, ist es meist entstanden, weil durch eine Katastrophe ein älteres unterging und man den Verlust so gut als möglich zu ersetzen suchte.

6. Und doch darf man eine Thatsache nicht übersehen. Sie zeigt sich, wenn man nicht auf die großen Kunstwerke, nicht auf die gelehrten Bücher sieht, sondern auf kleine Denkmäler, auf Volksschriften, Gebetbücher und unscheinbare Heiligenbilder sein Augenmerk richtet. Da lebten die alten Gebräuche des Mittelalters weiter, ja da haben sie sich in echt katholischen Gegenden im eigentlichen Volksleben bis heute erhalten. Man betrachte in kleineren Kirchen die Bilder und Statuen, in größeren Domen die unbedeutenderen Denkmäler, man schaue auf die in Holzschnitt oder

---

[1] Weitere Ausführung über die Ikonographie der späteren Denkmäler des Trierer Domes in den „Stimmen aus Maria-Laach", XXX, 267 f.

mit der Hand verfertigten bunten Heiligenbilder, man berücksichtige die Siegel der Pfarren und bürgerlicher Genossenschaften. Was findet man? Unter der von den neuen Ideen geglätteten Oberfläche geht der breite Strom der von mittelalterlichen Ideen bewegten Volksmenge seinen Weg still, oft fast unbemerkbar, aber sicher und fest voran.

Christus in seinen Heiligen loben, die Beispiele der Heiligen nachahmen, ist das Beste, das Nützlichste der Verehrung. Aber ist damit gesagt, daß die höchsten und letzten Ziele immer in den Vorbergrund treten werden? Jedenfalls braucht man sich gar nicht zu verwundern, daß das einfache Volk die Heiligen besonders als Nothelfer ansah, daß das Flehen: „Bitt für uns", wie in der Litanei, so in den christlichen Jahrhunderten allerorts als Echo der Heiligenverehrung ertönt.

Hat Christus uns im Vaterunser, im vortrefflichsten Gebete, gelehrt, Bitte an Bitte zu reihen, und nur in der kurzen, als Vorwort dienenden Anrede Gott zu loben, dann durfte die Kirche das Volk gewähren lassen, wenn es, wie zu Gott, so zu den Heiligen hinzutrat, um erlöst zu werden vom Uebel. Wie hilflos sah sich ehedem das Volk den pestartigen Krankheiten gegenüber, welches Elend brachten ehedem Feuersbrunst und Ueberschwemmung! Wie viele Aerzte gab es denn im Mittelalter, und was vermochten sie? Wer wird sich deshalb wundern, daß sich die Bedrängten in jeder Krankheit, in jedem Leiden, in jedem Unglück, in dem menschliche Hilfe versagte, im Himmel Trost und Erleichterung suchten?

Man glaubte im Mittelalter fest an Gottes Allmacht und Weltregierung, glaubte an Wunder. Man glaubte, daß Gott in vielen Fällen bei dieser Weltregierung der Engel und Heiligen sich bediene, ja daß er als Gott der Ordnung jedem Heiligen einen seinem irdischen Leben entsprechenden Wirkungskreis zugewiesen habe. Darum galt der hl. Petrus als Schutzherr der Kirche neben Michael, dem Beschirmer des Volkes Gottes; darum sah jedes Land, jeder Orden, jede Diöcese, jede Stadt jene als Freunde und Patrone an, die in ihr geboren waren oder sich daselbst geheiligt hatten.

War es keine schöne Idee, die Heiligen würden für Martyrthum und Leiden von Gott dadurch belohnt, daß sie armen Menschen, die ähnliche Qualen duldeten, nun Befreiung bringen könnten? Man sagte sich z. B.: Gott hat einer hl. Apollonia ehedem nicht geholfen, er verbarg seine Allmacht vor den Verfolgern, jetzt offenbart er sie, indem er durch jene Heilige in gleichen Schmerzen sich hilfreich erweist.

Wie hat die Heiligenverehrung die Jahrhunderte des Mittelalters verklärt, gehoben, geadelt! Nähmen wir sie heraus mit allem, was zu ihr gehört, was bliebe von Poesie und Kunst, Culturentwicklung und Bildung? Die Heiligen waren Träger der Cultur im Leben und blieben es nach dem Tode. Wenn heute echte Poesie und übernatürlicher Sinn seltener im eigentlichen Leben des Volkes erscheinen und wirken, liegt es nicht daran, daß die Heiligen ihm fremder geworden sind?

Mit dem Aufblühen katholischer Gesinnung haben auch Verehrung der Heiligen und ihrer Reliquien, Wallfahrten und Heiligthumsfahrten in den letzten Jahrzehnten einen neuen Aufschwung gewonnen. Mögen sie weiter sich entwickeln! Mögen sie unserem katholischen Volk, das an den modernen Vergnügungen entchristlichter Massen keinen Geschmack finden kann, im nüchternen Verlauf des Alltagslebens mehr und mehr heilsame Abwechselung und reine Freuden bieten!

Bibliographie der Aufsätze und selbständig erschienenen Arbeiten Stephan Beissels

Von Joseph Braun

Das Verzeichnis bietet nur die Aufsätze und selbständig herausgegebenen Arbeiten P. Beissels, nicht die seiner Feder entflossenen kritischen Berichte über literarische Neuerscheinungen aus den zum Arbeitsfeld des Verstorbenen gehörenden Gebieten. Die Zahl dieser kürzeren und längeren Bücherbesprechungen, die in den „Stimmen aus Maria-Laach" und zahlreichen andern Zeitschriften erschienen, ist zu groß, als daß es angängig gewesen wäre, hier auch nur die wichtigeren zu verzeichnen; in den „Stimmen" allein sind etwa 115 größere zu finden. Die selbständig veröffentlichten Arbeiten, eine stattliche Zahl, sind im Nachfolgenden durch Sperrdruck als solche hervorgehoben. Die Abkürzung St. besagt: Stimmen aus Maria-Laach (Freiburg i. B., Herdersche Verlag), die Abkürzung Zt.: Zeitschrift für christliche Kunst (Düsseldorf, Schwanns Verlag).

I. Kunstgeschichte, Kunstpflege, moderne Kunst.

1. Christliche Heiligkeit und christliche Kunst. St. XVIII (1880), 183—195; 465—484.
2. Der Dom von Köln. St. XIX (1880), 65—83; 134—143; XX (1881), 163—183; 388—400.
3. Ueber Restauration der Kirchen. St. XXI (1881), 53—66.
4. Zur Geschichte eines ungarischen Domschatzes. St. XXI (1881), 375—387.
5. Der Marienschrein des Aachener Münsters. Ztschr. des Aachener Geschichtsv. V (1883), 1—86.
6. Erzbischof Egbert von Trier und die byzantinische Frage. St. XXVII (1884), 260—274; 479—496.
7. Die Kunsttätigkeit des hl. Bernward von Hildesheim. St. XXVIII (1885), 131—143; 244—255; 353—367.
8. Der Verfall der Calcografia Regia in Rom. St. XXVIII (1885), 330—332.
9. Zur Geschichte des Domes der hl. Helena in Trier. St. XXX (1886), 13—40; 136—158; 263—275; 367—379.

10. Blumen in Kunst und Natur. St. XXX (1886), 495—505.
11. Die Jubiläums-Ausstellung der Kgl. Akademie der Künste zu Berlin 1886. St. XXXII (1887), 175—192; 319—336.
12. Von der Wiener Kunstausstellung. St. XXXIII (1887), 103—108.
13. Religiöse Bilder für das katholische Volk. St. XXXIII (1887), 456—472.
14. Die Cisterzienser-Abtei Bronnbach. Eine kunstgeschichtliche Studie. St. XXXIV (1888), 67—83; 180—194.
15. Die Farbengebung bei Ausmalung der Kirchen. Zt. I (1888), 163—171; 303—314.
16. Die Kirche des hl. Matthias vor den Mauern der alten Stadt Trier. Sonderabdruck aus „Alte und Neue Welt", Jahrg. 1888.
17. Ein restauriertes Reliquiar des 15. Jahrhunderts. Zt. I (1888), 101—106.
18. Von der kunsthistorischen Ausstellung des Jahres 1888 zu Brüssel. St. XXXVI (1889), 46—60.
19. Verzierung spätgotischer Gewölbe. Zt. II (1889), 247—256.
20. Ueber die Grundsätze, welche bei Restaurationen von Kirchen zu beobachten sind. St. XXXVI (1889), 274—276.
21. Der Taufbrunnen des Domes zu Hildesheim. Zt. II (1889), 385—394.
22. Die alte Reichsstadt Goslar und die neuen Malereien des restaurierten Kaiserhauses. St. XXXVII (1889), 348—364, 453—474.
23. Erweiterung einer alten Kirche (Kathedrale zu Roermond). Zt. III (1890), 119—122.
24. Die zweite Münchener Jahres-Ausstellung von Kunstwerken aller Nationen. St. XXXIX (1890), 521—536.
25. Fensterverbleiungen aus der Kirche der Ursulinerinnen zu Maaseyk. Zt. III (1890), 221—226.
26. Die Bemalung des Äußern unserer Kirchen. Zt. III (1890), 255—260.
27. Aachener Goldschmiede. Zt. III (1890), 377—388.
28. Zur Kenntniß und Würdigung der mittelalterlichen Altäre Deutschlands. (Bd. 2 des gleichnamigen Werkes Münzenbergers), Frankfurt 1891—1901.
29. Die malerische Ausstattung der Kirche zu Anholt. Zt. IV (1891), 387—399.
30. L'église de St. Mathias hors des murs de Trèves. Einsiedeln 1891. (Auch englisch ebd. 1891 unter dem Titel: The church of St. Mathias.)
31. Der Entwicklungsgang der neuern religiösen Malerei in Deutschland. St. XLII (1892), 51—67; 158—172.
32. Die Kirche „Mariä Himmelfahrt" zu Köln und ihr sog. „Jesuitenstil". Zt. V (1892), 47—55.
33. Münzenbergers Werk über die mittelalterlichen Altäre Deutschlands. St. XLII (1892), 546—559.
34. Prof. Seitz und dessen Pläne zur Ausmalung der päpstlichen Kapelle in Loreto. Zt. V (1892), 65—88.
35. Mittelalterliche Kunstdenkmäler in Subiaco und Monte Cassino. St. XLIII (1892), 337—357; 507—527.
36. Der Entwurf von Prof. Seitz zur Ausmalung der päpstlichen Kapelle zu Loreto. Düsseldorf 1892.

37. Die Bilder des Fra Angelico im Kloster des hl. Markus zu Florenz. St. XLIV (1893), 220—234; 333—353.
38. Die mittelalterlichen Mosaiken von S. Marco. Zt. VI (1893), 231—248; 267—275; 363—380.
39. Die Versteigerung der Sammlung Spitzer. St. XLIV (1893), 642—644.
40. Die Form der ältesten Kirchen. St. XLV (1893), 209—211.
41. Die ältesten Mosaiken der römischen Kirchen. St. XLVI (1894), 27—45.
42. Ueber die Ausstattung des Innern der Kirchen durch Malerei und Plastik. Zt. VII (1894), 211—221; 243—257; 279—284.
43. Italienische Grabmäler. St. XLVI (1894), 394—412; 483—502.
44. Neue Reime von Dürer. St. XLVII (1894), 363—364.
45. Gestickte und gewebte Vorhänge der römischen Kirchen in der zweiten Hälfte des 8. und in der ersten Hälfte der 9. Jahrhunderts. Zt. VII (1894), 357—375.
46. Die Mosaiken von Ravenna. St. XLVII (1894), 422—441; 497—515.
47. Van de Idealen in de kerkelijke schilderkunst. Dietsche Warande 1894, 475 - 495.
48. Flämische Altäre in der Rheinprovinz und in Westfalen. St. XLVIII (1895), 11—24.
49. **Fra Giovanni Angelico da Fiesole.** Freiburg 1895 und 1905 (französisch: Lille 1898).
50. Naturwahrheit in der christlichen Kunst. St. XLVIII (1895), 229—231.
51. Das Reliquiar des hl. Oswald im Domschatz zu Hildesheim. Zt. VIII (1895), 307—313.
52. Byzantinisches Zellenemail. St. XLVIII (1895), 409—425.
53. **Der hl. Bernward von Hildesheim als Künstler und Förderer der deutschen Kunst.** Hildesheim 1895.
54. Das große religiöse Festspiel von Bourges. St. XLIX (1895), 569—572.
55. Spätgotische Skulpturen und Malereien zu Lendersdorf. Zt. VIII (1895), 203—208.
56. Verwendung edeler Metalle zum Schmuck der römischen Kirchen vom 5. bis zum 9. Jahrhundert. Zt. IX (1896), 331—344; 357—370.
57. Die Gemächer des Papstes Alexander VI. im Vatikanischen Palaste. St. LIII (1897), 536—550.
58. Die römischen Mosaiken vom 7. bis zum ersten Viertel des 9. Jahrhunderts. Zt. X (1897), 111—124; 145—155; 181—188.
59. Ein Plan für die Malereien in den Fenstern und auf den Wandflächen der Herz-Jesu Kirche zu Köln. Zt. XI (1898), 161—172.
60. Vlaamsche Altaren in de Rijnprovincie en en Westfalen. Dietsche Warande 1898, 387—400.
61. Die Kirche U. L. Fr. zu Trier. Zt. XII (1899), 231—248.
62. Die Bedeutung mittelalterlicher Kunstwerke. St. LVI (1899), 203—211.
63. Religiöse Bilder für das katholische Volk. St. LVIII (1900), 281—294.
64. Zwei Denkmäler der Karmeliterkirche zu Boppard. Zt. XIII (1900), 17—24.
65. Die Karmeliterkirche zu Boppard. Bopparder Volkszeitung 1900, Nr. 26.
66. Die Pfalzkapelle Karls d. Gr. zu Aachen und ihre Mosaiken. St. LX (1901), 136—153; 284—297.

67. Deutschlands älteste Gotteshäuser. St. LXI (1901), 36—48.
68. Aus der Sammlung Boisserée. M.-Gladbach 1901.
69. Johann Joest, der Maler der Flügel des Hochaltars zu Calcar. St. LXI (1901), 232—236.
70. Der Reliquienschrein des hl. Quirinus zu Neuß, hergestellt in den Werkstätten von August Witte. Aachen o. J. (1901).
71. Die Kunstausstellung zu Düsseldorf. St. LXIV (1902), 11—37; 204 217; 324—337.
72. Die Kalkarer Bildhauer auf dem Wege von der Gotik zur Renaissance. Zt. XVI (1903), 353—370.
73. Holzkirchen in Deutschland. Zt. XVI (1903), 49—60.
74. Die Einführung der gotischen Baukunst in Deutschland bis zu Ende des 13. Jahrhunderts. St. LXIV (1903), 237—250; 379—398.
75. Die westfälische Plastik des 13. Jahrhunderts. St. LXV (1903), 308—328; 446—458.
76. Fra Angelico in neuer Beleuchtung. St. LXVI (1904), 46–62.
77. Kunstschätze des Aachener Kaiserdomes. M. Gladbach 1904.
78. Das Münster zu Freiburg i. Br. ein Herold künstlerischer Freiheit. St. LXVI (1904), 241—261.
79. Traditionelle oder moderne Darstellung der Offenbarungs-Tatsachen. Grazer Kirchenschmuck, Jahrg. 1904, 92—94.
80. Ideales Streben auf der internationalen Kunstausstellung zu Düsseldorf. St. LXVII (1904), 59—72.
81. Nationale Eigenart und geistiger Gehalt der zu Düsseldorf ausgestellten Kunstwerke. St. LXVII (1904), 256—269; 419—431.
82. Linienführung und Farbengebung bei Kunstwerken der Ausstellung zu Düsseldorf. St. LXVII (1904), 173—188.
83. Die Glasgemälde der Kirche der hl. Elisabeth zu Marburg. St. LXIII (1907), 263—282.
84. Ueber Herstellung und Fälschung der Farben für Oelgemälde. St. LXVIII (1905), 475—476.
85. Wahrheit in religiösen Bildern. St. LXIX (1905), 492—506.
86. Das Dombild zu Köln. St. LXXIII (1907), 1—23.
87. Die Glasgemälde der Elisabethkirche zu Marburg. Literar. Beilage der Köln. Volkszeitung 1907, Nr. 22.
88. Das goldene Marienbild der Stiftskirche zu Essen. St. LXXII (1907), 401—415.
89. Moderne Kunst in katholischen Kirchen. St. LXXIV (1908), 19—29; 131—150.
90. Die Bronzegitter der Pfalzkapelle Karls d. Gr. zu Aachen. St. LXXV (1908), 234—235.
91. Giottos Werk zu Padua und die moderne Malerei. St. LXXVII (1909), 125—140.
92. Freilegung alter Kirchen. St. LXXVII (1909), 237—239.
93. Kommunionandenken. St. LXXVII (1909), 358—360.
94. Restauration wichtiger Bauwerke. St. LXXVIII (1910), 477—486.
95. Wandgemälde katholischer Kirchen. Zt. XXIII (1910), 153—166.

96. Carlo Dolci. St. LXXX (1911), 264—274.
97. Marianische Prozession zu Reggio im Jahre 1764. St. LXXXII (1912), 179—193.
98. Tempelmaße. St. LXXXIII (1912), 391—407.
99. Aachens Reliquienschatz. St. LXXXIV (1913), 508—517.
100. Die Souveränität der Kunst. St. LXXXVII (1914), 231—236.
101. Moderner Farbentaumel. St. LXXXVII (1914), 370—372.
102. Die Schädigung der Kathedrale zu Reims. St. LXXXVIII (1915), 458—466.

II. Handschriften, Miniaturen.

103. **Die Bilder der Handschrift des Kaisers Otto im Münster zu Aachen.** Aachen 1886.
104. Das Karolingische Evangelienbuch des Aachener Münsters. Zt. I (1888), 51—59.
105. Ein illustriertes Gebetbuch des 15. Jahrhunderts. Zt. II (1889), 81—90.
106. Neue Untersuchungen über die Stellung der Ada-Handschrift zu den Evangelienbüchern der karolingischen Zeit. St. XXXVIII (1890), 324—342.
107. Die Schreibkünstler der karolingischen Hofschule zu Aachen. Ztschr. des Aachener Geschichtsv. XII (1890), 315—317.
108. **Des hl. Bernward Evangelienbuch im Dom zu Hildesheim.** In weiterer und kürzerer Ausgabe. Hildesheim 1891.
109. **Vatikanische Miniaturen.** Freiburg 1893.
110. Ein Sakramentar des 11. Jahrhunderts aus Fulda. Zt. VII (1894), 65—81.
111. Das Evangelienbuch des Erzbischöflichen Priesterseminars zu Köln. Zt. XI (1898), 1—19.
112. Die Gebetbücher des Kardinals Abrecht von Brandenburg. Zt. XI (1898), 149—152.
113. **Das Evangelienbuch Heinrichs III. aus dem Dome zu Goslar in der Bibliothek zu Upsala.** Zt. XIII (1900), 65—97.
114. **Das Evangelienbuch Heinrichs III. aus dem Dome zu Upsala in seiner Bedeutung für Kunst und Liturgie.** Düsseldorf 1900.
115. Ein Missale aus Hildesheim und die Anfänge der Armenbibel. Zt. XV (1902), 265—274; 307—318.
116. Exposition de l'Histoire de l'Art à Düsseldorf 1904: Les manuscrits flamands. Les Arts anciens de Flandre I, 49—51; 53—56. II, 73—75.
117. Un Livre d'Heures, appartenant à S. A. le duc d'Arenberg à Bruxelles. Revue de l'art chrét. LIV (1904), 437—447.
118. Gebetbuch des Fürsten Salm-Salm. Zt. XVIII (1905), 33—40; 65—70.
119. Handschriften der Kölner Fraterherren. Zt. XVIII (1905), 183—190.
120. **Geschichte der Evangelienbücher in der ersten Hälfte des Mittelalters.** Ergänzungsheft zu den St. XCII und XCIII. (Freiburg 1906).
121. Miniaturen aus Prüm. Zt. XIX (1906), 11—22; 43—54.
122. Das Evangelienbuch des Kurfürsten Kuno von Falkenstein im Dome zu Trier. Zt. XX (1907), 163—172.
123. Ein Gebetbuch des Kaisers Karl V. Zt. XXII (1909), 79—86.

III. Siegelkunde.

124. Das Siegel des Mainzer Domkapitels aus dem 13. Jahrhundert. Zt. II (1889), 381—385.
125. Kirchensiegel des Mittelalters. Zt. III (1890), 265—269.
126. Aus der Geschichte der deutschen Siegel. St. XXXIX (1890), 46—60.
127. Das Majestätssiegel Kaiser Friedrichs III. Zt. X (1897), 155—158.
128. Das Stempelwesen in Japan. St. LXVI (1904), 355—356.
129. Gefälschte Siegelstempel. Schweizer Archiv für Heraldik 1906, 89—92.

IV. Ikonographie.

130. Die sinnbildliche Bedeutung des Löwen. St. XXIV (1883), 157—179.
131. Die Darstellung der Taufe und der Kreuzigung Christi in einer Handschrift des Trierer Domes. Zt. I (1888), 131—138.
132. Die Symbolik der Taube. St. XXXVII (1889), 193—200.
133. Die bildliche Darstellung der Verkündigung Mariä. Zt. III (1890), 191—196; 207—214.
134. Die Erztüren und die Fassade von St. Zeno zu Verona. Zt. V (1892), 341—350; 379—388.
135. Zur Reform der Ikonographie des Mittelalters. Zt. VI (1893), 147—161.
136. Neapolitanische Krippendarstellungen. St. XLV (1893), 530—532.
137. Ursprung und Darstellung der sieben Schmerzen Mariä. St. XLVI (1894), 567—570.
138. Die Sculpturen des Portals zu Remagen. Zt. IX (1896), 151—160.
139. Rosenkranzbilder aus der Zeit um 1500. Zt. XIII (1900), 33—42.
140. Das Leben Jesu Christi von Jan Joest auf den Flügeln des Hochaltars zu Kalkar. M.-Gladbach 1900.
141. Zur Geschichte der Tiersymbolik in der Kunst des Abendlandes. Zt. XIV (1901), 275—286. XV (1902), 51—63.
142. Darstellung der jungfräulichen Mutterschaft Mariens aus dem Provinzialmuseum zu Bonn. Zt. XVII (1904), 353—361.
143. Die Darstellung der Uebertragung der geistlichen Gewalt an die Apostelfürsten in der Kunst Roms und des Morgenlandes. St. LXVII (1904), 116—117.
144. Die Bilderreihe der Bernwardssäule. Zeitschrift des Histor. Vereins für Niedersachsen, Jahrg. 1907, 81—83.
145. Nochmals „Der Fürst der Welt" in der Vorhalle des Freiburger Münsters. Freiburger Münsterblätter X (1914), 22—24.
146. Mittelalterliche Darstellungen des Todes und der Aufnahme Marias. Das Kirchenjahr in Liturgie und Kunst Jahrg. 1914, 63—67.

V. Archäologie, Liturgie, Reliquien, Wallfahrten.

147. Zur Geschichte des Bischofsstabes. Katholik 1881 II, 52—75.
148. Rom gegen Rom? St. XXVI (1884), 1—21.
149. Der Aachener Königsstuhl. Ztschr. des Aachener Geschichtsv. IX (1887), 14—42.
150. Die „Deutsche Evangelische Kirchenzeitung" über den heiligen Rock in Trier. St. XXXIII (1887), 545—547.

151. Weitere infolge der Ausstellung des heiligen Rockes um das Jahr 1512 gedruckte Trierer Heiligtumsbücher. Zentralblatt für Bibliothekswesen V (1883), 368—371.
152. Geschichte der Trierer Kirchen, ihrer Reliquien und ihrer Kunstschätze. 1. Teil: Gründungsgeschichte. Trier 1887. 2. Teil: Geschichte des hl. Rockes. Ebd. 1889.
153. Zur Geschichte der evangelischen Perikopen während des 9. bis 13. Jahrhunderts in Deutschland. Zeitschr. für kath. Theologie XIV (1889), 661—689.
154. Die Wölfin des Aachener Münsters. Zeitschr. des Aachener Geschichtsv. XII (1890), 317—320.
155. Geschichte des heiligen Rockes. Volksausgabe Trier 1891.
156. Nachtrag zur Geschichte des hl. Rockes. Trier 1891.
157. Eine archäologische Enttäuschung. St. XL (1891), 139—140.
158. Der heilige Rock unseres Herrn und Heilandes im Dome zu Trier. St. XLI (1891), 146—163.
159. Das heilige Haus von Loreto. St. XL (1891), 162—177.
160. Die bevorstehende Ausstellung des hl. Rockes unseres Heilandes zu Trier. Alte und Neue Welt, Jahrg. 1891, 728—732.
161. Der Reliquienschatz des Hauses Brandenburg-Lüneburg. St. XL (1891), 562—583.
162. Die Aufbewahrung des heiligsten Sakraments in der ersten Hälfte des Mittelalters. St. XLIV (1893), 379—383.
163. Die heiligen Geräte und die geistliche Kleidung bei der päpstlichen Messe im achten Jahrhundert. St. XLV (1893), 456—473.
164. Zur Bedeutung der altchristlichen Oranten. St. XLIV (1893), 554—559.
165. Die altchristliche Inschrift von Si-Ngan-fou. St. XLVI (1894), 465—467.
166. Das Labarum. St. LI (1896), 224—227.
167. Bilder aus der Geschichte der altchristlichen Kunst und Liturgie in Italien. Freiburg 1899.
168. Doberaner Reliquien. St. LVIII (1900), 474—476.
169. Die ältesten Beichtstühle. St. LIX (1900), 247—248.
170. Katholische Gebräuche im protestantischen Pommern. St. LXII (1902), 247—248.
171. Der Tragaltar des Domschatzes zu Paderborn. Zt. XV (1902), 331—338.
172. Die Wallfahrten der Ungarn nach Aachen. St. LXIII (1902), 579—581.
173. Die Aachenfahrt. Ergänzungsheft zu den St. LXXXII (Freiburg 1902).
174. Eucharistie und kirchliche Kunst. Gral, Jahrg. 1902, 670—676.
175. Bemerkenswerte Eigentümlichkeiten des russischen Gottesdienstes. St. LXIV (1903), 595—599.
176. Wandlungen bei der Erklärung der Katakombenbilder. St. LXVIII (1905), 591—592.
177. Die Wallfahrt nach Loreto. St. LXXI (1906), 361—376.
178. Entstehung der Perikopen des römischen Meßbuches. Ergänzungsheft zu d. St. XCVI (Freiburg 1907).
179. Der Bischofsstab. St. LXXV (1908), 170—180.

180. Zur Geschichte der Gebetbücher. St. LXXVIII (1909), 28—41; 169—185; 274—289; 397—411.
181. Ein angebliches Königsscepter im Schatze des Aachener Münsters. Zt. XXIII (1910), 87—90.
182. Die neuesten Untersuchungen über das „heilige Haus" zu Loreto. St, LXXIX (1910), 373—387.
183. Kühne Leugnung der rheinischen Martyrien. St. LXXIX (1910), 585—587.
184. Datierung einer alten Rolle. St. LXXXIII (1912), 476—478.
185. Ein protestantisches Wallfahrtsbüchlein. St. LXXXIV (1913), 344—348.
186. **Wallfahrten zu U. L. Frau in Legende und Geschichte.** Freibnrg 1913.
187. Die Anfänge des Kirchenjahres. Das Kirchenjahr in Liturgie und Kunst, Jahrg. 1914, 5—7.
188. Die älteste Form der eucharistischen Ciborien. Ebd. Jahrg. 1914, 30—32.

VI. Hagiographie.

189. **Die Geschichte des hl. Sebastian und seiner Genossen.** Aachen 1869.
190. Die Legende von der Thebäischen Legion. St. XXXI (1887), 584—591.
191. **Die Verehrung der Heiligen und ihrer Reliquien in Deutschland bis zum Beginn des 13. Jahrhunderts.** Ergänzungsheft zu d. St. XLVII (Freiburg 1890).
192. **Die Verehrung der Heiligen und ihrer Reliquien in Deutschland während der zweiten Hälfte des Mittelalters.** Ergänzungsheft zu den St. LIV (Freiburg 1892).
193. Erinnerungen an die hl. Elisabeth von Thüringen. St. XLV (1893), 415—416.
194. **Die Verehrung U. L. Frau in Deutschland während des Mittelalters.** Ergänzungsheft zu den St. LXVI (Freiburg 1896).
195. Der Schutzheilige deutscher Jäger. St. LXVIII (1905), 245—253.
196. Die Hingabe eines außerordentlich großen Vermögens. Eine heroische Tat der hl. Melania. St. LXXI (1906), 477—490.
197. **Geschichte der Verehrung Marias in Deutschland während des Mittelalters.** Freiburg 1909.
198. **Geschichte der Verehrung Mariens im 16. und 17. Jahrhundert.** Freiburg 1910.
199. Monatsheilige. St. LXXXIV (1913), 241—244.
200. Eine eigenartige Marienlegende. St. LXXXIV (1913), 592—595.

VII. Kulturgeschichte, Denkmalpflege, Fälschungen.

201. Hauseinrichtung und Haushaltung am Niederrhein um 1555. St. XXIII (1882), 68—82.
202. **Die Baugeschichte der Kirche des hl. Viktor zu Xanten.** Ergänzungsheft zu den St. XXIII und XXIV (Freiburg 1883).
203. **Geldwert und Arbeitslohn im Mittelalter.** Ergänzungsheft zu den St. XXVII (Freiburg 1884).
204. **Geschichte der Ausstattung des hl. Viktor zu Xanten.** Ergänzungsheft zu d. St. XXXVII (Freiburg 1887).

205. Die drei Ergänzungshefte in zweiter Ausgabe unter dem Titel: Die Bauführung des Mittelalters. Freiburg 1889.
206. Der Eid des Vicedominus beim Aachener Marienstift. Zeitschrift des Aachener Geschichtsvereins X (1888), 244—245.
207. Die kulturgeschichtliche Bedeutung des hl. Franz von Assisi. St. XXXIII (1887), 1—17; 149—165; 276—288; 374—391.
208. Zur Würdigung des idealen Gehaltes mittelalterlicher Handwerksordnungen. St. XXXVII (1889), 257—269.
209. Geschichtliche Unwahrheiten. St. XXXVII (1889), 325—326.
210. Bilderpreise. St. XXXVII (1889), 573—576.
211. Gefälschte Kunstwerke. St. XXXVIII (1890), 431—444.
212. Zur Feier der Erfindung des Buchdruckes. St. XXXIX (1890), 343—352.
213. Zum Verhältniß zwischen Kunst und Christentum. St. XL (1891), 136—139.
214. Der Wert der Ausstattung fränkischer Kirchen im 6. Jahrhundert. St. XLV (1893), 100—102.
215. Apologetisches aus dem Mittelalter. St. XLVII (1894), 625—627.
216. Zur Geschichte der Säulensteher. St. XLVIII (1895), 344—346.
217. Stadt und Stift Fritzlar. St. XLIX (1895), 378—397.
218. Die Sage von der allgemeinen Furcht vor dem Untergange der Welt beim Ablauf des Jahres 1000 n. Chr. G. St. XLVIII (1895), 469—484.
219. Gefälschte Kunstwerke. St. LIX (1900), 281—286.
220. Kirchliche Denkmalpflege. St. LXI (1901), 113—132.
221. Schätze merowingischer Könige und Kirchen. St. LXI (1901), 361—371; 502—515.
222. Fränkische Grabstätten aus christlicher Zeit. St. LXIII (1902), 499—517.
223. Zum Kapitel Antiquitätenhandel. St. LXVIII (1905), 125—126.
224. Umwandlung heidnischer Kultusstätten in christliche. St. LXIX (1905), 23—38; 134—143.
225. Städtische Bauordnungen im Dienst der Denkmalpflege. St. LXVIII (1905), 126—128.
226. Deutschlands Glanz im finstersten Jahrhundert. St. LXX (1906), 51—65; 178—190; 302—315.
227. Moderne Preise für Antiquitäten. St. LXXII (1906), 125—127.
228. Denkmalpflege auf dem Lande. St. LXXII (1907), 356—359.
229. Einfluß des Christentums auf den Buddhismus in der spätrömischen Kaiserzeit. St. LXXV (1908), 353—364.
230. Gefälschte Kunstwerke. Freiburg 1909.
231. Die Mitwirkung der Geistlichkeit bei der Denkmalpflege. St. LXXXI (1911), 46—52.
232. Der Kampf gegen die Auswüchse des Reklamewesens. St. LXXXVI (1914), 608—610.

VIII. Ascese, Erziehungswesen.

233. Mitteilungen über Pariser Schulverhältnisse. Kath. Zeitschrift für Erziehung und Unterricht. XIX (1870), 104—111; 180—202; 419—439.
234. Seelengärtlein. Freiburg o. J.
235. Kleines Heiligthums-Büchlein. Anleitung zu einer verständigen und frommen Feier der Heiligthumsfahrt zu Aachen, Cornelimünster und Burtscheid. Aachen 1881.

236. Kleines Heiligthums-Büchlein. Aachen 1881.
237. Das Gebet des Herrn und der Englische Gruß. Betrachtungspunkte. Freiburg 1900 (2. Aufl. 1904).
238. Der Weihnachtsfestkreis. 1. Teil: Betrachtungpunkte für den Advent und die Feste der Weihnachtszeit. Freiburg 1901 (3. Auflage 1915).
239. 2. Teil: Betrachtungspunkte für die Zeit vom Feste der Erscheinung bis Septuagesima. Freiburg 1901 (2. Aufl. 1905).
240. Das Leiden unseres Herrn. Betrachtungspunkte für die hl. Fastenzeit. Freiburg 1901 (3. Aufl. 1907).
241. Die Verherrlichung unseres Herrn Jesu Christi. Betrachtungspunkte für die Osterzeit. Freiburg 1901 (2. Aufl. 1904).
242. Der Pfingstfestkreis. 1. Teil: Betrachtungspunkte für die Feste des heiligen Geistes, der heiligsten Dreifaltigkeit, des heiligsten Sakramentes und des Herzens Jesu. Freiburg 1901. (3. Aufl. 1913).
243. 2. Teil: Betrachtungspunkte über die Evangelien des 3. bis 24. Sonntags nach Pfingsten. Freiburg 1901 (2. Aufl. 1904).
244. Die heilige Fastenzeit. Betrachtungspunkte über Evangelien von Septuagesima bis Palmsonntag. Freiburg 1902 (2. Aufl. 1905).
245. Die Verehrung U. L. Frau. Betrachtungspunkte für die Feste der Gottesmutter sowie für den Mai und Oktober. Freiburg 1902 (3. Aufl. 1911).
246. Die Verehrung der Heiligen. Betrachtungspunkte für die Feste der Heiligen. Freiburg 1903 (2. Aufl. 1905).

REGISTER

Personen

Die durchgehend erwähnten Namen Gottes, Christi, der Muttergottes sowie die Gruppen der Engel, Heiligen usw. sind nicht aufgenommen, die Heiligen nicht besonders gekennzeichnet.

P. = Papst; EB. = Erzbischof; B. = Bischof; K. = Kaiser; Kg. = König.

Aaron I 136; II 29
Abel II 37
Abraham I 135; II 37, 96, 140
Achatius II 66
Adalbald I 38, 41
Adalbero, B. v. Reims I 41
Adalbert, B. v. Bremen II 7
Adalbert, B. v. Prag I 120; II 26, 51
Adalbin, B. v. Salzburg I 85
Adalhard II 4
Adalsindis I 38
Adam I 135
Adam v. Amiens II 12
Adaman, Abt v. Hey II 43
Adauctus II 57
Adela I 38; II 4
Adelgunda. Äbt. v. Maubeuge I 38
Adelheid, Kaiserin II 23, 52
Adelheid, Gräfin v. Flandern II 51
Adeltrudis I 38, 41
Ado I 65
Adrian I 41
Aedigius II 43, 60, 65, 67, 108
Afra I 5; II 23, 60, 64, 67
Agatha II 22, 25, 26, 60, 63, 64, 67
Agatha-Hildegard, Pfalzgräfin v. Kärnten II 52
Agapitus II 23
Agathius II 65
Agilolf, EB. v. Köln II 7, 57, 66
Agnes I 88, 104; II 22, 26, 56, 66, 67, 73

Agobard, EB. v. Lyon I 59, 60
Agritius I 141
Aistulph, Kg. d. Langobarden I 73
Alarich I 136
Alban (Albinus) I 4; II 58, 108
Albero II. B. v. Lüttich II 9
Albert d. Große II 49, 59
Albert v. Brabant, B. v. Lüttich I 114, 115, 118; II 50, 51
Albert v. Österreich II 117
Albrecht v. Brandenburg, Kardinal II 127, 132, 133
Alcuin I 39, 43, 51, 52
Aldegundis v. Drongen I 38
Alexander I 5, 18, 74, 81, 82, 141
Alexander, P. I 78
Alexander III. P. I 115, 116
Alexander VI., P. II 135
Alexius II 60, 108
Amandus, B. v. Bordeaux I 34
Amandus, B. v. Maastricht I 40; II 14, 15, 26, 80
Amandus, B. v. Straßburg I 37
Amandus, B. v. Utrecht I 104; II 14, 15
Ambrosius, B. v. Mailand I 18; II 24, 25, 67, 78
Amantius I 41
Amatus, Abt v. Remiremont I 41
Anastasia I 96, 97
Anastasius I 69, 83
Andreas I 18, 25; II 26, 28, 29, 57, 66, 86, 108

Personen

Andreas III. Kg. v. Ungarn II 31
Angilbert, Abt v. St. Riquier (Centula)
  I 39, 53, 75, 79, 87, 107; II 30
Anna II 28, 58, 59, 61, 66, 67, 101,
  109, 134—136, 141
Anno, EB. v. Köln I 97, 104, 117; II
  7—9, 25, 26, 50, 57, 66, 108
Ansbert, Abt v. Fontanelle I 38, 87,
  93, 120, 142; II 85
Anscher, Abt v. St. Riquier (Centula)
  I 107
Anselm, Abt v. Gembloux II 20
Ansfried II 50
Ansgar, B. v. Bremen II 106
Antimus II 25
Antonius II 26, 44, 59, 67, 70, 79, 81,
  96, 101
Aper, B. v. Toul I 42; II 60
Apollinaris II 123
Apollonia II 59, 63, 66, 67, 74, 82, 101
Apronia I 42
Ardo v. Kornelimünster II 21, 22, 87 A
Aribo, B. v. Freising I 63, 64
Arichis I., Kg. d. Langobarden I 72
Aridius, Abt I 16
Arnold I., EB. v. Trier II 20, 21
Arnulf, Kg. I 94
Arnulph, B. v. Metz I 37, 39, 41; II 28
Arnulph, B. v. Soissons I 108
Arnulph, EB. v. Mailand I 136
Arsenius II 26
Asklepiodot I 72
Athanasius I 104
Attala. Äbt. I 42
Auctor, B. v. Trier I 94, 119
Audoenus (Audoën, Aldowin, Ouen),
  B. v. Rouen I 11; II 10, 14
Audomar II 5
Augustinus I 139; II 22, 28, 55, 57, 59,
  67, 78, 112
Aurelius II 26
Aureus I 37

Bacchus I 78; II 61
Balderich, B. v. Utrecht I 88, 104
Balduin, Graf v. Flandern II 5, 46

Balduin, B. v. Noyon II 12
Barbara II 59, 61, 63, 65—67, 77, 83,
  89, 101, 109
Bardo II 50
Barlaam II 108. 111
Baronius, Kardinal I 89
Bartholomäus II 60, 63, 66, 67
Basinus I 38, 41
Bavo v. Gent I 41
Beckett, Thomas II 64
Begga I 39
Belisar I 136
Benedikt I 97, 103; II 22, 25—29, 33,
  60
Benedikt IX. P. I 113
Benedikt XIII. P. I 114
Benedikt XIV. P. I 92, 111, 112; II
  68, 82
Benedicta, Äbt. v. Süstern I 39
Benignus I 13, 88, 104, 131
Berengar II 6
Bernard v. Clairvaux I 125; II 13, 49,
  54, 78, 92, 102
Bernard, Markgraf v. Baden II 51
Bernard v. Menthon II 50, 86
Bernardin v. Siena II 117
Bernward, B. v. Hildesheim I 13, 117;
  II 32, 50, 64, 76, 106
Bertha, Tochter Karls d. Gr. I 79
Bertha, Gemahlin Heinrichs IV. I 103;
  II 7
Berthold v. Regensburg II 49
Berthold, Abt v. Steiergarsten II 50
Bertilia I 38
Bertin, Abt v. St. Omer II 41, 113;
  II 5
Bertulf I 121
Binnosa II 27
Blasius II 2, 25, 26, 29, 42, 65, 66, 110
Bonaventura II 13, 102
Bonifatius I 42—44, 46, 47, 63, 64, 73;
  II 2, 23, 26, 60
Bonifatius, EB. v. Mailand I 67
Bonifatius IV. P. I 73
Bonifatius VIII. P. II 116
Bonifatius IX. P. II 118, 119

Brandon, Abt II 109
Bracislaus, Herzog v. Böhmen I 120
Briccius II 16, 25, 28, 29
Brictius I 41
Brigitta II 58, 59, 67
Brunhilde, Königin I 28, 72
Bruno II 49, 58, 59, 66
Bruno, Graf v. Egisheim = Leo IX. P. II 50
Burchard (Burkard) v. Würzburg I 43, 87, 109; II 25, 26

C s. auch unter K
Caecilia I 139, 140; II 22, 23, 25, 26, 28, 57, 66, 84
Caecilia, Äbt. v. Süstern I 39
Caesarius v. Heisterbach I 75; II 108
Calepodius I 102
Calixtus I 102
Callistus (= Calixtus) P. I 95
Callistus II. P. I 116
Candidus I 75; II 80
Cassius I 4
Celsus, B. v. Trier I 105, 106
Chavaricus, Kg. I 23
Charileffus, Mönch I 24
Charitas II 63
Childebert I., Kg. I 24
Childebert III., Kg. I 47, 72
Chilperich I., Kg. I 24, 47
Chilperich II., Kg. I 47
Chlodwig I., Kg. I 28
Chlodwig II., Kg. I 47
Chlotar III., Kg. I 47
Christina Mirabilis v. St. Trond II 54
Christina Mirabilis v. Köln II 54, 67
Christoph, Herzog v. Bayern II 48
Christophorus II 27—29, 58, 60, 62, 65—67, 70, 82, 83, 97, 100, 105
Chrisanthus I 79, 85, 141
Chrodegang, B. v. Metz I 37, 74, 93; II 34
Clara de Petra v. Düren II 135
Clarus, B. v. Nantes II 78
Claudius, B. v. Turin I 56, 57
Clematius I 2—4

Clemens I 102; II 23, 24, 56, 57, 64, 70
Clemens I., B. v. Metz I 37, 118
Clemens II. P. I 113
Clemens III. P. I 117
Clemens VI. P. II 116, 118
Clemens VIII. P. I 139
Clodulph, B. v. Metz I 39; II 28
Clotsendis, Äbt v. Marchiennes I 38
Coelestin III. P. I 117
Coloman II 51
Columba II 10, 26, 58
Columban I 43; II 25, 26
Cono s. Kono
Corbinian, B. v. Freising I 37, 63, 64
Cordula II 27, 57, 59
Cornelius I 102, 140, 143; II 56, 60, 67, 90, 122
Cosmas II 58, 59, 62, 64, 67, 71, 76, 97
Craphaildis I 41
Crescens, B. v. Mainz I 37
Crescentia II 108
Crispin I 4, 11; II 57, 62, 76
Crispinian I 4, 11; II 57, 62, 76
Cuthberth, EB. v. Canterbury I 67
Cyprian II 56, 60
Cyriakus I 85; II 23, 57, 64

Dagobert I. I 40
Damasus II 29
Damian II 58, 59, 62, 64, 67, 71, 76, 97
Daniel II 96
Daria I 79, 85, 141
David, Kg. II 140
Demetrius v. Thessalonich II 43
Dentlinus I 38
Desiderius I 84
Deusdona, Diakon I 90, 91
Diethmar, B. v. Prag II 103
Dietmar, B. v. Salzburg I 85
Digna I 5
Dionysius I 83, 103, 140; II 1, 3, 23—26, 28, 60, 65, 67, 70
Dionysius Areopagita I 94, 114
Dionysius II 51

Disibod I 43; II 34
Doda I 39
Dominikus II 49, 53, 67, 78
Domitian, B. v. Lüttich I 37; II 80
Donatus II 64
Dorothea II 59, 62, 66, 67, 84, 109, 110
Dorothea von Montau II 52
Drogo, EB. v. Metz II 22
Dulcitius, Diakon I 55
Dungal v. St. Denis I 57, 58
Dympna I 41, 43
Dynamius I 72

Ebergisilus (Ebrigisil), B. v. Köln I 4; II 57
Eberhard, B. v. Salzburg II 50
Egbert, EB. v. Trier I 105; II 86
Egbert v. Schönau II 54
Eigil v. Fulda I 45
Einhard I 39, 66, 84, 88, 92, 93, 142
Ekkehard v. St. Gallen I 66, 109, 113
Eleutherius II 25
Eligius (Eloi) I 11; II 10, 15, 60—62, 64
Eliphius II 58
Elisabeth v. Thüringen II 2, 52, 66, 76, 83, 90, 108, 109
Elisabeth, die Gute von Waldsee II 52
Elisabeth von Schönau II 53
Elysäus II 96
Emerich II 51
Emmeram, B. v. Regensburg I 37, 63; II 25, 26
Enen, B. v. Trier II 125
Engelbert, EB. v. Köln I 114; II 50, 51, 56
Eoban, B. I 44
Epimachus I 75
Epiphanias I 93, 94
Erasmus II 56, 60, 63—67
Erentrudis (Ehrentraud) I 42
Erhard II 25, 26
Erpho II 50
Eucharius I 36, 121; II 34, 69
Eugen II. P. I 54, 78
Eugen III. P. I 117; II 54

Eugenia, Äbt. I 42; II 28
Eugenius, B. v. St. Denis I 107
Eugipp v. Noricum I 7, 18
Eumenia I 5
Euphemia, Äbt. v. Altomünster II 52
Euphronius v. Tours I 38
Euprepia I 5
Eusebia I 38
Eusebius I 135
Eustachius II 65, 111
Eustachius v. Jardinet II 50
Evermar I 41
Evermod II 50
Ewald, weißer u. schwarzer I 43; II 57

Fardulf, Abt v. St. Denis II 1
Faustin I 5
Felicia II 25
Felicianus II 29
Felicissimus II 23
Felicitas I 28, 143; II 66
Felix II 28, 56, 57
Ferreolus I 38
Ferrutius I 5, 87
Fides II 63
Firmian I 140
Firminus, B. v. Uzes I 38; II 12
Flobert, Abt v. Blandinenberg (Gent) I 140
Florentius I 4, 37
Florian I 5; II 26, 64
Foillan I 41, 43
Franco, B. v. Aix II 10
Franciscus v. Assisi I 104; II 42, 49, 53, 54, 66, 67, 109
Fridolin I 43
Friedrich, EB. v. Köln I 107
Friedrich I. K. I 117
Friedrich II. K. II 55
Friedrich III. K. II 65
Friedrich der Weise, Kurfürst II 132
Fulco, Graf v. Angers II 11
Fulco, B. v. Amiens II 12
Fulrad, Abt v. St. Denis I 74
Fursäus I 43
Fuscian I 4

Gabriel II 23, 96
Gallus, Abt v. St. Gallen I 43, 84, 88; II 23, 25, 26, 29
Gallus, B. v. Clermont I 33, 38
Gangolf II 26, 28, 29, 64
Gaudentius, EB. v. Brescia I 18, 121; II 41
Gebhard, B. v. Konstanz I 119; II 33, 34, 50
Gebhard (Gerhard), Abt v. Brogne I 107
Gemini I 119
Genovefa v. Paris II 81, 100
Genserich I 136
Gentian I 4
Georg II 24—29, 43, 47A, 59, 60, 62, 65—67, 70, 76, 80, 97, 98, 105, 110
Gerard v. Deventer II 59
Gerard, B. v. Csanad I 114; II 51
Gerard v. Wassenberg II 6
Gerebernus I 41, 43; II 56
Gereon I 3, 4, 122; II 29, 56, 61, 66, 67, 70
Gerhard, B. v. Hildesheim II 118
Gerhard, B. v. Ratzeburg II 118
Gerhard, Abt v. Siegburg I 117
Gerhard, B. v. Toul I 113
Gerlach v. Maastricht II 50
Germanus, B. v. Auxerre II 86
Germanus, Abt v. Münster-Granfelden (Grandval) I 41
Germanus, B. v. Paris I 24
Gerold v. Köln II 51
Gertrud II 27
Gertrud I., Gräfin v. Braunschweig I 94; II 32
Gertrud, Äbt. zu Hamai I 38
Gertrud, Äbt. v. Nivelles I 39
Gertrudis v. Eisleben II 53
Gertrud von Oosten II 54
Gervasius I 18
Ghislain II 6
Gisela I 39
Gislebert II 15
Goar I 41

Godehard, B. v. Hildesheim I 117; II 59, 106
Godelewa I 114
Goderich, B. v. Auxerre II 86
Godeskalk II 53
Godfried, B. v. Amiens II 12
Godo (Dodo) I 37
Godon II 28
Goericus, gen. Abbo I 37; II 28
Goliath II 140
Gondulphus, B. I 37, 120
Gordian I 75
Gorgonius I 74, 93; II 29
Gosselin, Abt v. St. Benoit de Fleury II 86
Gottfried v. Bouillon II 9, 47A
Gottfried v. Cappenberg II 49
Gottfried v. Viterbo II 20
Gottschalk v. Benediktbeuren I 96
Gozelo, Herzog v. Lothringen II 11
Grata II 25
Gregor I. d. Gr. P. I 8, 28—30, 54, 55, 71, 72, 119, 130; II 22, 24—26, 56, 67, 77
Gregor IV. P. I 73, 78, 102
Gregor VII. P. I 114
Gregor, B. v. Langres I 33, 38
Gregor v. Tours I 4, 9, 10, 12, 14, 16, 17, 20—23, 26—28, 30—34, 38, 42, 71, 78, 131; II 10, 28, 40
Gregor, B. v. Utrecht I 43
Grimoald, Abt v. Casaure I 102
Gudula II 66
Günther, Mönch in Pairis (Päris) im Elsaß II 45
Guermund v. Pequigny II 12
Guibert (Wikbert), Abt v. Gembloux I 107
Guibert, Abt v. Nogent-sous-Couci I 125; II 3, 16
Guido II 50
Guislain (Gislenus) I 92
Guthildis II 27

Haddo I 45
Hadrian I. P. I 53—55, 57, 74, 75

Haimerad v. Hasingen II 124
Hartbert, B. v. Utrecht II 31
Hartmann, B. v. Brixen II 51
Hartwich von dem Hage II 108
Hartwig, B. v. Salzburg II 50
Heddo (Etto), B. v. Straßburg I 42
Hedwig II 52, 109
Heimerich, Dechant v. Xanten II 130
Heinrich I. Kg. I 83
Heinrich II. K. I 117; II 24, 51, 106
Heinrich III. K. I 113, 120; II 86
Heinrich IV. K. II 6—8
Heinrich, Kg. v. Frankreich II 11
Heinrich II., Herzog zu Braunschweig-Grubenhagen II 42
Heinrich der Löwe II 20, 43, 64, 119
Heinrich v. Uelmen II 31, 44
Heinrich v. Veldeke II 108
Helena I 73, 99; II 27, 41, 56, 67, 77, 81, 90, 110
Heribert II 50, 60, 90
Heribrand, Abt II 6
Herlindis, Äbt. I 44
Hermann, B. v. Bamberg II 8
Hermann, B. v. Hildesheim II 30
Hermann Joseph v. Köln II 49, 61
Hermes I 85, 140
Hetti, B. v. Trier I 142
Hieronymus I 135; II 22, 60, 67, 79, 112
Hilarion II 26
Hilarius II 25, 28
Hildebrand v. Merwarden II 135
Hildegard v. Bingen II 51, 53, 54
Hildetrudis I 38
Hilduin, Abt v. St. Denis u. St. Medard I 74, 90, 91
Hildward, B. v. Halberstadt I 22
Hincmar, B. v. Reims I 99, 103
Hippolytus I 74; II 23, 25, 66
Hitto, B. v. Freising I 78
Honoratus II 112
Hrabanus Maurus I 59, 76, 77, 80, 81
Hubertus I 37, 88; II 62, 66, 67, 76
Hugo, Abt I 39
Hugo, Archidiakon II 3
Hugo, B. v. Langres II 6, 67

Humbert, Abt v. Moroilles (Marolles) I 41; II 5
Hyacinthus II 29

Ida v. Nivelles II 52
Ida v. Toggenburg II 111
Ignatius II 62, 78, 139
Immo, Graf II 6
Innocentia I 78
Innocenz I 83, 97; II 26
Innocenz II. P. I 116
Innocenz III. P. I 117
Innocenz IV. P. II 132
Innocenz VI. P. II 122
Irenäus v. Lyon II 81
Irmengard II 56
Isaak II 37, 96, 140
Itta (Iduberga) I 39
Ivo II 62

Jakob II 96, 112, 141
Jakob III., Kurfürst v. Eltz II 140
Jakob I., Kurfürst v. Trier II 117
Jakob v. Ulm II 49
Jakobus II 24, 58, 67, 79, 100, 118, 119, 140
Jakobus da Voragine, EB. v. Genua II 108
Jan de Clerk v. Antwerpen II 120
Januarius I 84, 113
Jeremias I 48
Jeremias, B. v. Sens I 56
Joachim II 61
Job II 96
Jodocus II 59, 60
Johann I., EB. v. Trier II 121
Johann XIII. P. I 86
Johann XV. P. I 109, 112, 119
Johann Nepomuk I 114; II 52
Johannes II 25—29, 58, 66, 67, 70, 74, 90
Johannes v. Salzburg, B. I 43
Johannes der Täufer I 17 f., 81, 93, 104, 138, 140; II 22, 27—29, 45, 58, 60, 66, 67, 70, 71, 83, 101, 105, 114, 122, 126, 139

Jonas, B. v. Orleans I 56—58, 64
Jordanus II 49
Josaphat II 108, 111, 112
Joseph (A.T.) II 112
Joseph II 58, 59, 61, 64, 141
Joseph v. Arimathäa II 122
Josue I 26
Jovinian II 25
Jovita I 5
Judas der Machabäer I 48
Judas Thaddäus I 120; II 92
Julian, K. II 58
Julianus I 23, 41
Julius Africanus I 135
Julius II. P. II 134A—136
Justin I 88; II 23
Justina II 27
Justinus I 78
Justus I 88
Jutta II 53
Jutten II 110

K. s. auch unter C
Kadwalla, Kg. I 65
Karl d. Gr. K. I 34, 39, 50—52, 60, 61, 63, 65, 75—77, 83, 117, 129, 133; II 1, 22, 30, 35, 41, 69, 70, 87, 92, 119
Karl IV. K. II 30, 120, 128
Karl, König v. Frankreich I 83
Karl III. d. Kahle, Kg. I 59
Karl d. Gute, Graf v. Flandern I 114; II 51
Karlmann I 65
Kategundis II 27
Katharina II 28, 41, 58, 63, 65—67, 70, 75, 77, 84, 101, 109, 110
Katharina, Markgräfin v. Baden II 117
Kilian, B. v. Würzburg I 43, 87; II 24, 26, 70
Klara II 66, 67
Kleve, Herzog von II 117
Knut, Kg. v. Dänemark II 51
Koloman I 43
Kono, EB. v. Trier I 115; II 50, 51
Konrad, Graf II 6, 7, 50

Konrad, B. v. Halberstadt II 45
Konrad v. Hochstaden, EB. v. Köln II 17
Konrad II. B. v. Konstanz I 85, 116; II 6, 50
Konrad, B. v. Metz II 117
Konrad, Abt v. Petershausen II 33
Konrad v. Würzburg II 108
Korbinian II 28
Kunibert, B. v. Köln I 36; II 56, 58, 66
Kunigunde, Kaiserin I 117; II 52

Ladislaus, Kg. v. Ungarn II 51
Lambert v. Hersfeld II 106, 124
Lambert, B. v. Maastricht I 37, 118; II 8—10, 25—27, 56, 61, 70
Landoald I 41, 107
Landricus, Abt v. Soignies I 38
Laurentius I 72, 86, 96, 102, 138; II 23, 25, 26, 29, 58, 60, 64, 66, 67, 70, 71, 73, 82, 101
Lebuin (Liafwin) I 44
Leo III. K. (Leon d. Syrer) I 49
Leo III. P. I 75
Leo IV. P. I 73, 102; II 80
Leo IX. P. I 94, 113, 120, 140; II 6, 28, 42, 50, 106
Leo X. P. II 123, 132, 141
Leobin I 26
Leodegar, B. v. Autun I 42
Leonard, Steinmetz II 134
Leonhard II 24, 27, 57, 130
Leopold, Herzog v. Österreich II 46
Leopold III. Markgraf v. Österreich II 51
Leuduin, B. v. Groß-Wardein II 47A
Libertinus II 112
Liborius I 87; II 23
Lidwina v. Schiedam II 54
Lifardus I 25
Lioba I 44, 46, 47
Liudolf I 83
Livin I 41, 43
Longinus II 60, 62
Lothar, K. I 57, 82, 84

Lucas I 10, 18; II 62, 66, 67
Lucia II 22, 26, 28, 61, 67, 78
Lucius III. P. I 117
Ludgerus II 23
Ludmilla, Herzogin v. Böhmen II 52
Ludolf, B. v. Trier II 20
Ludwig d. Deutsche, Kg. I 90
Ludwig I. der Fromme, K. I 54, 56, 57, 60, 79, 84, 88, 139, 140; II 21, 91
Ludwig II. Kg. II 6, 41
Ludwig IX. d. Heilige, Kg. II 32, 89
Ludwig, Landgraf v. Hessen II 117
Luetold, B. v. Basel II 46
Luipram, EB. v. Salzburg I 85
Luithard, Propst v. Malmedy I 88
Lullus, EB. v. Mainz I 5, 43, 45, 87; II 106
Luther, Martin I 132; II 137, 138

Macarius II 26
Macra I 4
Magnus II 23, 26
Majolus II 28
Mallosus I 4
Mansuetus I 37, 106, 123
Marcellinus I 84, 90, 95, 143
Marcellus II 61
Marculf II 16
Marcus I 104; II 66, 79, 89
Margaretha II 61, 63, 65—67, 80, 81A, 89, 101, 108, 109
Margaretha v. Belgien II 52
Margaretha v. Lothringen II 52
Maria v. Ägypten II 60, 67
Maria Jacobi II 96
Maria Magdalena II 22, 58, 60, 64, 66, 67, 76, 77, 101, 139
Maria Salome II 96
Markward, Abt v. Prüm I 79
Martha II 22, 28, 62
Martin, Abt v. Pairis (Päris) i. Elsaß II 45
Martin v. Tongern II 35
Martin v. Tours I 12, 15, 16, 22—24, 56, 63, 130; II 22—29, 58, 67, 70, 76, 79, 83

Martyrius I 5, 18
Maternus, B. v. Trier I 36, 37; II 26
Mathilde, Äbt. zu Dießen II 32, 52
Mathilde, Äbt. v. Quedlinburg II 23
Mathilde, Königin II 52
Matthäus II 57
Matthias I 13, 119; II 61, 66, 67, 77
Maurinus, Abt v. St. Pantaleon, Köln I 106; II 58
Mauritius I 5, 84, 93, 119, 138; II 23, 25, 26, 29, 58, 60, 62, 67, 76, 89
Maurus I 103; II 26, 28, 50
Maxelendis I 4
Maximian I 47
Maximilian I 37
Maximilian I. K. II 135
Maximin, B. v. Trier I 6, 13, 33, 36, 104, 106; II 60
Maximus v. Turin I 3
Mechthildis II 26, 53
Mechthildis v. Sponheim II 52
Medardus, B. v. Soissons I 33, 79
Meinolf II 25
Meinrad II 92
Meinwerk II 50
Melchisedek II 37, 140
Metellus I 85
Metro, B. v. Verona I 98
Michael I 135; II 22—26, 28, 29, 57, 59, 61, 62, 70, 76, 78, 83, 95, 100, 114
Michael, K. I 54, 60
Mitrias II 10
Modericus, B. I 39
Modestus I 72
Modoald, B. v. Trier I 39, 120
Monika II 59
Monon I 41, 43
Monulphus, B. I 37, 120
Morand, Prior v. St. Christoph b. Altkirch II 50
Moses I 136

Nabor I 74, 93; II 56
Nazarius I 18, 74, 93
Nicasius II 3, 67

Nicetius, B. v. Lyon I 33, 38
Nicetius, B. v. Trier I 33, 36
Nicodemus I 144; II 122
Nicolaus II 22, 24—26, 28, 41, 57, 58, 61, 62, 66, 67, 74, 81, 83, 101, 108
Nicolaus von der Flüe II 51
Nicolaus, B. v. Meißen II 118
Nicolaus V. P. II 65, 117
Nicolaus, Abt v. Rouen II 14
Noitburgis v. Köln I 39, 61
Norbert v. Xanten, EB. v. Magdeburg I 116, 122, 124; II 49, 53, 61
Notburga, Magd II 52
Notger, B. v. Lüttich I 107

Oda v. Hamai I 38
Odo, Abt v. Cluny I 101
Odgar, Diakon I 43
Odilia, Äbt. v. Odilienberg I 42; II 27, 77
Odilo v. St. Medard I 78
Oldecop, Dechant v. Hildesheim II 128
Onias I 48
Ortlieb v. Zwiefalten II 32, 92
Oswald II 89, 108
Otbert, B. v. Lüttich I 107
Otgar, EB. v. Mainz I 73, 78, 97
Othmar, Abt v. St. Gallen I 88, 109; II 25, 26
Otloh II 106
Otpert, Diakon I 45
Otto I. K. I 82, 86, 144; II 6
Otto II. K. I 119; II 33
Otto III. K. II 23, 50
Otto, B. v. Bamberg I 117; II 27, 50
Otto, Herzog v. Braunschweig II 31
Ouen s. Audoenus

Palladius, B. v. Saintes I 72
Paneas I 56
Pancratius I 72; II 23, 27, 29, 70
Pantaleon II 25, 58, 64—66, 108
Papolus II 28
Paschalis I. P. I 73
Paschalis II. P. I 1
Paschalis III. P. I 117

Patinus II 29
Patricius I 85
Patrick II 80
Patroclus I 131; II 70, 74
Paul I. P. I 73, 74
Paulin v. Nola I 18
Paulin v. Perigueux I 24
Paulinus v. Trier I 6, 36, 119
Paulus I 10, 68 f., 73; II 24, 26, 27, 58, 62, 66, 67, 73, 74, 82, 101, 116, 128
Pelagius I. P. I 66, 72
Perpetuus, B. v. Tours I 24, 31
Peter v. Schaumburg, Kardinal, B. v. Augsburg II 117
Petronilla II 25
Petrus I 8—10, 12, 15, 47, 64, 65, 68 —70, 72, 81, 84, 86, 91, 95, 139, 143; II 24 27, 56, 58, 66, 67, 69—71, 77, 97, 100, 101, 104, 105, 116
Petrus venerabilis II 108
Philipp I. v. Heinsberg, EB. v. Köln II 64
Philipp v. Schwaben, Kg. II 46
Philippus I 25, 119; II 24
Piatus I 4, 11
Pileus, Kardinal II 132
Pilgrim, B. v. Passau II 50
Pippin, K. I 28; II 2
Pippin v. Landon I 39
Pirminus, Abt v. Reichenau I 41; II 80
Plechelm (Pechthelm), B. I 28, 43
Plectrudis I 39; II 57
Polykarpus I 1
Pompejus v. Hamai I 38
Poppo, Abt v. Stavelot (Stablo) II 50, 128
Potentiana II 25
Praxedis I 73
Primus II 29
Protasius I 18
Protus II 29
Pussinna v. Corbie I 87

Quintin I 4, 11; II 16, 27, 61
Quirin I 141; II 60, 67, 70

Rachis, Kg. d. Langobarden I 65
Radegundis, Königin II 27, 40
Radegundis II 52
Ragnemodus, B. v. Paris I 131
Raphael II 23, 62, 84, 96
Ratherius v. Verona I 98, 102
Ratleik, Abt I 90—92
Reinald v. Bar, Graf II 9
Reinald v. Dassel, EB v. Köln I 123; II 64
Reinard, B. v. Halberstadt II 20
Reinold II 60
Relindis, Äbt. v. Aldeneyck I 44
Relindis, Klausnerin I 39
Remaclus, B. v. Lüttich I 37; II 7, 9, 10
Remigius, B. v. Reims I 33, 103; II 12, 25—27
Richard, Abt zu St. Medard b. Soissons II 11
Richard, B. v. Trier I 141
Richard, Abt zu Verdun II 4, 92
Richeza, Königin v. Polen II 57
Richtrudis I 38
Riculph, B. v. Mainz I 75
Rixfried, B. v. Utrecht I 108
Robert, Graf v. Flandern II 4, 43
Rochus II 59, 63, 64, 66, 67, 82, 96—98, 109
Rodoin, Propst v. St. Medard I 78
Roder van der Weyden II 117 A
Romanus Lekapenus, K. II 48
Romanus v. Toul I 113; II 3
Roswitha v. Gandersheim I 83
Rothard I. B. v. Soissons I 78
Rothe, Johannes II 108
Rotrudis I 65
Rudolf v. Ems II 108
Rudolf, B. v. Lüttich II 34
Rufin I 4, 104
Rupert (Ruodbert) v. Worms, B. v. Salzburg I 37, 42; II 25
Ruprecht, B. v. Straßburg II 117
Rusticus II 25

Saba, Königin v. II 140
Salomon, Kg. II 140
Salomon, B. v. Konstanz I 66
Samuel, B. v. Worms I 85
Sapaudus, EB. v. Arles I 72
Scholastika II 25, 77
Sebald I 41; II 67, 109, 123, 124
Sebastian I 78, 90; II 12, 23, 26, 56, 59, 60, 63, 64, 66, 67, 77, 96, 101, 139
Secundinus, Einsiedler I 55
Serenus, B. v. Marseille I 54
Sergius I 78; II 61
Sergius II. P. I 79, 83
Servatius, B. v. Tongern-Maastricht I 8 —10, 14, 33, 37, 64, 95, 120; II 6, 35, 61, 86, 90, 108, 122
Severa, Äbt. in Trier I 39
Severin, B. v. Köln I 34, 36; II 25, 26, 56, 58, 66
Severin v. Noricum I 7, 18
Severus, B. v. Ravenna I 76, 78, 97; II 25
Sigebald I 37
Sigebert III. Kg. II 10
Sigismund, Kg. II 26
Silvester II 24, 26, 108
Silvinus I 39
Simeon II 87, 96, 120
Simeon, Klausner zu Trier I 113; II 26, 50
Simon I 120
Simon v. Trient II 51, 109
Simplician, B. v. Mailand I 18
Sisinnius I 5, 18
Sixtus I 130; II 23, 28, 70
Sixtus IV. P. II 119
Sola, Abt I 43
Sophia, Gräfin v. Holland II 119
Spes II 63
Speus I 75
Speziosa I 94
Stephan II. P. I 108
Stephan III. P. I 74; II 29
Stephan, B. v. Cambrai I 93
Stephan, B. v. Lüttich I 107
Stephan I. Kg. v. Ungarn I 114; II 47A, 51

Stephanus I 14, 138; II 22, 23, 25, 26, 28, 29, 34, 61, 63, 66, 67, 70, 85, 86, 101, 112
Strabo, Walafried, Abt v. Reichenau I 59, 84
Sturmius, Abt v. Fulda I 44—46, 116
Suger, Abt v. St. Denis II 16
Suitbert I 43, 108, 113
Sulpitius Severus I 22
Suso, Heinrich II 49, 59
Symmetrius II 8

Tasia I 65
Terentius II 29
Tetricus v. Langres I 38
Thangmar II 106
Tharsicia I 39
Theau I 11
Thekla I 44
Theobald II 111, 112
Theodemir, Abt v. Psalmody I 57
Theoderich, Abt v. St. Hubert II 50
Theoderich, B. v. Metz I 86
Theoderich, Abt v. Stablo II 7, 8
Theodolin, Abt I 93
Theodul I 76, 77
Theodulph, B. v. Orleans I 74
Theophanu, Kaiserin II 41, 58
Theophilus II 110
Theresia I 139
Thiebold, B. v. Thann b. Basel II 93
Thiemar, Abt v. Toul I 106
Thiemo II 50
Thomas I 18; II 47A, 61, 62, 66
Thomas v. Aquin I 29; II 49, 53, 59, 67, 78, 101, 112
Thomas v. Camptipré II 108
Thomas v. Kempen II 51
Thomas, Abt v. Laetia II 45
Thyrsus I 4
Tobias II 84
Totnan I 43
Trudbert I 41
Trudo I 38, 121; II 27, 34

Udilo II 26

Udaschalk, Abt v. St. Ulrich u. Afra, Augsburg I 116
Ulrich (Udalrich), B. v. Augsburg I 109, 112; II 2, 23, 25, 26, 50, 108
Ulrich, B. v. Konstanz II 38
Ultan, Abt I 41, 43
Urban II 63
Urban II. P. I 114
Ursmar II 4, 6
Ursula I 2 f., 123; II 27, 54, 57, 60, 66, 67, 69, 76, 79, 89, 109
Ursus I 5

Valentin I 37; II 25
Valerius I 4, 36; II 26
Vectius Aepagatus I 12, 38
Vedastus II 25
Venantius Fortunatus I 35, 56
Venciana I 41
Verena I 5
Veronika II 117, 129
Vicelin II 50
Victor I 4, 5, 103, 122, 142; II 61, 70, 80, 94, 130
Victoricus I 4
Vigilius, B. v. Trient I 5
Vincentia I 78
Vincentius I 38, 85; II 23, 28, 29, 60, 78
Virgilius, B. v. Salzburg I 124
Vitalis I 37, 97; II 57
Viton II 4
Vitus I 74, 83; II 23, 25, 65, 67, 70
Viventia II 27
Volquin, Abt v. Sichem II 50

Wadelberta I 38
Wadelbertus I 38
Wagner, Hans, Kartäuser II 51
Waldetrudis I 38
Walpurgis, Äbt. v. Heidenheim I 44, 88, 101, 138; II 24, 25, 27, 124
Waltbraht, Graf I 81, 82, 144
Wandregisilus, Abt v. Fontanelle I 87, 93, 103, 120, 141, 142; II 85, 86
Wenzeslaus I 121; II 25, 27, 51
Werner v. Oberwesel II 51

Orte

Wetti v. d. Reichenau II 53
Wibert v. Toul II 106
Wiborada I 113; II 27
Wicbert II 25
Widukind v. Corvey I 83
Wilgefortis (Kümmernis) II 84A
Wilhelm II 28
Wilhelm, Herzog v. Jülich u. Berg
　II 135
Willehad, B. v. Bremen II 106
Willibald, B. v. Eichstätt I 43, 44; II
　26, 40, 41, 43
Willibrord I 43, 44, 120; II 26, 65, 85
Willigis, EB. v. Mainz II 50, 71

Winith, Abt v. Windberg II 31
Winnoch I 103, 121
Wiro I 43
Wittigowo, Abt v. Reichenau I 85
Wolbodo II 50
Wolfgang v. Regensburg I 113; II 26,
　50, 106, 109
Wolfher II 106
Wolfram, Abt v. Fontanelle I 87, 93
Wunnebald, Abt I 43, 44, 87; II 25

Zachäus II 62
Zacharias, P. I 65
Zwentibold, Kg. I 39, 41

ORTE

Die Schreibweise ist der heute üblichen angeglichen

Aachen I 69, 75, 91, 103, 105, 124,
　128; II 6—8, 35, 36, 41, 69, 73, 74,
　85, 87—92, 119—124, 126—128, 131
　—133, 141
Affeln II 70
Agaunum s. St. Maurice d'Agaune
Airy b. Autun II 5
Aldendorp II 70
Alexandrien II 44
Alt-Bunzlau I 121
Altena II 70
Alteneyck/Maas I 44; II 123
Amay II 36
Amiens I 4, 140; II 3, 12
Andechs II 123
Andernach I 123
Anderlecht II 50
Angers I 47
Arles I 69; II 5
Attendorn II 70
Augsburg II 2, 23, 65, 123
Autun I 32
Avold I 74

Bamberg I 117, 141; II 7, 8, 24, 50, 65,
　123

Bangor/Irland I 43
Basel I 41; II 92
Beauvais I 24, 108
Beckum II 70
Bern II 31
Besançon I 32, 138
Bethlehem II 46, 134A
Beverungen II 70
Birten s. Xanten
Bischofsheim/Tauber I 44
Blandinenberg b. Gent I 93, 107, 121,
　140, 142; II 4, 30, 85
Blangi b. Amiens I 103
Bleidenstadt I 5, 87
Bologna II 49
Bonn I 4, 122; II 70
Bordeaux I 34
Boulogne I 87, 93, 103
Bourges I 138
Braunschweig I 94, 119; II 2, 20, 33,
　37, 42, 43, 64, 89
Bremen II 71
Brescia I 18
Brixen I 5
Bronnbach II 21
Brühl II 70

Brüssel II 106
Burtscheid II 41

C s. auch unter K
Caen II 5
Cäsarea I 18
Cambrai II 9, 15
Cappenberg (Kappenberg) II 47A
Capua II 6
Casaure I 102
Celles b. Lüttich I 41
Centulum (Centula) s. St. Riquier
Chalons I 28
Charoux II 5
Clermont I 34, 56
Clichy I 28
Coesfeld II 70
Compostela, Santiago de II 79, 119, 130
Corbie I 87; II 3, 4
Corvey I 74, 88; II 124
Coucy II 15
Creglingen II 125

Dettelbach (Dittelbach) II 124
Deutz, Abtei II 36, 90
Deventer I 44
Dieburg II 33
Diedenhofen I 129
Dießen II 32
Dijon I 13, 131
Dortmund II 127
Doryläum II 80
Drolshagen II 70
Dülmen II 70
Düren II 134A, 135—137
Düsseldorf II 123, 125, 133A
Duisburg II 6

Echternach I 120
Egmond b. Utrecht II 31
Einsiedeln I 70; II 123
Elberfeld II 70, 71
Elten II 37
Emmerich II 85
Epernay I 103

Ephesus I 10
Erkelenz II 133
Erstein/Elsaß I 103
Essen II 20, 71

Farfa II 21
Fischbeck (Vischbeck) II 124
Fleury I 103
Fontanelle I 87, 103, 120, 141, 142; II 3
Fosse I 41
Frankfurt I 50, 106, 129
Frankenthal II 65
Freising I 37; II 65
Frauenburg I 85
Friaul I 67
Fünfkirchen II 50
Fürstenberg b. Xanten II 130
Fulda I 44, 45, 47, 59, 77, 80, 81, 84, 103, 139, 140

Georgenberg/Tirol II 123
Gembloux II 20
Gent I 41, 87, 91, 140; II 71, 80
Gheel/Brabant I 41
Gladbach II 125
Gnesen I 120
Gorze I 74, 93
Goslar I 80, 120; II 7, 8, 86
Gräfrath II 123
Griethausen II 70

Hal/Brabant II 124
Halberstadt II 20, 22, 23, 132
Halle/Saale II 89, 123, 127, 132, 133
Haltern II 70
Hamai I 38
Hattingen II 70
Hausingen II 124
Hautmont I 38
Hautvilliers I 99
Hebron I 135
Heidenheim I 44
Heiligkreuz/Niederösterreich II 51
Heisterbach II 45
Helmarshausen I 119

Orte

Hildesheim I 13, 80, 84, 93, 116, 117, 123, 139, 140; II 2, 20, 36, 41, 85, 89, 91, 127, 128, 140
Hirsau (Hirschau) II 2, 26
Hochheim I 45
Höchst a. M. I 78
Höxter II 70
Huy/Belgien II 36, 80

Ingelheim I 106
Iserlohn II 70

Jechaburg II 46
Jericho II 46
Jerusalem I 10, 75; II 40, 47, 48, 92, 119, 120, 129

K s. auch unter C
Kairo II 43
Kaiserswerth I 43
Kapellen bei Heimerzheim/Bonn II 123
Kastel I 5
Kempten I 75
Kiederich bei Rüdesheim II 125
Kitzingen I 44
Kleve (Cleve) II 47A
Klosterneuburg II 51
Köln I 2—4, 9, 10, 33, 36, 39, 103, 106, 122, 123, 138; II 17, 26, 30, 32, 35, 45, 49, 56—61, 69, 70, 123—125, 128, 133A
Korbach II 70
Konstantinopel I 18, 49, 56, 75, 136, 140; II 31, 41, 43—47A, 119, 120
Konstanz II 50
Kornelimünster (Cornelimünster) II 21, 30, 87A, 90, 122, 124, 127, 132
Krakau I 120
Krefeld II 70

Langheim II 65
Laon II 16
Leberau/Elsaß I 74
Lechenich II 70
Le Mans I 28, 87; II 5

Lierneu II 8
Limburg I 10; II 31, 44
Lissies I 38
Lobbes b. Leuven II 6
London II 89
Lorch b. Enns/Donau I 5
Lorsch/Bergstraße I 74, 93
Lübeck II 50
Lüneburg II 25, 91
Lüttich I 37, 96, 118; II 8, 50
Lyon I 14, 131; II 5, 13

Maastricht I 8, 9, 37, 41, 95; II 6, 35, 36, 47A, 89, 90, 122, 130, 131, 133A
Magdeburg I 82, 84, 88, 119, 124, 141, 144; II 33, 71A, 123, 127, 132
Mailand I 18, 123
Mainz I 4, 37, 45, 78, 84, 103, 105, 106, 120, 144; II 17, 23, 34, 50, 70, 71, 132, 134 f.
Malmedy I 37, 40, 141; II 7, 8
Marburg II 125
Marchiennes b. Arras I 38
Maria Laach II 45
Maria Zell II 124
Marienwerder I 84
Maroiles/Flandern I 41; II 5
Marseille II 5
Maubeuge I 38, 92
Merida I 32
Mettmann II 70
Meissen II 50
Metz I 9, 37, 39, 40, 93, 138; II 22, 28, 34
Michelstadt I 91
Minden II 70, 71
Mönchengladbach II 123
Monheim II 70
Monte Cassino I 65
Monte Gargano (Mons Garganus) I 135
Mühlhausen/Thür. II 125
München II 118
Münster II 23, 50, 70
Münstereifel I 79, 141

Namur II 46
Narbonne I 130
Neapel I 7, 138
Neheim II 70
Neuhausen I 85
Neuwerk b. Halle I 82
Neuss II 96
Nogent-sous-Couci/Laon I 125
Nordhausen II 52
Noricum I 7
Noyon II 12, 15
Nürnberg I 41; II 67, 123—125
Nijmegen (Nymwegen) II 12

Olpe II 70
Orleans I 28, 103
Osnabrück I 82; II 70
Ottobeuren I 141
Ouen II 3

Paderborn I 87, 120; II 23, 50
Paris I 24, 47, 54, 69, 94, 103; II 10, 34, 42, 89, 106
Passau II 50, 65
Pavia I 73, 93, 97
Penne I 82
Petershausen I 119
Poelde II 52
Poitiers II 5
Prag I 120, 121; II 52
Prüfening II 27

Quedlinburg I 95; II 52

Ratzeburg II 50
Ravenna I 56, 78
Rees II 70
Regensburg I 3, 37, 94, 103, 113, 119, 140; II 50, 65, 123
Reichenau I 41, 59, 84, 86
Reims I 4, 28, 115, 116
Remiremont b. Toul I 41
Rhodez I 39
Roermond I 43
Rom I 12, 54, 56, 57, 63, 66, 69—71, 73, 75, 78, 85, 90, 93, 99, 101, 102, 109, 113, 119, 121, 130, 136, 141; II 6, 8, 42, 43, 65, 80, 86, 96, 116—119, 123, 129
Rothenburg o. d. Tauber II 123
Rouen I 54

Säckingen I 43
Salzburg I 37, 70, 85, 124, 141; II 50
St. Avold I 93
St. Bernardberg II 50
St. Bertin (St. Omer) I 103, 121
St. Blasien II 43
St. Denis I 47, 103, 107, 113, 140; II 3, 34
St. Didier de la Mothe b. Vienne II 44
St. Gallen I 43, 88, 113; II 68
St. Goar I 84
St. Goarshausen I 41
St. Hippolyt b. Schlettstadt I 74
St. Hubert I 41; II 124
St. Jean d'Angeli I 93, 140
St. Maur-sur-Loire I 103
St. Maurice d'Agaune (Agaunum) I 5, 16, 32, 84, 93, 97, 138; II 86
St. Medard b. Soissons I 95; II 11
St. Omer/Artois I 41; II 5, 12
St. Quentin I 4
St. Riquier/Somme (Centula) I 39, 75, 87, 107; II 30
St. Trond/Belgien I 84, 121; II 27, 34, 86
St. Vandrille I 39
St. Vith (Veit) I 84
Santiago s. Compostela
Schäftlarn (Scheftlar) II 28
Seligenstadt (Millinheim a. M.) I 91
Sendenhorst II 70
Siegburg I 97; II 25
Sinai II 42, 43
Soest II 70, 73, 74
Soignies I 38
Soissons I 4, 90; II 11
Solothurn I 5
Soracte am Tiber I 65
Speyer I 76, 77
Stavelot (Stablo) I 37, 40, 103; II 7, 8, 10, 36

Steinfeld/Eifel II 49
Steppes II 10
Steterburg II 30
Straßburg I 37, 42
Stromberg II 70
Stuben II 44
Susteren (Süstern) I 13, 44
Sundern (Sudern) II 70

Tegernsee I 141
Thann b. Basel II 93
Thorn/Maas II 6
Tirol I 37
Tongern I 37; II 123
Toul I 9, 37, 106, 113, 123; II 42, 50
Toulouse I 32, 39
Tournai/Belgien I 4, 16; II 4
Tours I 12, 15, 22, 23, 32—34, 39, 42, 52, 56, 130, 138; II 11, 16, 23, 58
Trient I 17; II 68
Trier I 3, 4, 9, 13, 14, 37, 39, 69, 94, 103—106, 113, 118, 119, 122, 124, 140, 141—143; II 17, 20, 29—31, 45, 50, 69, 90, 121—125, 128, 137, 140, 141
Troyes I 131
Turin I 58

Utrecht I 16, 44; II 50
Uzes I 39

Venedig I 104
Verdun I 9, 37, 95

Verona I 96
Veuves bei Blois I 88
Viennes/Dauphiné II 86
Villers/Belgien II 32

Walkenried II 42
Weihenstephan I 78
Weißenburg I 78
Werden/Ruhr I 13; II 70
Werl II 70
Werne II 70
Wesel II 44
Wien II 124, 125
Wildeshausen/Oldenburg I 81, 141, 144
Willebadessen II 70
Windberg b. Regensburg II 32
Windesheim b. Zwolle II 51
Winnoxbergen/Lüttich I 121
Wittenberg II 89, 124, 132, 133
Wormhout I 103, 121
Worms I 75
Worringen II 60
Würzburg I 43; II 32, 44, 89, 124, 133A
Wunsiedel b. Regensburg I 65

Xanten und Birten I 4, 33, 84, 103, 122, 142; II 34, 36, 94, 124, 125, 130, 131

Zülpich II 70
Zurzach I 5
Zwiefalten II 27, 32, 47A

Sachen und Begriffe in Auswahl

Abbild I 50
Abendmahl II 140
Aberglaube I 26, 29, 60, 80; II 90
Ablaß II 14, 17 f. 116 ff. 126 f. 131 f. 136
Acta Sanctorum II 106
Ärzte II 62, 64, 97
Agnus Dei II 91
Albigenser II 55

Alexianer II 60
Allerheiligen II 113 ff.
Almosen II 131
Almosensammler II 14 f. 118 f.
Altar I 14 f., 102, 117, 124; II 1, 12, 19, 22 ff., 34 f., 71, 86 f.
Altargrab II 30
Altarkreuz I 53, 84; II 13, 32, 38, 74
Altarstein II 22, 24, 38

Register

Altkäufer II 57
Amulett II 91
Antoniter II 59, 79
Antoniusfeuer II 81
Apfel II 81
Apostelfürsten II 22, 24, 28
Apotheker II 62
Arche Noah I 136 f.
Arianer I 12, 23
Armreliquiar II 86 ff.
Asche der Heiligen I 18 f., 137
Attribute der Heiligen II 73 ff.
Augen II 77 f.
Augustiner II 59 f.
Aussätzige I 24
Ave Maria II 83

Bäcker II 59, 62
Baldachin I 12, 118; II 34 f.
Balsam II 86
Bauleute II 62
Beatifikation I 110
Becher II 90
Begleitschrift d. Reliquien I 75 f.
Beichte II 2, 52
Beil II 77
Bein II 32
Benediktiner II 60, 67
Bescheinigung f. Pilger II 131
Beutel II 119 f.
Betrüger I 141
Biblia pauperum II 140
Bienenkorb II 78
Bilderstreit I 49 ff.
Bildersturm I 54; II 139
Bilderverehrung I 49 f., 54
Blitz I 23
Blumen I 15; II 84
Blumenkörbchen II 62
Blut Christi I 86, 126, 137
Blut d. Heiligen I 17, 137 f.; II 22
Bogenschützen II 63
Brandea s. Tücher
Brevier II 96 f., 100, 106
Brote II 74, 81
Bruderschaften II 57 ff.

Brücke II 52
Brustleiden II 63
Buch I 53; II 73 f., 106 f.
Buchdruck I 109
Büste I 143; II 86 ff., 134 f.
Bundeslade I 147; II 1, 29

Calvinisten II 139
Celliten II 60
Christus auf d. Esel II 2

Dachdecker II 62
Dalmatik II 74
Diakon II 73
Diebstahl von Reliquien I 89—100, 141; II 134 f.
Dominikaner II 60 f., 67
Dornbusch I 136
Dornen II 10—14
Dornenkrone II 89, 120
Drache II 79 ff., 89
Drei Könige, Hl. I 123; II 35, 56, 59, 64, 66 f., 69, 109, 140
Drei Mütter II 63
Dreifaltigkeit, Hl. II 22 ff., 35, 59, 60, 83, 97 f., 113, 140

Eherne Schlange I 136; II 140
Elefantenzahn II 89
Entweihen d. Altars II 30
Erde I 135
Erhebung d. Reliquien I 101 f.
Ernte II 63
Evangelienbuch II 21, 31

Fackel II 78
Fahnen II 2, 89
Fallsucht II 90
Faß II 74
Felsensplitter I 136
Feste I 31
Feuer II 78, 81
Feuerprobe d. Reliquien I 134
Feuersgefahr II 64
Fieber II 90
Figur II 88

Fischer II 58
Fluchwasser I 29
Flügelaltar II 31
Franziskaner II 49, 59 ff., 135
Fraterherren II 59
Frauenkrankheiten II 66
Friedenskuß II 91
Fuß II 87 f.

Gärtner II 62
Gans II 79
Gebeine I 19, 137, 142, 147
Gefangene I 24; II 130
Gebet II 96 ff.
Gebetbücher II 141
Geisselsäule I 137
Geist, Hl. II 60, 77, 97, 101
Gemälde II 66 f.
Gesetzestafeln II 29
Glas II 30, 88, 90
Glaser II 57
Glöckchen d. Antoniter II 44
Goldschmiede II 58, 62, 64
Goldstücke II 81
Grab, Hl. I 136; II 23 f., 47
Grabtuch I 126, 144; II 122
Gürtel II 89, 137
Gürtelträger II 59

Halskrankheiten II 66
Hand II 86 f.
Harnischmacher II 58
Haupt I 143; II 81 f., 93, 122
Hauptaltar, Hochaltar II 21 f., 30
Hausaltar II 31
Heiligenbilder, kleine II 131, 141 f.
Heiligengrab I 15
Heiligenleben I 115 f., 130 f.; II 106 ff.
Heiligenschein I 36
Heiligsprechung I 87, 105 f.
Heiligtumsbüchlein II 123 f., 132
Heiligtumsfahrt II 116 ff., 141
Heiligtumskammer II 124
Heiligtumsstuhl II 125
Heiligtumzeigung II 125

Herz I 139; II 78
Hirsch II 70
Horn II 89 f.
Hospital, Hospiz II 42, 60, 101, 129
Hostie II 83
Hut II 79, 129
Hymnen II 102 ff.

Ikonographie II 73 ff.
Ikonoklasten I 54

Jäger II 62, 76
Johannesminne II 90
Johanniter II 58 f.
Jordan II 40
Juden II 51
Jungfrauen, Elftausend II 34, 69

Kalender II 95 ff.
Kalvarienberg I 136
Kanon II 98 ff.
Kanonisation I 37, 105 f.
Kapellen II 60 f.
Karmeliter II 59, 61, 67
Karolinger I 38 f.
Kartäuser II 49, 51, 59, 67
Kasel II 74
Katakomben I 73, 95, 101
Katharer II 55
Kelch I 53; II 83
Kerzen I 15, 16, 69, 107, 126; II 1, 21, 33, 42, 93 f.
Ketten I 8, 72, 86, 143
Kinder, Unschuldige II 89
Klarissen II 60
Kleid I 45, 53, 137, 143, 147; II 16, 33, 120, 122, 125 f.
Knabe, nackter II 81
Kokosnuß II 89
Konsekration II 99
Kopfweh II 66
Korb II 74
Korporale I 9, 139
Krämer II 62
Kranz II 51, 73
Kreuz-Attribut II 73 ff.

Kreuz, goldenes I 121; II 20, 22, 32, 76, 86
Kreuz, Hl. I 17, 49, 106, 126; II 16, 21 f., 27 ff., 40 f., 45 f., 59 f., 77, 84, 97 f., 110, 120, 140
Kreuzaltar II 19 ff., 29, 31, 34, 38
Kreuzherren II 59
Kreuzstab II 73
Kreuzverehrung I 58
Kreuzzüge, Kreuzfahrer II 37 f., 40, 42 ff., 49 f. 80
Kronleuchter II 22, 35
Krone I 69, 85, 123; II 69, 76 f., 89
Krücke, Krückenkreuz II 79
Krüppel II 83
Krypta I 12 f., 75, 81, 118, 119, 124; II 15, 25, 33
Kuppelreliquiar II 89
Kuß II 88
Kußtafel II 91

Laienbrevier II 100
Lamm II 78, 83 f.
Lampe I 15, 69, 126, 135; II 22
Land, Hl. II 40 ff., 88, 132
Lanze, Hl. II 2
Laudanumkuchen II 85
Lebensbeschreibung s. Heiligenleben
Legenden II 106 ff.
Leiber d. Heiligen I 19, 53, 72, 74, 77
Leineweber II 57 f.
Lendentuch d. Herrn II 122
Lettner II 24
Libri Carolini I 51 f., 130
Liber diurnus I 72, 135
Licht I 50; II 10, 81
Lieder II 103 ff.
Litanei aller Heiligen II 29, 104
Literatur II 95 ff.
Liturgie I 31 f., 63; II, 96
Livres d'heures II 100
Löwe II 79, 89
Lokalheilige II 95 ff.

Makkabäer II 60
Maler II 57

Manna I 138; II 29
Mantel II 73 ff., 79
Martinsbrot I 80
Martinsfeuer I 80; II 63
Martinsgans II 63
Martyrium I 40, 114, 130; II 51 f.
Martyrologium II 95 f.
Medaillon II 87, 91
Messer II 77
Messformular I 31 f.
Metzger II 63
Milch d. Muttergottes I 137
Miniaturmalerei II 37
Minderbrüder s. Franziskaner
Missale, Meßbuch II 96 f., 100, 102
Missale Gothico-Gallicanum I 31
Mitra II 74 f., 77
Mohammedaner II 48
Monstranz II 88
Monumenta Germaniae Historica I 23; II 106
Münzen II 69
Muschel II 130
Mystik II 53 f.

Nachahmungen v. Reliquien I 143
Nägel I 143; II 120
Name Jesu II 59
Namenspatrone II 67 f.
Nimbus II 74
Nothelfer II 44, 65—67, 96, 114, 142

Öl I 15, 22, 56, 71, 72, 135, 138 f.; II 42
Ölberg I 136; II 23
Offenbarungen II 53 f.
Opfer II 131
Ostensorien II 88

Pallium II 74 f.
Palmen II 2, 73 f.
Palmesel II 2
Passionale II 109
Patrocinia (=Reliquien) I 34
Patrone II 56 f., 67 ff., 114
Pazifikale II 91

Pest II 3 f., 44, 63, 64, 96, 98
Pfeil II 77 f.
Pferde II 63
Philosophen II 63
Pilger, Pilgerfahrten I 63 ff.; II 15, 40 f., 46, 48, 65, 79, 88, 90, 93, 116 ff., 134 ff.
Pilgerzeichen II 117, 129 ff.
Präfation II 96, 98 f.
Prämonstratenser II 49
Predigt II 111 ff.
Prozessionen II 2 f., 38, 111, 130

Rad II 71, 75
Rangordnung d. Reliquien II 38
Rasierer II 59
Reichsinsignien II 85
Reliquiare II 85 ff.
Reliquien, doppelte o. falsche I 77, 128 ff.; II 47 f., 140
Reliquien, mittelbare u. unmittelbare I 17, 72
Reliquienkapelle II 88
Reliquienkapseln I 81, 106; II 30, 34, 87, 91
Reliquienkreuz II 3, 32, 41, 47, 89, 92
Reliquientafel II 31 f., 44 ff., 88
Reliquienverzeichnis II 38
Rippe II 87
Ritter II 75 f.
Rock, Hl. I 119, 124, 137, 140; II 30, 121, 122, 135, 137, 141
Rosenkranz II 59
Rosenstrauch I 84; II 91
Rost d. hl. Laurentius I 86, 102; II 71, 73, 82

Sachsenspiegel II 63
Säulen II 15, 20, 33
Säulensteher II 75
Sakrament II 58 f., 61, 83, 97
Sakristei II 93
Salbbüchse II 77
Salvatorbrüder II 59
Sand I 136
Sandale II 86

Sanctus I 35
Sarkophag II 33 f.
Schachbrett II 31
Schauspiele II 110, 130
Schiff II 57, 89
Schiffer II 57, 62
Schlange II 79
Schlüssel I 8, 9, 64, 72, 143; II 71, 73 f., 77, 100, 122, 129
Schrank II 94
Schrein I 75, 85, 91, 102, 106, 117 ff.; II 4, 8 f., 15 f., 30, 34 ff., 40, 69, 86 ff., 130, 136, 141
Schreiner II 64
Schriftrolle II 73, 75
Schwein d. Antoniter II 44
Schweißtuch II 48, 86, 117, 120, 122
Schwert II 74, 77, 82
Schwertfeger II 58
Schuhmacher II 57, 59, 62
Schustergerät II 76
Schutzheilige II 69
Schutzmantel II 79
Seele I 19
Seherinnen II 53
Serviten II 60
Sieben Freuden Mariä II 57, 59, 61
Sieben Schmerzen Mariä II 57, 60 f.
Sieben Zufluchten II 102
Siegel II 33, 69 ff., 142
Sippe, Hl. II 67, 84, 141
Sixtinische Madonna II 83
Skapulier vom Berg Karmel II 59
Soldaten II 62, 74 f.
Spiele, geistliche II 110 f.
Stab I 9, 10, 136; II 7, 73 f, 73 f., 76, 82 f., 122, 129
Stadtpatrone II 69 ff.
Städtesiegel II 69 ff.
Statue II 87, 141
Staub I 16, 28, 72, 120, 125, 140, 142; II 23
Steinmetzen II 62
Sterbestunde II 83
Stigmatisierte II 53
Straußenei II 89

Stundengebet I 31 f.
Symbol II 75 ff.

Tau-Stab II 79
Taube II 73, 77
Taufkapelle I 15
Templer II 58
Teufel II 79 f.
Testament II 128
Tiere II 79 ff.
Thron I 11, 91
Tod II 66
Tollwut II 62
Tor II 62
Totenkopf II 81
Tracht d. Heiligen II 75 f.
Tragaltar II 36 f.
Trinkgeschirr, Trinkhorn II 90, 122
Triumphkreuz II 20, 31 f., 38
Tuchweber II 58
Tücher I 9, 10, 16, 18, 29, 45, 71 ff., 140, 144; II 122, 126
Tugenden II 140 f.
Tunika II 73 ff.
Turm II 62, 89

Umhertragen d. Reliquien II 1 f.
Ungebildete I 53 f., 59
Unschuldige Kinder II 29
Unterleibsleiden II 63, 66
Urbild I 50
Urkunde II 99

Vatikan II 117 ff.
Veronikabild II 129
Vesperbild II 33, 59
Vierzehn Nothelfer II 65 f.
Vierzig Märtyrer II 41, 65

Viktorstracht II 130
Visionen II 53
Vitae Patrum II 109
Vortragekreuz II 2 f., 21, 32, 38
Votivmesse II 97
Votivgaben II 131

Waage II 79
Wachskerze II 128, 131
Wallfahrt I 45, 57, 66 f., 79; II 64, 117 ff., 125, 135
Wappen II 42, 71, 75, 78 f.
Wasser I 16; II 82 f., 90
Weberschiffchen II 76
Wegweiser durch Rom I 70
Weihrauch I 50; II 21, 75, 85
Weihwasser II 21
Wein I 16; II 78, 90
Windel II 120, 122, 126
Winkelmaß II 62
Winzer II 78
Wirte II 62
Wortspiele II 78
Wunden, Hl. fünf II 97
Wunder I 7 f., 20 f., 39 f., 45, 56, 79, 82, 91, 99, 101, 107, 114, 115 f. 130 f., 148; II 9, 14, 16, 40, 81, 112, 136

Zahn II 82
Zahnleiden II 63
Zange II 82
Zehntausend Märtyrer II 66
Zettel an Reliquien II 30
Ziborium I 81
Zimmerleute II 64
Zisterzienser II 49, 59 ff., 67
Zünfte II 61